国富论

（下）

［英］亚当·斯密　著

李春长　译

中国科学技术出版社

·北　京·

图书在版编目（CIP）数据

国富论. 下 /（英）亚当·斯密著；李春长译 . --
北京：中国科学技术出版社，2024.4
ISBN 978-7-5236-0227-0

Ⅰ. ①国… Ⅱ. ①亚… ②李… Ⅲ. ①古典资产阶级
政治经济学 Ⅳ. ① F091.33

中国国家版本馆 CIP 数据核字（2023）第 075378 号

目 录

第四篇

论政治经济学体系

引言

政治经济学作为政治家或立法者的科学之一，提出了两个明确的目标：第一，向人民提供丰富的收入或生计，更准确地说，使人民能为他们自己提供这样的收入或生计；第二，为国家或政府提供充足的收入，使其得以进行公共服务。总之，其目的在于富国富民。

不同时代和不同国家的财富增长过程产生了两种不同的关于富国富民的政治经济学体系：一种可称为重商主义体系，另一种则是重农主义体系。我将尽我所能，充分明白地解释这两种体系，从重商主义开始。重商主义是一个近代的体系，且今日在英国最为人所理解。

第一章　论商业主义或重商主义的原理

财富由货币或金银所构成，这一流行观念自然而然的产生是由于货币具有两种功能——交易媒介和价值尺度。由于货币是交易媒介，相比使用其他物品，我们就可以用货币更容易地获取我们想要的东西。我们总是发现，手里有钱很重要。有了钱，想买什么就不困难了。由于货币是价值尺度，所以我们用所有物品所值的货币量来衡量它们的价值。我们称有很多钱的人为富人，没什么钱的人为贫民。一个人很吝啬或者渴望变得富有，我们说他爱钱；一个人慷慨豪迈或大手大脚，我们就说他不在乎钱。富足就是钱多。总之，在通俗的说法中，财富和货币无论在哪个方面都是同义语。

人们认为，一个富裕的国家也像一个富有的人一样，拥有大量货币。对任何国家来说，贮积金银都是致富的捷径。美洲被发现之后的某个时期，西班牙人每抵达一个陌生的海岸，第一个要问的问题通常是附近有没有金银。他们会根据获得的情报来判定那个国家或地区有没有殖民的价值，或者有没有征服的价值。以前，法兰西国王曾派遣修道僧使者普拉诺·卡比诺到著名的成吉思汗的一个儿子那里去。据这位使者说，鞑靼人总是问他法兰西王国的牛羊多不多。他们提问的目的和西班牙人一样，他们想知道这个国家是不是足够富足，是不是值得他们去征服。和所有其他不熟悉货币用处的游牧民族一样，鞑靼人把牲畜当作交易媒介和价值尺度。所以，在他们看来，财富是由牲畜构成的，这正如在西班牙人看来，财富是由金银构成的一样。在这两者中，鞑靼人的看法或许更接近真理。

洛克先生曾提出货币和其他动产的区别。他说，其他各种动产非常容易消耗，以致由这些动产构成的财富不太可靠。一个富有这些动产的国家，即使没有任何出口，仅凭自己的奢侈浪费，就可能使这些动产很快变得匮乏。相反，货币是一个可靠的朋友，虽然它可能从一个人手中转到另一个人手中，但只要它不流出国门，就不太容易浪费和消耗。所以，在洛克看来，金银是一国动产中最稳固、最实在的部分。基于这一点，他认为，增持更多金银应是一国政治经济的重大目标。

另一些人认为，一个国家如果能与世隔绝，则国内流通的货币无论多少，都无关紧要，借这些货币流通的消费品只需要相应的或多或少的货币完成交换；但他们承认，这样的国家的真实贫富状况完全取决于消费品的丰富或缺乏。对那些同外国发生联系，有时又因不得不对外作战而必须在远地维持海陆军的国家来说，情形却又不同。除非将货币送到国外进行支付，否则不可能做到这一点；而要把很多货币送往国外，除非在国内就持有大量货币。因此，每一个这样的国家都必须在和平时期积累金银，以便在必要时有财力进行对外战争。

依照这些流行的观念，欧洲各国都曾研究在其国内积累金银的一切可能的办法，虽然并无多大成效。西班牙和葡萄牙作为向整个欧洲供应这些金属的主要矿山的所有者，曾以严厉的处罚禁止金银输出，或者课以重税。类似的禁令似乎也是以往其他大多数欧洲国家政策的一部分。甚至在苏格兰的某些议会法案里，我们也会意想不到地发现以重罚禁止携带金银出国的律令。法兰西和英格兰也曾有类似的政策。

当这些国家成为商业国时，商人们在很多场合都发现，这样的禁令极其不便。他们要购买外国的货物运回本国或运往其他国家，使用金银通常比使用其他任何物品便利得多。于是他们反对这种禁令，认为它妨害贸易。

他们提出：

第一，输出金银以购买外国货物并不总是在减少这些金属在国内的数量，相反，还可能常常增加其数量。因为，如果国内对外国货物的消费没有因此增加，那这些货物可以再出口到其他国家，如能以高利润售出，就可以带回比原本为购买货物而输出的金银多得多的财富。托马斯·芒先生曾将这种对外贸易业务与农业上的播种期和收获期相比较。他说："如果我们只看一个农夫在播种期把上好的粮食撒到地里去的行为，我们会把他看成一个疯子而不是农夫。但当我们考虑到他在收获期，也就是他耕耘的最后阶段的劳动，我们就会明白他这种行为的价值和随之而来的丰富产出。"

第二，这样的禁令并不能阻止金银输出，因为金银价值大、体积小，很容易走私。只有政府留意他们所谓的贸易差额，才能防止这种输出。当一个国家出口的价值大于进口的价值时，就产生了对外贸易顺差，外国需要用金银支付这一差额，从而增加了本国金银的数量。但当一国进口的价值大于出口价值时，就发生了贸易逆差，这一差额必须同样用金银支付，从而减少了本国的金银数量。在这种情况下，禁令并不能阻止金银输出，只会使金银输出更危险、费用更大。这样，汇兑对有外贸逆差的国家更为不利，在外国购买汇票而不得不向出售汇票的银行进行支付的商人，不仅要承担将货币送往国外原有的风险、麻烦和费用，而且还要承担金银输出禁令所带来的特别风险。但汇兑对一个国家越不利，贸易的差额必然对这个国家也越不利。贸易逆差国家的货币价值必然比贸易顺差国家低得多。例如，如果英格兰在它与荷兰的汇兑之中亏 5%，在英格兰就需要 105 盎司的白银才能购买到只值 100 盎司的荷兰汇票，这意味着英格兰的 105 盎司白银只值荷兰的 100 盎司，也就只能买到相应数量的荷兰货物。反过来，荷兰的 100 盎司白银在英格兰值 105 盎司，可以买到相应数量的英格兰货物。因此，英格兰的货物卖到荷兰价格就低很多，而荷兰的货物卖到英格兰价格则高很多，这都是源自汇兑的差额。由于这种差额，流入英格兰的荷兰货币较少，流入荷兰的英格兰货币则较多。因此，这种贸易差额非常不利于英格兰，需要它把更大数量的金银输往荷兰。

这些说法里既有合理的部分，也有强词夺理的部分。他们宣称贸易上的金银输出有利于国家，这是合理的。他们说，当人们私底下发现输出金银的好处，禁令就不能阻止这种输出，这也没错。但他们认为，比起保持或增加其他有用商品的数量，政府需要更关心保持或增加金银的数量，因为自由贸易能确保那些商品的适量供应，无须政府特别关心，这就是强词夺理。他们说汇兑中的高昂代价必然加剧所谓的贸易逆差，导致更多的金银输出，这或许也是诡辩。高汇价对该欠外国债务的商人来说，诚然是不利的，他们要支付更多的钱给受理这些汇票的银行。但是，由禁令而产生的风险虽然可能使银行承担额外费用，却未必会使更多的货币流出国外。这种费用一般是走私时在国内发生的，它不会在所需汇出的数目之上多流出一文钱。高汇价也自然会使商人们努力平衡他们的输入和输出，以使他们尽可能缩小汇兑金额。此外，高汇价肯定也会起到类似征税的作用，抬高外货的价格，从而减少对它们的消费。所以，高汇价应该不会增多，而只会减少他们所谓的贸易逆差，以及相应的金银输出。

尽管如此，这些说法却使它的听众深信不疑。商人们找到了议会、王公会议、贵族和乡绅当听众，也就是说，被认为对贸易懂行的人找了那些觉得自己是门外汉的人当听众。历史经验已经证明，对外贸易可以富国，贵族、乡绅和商人们一样了解这一点，但他们统统是知其然而不知其所以然。商人们完全知道对外贸易是如何让自己发财的，这是他们的本分。但对外贸易何以也让国家致富，就不是他们分内的事了。他们从不考虑这个问题，除非他们得向国家陈述如何修改外贸方面的律法。这时候他们就得说说对外贸易的好处，以及现行法律如何阻碍了他们得到这种好处。他们说，对外贸易可以带货币回国，但对外贸易法却使能带回来的货币比没有贸易法的时候变少了。对那些决定这类事情的裁判官来说，这个理由显得相当有说服力。因此，这些说法达到了预期的效果。禁止金银出口的规定在法兰西和英格兰仅限于各自的铸币。外国铸币和金银块可以自由出口。在荷兰和其他一些地方，出口自由甚至延及本国货币。政府的注意力从提防金银出口，转移到对被看作造成金银增减的唯一因素的贸易差额的监视上。一种没有结果的关注点变成了另一种更加复杂、更加令人困扰但同样没有结果的关注点。托马斯·芒的《英国得自对外贸易的财富》（*England's Treasure in Foreign Trade*）这个书名，成了英格兰和其他商业国家政治经济学中的根本信条。而最重要的国内贸易，即用等量资本可以提供最大收入、为本国人民创造最多就业机会的贸易，却被认为只是对外贸易的辅助。据信，国内贸易既不能从外国搞货币回来，也不能从国内送点儿货币出去，所以国内贸易绝不会使国家更富或更穷，除非它的繁荣和萧条可以间接影响对外贸易的状况。

一个没有自己的矿山的国家毫无疑问地必须从外国取得金银，正如没有葡萄园的国家只能从外国得到葡萄酒。然而，似乎政府没有必要关注取得金银多于关注得到葡萄酒。一个有财力购买葡萄酒的国家，总会获得它所需的葡萄酒；一个有财力购买金银的国家，也绝不会缺少所需的金银。金银也和其他商品一样，需要以一定的价格购买；正因为金银可以买到其他商品，所以其他商品也可以买到金银。我们有充分的把握相信，自由贸易无须政府关注，也总会给我们提供我们所需要的葡萄酒；我们可以同样有把握地相信，无论在商品流通还是在其他用途上，自由贸易总会提供我们能够收支的全部金银。

在各个国家，各行业能购入或产出的每一种商品的数量，自然会按照有效需求，或者按照那些为了让商品进入市场而愿意支付所需的全部地租、劳资和利润的人的要求，自行调节。但金银按照这种有效需求进行自我调节比其他商品都更容易、更准确，因为金银体积小而价值大，最容易从一个地方运到另一个地方，从价廉的地方运到价高的地方，从超出有效需求的地方运到不能满足有效需求的地方。比如，如果英格兰有更多黄金的有效需求，一艘邮轮就能从里斯本或其他任何有黄金的地方运来 50 吨黄金，铸成超过 500 万基尼的铸币。但如果有效需求需要同等价值的谷物，按每吨 5 基尼计算的话，进口这批谷物就需要载重 100 万吨的船只，或每艘载重 1000 吨的船只 1000 艘。对此，就算是英国的海军也会无能为力。

当一个国家输入金银的数量超出它的有效需求时，政府的任何戒备都不能阻止金银再输出。西班牙和葡萄牙的严刑峻法并没能阻止他们的金银外流。从秘鲁和巴西不断输入的金银超出了这两个国家的有效需求，使得金银在这两个国家的价格降低到邻国之下。相反，如果某个国家的金银达不到有效需求量，这就会使金银的价格抬高到邻国的以上，政府也用不着费心去进口它们，或者，即使政府竭力阻止进口它们也无济于事。斯巴达人一旦有了财力，他们购买金银的行动就冲破了莱克格斯为阻止金银进入斯巴达而制定的法律设置的一切障碍。所有严厉的海关法律都不能阻止荷兰和戈登堡东印度公司的茶叶输入英国，因为他们的茶叶比英属东印度公司运来的便宜。1 磅茶叶的体积是其最高价格 16 先令银币的体积的一百倍，如果以黄金算的话则是两千倍，可见走私茶叶要比走私金银困难千百倍。

金银的价格不像其他大部分商品的价格那样，随着存货量的饱和或短缺而波动，这部分是因为把金银从充足的地方运到缺乏的地方，比运输那些受制于其体积的货物更容易。诚然，各地金银的价格并非总是不会变动，但其变动大都是缓慢的、逐步的和一致的。例如，有人认为（也许没太多根据），在本世纪和上世纪的欧洲，金银由于不断从西属西印度群岛输入，其价值一直在逐渐下降。要使金银的价格突然改变，从而使其他商品的货币价格发生显著的涨落，那得有一场像美洲发现矿藏后产生过的那样的商业革命。

撇开所有这些不谈，如果一个有财力购买金银的国家在某个时候缺乏金银，取代金银总会比取代其他商品更方便。如果制造业的原料不足，工业必陷于停顿；如果粮食不足，人民必陷于饥荒；但如果货币[①]不足，则既可代之以物物交换，又可通过信用赊账交易，每月或每年清算一次，更可用调节得当的纸币加以弥补。第一种方法很不方便，第二种方法就比较方便了，至于第三种方法，则不但方便，而且有时还会带

---

① 单指金属货币。——译者

来一些利益。所以，无论就哪一点来说，任何一个国家的政府对保持或增加国内货币量的关注，都是不必要的。

可是，人们对于货币不足的抱怨是再普遍不过了。货币也像葡萄酒一样，那些没有资本赢取它也没有信誉赊到它的人，一定会经常缺少它。而那些既有资本又有信誉的人则从不缺他们所需的，无论是货币还是葡萄酒。然而，抱怨货币不足者未必都是只图一时之快的败家子。有时候，一整个商业市镇及其邻近地区都会有这样的抱怨。这通常是因为贸易过度而引起的。即使是节俭的人，如果不依照自己的资本制定经营计划，也会像没有量入为出的浪子一样，既没有赢取货币的财力，也没有赊取货币的信誉。在计划实现以前，他们的资财就已耗尽，接着他们的信誉也完了。他们到处去向人借钱，但人家都说无钱可借。这种对货币不足的抱怨即使普遍，也并非总证明国内流通的金银已失常量，而只是证明存在很多渴望金银却无力得到它的人。当贸易的利润偶尔高出平常的时候，贸易过度是无论大商人还是小商人通常都会犯的一个错误。他们输出的货币并不总比平常多，但他们会在国内和国外通过信用赊购进超出常量的货物，再送往异地的市场，以期能在支付欠款的期限之前收回本利。如果在此期限之前没能收回本利，他们就一无所有，既不能换购到货币，也没法提供借贷担保。对货币不足的普遍抱怨，不是由于金银的缺乏，而是由于这些贸易过度的商人发现借贷困难，而他们的债权人发现债款难以收回。

如果要认真地证明，财富不是由货币或金银构成，而是由货币所购买之物构成，并且货币只有在用于购买时才有价值，未免多此一举，显得可笑。无疑，货币总是国民资产的一部分；但正如已经指出的，它通常只是一小部分，并且总是最无利可图的部分。

商人之所以普遍觉得用货币购买货物比用货物购买货币容易，并不是因为构成财富的主要部分是货币而不是货物，而是因为货币是公认的和已确立的交换媒介，易于和其他一切物品交换，但同时又不那么容易得到。此外，大部分货物比货币更容易腐坏，如果保存它们，可能要蒙受大得多的损失。商人把货物攒在手里，比他把货物换成钱存在保险箱里，更容易使他在要用钱的时候无法应付。而且，他的利润更直接地是从售卖而不是从购买产生，因此他一般更急于把货换成钱，而不是把钱换成货。但是，虽然某些商人有时候会因为没能把他们仓库里大量的货物及时售出而破产，一个国家却不会遭遇同样的结果。一个商人的全部资本，往往就是容易腐坏的、预备来换钱的货物。而一国土地和劳动的年产品仅仅有很小的一部分预备用来从邻国换取金银，极大部分是在国内流通和消费的，甚至这运往国外的剩余部分，一般大部分也是用来换取其他外国货物的。因此，即使预备用来换取金银的那些货物换不到金银，国家也不会破产。虽然这确实可能带来某些损失和不便，并使国家不得不采取一些补充金银量缺口所必需的权宜之计，但国家的土地和劳动的年产品却会和往常一样或差不多，因为国家有一样多或差不多的可消费资本来维持自己。虽然以货换钱并不总像以钱换货那么容易，但从长远来看，以货换钱却比以钱换货更为必要。货物除了换取货币还有其他许多用处，但货币除了购买货物就一无所用。所以，货币必然追逐货物，但货物并不总是或不必追逐货币。买货物的人往往打算自己消费或使用，并不总打算再卖；相反，卖货物的人总想再买。前者往往完成了他的全部任务，但后者顶多能完成他的任务的一半。人们渴求货币不是为了货币本身，而是为了他们用货币所能购买的东西。

有人称，可消费的物品很容易损耗，而金银则具备耐久性，如果不是持续不断的输出，就可以在长期内将其积累起来，使一国的真实财富增加到令人难以置信的程度。因此，以这种耐久品交换易损耗品的贸易就被看作对国家最为不利的贸易。可是，我们并不认为用英格兰的铁器去交换法国葡萄酒的贸易是不利的，而且铁器也是十分耐久的物品，如果不持续输出，也可能在长期内积累起来，使国内的炊具增加到令人难以置信的数量。但是，我们很容易想到，在每一个国家，这种器具的数量必然受人们对它们的实际需求量的限制；存着比烹饪食物所需更多的炊具是可笑的；如果食物的数量增加了，随之增加炊具的数量也很容易——只要在增加的食物里拿出一部分去换炊具，或多维持一些做炊具的工人就行。我们也很容易想到，每一个国家的金银量都受人们对这些金属的需求量的限制，它们要么是当作铸币使商品得以流通，要么是成为各种家居器皿。在每一个国家，铸币的数量都受借它而流通的商品价值的调节；商品的总值增加了，有一部分就会被直接送到有金银的外国去换取使商品流通所必须增加的铸币。而金银器皿的数量则受喜欢奢华的私人家庭的数目和财富的调节，这种家庭的数目和财富增加了，其所增加的财富中的一部分很可能就被用来增购更多金银器皿。试图引进或保存不必要的金银数量以增加国家的财富，和试图强迫私人家庭添置不必要的炊具以增加他们的快乐一样，是荒谬的。正像购买多余炊具的开支只会降低而不会提高这个家庭食物的数量和质量，任何国家购买多余金银的开支也必然会减少衣、食、住等人民日常生计领域的财富。必须记住，金银不论成为铸币还是杯盏，都是一种工具，就像炊具一样。如果增加金银的用途，使依靠它得以流通、经营和制造的消费品增多，就一定会增加金银的数量。但如果用非常手段来增加金银的数量，那一定会减少它们的用途，且由于其数量受制于其用途，因此这甚至也会减少它们的数量。如果金银囤积超出了所需的数量，那么，由于运输它们如此容易，闲置它们的损失又这样大，任何法律都不能阻止它们立即被运出国门。

一个国家要对外作战，在异国维持海陆军，不一定就得积累金银。维持海陆军靠的是可消费物资，而不是金银。一个国家如果通过国内产业的年产，即通过该国土地、劳动力和生产资料的年产而拥有了财富，那么它就有资本在异国购买可消费物资，在那里维持战争。

一国要为自己在异国的军队支付军饷及供应军粮，有三种不同的途径：第一，把一部分积累的金银运至国外；第二，把一部分制造业的年产品运至国外；第三，把一部分天然产物运至国外。

能被看作一个国家的积累或储备的金银，可以划分为三个部分：第一，流通的货币；第二，私人家庭的金银器皿；第三，因多年节俭而积攒于国库的货币。

从一国流通的货币中挪出大量金银的现象很少见，因为其中很难有多余的货币。根据一国之内每年所交易货物的总值，需要有一定数量的货币使货物流通并被分配到真正的消费者手里，多了也没什么用。流通渠道必然会自己吸收充足的货币，但多了也容不下。然而，在进行对外战争的情况下，一般会从这个流通渠道里抽取一些货币。由于要在国外维持大量人员，国内所要维持的人数就减少了。如果国内流通的货物减少，那么流通所必需的货币也会减少。在这种情况下，国家通常会发行超常数量的纸币，比如英格兰的财政部证券、海军证券和银行证券。这些纸币代替了流通的金银，使国家有机会运送更多的金银去国外。但是，对于那些耗费高、持续时间长的对外战争来说，靠上述办法来维持只是杯水车薪。

靠熔解私人家庭的金银器皿来提供财源已多次被证明更加于事无补。上次战争开始的时候，法国曾采取这种办法，结果反倒得不偿失。

昔日，王室积累的财宝曾提供大得多、持久得多的财源。但在今天，除了在普鲁士国王那里，积累财宝似乎已不是欧洲王室政策的一部分了。

维持本世纪战争的费用或许是有史以来最高昂的，但似乎很少来自流通的货币、私人家庭的金银器皿或是王室的财宝。上次英法战争花了英国 9000 万镑以上，其中不仅包括 7500 万镑新发行的国债，还有每镑土地税上 2 先令的附加税，以及每年从偿债基金中借用的款项。这笔开支的 2/3 以上用于异国他乡，包括德国、葡萄牙、美洲、地中海各港口、东西印度群岛。英国国王没有积累的财宝，我们也从未听说有大量金银器皿被熔化。估计当时国内流通的金银币不超过 1800 万镑。不过自从上次重铸了金币，人们相信这种估计未免过低了。因此，不妨按照我记忆中看到和听到的最夸大的估计，假定英国金银币拢共有 3000 万镑；如果战争是靠英国的货币进行的话，那么即使依照这个估计数目，这些钱也一定在六七年之间被运出又运回至少两次。这种假定如果成立，就能提供最具决定意义的论据，来证明政府留心保存金银是多么没有必要。因为根据这一假定，国内所有的货币一定曾经在这么短的时期内不知不觉出出进进了两次。可是，在这一段时期内，流通渠道并没有显得比平常更空虚；有财力换取货币的人很少感到货币缺乏。当然，对外贸易的利润在整个战争期间确实比平时高，尤其是在战争快要结束的时候。这在英国各口岸普遍引起了（它总是会引起的）贸易过度的现象。而随着贸易过度，又引起了常见的对货币不足的抱怨。那些既没有财力赢取货币，又没有信誉赊贷货币的人觉得缺少货币；而正因为借债的人难以借到货币，那些放债的人才难以把债讨回。不过，拥有可以换取金银的有价值之物的人，一般还是能得到有同样价值的金银。

所以，支付上次战争的巨大费用，主要不是靠着输出金银，而是靠出口英国的某些商品。当政府或为政府做事的人与一个商人订立协议，让他汇一笔款到国外时，这位商人就会开出一张期票寄到国外，但他肯定会想办法运一批货物而不是金银出去，以支付给接受期票的人。如果那个国家对这些英国的商品没有需求，他就会尽力把它们运往他可以支付期票的别的国家。把商品运往适合销售的市场，总能取得可观的利润，但运金银出国却很难得到任何利润。当运金银到国外用以购买外国商品，商人所获得的利润不是来自商品购买，而是来自买到的商品回国后的售卖。但如果他只是为了支付欠款而运出金银，那他就不能换回商品，因而也得不到利润。所以，他自然会想尽办法靠输出商品而不是输出金银来支付外国的欠款。在上次战争期间，英国输出了大量的货物，却没有带回来任何东西，这已经在《英国现状》的作者那里有所谈及。

除上述三种金银外，在所有大商业国，还有大量金银块在对外贸易中交替着输入和输出。这些金银块在不同的商业国之间流通，就像国家铸币在一国之内流通一样，可以被看作这个大商业圈的货币。国家铸币的流动及其方向取决于在自己国境内流通的商品，大商业圈的货币则取决于在不同国家之间流通的商品。二者均用以便利交换：前者用于同一国家的不同个人之间，后者用于不同国家的不同个人之间。一部分大商业圈的货币也许曾被用来支持上一场战争。在爆发全面战争期间，人们自然会认为，这种货币的流动及其方向与和平时期不同，应该更多地在战场周围流通，更多地用于在战场及周边国家支付各国军队的军饷和粮食。但英国每年这样使用的商业圈货币无论多少，每年一定得以英国的商品或英国商品换来的其他物品购买。所以归根结底，使我们能够进行战争的终极资源仍是商品，仍是一个国家的土地和劳动的年产品。的确，认为每年这样大的战争开销肯定来自极其丰厚的年产是很自然的。比如，1761年的战争开销在1900万镑以上。任何积累都不可能维持这么大的年度开销。即使是一年的金银总产量也不可能。根据最可靠的统计，每年输入西班牙和葡萄牙的金银一般不会大幅超过600万镑，这个数量还不够支付上次战争中四个月的开支。

最适宜运往远国异邦来为那里的军队换取军饷和粮食（或先换取一部分商业圈货币再购买军饷和粮食）的商品，似乎是比较精巧、先进的工业品。这种商品价值大而体积小，因而可以以低廉的运费运往很远的地方。如果一个国家的工业每年有大量这样的产品剩余出口国外，这个国家就可以维持一场费用高昂的战争好多年，而无须输出大量金银，甚至无须拥有供输出的大量金银。在这种情况下输出的大部分工业剩余产品虽然给商人带来了利润，但没有给国家带来任何利润；因为政府会向商人购买外国期票，以便在外国购买军队的军饷和粮食。不过，总还有一部分剩余产品的输出能够带来回报。在战争期间，制造业有着双重任务：第一，生产用以偿付政府开往国外供应其军队粮饷的期票而必须运往国外的产品；第二，生产用以在国外换回国内需要的消费品的产品。所以，在最具破坏性的对外战争中，很大一部分制造业往往会非常繁荣；相反，在恢复和平的时候，它们往往会衰落下去，可谓是国破业荣，国复业衰。英国制造业的许多部门在上次战争期间及战后一段时期的状况，可作为这些话的例证。

任何开支巨大或旷日持久的对外战争都难以靠出口土地天然产物来维持。把如此大量的天然产物运往外国去购买军队的军饷和粮食，所需费用太大。而且，没有几个国家的天然产物在维持了本国居民所需之后还能有大量剩余。因此，把大量天然产物运往外国，等于是把一部分人民所必需的生活资料运走。制造业产品的输出则不同。制造业工人的生活资料仍留在国内，输出的只是他们产品的剩余部分。休谟经常提到，昔日英国国王不能维持一场持续不断的对外战争。那时候的英国，除了土地天然产物和少量粗糙的制造品以外，没有别的东西来为驻外军队购买军饷和食物，而天然产物也不能从国内消费中节省出多少，粗糙制造品的运费又和天然产物一样高。英国国王的这种无能为力并不是由于英国缺乏货币，而是由于缺乏精巧、先进的工业品。那时候英格兰的买卖和现在一样，是以货币为媒介的。那时候货币流通量与常规买卖交易的次数、价值的比例，必然与现在相同，甚至更大，因为那时还没有现在已代替了大部分金银的纸币。在几乎没有工商业的国家，出现非常情况时，君王很难从他的国民那里得到多少援助（其原因将在后面说明）。所以，在这类国家，君王一般会竭力积聚财宝，以作为应付紧急事件的唯一资源。即使暂且还没有这种必要，处于这一形势的君王也会自然地倾向于为了积累财富而节俭。在这种简朴状态下，即使是一国之君的支出，也不是用来满足喜好豪华宫廷的虚荣心的，而是用于赏赐佃户和款待家臣的。虚荣心总是导致浪费，但赏赐佃户和款待家臣却不会如此。因此，每一个鞑靼首领都拥有财宝。据说，查理十二世著名的盟友乌克兰哥萨克首领马捷帕的财宝极多。梅罗文加王朝的法兰西国王全都有财宝。当他们把王国的土地分封给儿子们时，也把财宝分给他们。撒克逊各君主及征服后的最初几个国王，似乎也都有积累的财宝。每一个新国王所做的第一件事通常就是夺取上一个国王的财宝，这是确保继承统治权的最重要的手段。而先进的商业国家的君王，却不必同样地积聚财宝，因为在出现非常情况时，他们通常能从他们的臣民那里得到特别的援助。他们自然，也许必然会赶时髦，其开销会和他们治内的各大领主一样，受追求奢靡的虚荣心的支配。他们宫殿里无用的华丽装饰一天比一天炫目，其花费不仅妨害积累，而且常常侵占那些用途更为重要的基金。德西利达斯关于波斯宫廷之言也适于一些欧洲君主的宫廷——浮华多而力量少，仆从多而士兵少。

输入金银不是一个国家得自对外贸易的主要好处，更不是唯一好处。随便哪两个国家之间进行对外贸易，他们都会得到两种好处。外贸使他们本国内不需要的那部分土地和劳动年产品被运走，给他们带来他们所需要的其他东西。通过换来其他这些能满足他们需要、增加他们用度的东西，外贸赋予了那些剩余产品以价值。利用对外贸易，国内市场的狭隘性便不会妨碍任何手工艺或制造业部门的分工发展到完善的境地。无论他们的劳动产品有多少超出了国内的消费量，只要对外贸易为他们打开了一个更广阔的市场，就会鼓励他们提高生产力，把年产量提高到最大，并因此而增加社会的真实收入和财富。对所有进行外贸的国家来说，外贸一直在履行这些伟大而重要的任务。这些国家都会从中受益，虽然商人所在国的利益更大一些，因为比起关心其他国家，商人一般更关心供应本国人民的需要和输出本国的剩余产品。向那些需要金银但没有矿山的国家输入金银无疑是对外贸易的一部分，但却是最不重要的一部分。一个仅为这个目的经营外贸的国家恐怕在一个世纪之内都装不满一船金银。

并不是由于输入了金银，美洲的发现才使欧洲变得富裕。由于美洲矿山丰饶，这些金属的价格降低了。现在购买金银器皿所需的谷物或劳动，约为十五世纪的1/3。每年付出同样多的劳动和商品，欧洲现在能购买的金银器皿数量是那时候的三倍。但是当一种商品的价格降到以往的1/3，并不仅仅意味着以前购买它的人现在可以购买三倍于当时的数量，也意味着买得起这种商品的人比以前大大增多了，可能增多到十倍，也可能增多到二十倍。所以，欧洲现有的金银器皿数量，与没有发现美洲矿山（哪怕是在现有的进步状态下）的情况相比，不仅是它的三倍以上，而且是它的二十倍或三十倍以上。无疑，时至今日，欧洲确实已经获得了好处，虽然这好处实在是微不足道。金银价格的低廉使这些金属不像以前那样宜于充作货币。为了买同样的东西，我们现在要带上更多的金银：以前口袋里装四便士就可以了，现在要装一个先令。很难说以前的方便和现在的不方便哪个更微不足道。不过，无论哪一个都不会使欧洲的现状产生任何根本的变化。但是，美洲的发现的确给欧洲带来了最根本的变化：它为欧洲所有的商品打开了一个新的、无穷无尽的市场，带来了新的劳动分工和工艺改进。而在从前通商范围狭窄，没有一个能消化大部分产品的市场的时候，这是绝不可能发生的。欧洲的劳动生产力提高了，各国的产品增加了，居民的实际收入和财富也随之增加了。欧洲的商品对美洲来说几乎都是全新的，美洲的很多商品对欧洲来说也是如此。于是，一个以前从未想到过的新交易模式开始成形。本来，这应该对新大陆有利，就像它肯定会对旧大陆有利一样。但是，欧洲人的野蛮和不义使这一本应有利于所有人的事情，对那些不幸的国家造成了破坏性的和毁灭性的。

经由好望角至东印度群岛的航道差不多在同时被发现，这开辟了一个可能比美洲更广阔的对外贸易空间，即使距离欧洲较远。美洲当时只有两个在各方面都比野蛮人优越的民族，它们几乎一经发现就被消灭了。剩下的只不过是野蛮人。但是，中国、印度、日本，以及东印度群岛的几个国家，除了没有更丰富的金银矿产以外，在其他各方面都比墨西哥或秘鲁更富有，土地耕作得更好，所有的手工艺和制造业都更先进。哪怕那些西班牙作者关于这些国家从前情形的夸张记载显得很不可信，我们也仍得承认这一点。而富裕与文明的民族之间交易的价值总是大于他们与野蛮民族交易的价值。可是，迄今为止，欧洲从与东印度群岛的贸易中得到的利益，远少于从与美洲贸易中所得到的。葡萄牙人独占东印度贸易的时间差不多有一个世纪，欧洲其他国家要向东印度输送或从那里得到任何货物，都只能间接通过他们进行。荷兰人在上世纪初开始侵入东印度时，将他们与东印度的全部贸易交给一家专营公司经营。英国人、法国人、瑞典人和丹麦人都效仿这一先例，结果没有哪个欧洲大国从与东印度的自由贸易中得到了好处。这就是为什么东印度贸易的好处从来比不上美洲贸易的原因——在对美洲的贸易中，几乎每一个欧洲国家和它的殖民地之间的贸易都对这个国家所有的民众开放。那些东印度公司的专营特权和巨大财富，以及它们从各自政府那里得到的诸多关照和保护，已经引来了很多嫉妒。嫉妒者常常声称，由于进行这项贸易的国家每年要输出大量白银，所以这项贸易是完全有害的。对此，有关方面的答复是，白银的持续出口确实可能使欧洲在总体上受损，但对那些从事这项贸易的个别国家来说则并非如此；因为，通过把一部分换回来的货物再出口到其他欧洲国家，每年可以使这个国家得到比输出数目多得多的白银。反对者的意见和对其的答复都建立在我之前一直在阐明的流行观念之上，所以对这二者我都不必再多说什么了。由于每年往东印度输出白银，欧洲银器的价格可能比不输出白银的情况高一些，而银币所能购买的劳动力和商品则更多。前一种影响是极小的损失，后一种影响是极小的得益，二者都微不足道，不值得社会关注。

东印度贸易为欧洲的商品——或者，也可以说是为购买这些商品的金银——打开了一个市场，这必然会增加欧洲商品的年产量，从而增加欧洲的实际收入和财富。迄今为止，它们还增加得很少，可能是由于这种贸易处处受限的缘故。

关于财富是由货币或金银构成的这一流行观念，我认为有必要加以详尽考察，虽然这可能会冗长沉闷。正如我已经论述过的，在通常的说法中，货币常常意味着财富；这种含混的表达使得我们对这一流行观念感到亲切和熟悉，甚至那些深知其荒谬的人也很容易忘记他们自己的原则，以致在论证过程中把它当作既定的、不可否认的真理。例如，英国一些研究商业的优秀学者开始的时候还说，一个国家的财富不仅在于金银，而且在于土地、房屋和各种消费品；但在他们的论证过程中，土地、房屋和消费品似乎从他们的记忆中消失了，以致他们的论调往往假定所有财富均由金银构成，增加这些金属是国家工商业的重大目标。

但是，如果这两条原则（财富由金银构成；无金银矿山的国家只有通过贸易差额，即出口价值超过进口价值，才能输入金银）已然确立，那么政治经济学的重大目标必定是尽量减少供国内消费的外国商品的进口，同时尽量增加国内产业产品的出口。因此，限制进口和鼓励出口就成了使国家致富的两大引擎。

对进口的限制有两种：

第一，对于供本国消费的外国货物，如能由本国生产，则不论从哪个国家进口都加以限制。

第二，对所有从贸易差额不利于本国的那些国家进口的货物都加以限制。

相应的限制措施，有时是高关税，有时是绝对禁止。

鼓励出口的措施，有时是退税，有时是奖励，有时是和外国订立有利的贸易条约，还有时是在远方建立殖民地。

退税在两种不同情况下实行：如果本国制造品已经缴纳关税或消费税，在其出口时常常退还已纳税额的一部分；如果是为了再出口而进口的需纳税的外国货物，在其出口后退还已纳税额的全部或一部分。

对那些刚起步的制造业或被认为值得特别关注的企业的产品出口，给予奖金，以资鼓励。

通过有利的贸易条约，本国的货物和商人可以在国外某些地区获得优于其他国家货物和商人所受待遇的特权。

通过在远方建立殖民地，宗主国的货物和商人不仅享有某些特权，而且常常获得垄断地位。

上述两种限制进口的手段和四种鼓励出口的手段，是重商主义体系为了使贸易差额有利于本国从而增加国内的金银数量所提出的六种主要手段。我将在下面的章节里对这些手段进行考量，但不再过多关注它们是否有利于把货币输入到国内来，而将主要围绕它们可能给国家产业的年产带来的影响。由于这些手段往往会增加或者减少国内年产品的价值，显然它们也一定会增加或减少国家的真实财富和收入。

第二章　论限制进口国内能生产的商品

采取高关税或绝对禁止的手段限制从国外进口国内能生产的商品，多少能够确保国内生产这类商品的产业对国内市场的垄断。例如，禁止从外国进口活牲畜和腌肉，就确保了英国畜牧业者对国内肉类市场的垄断。对谷物进口课以高额关税（在谷物数量饱和的年份里，高关税等于禁止其进口），可给谷物生产者带来相同的利益。禁止外国毛织品进口同样有利于国内毛织品制造业。丝织业虽然完全使用外国原材料，但是近来也已获得同样的利益。麻织业尽管还未取得这样的利益，但也正在向这一前景大步迈进。许多其他种类的制造业也以同样的方式，在英国完全取得了或几乎取得了不利于国人的垄断地位。英国所绝对禁止进口或在某些条件下禁止进口的商品种类之繁多，不太熟悉关税法的人是很难想象的。

国内市场的垄断地位往往使得享有它的各种产业受到极大鼓励，并且，毫无疑问，常常使更多的社会劳动和资本转到这些产业上来。但是，这样是否能增进社会总产业，或引导其朝着最有利的方向发展，也许不会十分明显。

社会总产业绝不会超过社会资本能维持的限度。就像任何个人能雇用的工人人数必定和他的资本成某种比例一样，一个社会的全体成员能持续雇用的工人人数，也一定和那个社会的全部资本成某种比例，绝不会超过这个比例。任何商业法规都不能使一个社会的产业数量增加到超出其资本能维持的限度。它只能使本来不属于某一方向的一部分产业转到这个方向来。至于这个人为的方向是否比资本原本投入的方向更有利于社会，却不能确定。

每一个人都不断地努力为自己所能支配的资本找到最有利的用途。诚然，他所考虑的是自身的利益，而不是社会的利益。但他对自身利益的考量自然会，或者毋宁说必然会引导他选定最有利于社会的用途。

首先，如果能够获得资本的正常利润，或者比正常水平稍低的利润，每个人都想把他的资本投在尽可能靠近自己家乡的地方，从而他对本国产业的支持也会尽可能地多。

因此，如果有相等的或差不多相等的利润，每个批发商自然宁愿从事消费品的国内贸易也不愿从事对外贸易，宁愿从事对外贸易也不愿从事中间商贸易。从事国内贸易的话，他的资本不会像从事对外贸易那样长期不在他的监管之内。他能更好地了解他所信托之人的品质和情况，即使偶然被骗，他也更清楚本国有关索赔的法律。如果从事中间商贸易，商人的资本一般会分投在两个外国，没有任何部分有放在本国的必要，也没有任何部分会置于自己的直接监督和掌控之下。例如，如果一个阿姆斯特丹商人的生意是把谷物从哥尼斯堡运到里斯本，把水果和葡萄酒从里斯本运到哥尼斯堡，那他通常必须把一半资本投在哥尼斯堡，另一半投在里斯本。没有任何资本有流入阿姆斯特丹的必要。这样的商人自然应当住在哥尼斯堡或者里斯本，只有在非常特殊的情况下，他才会住到阿姆斯特丹。但是，因远离自己的资本而产生的不安往往使他把一部分本应运往里斯本的哥尼斯堡的货物和一部分本应运往哥尼斯堡的里斯本的货物运到阿姆斯特丹。虽然这样做肯定要使他承担装货和卸货的双重费用和一些关税，但是为了让他的一部分资本能处在他自己的监督和掌控之下，他甘愿担负这些额外的费用。正是由于这种情况，那些在中间商贸易中占有相当份额的国家，往往成为它所运输的各国货物的中心市场或综合市场。而为了免于二次装卸，商人们总是将尽可能多的外国货物在国内出售，从而将中间商贸易尽可能地变成消费品的对外贸易。同样，一个从事消费品对外贸易的商人，当他收集货物运出国外出售的利润和他在国内出售这些货物的利润相同或差不多的时候，他总是愿意把尽可能多的货物在国内出售。当他这样把对外贸易尽可能地变成国内贸易，他就可以避免承担出口的风险和麻烦。这样一来，每一个国家居民的投资中心就是他们自己的国家——如果我可以这样说的话——他们的资本不断围绕这一中心流通，趋向着这一中心；虽然，有时候由于特殊的原因，这些资本会被迫离开这个中心，被用在更遥远的地方。不过正如我已经指出的，投在国内贸易上的资本，与投在消费品的对外贸易上的等量资本相比，必然会推动更多的国内产业，并使国内更多的居民可以得到收入和就业机会。投在消费品对外贸易上的资本，与投在中间商贸易上的等量资本相比，也有同样的优点。所以，在利润均等或几乎均等的情况下，每一个人都自然地倾向的运用资本的方式，很可能为国内产业提供最大的支持，使最大数量的本国居民获得收入和就业机会。

其次，每一个把资本投在国内产业上的人，必然会努力经营这个产业以创造最大价值。

劳动产品是劳动对象或劳动所用原材料的增值。劳动者所得利润的大小，和劳动产品价值的大小成比例。由于任何人投资产业都只是为了追求利润，所以，他总是会努力使他投资的产业的产品具有最大的价值，或者说能交换最大数额的货币和其他商品。

但是，一个社会的年收入总是正好等于这个社会的产业年产品的可交换价值，或者也可以说，这两者就是同一回事。所以，由于每一个人都会尽其所能运用其资本发展国内的产业，并努力经营这一产业以创造最大产值，每个人就都尽其所能地增加了社会的年收入。的确，通常来讲，他本来既不打算促进公共利益，也不知道自己在多大程度上促进了这一利益。他选择投资支持国内产业而不是支持外国产业，考虑的只是他自己资本的安全；他经营他的产业使其生产价值最大化，也只是为了自己的利益。在这种情况下，与在其他许多情况下一样，有一只看不见的手引导着他去达到一个他无意追求的目的。这虽然不是他的本意，可对社会来说并非不利。他追求自己的利益，常常能促进社会的利益，比有意这样去做更加有效。我从未听说过，那些装作为公众利益而经营贸易的人做过多少好事。当然，这种装腔作势的行为在商人们中间并不十分普遍，用不着多说什么劝阻的话。

一个人的资本应该投资何种国内产业，何种产业的产品最有价值？关于这一问题，显然每一个身处其境的人都能比政治家或立法者做出更好的判断。如果政治家企图指导私人如何运用他们的资本，那不仅是多此一举，而且是在包揽一种既不可能放心地交给任何个人，也不可能放心地交给任何委员会或参议院的权力。把这种权力交给一个荒唐的、自以为有资格行使它的人，是再危险不过的了。

给予国内产业中任何特定的工艺或制造业的产品在本国市场上的垄断地位，就是在某种程度上指导个人如何运用他们的资本。而在大多数情况下，这种限制措施，几乎毫无例外地，必定是无用的或者有害的：如果国内产业的产品在本国市场上的价格与外国产业的产品一样低廉，这种限制措施显然是无用的；如果不是一样低，那这种限制措施则通常有害。假如自己在家里制造一件东西要比到外面买它付出的更多，就决不要在家里制造，这是每一个持家有方的人都明白的道理。裁缝不会自己来做鞋子，而是从鞋匠那里购买。鞋匠不会自己来做衣服，而是请裁缝。农夫既不想裁衣，也不想做鞋，他都请别的手艺人来做。他们都觉得，为了自己的利益，应当把全部的精力都集中到比邻人有优势的方面，而以其一部分的劳动产品或其价格（二者是一回事），去购买自己需要的其他东西。

在一个私人家庭中是精明的行为，对一个国家来说也不可能是愚蠢的。如果外国能提供比我们自己制造来得更划算的商品，那我们最好就用我们较有优势的产业的一部分产品向他们购买。国家的总产业总是与其所用资本成比例，它不会因此而削减，正如上面所说的手艺人的劳动不会削减一样，只不过任其寻找最有利的用途而已。生产那些买比做更划得来的东西显然不是最有利的，而不把劳动用在显然比这更有价值的商品生产上，一定会或多或少地减少其年产品的价值。按照假定，从国外购买这种商品比在国内生产它们更便宜合算，因此，如果顺其自然，其实我们只需用等量资本投入国内产业产品的一部分或其价格的一部分，就可以把这商品购买进来。所以，如果给予这类本国产品垄断权，一国的产业就会从比较有利的行当转向比较不利的行当，以致其年产品的价值不是像立法者所想的那样有所增加，而是由于每一项这样的限制措施而必然地减少。

诚然，通过这种限制措施，某些特定的制造业有时能更迅速地确立起来，经过一段时间，其产品可以做到和国外一样便宜或更便宜，社会产业可以由此更快地找到某种有利的渠道，但是社会产业的总量及其收入的总额却绝不会因此增加。社会产业的增加只能与社会资本的增加成比例，而社会资本的增加又只能与社会收入的节余成比例。而上述限制措施就是在减少社会收入，而减少社会收入就一定不会比任由资本和劳动寻找自然的用途更迅速地增加社会的资本。

没有这种限制措施，虽然某些特定产业就虽不能在社会上确立起来，但是社会在任何时期都不会因此而变贫困。在社会发展的每一时期内，它的全部资本和劳动，虽然使用对象不同，但仍可能被用在当时最有利的用途上。在每一时期内，社会收入均可能是社会资本能提供的最大收入，而资本和收入也均可能按最大的速度增加。

在生产某种商品上，有时候一国相对于另一国享有的自然优势是如此巨大，以至于全世界都承认向这种优势挑战是徒劳的。通过盖玻璃房、建温床和温墙，苏格兰也能种出很好的葡萄，也能用它酿出很好的葡萄酒，但费用约为从外国进口同等品质葡萄酒的三十倍。禁止所有外国葡萄酒的进口，只是为了鼓励在苏格兰生产波尔多和勃艮第酒，这难道是合理的法律？如果说为了得到所需的等量产品，不去从外国购买，而是用三十倍的劳动和资本在本国制造显然是荒谬的做法，那么，即使用多出 1/30 甚至 1/300 的劳动和资本这样去做也同样荒谬，虽然荒谬的程度没有那么惊人，但荒谬的性质完全一样。这样来说，一国相对于另一国享有的优势是天然固有的还是后来取得的，都无关紧要。只要一国享有这种优势，而另一国没有，后者向前者购买这种优势产品就总是比自己制造更为有利。一个手艺人相对于另一行业的手艺人的优势只是后来取得的，但是他们都发现，从对方那里购买人家的产品比自己生产这种产品更为有利。

商人和制造业者是从这种国内市场垄断中获得最大好处的人。禁止外国牲畜和腌肉进口，以及对外国谷物征收高关税（这在丰收年分等于禁止进口）给英国畜牧业者和农场主带来的利益，比不上商人和制造业者从同类措施中所得的利益。制造品，尤其是比较精巧的制造品，比谷物和牲畜更易于由一国运至另一国。所以，对外贸易以运送和贩卖制造品为主要业务。在制造品方面，即使是在国内市场上，一种非常小的优势就可以使外国商人能够以低于英国人工产品的价格出售其商品；而在土地天然产物方面，他们需要有极大的优势才能做到这一点。如果允许外国商品自由进口，一些本国制造业或许会遭受损失，有的也许会完全破产，投入其中的资本和劳动有相当一部分会被迫寻找其他用途。但是，天然产物的进口即使在最自由的情况下，也不会对英国的农业产生这样的影响。

例如，即使外国牲畜的进口十分自由，能进口的牲畜也会很少，大不列颠的畜牧业并不会受到多大的影响。活牲畜可能是海路运输贵于陆路运输的唯一商品。通过陆路，它们可以自己走到市场上去。通过海路，则不仅要运牲畜，还得运它们的食物和水，这些费用和麻烦可不小。确实，爱尔兰和大不列颠之间的海路较短，这使得从爱尔兰进口牲畜较为容易。但是，即使可以随时自由进口（最近的自由进口许可是有时间限制的），对大不列颠畜牧业者的利益也不会有多大的影响。爱尔兰海沿岸的大不列颠领土全是畜牧之地，爱尔兰的牲畜在这些地方没有市场，它们只能穿过这片广阔的地区（相关费用和麻烦当然不小），赶往其他合适的市场。而肥牲畜走不了这么远，所以只能进口瘦牲畜。进口瘦牲畜不会损害饲育瘦牲畜之地的利益，瘦牲畜价格的降低对这些地方反倒有利；它只会损害繁殖瘦牲畜之地的利益。而允许自由进口之后，爱尔兰牲畜的进口数量之小，及瘦牲畜依然坚挺的价格都可以证明，即使是大不列颠繁殖瘦牲畜之地，也未受到爱尔兰牲畜进口多大的影响。据说，爱尔兰的老百姓曾强烈地抵制牲畜出口。不过，如果出口商认为继续出口牲畜有利可图，而法律又支持他们，那他们要克服这种群众抵制是很容易的。

此外，饲养牲畜之地一定都已经被高度改良，而繁殖牲畜之地则通常尚未被开垦。如果瘦牲畜售价高，也就增加了未开垦土地的价值，这等于是对不改良土地的做法予以奖励。而对那些全境的土地都已被改良的国家来说，进口瘦牲畜比繁殖瘦牲畜更为有利。据说现在的荷兰就依循这一点。苏格兰、威尔士和诺森伯兰的山地确实是没多大改良余地的地区，似乎先天注定要成为大不列颠繁殖牲畜之地。外国牲畜的自由进口，只不过使这些繁殖之地没法从大不列颠其他地方的人口增长和进步中得到好处，不能把他们牲畜的价格抬得过高，不能从其他更进步和肥沃的地区获得更多收入。

腌肉的自由进口也像活牲畜的进口一样，不会对大不列颠畜牧业者的利益产生多大的影响。腌肉不仅是粗重的商品，而且和新鲜的肉类相比，它的品质更低，价格也更高（因为它的制作要花更多的劳动和费用）。因此，进口的腌肉虽然能和本国的腌肉竞争，但绝不能和本国新鲜的肉类竞争。它可能被当作远洋船只上的食物，或用在类似的用途上，但毕竟在人们的饮食中不占很大的部分。自从允许其自由进口以来，从爱尔兰进口的腌肉并不多，这一事实证明，英国畜牧业者不必为此担心。并无迹象表明，英国的肉类价格受到腌肉进口的明显影响。

甚至外国谷物的自由进口对大不列颠农民的利益也没有多大的影响。谷物比肉类还粗重得多，运送 1 磅只值 1 先令的小麦就要花上和运 1 磅值 4 先令的肉类同样的代价。即使在大荒年，外国谷物的进口量也很少，这使英国的农场主感到欣慰，他们不必担心谷物的自由进口。根据谷物贸易研究者提供的信息详尽的数据，平均每年进口各种谷物的数量总共不过 23728 夸特，只占本国谷物消费额的 1/571。但是，由于谷物出口奖金的存在，导致了丰收年份谷物的出口量超过了实际耕作状况所允许的出口量，所以歉收之年谷物的进口量必然要超过实际耕作状况所允许的进口量。这样一来，当年的丰收就不能补偿来年的歉收。如果没有谷物出口奖金，那么出口的谷物将会比现在少，或许进口量也会因此比现在少。在英国和其他国家之间贩运谷物的商人将因此而失去许多生意，遭受许多损失。但对乡绅和农民来说，损失却很小。所以，正如我看到的，是谷物商人，而不是乡绅和农民，对重建和延续谷物出口奖金制度抱以热望。

在所有人当中，乡绅和农民是最没有可憎的垄断心态的，这是他们的光荣。一个大工厂主有时会因为发现有人在离他 20 英里内新建了一个同类工厂而感到惊慌。在阿比维尔经营毛织品制造业的荷兰人，就规定在那个城市周围 90 英里内不许建设同类工厂。相反，农民和乡绅通常更愿意帮助而不是妨碍他的邻人耕种和改进他们的田产。他们不像大多数工厂主那样有许多机密，而是大多喜欢和邻人互相交流，喜欢尽可能推广自己的新经验。老加图曾说："这是最受人尊敬的职业。从事这种职业的人，生活最稳定，最不为人忌，最没有不满之念。"乡绅和农民散居全国各地，不便相互联络；商人与工厂主集中居于城内，则容易相互联合。后者都沾染了行业内盛行的独占专营的习气，自然地想取得不利于国人的专营特权，就像想取得不利于他所在城市的居民的专营特权一样。他们似乎是为保障自己对国内市场的垄断而限制外国商品进口的始作俑者。也许是效仿商人和工厂主，或觉得受到了压迫而要求平等，乡绅和农民们忘了他们固有的慷慨，也起来要求谷物及肉类供给的垄断权。他们没有仔细想一想，自由贸易对他们利益的影响其实比对商人和工厂主利益的影响小很多。

以永久性法律禁止谷物和牲畜的进口，实际上就等于规定一个国家的人口和产业永远只能维持在本国土地天然产物所能维持的水平上。

但是，似乎在下面两种情况下，对外国产业或产品施压以鼓励国内产业会有好处。

第一种情况是当某种产业为国防所必需时。例如，大不列颠的国防能力在很大程度上取决于其海员和船只的数量。因此，航海法力图赋予大不列颠的海员和船只在本国海上贸易中的垄断地位；对外国船只，有时候是绝对禁止，有时候是课以重税。航海法的主要规定大致如下：

（一）凡与英属殖民地通商或在大不列颠沿岸经商的船只，其船主、船长及 3/4 的船员必须为英国籍，违者没收船只及所载货物。

（二）各种粗重的进口商品，只能由上述船只（其船主、船长及 3/4 的船员为英国籍）或商品出口国的船只输入大不列颠。如果由后一类船只输入，必须征收加倍的外国人税。如果由其他国家的船只输入，则没收船只及所载货物。在这项法令制定的时候，荷兰人是欧洲最大的中间商（现在仍是）；但由于这项法令的颁布，他们再也不能当大不列颠的中间商，也不能再把其他欧洲国家的货物运入英国了。

（三）各种粗重的进口商品，禁止从不是生产国的其他任何国家进口，即使是用英国的船只也不例外，违者没收船只及所载货物。这项规定可能也是专门针对荷兰人的。荷兰那时和现在一样，是欧洲货物的大市场。有了这条限制措施，英国船只就不能在荷兰境内起运其他欧洲国家的商品了。

（四）各种腌鱼、鲸须、鲸鳍、鲸脂，如果不是由英国船只捕获及加工，在输入大不列颠时必须征收加倍的外国人税。在那时，荷兰人是欧洲唯一向其他国家提供海鱼的渔民（现在主要的海鱼仍是由他们提供），现在有了这条限制措施，他们给大不列颠供应海鱼就须缴纳极重的税了。

该航海法制定的时候，英国、荷兰两国之间虽然实际上没有战争，但存在着强烈的仇恨。这种仇恨在长期议会统治时期开始酝酿（期间制定了这项法律），最终在克伦威尔和查理二世统治时期爆发，导致了英荷战争。这部著名的法律中有几条很可能是从民族仇恨的角度制定的，但确实又像深思熟虑的结果一样明智。当时的民族仇恨，以削弱唯一可能危及英格兰安全的荷兰海军力量为目的，这和最冷静的思考所要求的正好相同。

航海法是不利于对外贸易的，或者说，是不利于可能由对外贸易产生的财富增长的。一个国家在对外贸易中的利益，和一个与人做交易的商人的利益一样，要看是否尽可能便宜地买进或尽可能贵地卖出货物。但是，只有当一个国家贸易非常自由，其他国家都受到鼓励，把这个国家所需的货物运来的时候，它才最有可能便宜地买进货物；同样，只有当它的市场上挤满大量买者的时候，一个国家的货物才最有可能卖得贵。诚然，航海法并没有给到英国来购买货物的外国船只增加税费负担；甚至过去出口和进口商品通常都要缴纳的外国人税，也被后来的几项法令免除，大部分的出口商品无须再缴纳了。但是，如果禁令或高税率阻止了外国人前来出售他们的商品，他们也就不会总是有能力来购买商品了；因为如果船只不载货物前来，他们就损失了从自己的国家到英国的路费。由于减少了前来销售货物的人数，我们必定也减少了购买者的数量，这样，与贸易完全自由的时候相比，我们不仅在购买外国货物时要买得更贵，而且在出售本国货物时要卖得更便宜。不过，由于国防比国家财富重要得多，航海法也许仍然是英国各种通商条例中最为明智的一种。

对外国产业或产品施压以鼓励国内产业，第二种有利的情况是在国内对本国产品课税的时候。在这种情况下，对外国同样的产品课以同样的税似乎也合理。这种办法不会使本国产业垄断国内市场，也不会使国家有比自然的情况下更多的资本和劳动流入某种特定产业。对国内外的货物都课税，只会防止自然情况下流入特定产业的资本和劳动因为被课税而流入其他不那么自然的用途。国外产业和国内产业的竞争平台，在课税前和课税后也差不多一样。在英国，当对国内的产品课以此税的时候，为了避免商人和制造业者们抱怨他们的产品要在国内贱卖，通常就对进口的同种外国商品课以高得多的关税。

有些人认为，对自由贸易的第二种限制，不应该仅仅局限于能与国内被课税的产品相竞争的那些外国商品。他们说，生活必需品要是在国内课税，那么，不仅对外国进口的同种生活必需品课税是正当的，而且对外国进口的能和本国产品竞争的所有商品课税也是正当的。他们说，课税必然会导致生活必需品价格抬高；而劳动价格会随着劳动者生活必需品价格的增高而增高。所以，本国产业生产的各种商品，虽然没有直接课税，但其价格都因为对生活必需品课税而上升了；因为生产各种商品的劳动的价格上升了。因此，他们说，这种课税虽然只以生活必需品为对象，但实际上等于对国内一切产品课税。所以，他们认为，为了使国内产业与国外产业居于同等地位，对进入本国而与本国商品形成竞争的所有外国商品，都必须课以与本国商品价格增高额相等的税。

对生活必需品课税（比如英国对肥皂、食盐、皮革、蜡烛等商品课税）是否必然提高劳动价格，从而提高其他一切商品的价格，我将在后面探讨赋税问题时加以考察。我们不妨先假定这种课税有这样的效果（它无疑是有这种效果的），但劳动价格提高导致所有商品价格提高与因直接课税导致特定商品价格提高，在以下两方面还是有所不同的：

第一，特种赋税能使特定商品的价格提高到什么程度，总是可以准确地判定的；但劳动价格的普遍提高能在多大程度上影响各种不同的劳动商品的价格，则不能很确切地判定。所以，不可能很准确地按照国内各种商品价格上涨的比例来对各种外国商品课税。

第二，对生活必需品课税对人民境况的影响，与土壤贫瘠和气候恶劣所产生的影响大致相同。在这两种情况下，物资都会变得昂贵，因为生产它们都需要异常的劳动和费用。正如在土壤和气候原因所造成的自然匮乏时期指引人们使用其资本与劳动是荒谬的一样，在对生活必需品课税引起人为匮乏时指引人们这样或那样去做也是荒谬的。很明显，在这两种情况之下，对人民最有利的做法是让他们尽可能地使自己的劳动适应他们的境况，也就是说，即使在不利的情况下，也能在国内或国外市场上找到可以占据一些优势的行业。由于他们的纳税负担很重，由于他们对生活必需品支付了过高的价格，就让他们负担一种新税，让他们对其他大部分商品也支付过高的价格，这无疑是一种最荒谬的补偿办法。

当对生活必需品课征的赋税达到一定高度时，其危害与土壤贫瘠和气候恶劣所造成的危害相同；然而，征收这类赋税的地方通常都是最富裕和最勤勉的国家，其他国家经受不起这么大的混乱。只有最强健的身体才能在不卫生的饮食条件下生存并保持健康状态，所以只有各种产业都具有最大先天优势和后天优势的国家，才能在这类赋税下存在并繁荣。荷兰是这类赋税最多的欧洲国家，但它的持续繁荣并不像最荒谬的看法所认为的那样，是由于有了这类赋税，而是由于其特殊的国情。它的繁荣与这些赋税无关。

如上所述，在这两种情况下，给外国产业增加某些负担以鼓励国内产业是有利的，但还有另外两种情形在有些时候还有待思量：一种情形是，在何种程度上允许某种外国商品持续自由进口是适当的；另一种情形是，当自由进口中断了一段时间之后，在何种程度上、用何种方式恢复它是适当的。

当某个国家以禁令或高关税抑制进口英国的某种制造品的时候，我们就得考虑在何种程度上允许这个国家的某种商品持续自由进口是适当的。在这种情况下，复仇心理自然会引起报复行动，我们会对他们的某些产品或所有产品课以同样的关税或施以同样的禁令。各国一般都是如此进行报复的。法国人为了庇护本国的制造业，特别倾向于抑制一切能和他们竞争的外国商品进口。这构成了柯尔伯特政策中的很大一部分。柯尔伯特先生的才能虽然不小，但在这方面，却似乎为商人和制造业者的诡辩所蒙蔽了。商人和制造业者所要求的垄断权对其国人总是不利的。现在，法国最明智的人都认为，他的这种政策对国家没有好处。这位大臣在1667年颁布关税法，对大多数外国制造品课以极高的关税。由于他拒绝荷兰人减轻关税的要求，后者于1671年禁止法国的葡萄酒、白兰地和制造品进口。1672年的战争部分是由这场商业争端引起的。1678年两国签订《奈梅亨和约》时，法国向荷兰做出让步，减轻了其关税，荷兰也由此撤回了进口禁令。英法两国大约是在同一时候开始互相采用相同的高关税和禁令政策来压制对方产业的，但似乎也是法国人起的头。从那之后，两国之间存在的敌意使得双方迄今都不肯减轻各自的关税。1697 年，英国禁止佛兰德制造的梭子花边进口；那时佛兰德属于西班牙的领地，作为报复，其政府禁止英国的毛织品进口。1700 年，以佛兰德撤回对英国毛织品进口的禁令为条件，英国撤回了对佛兰德梭子花边进口的禁令。

如果这种报复能够撤销众人抱怨的（外国对英国产品的）高关税或禁令，那也可以说是好政策。恢复一个广大的外国市场，足以解决某些商品在短时期内价格过高带来的困难。要判断这种报复能否产生这种效果，与其说需要有立法者的知识，不如说需要狡猾的政治家或政客的技巧。因为立法者的思考受持久不变的普遍原则支配，而政治家或政客的思考则受瞬息万变的具体事件指引。如果高关税或禁令不可能被撤销，这种报复则不见得是一个好办法。当我们的邻国禁止英国某些产品进口时，我们通常不仅对他们的相同产品施行进口禁令，而且还禁止他们其他的一些产品进口；因为如果单是禁止前者，很难给他们施加足够的压力。这样做无疑可以鼓励英国某些行业的生产者，替他们排除一些竞争者，使他们能在国内市场上抬高价格。但是，英国那些因邻国禁令而蒙受损失的生产者绝不会从我们的报复性禁令中受益。相反，他们及英国几乎所有的公民在购买某些货物时都不得不支付比以前更为昂贵的价格。所以，这样的法律等于是对所有人课以实税，受益的不是因邻国禁令而蒙受损失的生产者，而是另外一部分生产者。

另一种情形是，如果本国的某些产业，由于所有能与其竞争的外国商品都被课以高关税或禁止进口，所以已经发展壮大、从业人员众多，而且外国商品自由进口已经中断了一段时间，那么此后在何种程度上、以何种方式来恢复自由进口才是适当的，这有待思量。人道主义的态度也许会要求一步步地、小心翼翼地恢复自由贸易；因为如果骤然撤销高关税与进口禁令，廉价的同类外国货物可能迅速涌入本国市场，旋即造成英国成千上万的人民丧失生计。由此引起的混乱无疑会相当严重。不过，这种混乱也许并不像通常想象的那么严重。原因有二：

第一，那些没有奖金也照样可以出口到欧洲各国的商品，都不会受到外国商品自由进口的多大影响。这种商品出口到国外，其售价应该和同种类、同品质的外国商品一样低廉，因此它们在国内的售价只会更低，所以，它们仍会占据着国内的市场。尽管有些爱时髦的人，有时会因为是外国货就对其青睐，而不买本国制造的物美价廉的同类货物，但按照常理，这种蠢事只发生在少数人身上，不会对广大就业者正常的谋生渠道造成显著的影响。英国毛织业、制革业和锻造业中有很大一部分商品是不依赖奖金而出口到欧洲各国的，而这几种行业的从业人员也最多。丝织业也许是由于自由贸易而受害最大的行业，其次是麻织业，但后者所受损失比前者小很多。

第二，虽然有很多人会因为这样恢复自由贸易而突然失去他们平常的工作和生计，但不能由此得出结论说，他们从此就被剥夺了工作和生计的机会。上次战争结束时裁减的陆海军达十万人以上，这个数量等于最大的行业里的从业人员。这些人全都是突然失去了自己平素的工作；但是，虽然他们毫无疑问地经受了苦难，却并未因此被剥夺了工作和生计的机会。大部分水兵可能逐渐在商船上找到了工作，同时，和他们一样，陆军士兵也被吸收到大众之中，从事各种各样的职业。这十万多人，本来全都习惯了使用武器，有许多还习惯了掠夺，他们的处境发生了这么大的变化，却不仅没有引发大动乱，甚至没有引起明显的混乱。就我所知，流浪者人数在各地并未因此而有明显的增加，甚至，除了商船海员外，任何职业的劳动工资都未曾减少。我们如果比较士兵和任何制造业工人的习惯，就会发现，转换职业时，后者比前者更符合职业要求。制造业工人总是习惯自力更生，而士兵则习惯以固定薪水维持生活。一个习惯于勤奋和辛劳，另一个习惯于闲散和怠惰。由一种劳作转入另一种劳作，当然比由闲散怠惰转入劳作容易得多。此外，我已说过，大部分制造业都有与之性质类似的其他制造业合作共存，所以，工人们很容易从一种制造业转到另一种制造业。大部分这样的工人有时候也被雇用从事农村劳动。以前某种制造业雇用他们的资本仍然留在国内，可以以其他方式雇用同等数量的工人。国家的资本仍然相同，对劳动的需要也和从前相同或大致相同，不过是用在不同的地方和不同的职业上而已。我们知道，海陆军士兵被国王的军队遣散时有在大不列颠或爱尔兰的任何城市或地方选择任何职业的自由。那就请恢复英国所有臣民选择自己愿意从事的职业的天赋自由，让他们像士兵们一样吧；即，打破同业公会的排外特权，废除学徒法令（这二者都是对天赋自由的实际侵害），再取消居留法，使在此行此地失了业的穷困工人能在彼行彼地就业，无须担心被检举或被排斥。这样，无论是公众还是个人，都不会因为某个行业的解散而承受比海陆军士兵被遣散时更大的困扰。我们的制造业工人对国家无疑有很大的贡献，但他们不会比那些以鲜血捍卫国家的士兵贡献更大，所以也无须特殊对待。

诚然，期待在大不列颠完全恢复贸易自由，就像期待在这里建立理想岛或乌托邦一样荒谬。其难以抗拒的阻力不仅来自公众的偏见，还来自许多更难克服的私人利益。如果部队军官们反对裁军也像大制造业者们反对可能在国内增加竞争者数量的法案一样激烈和团结一致；如果前者也以后者煽动工人的方式去鼓动士兵，以暴力攻击他们所反对的法案的提议者，那么，试图裁军就和现在试图在不论哪方面削减英国制造业者手里对我们不利的垄断权一样危险。这种垄断权已经大大地增加了某些产业的人数和势力，他们像一支庞大的常备军那样，不但可以威胁政府，甚至可以胁迫立法机关。如果议会的议员支持加强这种垄断的每一项提议，他不但可以获得精通贸易的赞誉，还可在一个人数众多、财富巨大，因而占有重要地位的阶层中受到欢迎和拥护。相反，如果他反对这类提议，尤其是他还有足够的权力去阻止这类提议通过的时候，那么，他即使是公认的正直人士，有崇高的地位，或有巨大的社会功绩，也免不了受到最大的侮辱和诽谤，免不了受人身攻击，有时候还会有实际的危险；这些无礼的暴行都将来自愤怒和绝望的垄断者。

大型制造业经营者，如果由于在国内市场上突然遭遇外国人的竞争而不得不放弃原产业，其损失当然不小。通常，用来购买原料和支付工资的那部分资本要另觅用途或许不会十分困难，但是固定在厂房和贸易设备上的那部分资本处理起来却不免造成相当大的损失。因此，为了公平地对待他们的利益，这种变革不能操之过急，而要缓慢地、逐渐地、长时间地给以警告之后再实行。如果立法机关不为局部利益的无理诉求所左右，而具有为大众谋福利的远见，那么它为此要特别谨慎，既不能建立新的垄断，也不能扩大已经存在的垄断。每一项这样的法规都难免会在某种程度上造成国家宪法的失调，以后要去补救，又会引起另一种失调。

至于对外国货物课税不是为了防止其进口，而是为了增加政府收入，这在何种程度上是适当的，我将在后面探讨税收问题时予以考量。为阻止或减少进口而设的关税，显然是有损于关税收入的，就像它有损于贸易自由一样。

第三章 论对贸易差额于我不利的国家的商品进口实施特殊限制

第一节 论即便根据重商主义原则，这种限制也不合理

对贸易差额于我不利的那些国家的几乎所有商品的进口施加特殊限制，是重商主义体系所提出的增加国家金银量的第二个策略。例如，在大不列颠，西里西亚的上等细麻布只要缴纳一定的关税，即可进口供国内消费；而法国的细葛布和细麻布则被禁止进口，除非运到伦敦港的货栈以待转运出口。英国对法国葡萄酒所课的关税，要比对葡萄牙或其他任何国家的葡萄酒所课的关税更重。根据英国所谓的1692年的进口法，所有的法国货物都按估定价值的25%被课以关税，而来自其他国家的大部分货物的关税则轻得多，很少超过5%。诚然，法国的葡萄酒、白兰地、食盐和醋不在此限，这些商品要依照别项法律或此项法律的特殊条款缴纳别种重税。1696年，英国又认为25%的关税还不足以抑制法国商品的进口，于是又对白兰地以外的法国商品再加征25%的关税；至于法国葡萄酒和法国醋，则每吨分别课以25英镑和15英镑的新税。法国货物从未被省免关税税则上列举的大部分货物必须缴纳的一般补助

税[①]或五分税。如果把 1/3 补助税和 2/3 补助税也计算在内，法国商品要缴纳的全部补助税就有五种。因此，在这次战争开始以前，法国大部分的农产品和制造品至少须负担 75%的关税。但是，对大部分货物来说，如此沉重的关税等于是禁止其进口。我相信，法国方面也会同样地苛待英国的商品，虽然我不太清楚到底苛刻到什么程度。这种相互的限制几乎断绝了两国之间一切公平的交易，使走私成了法国货物进入英国和英国货物进入法国的主要途径。上一章我考察过的那些原则起源于私人利益和垄断精神；我现在要考察的这些原则，则是起源于民族偏见和敌意。因此，正如可看到的那样，它们更加不合理，即使按照重商主义原则来看也是如此。

首先，即使英法之间自由通商的贸易差额确实对法国有利，也不能因此就断言这样的贸易或全部贸易的总差额对英国不利。如果法国的葡萄酒比葡萄牙的葡萄酒更好且更便宜，或者它的亚麻布相比德国的亚麻布也是这样，那英国从法国购买所需的葡萄酒和亚麻布当然比从葡萄牙和德国购买更为有利。尽管每年从法国进口的商品价值会因此而大增，但因同品质的法国商品比上述两国的便宜，所以每年全部进口商品的总价值定会按照便宜的比例而减少。即使从法国进口的商品完全在英国消费，情况也是如此。

其次，英国从法国进口的很大一部分商品会被再出口到其他国家去赚取利润；通过这种再出口，也许能带回与全部法国进口商品原始成本价值相等的收益。人们常说东印度贸易如何如何，其实对法贸易可能也是一样：虽然大部分的东印度货物是用金银买来的，但是将其一部分再出口到其他国家，可以给做这项生意的国家带回比其全部原始成本更多

① 指补助国王的税。——译者

的金银。现在荷兰贸易最重要的分项之一，就是将法国货物贩卖到其他欧洲国家。甚至英国人喝掉的法国葡萄酒，有一部分也是从荷兰和西兰岛秘密进口的。如果英法之间贸易自由，或者，法国货物进口时只需缴纳与其他欧洲国家货物相同的关税，在出口时再退税，那么英国就可以在那种对荷兰十分有好处的贸易中分一杯羹。

最后，我们没有一个明确的标准，来判断两国之间所谓的贸易差额到底于谁有利，即哪一国的出口额更大。常由某些商人的私利所造成的民族偏见和敌意，往往左右了我们对所有相关问题的判断。不过，人们在这种场合经常会依据两条标准，即海关账簿与汇兑行情。现在人们已经普遍认为，以海关账簿作为标准不可靠，因为那上面对各种商品的估价大部分不准确。至于汇兑行情，恐怕也是差不多。

当伦敦和巴黎之间的汇兑按平价进行时，据说显示伦敦欠巴黎的债务恰好被巴黎欠伦敦的债务抵销。反之，购买巴黎的汇票如需在伦敦贴水，据说显示伦敦欠巴黎的债务未被巴黎欠伦敦的债务抵销，而必须从伦敦送出货币以弥补差额；因为输出货币存在风险、麻烦和开支，所以一方要求贴水，另一方也愿给付贴水。他们说，两市之间平常的债务债权情况必然受它们之间平常的交易情况支配。当甲地从乙地的进口数量不比甲地对乙地的出口数量更大时，则彼此间债务和债权可以抵销。但当甲地从乙地的进口数量比甲地对乙地的出口数量更大时，甲地对乙地的负债必定比乙地对甲地的负债更大，彼此间的债务和债权不能抵销，债务大于债权的一方必须送出货币。因此，通常的汇兑行情是两地之间通常的债务和债权情况的体现，也必定是两地之间进出口情况的体现。

但是，即使通常的汇兑行情可以充分显示两地之间通常的债务和债权状况，也不能因此便断言，债权债务对一地有利，贸易差额便也对此地有利。两地间通常的债务和债权情况，未必完全取决于两地间通常的贸易往来情况，而常是受两地中任一地与其他各地通常的贸易往来情况的影响。譬如，英格兰商人常常用对荷兰开出的汇票支付从汉堡、但泽、里加等地购买的货物，所以英格兰和荷兰之间通常的债务和债权情况不完全受两国之间通常的贸易情况支配，而是也受到英格兰和其他这些地方的贸易情况的影响。虽然英国每年对荷兰的出口值大大超过从荷兰的进口值，所谓的贸易差额极有利于英国，但英国可能仍不得不每年向荷兰输送货币。

而且，按照迄今为止计算汇兑平价的方法，通常的汇兑行情也并不能充分表明，汇兑有利则债务和债权也有利。换句话说，真实的汇兑情况与计算出来的汇兑情况可能极不相同，而且事实上确实极不相同。所以，在许多场合，关于债务和债权通常的情况，我们绝不能根据通常的汇兑行情得出确定的结论。

如果你在伦敦支付若干货币，根据英国造币厂标准，这些货币含有一定数量的纯银，然后你得到一张可在法国抵值若干货币的汇票，根据法国造币厂的标准，这些货币的含银量与你在伦敦付出货币的相等，那么，人们就说英国与法国之间汇兑平价。如果你支付的货币多些，人们就认为你付出了贴水，并认为汇兑于英格兰不利，于法国有利；如果你支付的货币少些，人们就认为你得到了贴水，且汇兑于英格兰有利，于法国不利。

但是，第一，我们判断各国通用货币的价值，不能总是依据它们各自造币厂的标准。各国通用货币的磨损程度和剪削程度，以及与标准相差的程度，是有多有少的。一国通用铸币的价值与他国通用铸币的价值相比较，不是看它应含的纯银量，而是看它实含的纯银量。在威廉国王时代重铸银币以前，英格兰与荷兰之间的汇兑，按照各自造币厂的标准以通常的方法来计算，英国要贴水25%。但是，我们从朗兹先生那里得知，当时英国通用铸币的价值，低于其造币厂标准不止25%。所以，即使在那时，真实汇兑也可能于英格兰有利，尽管计算的汇兑于它如此不利；在英国支付数量较小的纯银，就可以在买到在荷兰包含更大数量纯银的汇票，被认为付出了贴水的人实际上得到了贴水。在英国上次重铸金币之前，法国铸币与英国铸币相比，磨损较少，其接近标准的程度高出2%或3%。因此，如果计算出来的汇兑于英格兰的不利程度不超过2%或3%，那么真实汇兑便对英国有利。而自金币重铸以来，汇兑一直有利于英国而不利于法国。

第二，在某些国家，铸造货币的费用由政府支付；在另一些国家，则由将金银块送入铸币厂的私人支付，政府甚至会从货币铸造中获得一些收入。在英国，铸币费由政府支付，如果你将一磅标准银送到铸币厂，你可以拿回62个先令，内含同样的标准银一磅。在法国，铸造货币须扣除8%的税，这不仅足以支付铸造费用，而且还能为政府提供小额收入。在英国，因为铸币不收费，所以铸币的价值不可能大大高于其所含金银的价值。在法国，你付出的加工费增加了铸币的价值，正如加工费增加了金银器皿的价值一样。所以，含一定重量纯银的若干法国货币，比含等量纯银的若干英国货币价值更大，必然要求用更多的金银块或其他商品来换取它。因此，这两个国家的铸币，虽然同样接近各自造币厂的标准，但是一定数量的英国铸币却不能买到含有等量纯银的一定量法国货币，因而也不能买到同样数额的法国汇票。如果为买这张汇票所多支付的钱正好偿付法国货币的铸造费用，那么两国之间就实际上是汇兑平价，它们的债务和债权可以相互抵销，但计算出来的汇兑大大有利于法国。如果不用支付这么多，则实际汇兑有利于英国，而计算的汇兑有利于法国。

第三，也是最后一点，在一些地方，比如阿姆斯特丹、汉堡、威尼斯等地，外国汇票用所谓的银行货币支付；而在其他地方，如伦敦、里斯本、安特卫普、来航等地，外国汇票则以当地通用货币支付。所谓银行货币，总是比同一面值的通用货币有更大的价值。例如，阿姆斯特丹银行货币 1000 荷兰盾，就比阿姆斯特丹地方通用货币 1000 荷兰盾有更大价值。两者之间的差额被称为银行的扣头，在阿姆斯特丹，一般约为 5%。假设两国通用的货币接近各自造币厂标准的程度一样，但一国以通用货币支付外国汇票，而一国以银行货币支付，那么，很显然，即使计算汇兑有利于以银行货币支付的国家，真实汇兑也可能有利于以通用货币支付的国家。同样道理，当两国之间的计算汇兑有利于用质量较好的货币或较接近其标准的货币支付汇票的国家时，其真实汇兑很可能有利于用质量较差的货币支付的国家。在最近金币重铸以前，我相信，伦敦同阿姆斯特丹、汉堡、威尼斯，以及其他用银行货币支付的地方之间的汇兑，计算的平价一般都是不利于伦敦的。但不能因此就得出结论说，真实汇兑也对伦敦不利。自从金币重铸以来，即使是和这些地方之间的真实汇兑也是有利于伦敦的。而伦敦和里斯本、安特卫普、来航之间，以及，我相信，和除法国之外的其他大多数用通用货币支付的欧洲地区之间的，汇兑计算的平价一般都有利于伦敦；其真实汇兑大概也差不离。

顺便谈谈储金银行，尤其是阿姆斯特丹的储金银行

像英国、法国这样的大国，其通用货币几乎全由本国的铸币构成，如果这种通货因磨损、剪削或其他原因而降到标准价值以下，国家可以通过重铸货币有效地恢复通货的地位。但是像热那亚和汉堡这样的小

国，通货很少能完全由本国的铸币构成，而必然在很大程度上由与本国居民有商业往来的邻国的货币构成。所以，这样的国家不能通过重铸来重整自己的通货。如果外国汇票是由这种货币支付，而其本身的价值不确定，因此这样的一笔货币在外国的价值一定会低于它的真实价值，那么汇兑必定非常不利于这样的小国。

当这样的小国对贸易的利益重视起来，为了消除这种不利汇兑给本国商人带来的困局，往往会规定，外国汇票不得用通用货币支付，而只许以特定银行的票据支付或在其账簿上转账；这种银行依靠国家信用、在国家保护下设立，有义务完全按照国家标准，以良好的、真正的货币支付汇票。威尼斯、热那亚、阿姆斯特丹、汉堡、纽伦堡等地的银行，最初似乎都是为此而建立的，虽然其中有一些后来还具有其他用途。这种银行货币既然比本国的通用货币好，必然会有一定扣头，其大小依据通用货币被认为低于国家标准的程度而定。例如，汉堡银行的扣头，据说一般约为40%，这40%，就是人们认定的由邻国流入的损削、贬值的货币与国家标准良币之间的差值。

1609年以前，阿姆斯特丹的巨额贸易从欧洲各地带回来大量磨损、剪削的外国铸币，使荷兰通货的价值比造币厂新出良币的价值低大约9%。在这种情况下，新出的良币往往是一出厂就被熔化或运出国。拥有大量通货的商人，常常找不到足够的良币支付他们的汇票。因此，尽管有不少防范法规，此类汇票的价值在很大程度上还是变得不确定。

为了解决这一困局，阿姆斯特丹于1609年在市政府的担保下设立了一家银行。这家银行既接受外国铸币，也按照国家良币标准接受本国已有轻度磨损的铸币，只扣除必要的铸币费和管理费。在扣除此项小额费用以后剩余的价值，作为信贷记入银行账簿。这种信贷就是银行货币，其所代表的货币价值与造币厂标准一致且稳定不变，因此实际价值大于通用货币。法律同时规定，凡在阿姆斯特丹兑付或买卖600荷兰盾以上的汇票，都应以银行货币支付。这项规定立即消除了这类汇票所有的不确定性。由于有了这种规定，每个商人都不得不在银行开立账户以兑付他的外国汇票，这必然引起对银行货币的需求。

银行货币，除了它固有的相对于通用货币的优越性，以及因上述需求所必然产生的增值外，还具有几种别的优点：它没有遭受火灾、劫掠及其他意外的可能；阿姆斯特丹市政府对其负全责；其兑付仅需通过单纯的转账进行，用不着烦琐的计算，也不用冒险由一个地方运往另一个地方。由于有这种种优点，它似乎一开始就带有一项扣头，而人们普遍相信，所有存在银行里的钱都会任其留在那里，没有人会要求银行支付自己的存款，因为它在市场上出售可以得到一项扣头，但如果要求银行支付，扣头就没有了。由于刚从造币厂出来的先令在市场上不能比普通的磨损的先令购得更多货物，所以良币如果从银行的保险箱里取出来，与私人保险箱里的普通货币混在一起，就会丧失它的优良特质，变得和普通货币一样。但如果它们留在银行的保险箱里，其优越性众所周知是不会变的。当它们到了私人手中，要证明它们比普通货币优越，所付代价可能比两种货币本身的差值还大。此外，如果被从银行里取出来，它们也就丧失了作为银行货币的种种优点：安全性、转移的方便性，以及支付外国汇票的用途。不仅如此，银行还要在取出货币前收取保管费，否则就不能把货币取出来。

这种铸币存款，或者说银行必须以铸币付还的存款，就是银行最初的资本，或者说就是所谓的银行货币的全部价值。但一般认为，这只占银行资本很小的一部分。为了方便用金银条块进行的交易，这么多年以来，银行也一直通过账簿信贷接受金银条块存款。金银条块的信贷价格通常比其造币厂价格低大约5%。银行开出信贷货币的同时，还开出一张收据，存款人或收据持有者可以在六个月内的任何时候取回所存金银条块，条件是将当初那个数量的银行货币交还银行，并且，如果存的是白银，交付0.25%的保管费；如果是黄金，交付0.5%的保管费。同时，银行又申明，六个月到期时，如果寄存者不支付这笔费用，所存金银就将按接收时的信贷价格卖给银行，即归银行所有，寄存者不得提取，收据作废。这种储存金银条块的保管费可以看作一种仓库租金；至于为什么黄金的仓库租金比白银的仓库租金高这么多，有几种不同的理由：有人说，黄金的纯度比白银的纯度更难确认；黄金更容易造假，而越贵重的金属造假引起的损失越大；此外，白银是标准金属，据说国家希望鼓励存储白银而不是存储黄金。

金银条块的市场价格比通常水平略低时，人们普遍将其存到银行，到价格升高时，人们则往往将其提取出来。在荷兰，金银条块的市场价格一般比其造币厂价格高，英格兰在最近金币重铸以前的情况也是如此。其差额，据说在荷兰每马克（也就是8盎司）银块（含11分纯银和1分合金）一般为6～16斯泰弗[①]。当这样的白银（如果是外国铸币，则成色已知并固定，比如墨西哥银圆）存入银行，银行所给的价格或信贷价格，为每马克22荷兰盾；造币厂价格约为23荷兰盾，市场价格则为23荷兰盾6斯泰弗～23荷兰盾16斯泰弗，即超出造币厂价格2%～3%（见表1）。金块的银行价格、造币厂价格和市场价格之间的比例，差不多一样。通常，一个人可以出售他的银行收据以赚取金银条块造币厂价格与市场价格之间的差额。金银条块的银行收据几乎总是值些钱的。所以，下面这类情况很少发生：直至六个月期满还没有把储存

① 1斯泰弗（stiver）等于1/20荷兰盾。——译者

的金银条块提出来或忘记支付保管费以获取另六个月的收据，致使储存的金银条块按存入时的价格卖给银行，归银行所有。但是，这种情况虽然很少发生，却也不是没有，而且发生在黄金储蓄上比发生在白银储蓄上更多，因为黄金要支付更高的仓库租金。

表 1　阿姆斯特丹银行在 1775 年 9 月接受金银条块和各种铸币时的相对价格

白银

<table>
<tr><td>墨西哥银圆</td><td rowspan="3">每马克 22 荷兰盾</td></tr>
<tr><td>法国克朗银币</td></tr>
<tr><td>英国银币</td></tr>
<tr><td>墨西哥新铸银圆</td><td>每马克 21 荷兰盾 10 斯泰弗</td></tr>
<tr><td>达克图银币</td><td>每马克 3 荷兰盾</td></tr>
<tr><td>本国银圆</td><td>每马克 2 荷兰盾 8 斯泰弗</td></tr>
</table>

注：纯银占 11/12 的银块，每马克 21 荷兰盾；按照这个比例，纯银占 1/4 时，则为每马克 5 荷兰盾。纯银块，每马克 23 荷兰盾。

黄金

<table>
<tr><td>葡萄牙金币</td><td rowspan="3">每马克 310 荷兰盾</td></tr>
<tr><td>英国基尼金币</td></tr>
<tr><td>法国新金路易</td></tr>
<tr><td>法国旧金路易</td><td>每马克 300 荷兰盾</td></tr>
<tr><td>新达克图</td><td>每马克 4 荷兰盾 19 斯泰弗</td></tr>
<tr><td>达克图</td><td>每马克 8 荷兰盾</td></tr>
</table>

注：金块或金条按照外国金币纯度的比例收受。纯金块，每马克 340 荷兰盾。但一般说来，银行给已知其纯度的铸币的价格比金银条块的价格略高，因为金银条块的纯度须经熔化和检验才能确定。

在银行存入金银条块的人会得到一笔银行信贷货币和一张收据，他用银行信贷去支付到期的外国汇票，至于他是保留还是出售他的收据，依他对金银条块价格涨落的判断而定。收据和银行信贷货币很少长期同时保留，而且也没有必要这样做。一个持有收据而想要取出金银条块的人，总是能找到许多能用普通价格购得的银行信贷货币；一个持有银行信贷货币的人想要取出金银条块，可以找到的收据也总是同样多。

银行信贷货币的所有者和收据的持有者，构成银行两种不同的债权人。收据持有者如果不付给银行与接收金银条块时的价格相等的银行货币，就不能取出金银条块。如果他自己没有银行信贷货币，则必须向别人去购买。银行信贷货币的所有者如果不能提供所需数量的收据，也不能取出金银条块。如果他自己没有收据，也必须向别人购买。收据持有者购买银行信贷货币，买的是取出一定数量金银条块的权利，这种金银条块的造币厂价格比银行价格高 5%，因此，他通常支付的 5%的扣头不是为了一种虚幻的价值，而是为了真实的价值。银行信贷货币所有者购买收据，买的也是取出一定数量金银条块的权利，这种金银条块的市场价格通常比造币厂价格高 2%～3%，因此他所支付的价格也同样是为了真实的价值而支付的。收据的价格和银行信贷货币的价格合起来，便构成金银条块的完整价值或价格。

以国内流通的铸币存入银行，银行也给予银行信贷货币和收据，但这种收据一般没什么价值，在市场上也卖不起价。例如，每达克图[①]在流通中价值 3 荷兰盾 3 斯泰弗，但银行只给予 3 荷兰盾的信贷货币，即低于其流通价值 5%的信贷货币。银行也同样开给收据，其持有者在六

① 从前在欧洲流通的铸币。——译者

个月内可以随时取回所存的达克图，但要支付0.25%的保管费。这种收据在市场上一般卖不出去。3荷兰盾的银行货币在市场上卖3荷兰盾3斯泰弗，就是从银行取出以后达克图的全部价值；但取出达克图还得付0.25%的保管费，这只能算是收据持有者的损失。不过，如果银行的扣头降至3%，这种收据就可以在市场上售出，价格可涨1.75%。但现在银行的扣头通常是5%，所以人们常常任由这种收据过期，或按他们的说法，被银行吞了。至于储存金达克图所得的收据，人们更是常常任其过期；因为其仓库租金更高，须付0.5%的保管费才能将其提取出来。而得到了铸币或金银条块5%的仓库租金的银行，可以看作这些储金的永久仓库。

收据已经过期的银行信贷货币数目一定相当可观。它必然包含了银行全部的原始资本。通常的看法是，货币或金银存入银行以后，就没人会想着更新他的收据或把储金提出来；因为根据前面所列举的理由，任何一种做法都不免遭受损失。但无论这笔数目有多大，它在全部的银行货币中所占的比重据估计还是非常小。阿姆斯特丹银行多年来一直是欧洲最大的金银条块仓库，但它们的收据很少有过期的，或者按他们的说法，很少有人让金银条块掉进银行的口袋里。绝大部分的银行货币或银行账簿信贷，应该是这么多年来商人们不断储存和提取金银条块而创造的。

没有收据就不能要求银行给钱。不过，少量收据过期的银行货币与大量收据仍然有效的银行货币混杂在一起，因此，虽然没有收据的银行货币数额可观，但再也不能取出的银行货币是没有具体数目的。银行不能在同一样东西上成为两个人的债务人；没有收据的人只能买一张之后才能要求银行支付。在寻常的和平时期，他按市场价格买到一张收据并不困难，而这价格是随着靠这张收据从银行里取出的铸币或金银条块的价格而有所起伏的。

在国难时期，情形则可能不同，例如1672年法国入侵的时候。当时，拥有银行货币的人都想从银行提出储金自己保存，收据价格由于需求旺盛而被抬高到离谱的程度。收据持有者满怀期望，不是要求与收据对应的银行货币数目的2%或3%，而是要求50%。敌人了解银行章程之后，甚至可能把收据全部买下，以防止财富被运走。人们认为，在这种紧急情况下，银行会打破只对收据持有者支付储金的常规。没有银行货币但持有收据的人，一定只领到了收据上记明的储金价值的2%或3%。据说，银行在这种情况下会毫不迟疑地以货币或金银条块支付给那些持有银行货币但没有收据的人，给他们账簿信贷上的全部金额；同时，支付给那些有收据但没有银行货币的人2%或3%，这是在这种事态下他们应得的全部份额了。

即使在寻常的和平时期，收据持有者的利益点也在于压低扣头，以较低价格购买银行货币（从而以较低价格得到收据上记明的可从银行提取的金银条块），或以较高价格把收据卖给有银行货币并希望提取金银条块的人；收据的价格一般等于银行货币的市场价格与收据所记明的铸币或金银条块的市场价格的差额。反之，银行货币所有人的利益点则在于抬高扣头，以高价出售其银行货币，或以低价购买收据。为了防止这种相互冲突的利益关系可能造成的投机和钻营，近几年来银行决定，不论什么时候，卖出银行货币换取通货可以抽取5%的扣头，再次买进银行货币须支付的扣头则是4%。由于有了这种规定，扣头就不可能高于5%或低于4%。于是，银行货币与通用货币的市场价格之间的比值，在任何时候都接近它们的内在价值之间的比值。但在没有此项规定时，银行货币的市场价格高低不一，视此相对利益对市场的影响，扣头有时候高至9%，有时候又低至与通用货币平价。

阿姆斯特丹银行应承，储金账簿上每记下1荷兰盾，即在金库内保存价值1荷兰盾的货币或金银条块，而且不会将任何储金贷出。银行金库里保存着与未过期的收据对应的、随时可以提取并且事实上进出不断的金银条块，这是毋庸置疑的。但是，收据过期已久的那一部分资本，是否也是这样，可能就不那么确定了，因为实际上在平常时期没人要求提取它们，在联邦政府存在期间，它们大概会永远留在银行。然而，在阿姆斯特丹，第一信条便是：有1荷兰盾银行货币即有1荷兰盾金银存在银行金库里。市政府确保将其落实。银行归四个在职的官员监督，这四个官员每年改选一次。新任的四个市长，对照账簿核查银行金库并宣誓接管，一年后再以同样庄严的仪式把金库移交给继任者。在这个虔诚的宗教国家，宣誓依然受到重视。这种宣誓更替的制度似乎足以保证不会发生不可告人的行为。在阿姆斯特丹政坛由于党派斗争造成的多次革命中，胜利的党派从未谴责过他们的前任在银行管理上有不忠诚的行为。对失势党派的名誉与命运来说，不会有比这种谴责更深刻的影响了。如果这种谴责真有根据，那它一定会被提出来的。1672年，当法国入侵乌得勒支时，阿姆斯特丹银行依然付款迅速，无人怀疑它履行契约的忠诚。当时从银行金库中提出的货币，有一些还留有在银行设立后不久市政厅发生的大火烧过的痕迹。可见，这些货币从那时候起就一直保存在银行金库里。

银行的金银总额究竟有多少，很早就成为好事者臆测的问题。关于这个问题，我们只能推测。一般认为，大约有2000人在银行开设账户，假设他们平均存款价值为1500英镑（这是一个很大的假设），那么银行货币的总额，即银行保存的金银总额，便大约等于300万英镑，以每英镑等于11荷兰盾计算，就大约等于3300万荷兰盾。这是一个很大的数额，足以进行非常广泛的流通循环，但还是大大低于一些人臆测的数量。

阿姆斯特丹市政府从银行获得了相当可观的收入。除了所谓仓库租金，凡第一次来银行开立往来账户的，须缴纳手续费10荷兰盾；每开立一个新账户，须缴纳3荷兰盾3斯泰弗；每转账一次，缴纳2斯泰弗；如果转账数目不及300荷兰盾，则须缴纳6斯泰弗，以此减少小额的转账。每年不清算账目两次的，罚25荷兰盾。转账的数目如果超过了储存的数目，须缴纳超支部分3%的费用，其请求单也将被搁置。人们认为，银行将收据过期后归为己有的外国铸币与金银条块在行情有利时出售，由此获得了不少利润。此外，银行货币以5%的扣头卖出，以4%的扣头买入，也给银行带来了利润。这些不同的收益加在一起，大大超过了支付职员的薪俸和必要的管理费的金额。单是储存金银条块缴纳的保管费一项，据说每年就可带来15万～20万荷兰盾的纯收入。不过，这家机构设立的初衷不是为了赚取收入，而是为了公共利益。其目的在于将商人们从不利汇兑的困境中解救出来。由此而产生的收入则是不曾预料的，可以看作是意外之财。现在是从这个冗长的离题论述转回来的时候了。我不知不觉地讨论这个话题，是为了说明为什么在用银行货币支付汇票的国家和用通用货币支付的国家之间，汇兑一般有利于前者而不利于后者。前者所支付的是一种内在价值总是不变的货币，这种货币完全符合他们造币厂的标准；后者支付的是一种内在价值总在变化的货币，它几乎总是或多或少地低于其造币厂的标准。

第二节 论即便根据其他原则，这种特殊限制也不合理

在本章第一节，我力图说明，即便根据重商主义的原则，对于贸易差额于我不利的国家的商品进口，也不必加以特殊限制。

整个贸易差额学说是再荒谬不过的。不仅这些特殊限制，而且许多其他的商业条例，都是建立在这一学说的基础上。该学说认为，当两地通商时，如果贸易额平衡，则两地都无得失；一旦贸易额有所偏倚，就一方亏损、一方得利，得失程度与偏倚程度相称。这两种设想都是错误的。虽然设立奖金与制造垄断是为了保障本国利益，但是由其所促成的贸易，可能是而且事实上常常是对设立国不利的，这一点我争取在下面的论述中说明。但是，不受限制的自然的、正常的两地贸易，总是对双方都有利的，虽然得利并不总是相当。

所谓有利或得利，我的理解是，不是金银量的增加，而是一国土地和劳动年产品的交换价值的增加，或是一国居民年收入的增加。

如果双方贸易额平衡，而且双方交换的都是各自在国内所生产的商品，那么在大多数情况下，它们不仅都会得利，而且所得利益相等或差不多相等；每一方都为对方的一部分剩余产品提供了一个市场；每一方都将补还另一方为生产和销售这些剩余产品所投入的资本，这资本已分配于另一方一定数量的居民之中，给他们提供收入和生计。所以，双方都有一部分居民将间接地从另一方取得他们的收入和生计。由于双方所交换的商品的价值相等，所以双方投在这一贸易上的资本也相等或差不多相等；又由于这资本都是用来生产各自的国产商品的，所以，双方居

民由此分配到的收入和生计也是相等的或差不多相等的。这样互相提供的收入和生计，按照交易额度有多有少。比如说，如果双方每年的交易额为10万镑，那么，一方为另一方的居民提供的年收入就是10万镑；如果交易额为100万镑，那一方为另一方居民提供的收入也就是100万镑。

如果双方贸易的性质是，一方向另一方出口的全是本国产品，而从另一方带回的全是第三国的产品，此时双方的贸易都是以商品偿付，仍被认为是平衡的。双方都会获利，但获利并不相等。从这种贸易中取得最大收入的，是出口国产商品的那一方的居民。比如，英国从法国进口的全是法国生产的商品，但英国却没有法国所需要的国产商品，每年不得不以大量的外国商品来偿付，如烟草或东印度货物，这种贸易虽然可给两国居民带来若干收入，但给法国居民带来的收入定会多于带给英国居民的。法国每年投在这种贸易上的全部资本都是在法国人之间分配的，但英国资本只有一部分，即用来生产与那些外国商品交换的本国产品的那一部分资本，是在英国人之间分配。其资本的较大部分是用来补还弗吉尼亚、印度和中国这些遥远的国家为其居民提供收入和生计的资本的。因此，如果两国所投资本相等或差不多相等，那么法国资本给法国人民增加的收入要比英国资本给英国人民增加的收入大得多。在这种情形下，法国对英国所经营的，是直接的对外消费品贸易；英国对法国所经营的，是转口的对外消费品贸易。这两种贸易的不同结果，在前面已经充分说明过了。

不过，任何两国间的贸易，或许既不会是双方都完全用本国商品来交换，也不会是一方完全用本国商品、另一方完全用外国商品来交换的。几乎所有的国家都是用一部分本国商品，一部分外国商品来彼此交换。但是，国产商品占出口商品比例最大，外国货物占出口商品比例最小的国家，总是主要的获利者。

假如用以偿付法国进口商品的不是烟草与东印度货物，而是金银，那么在这种情况下，贸易差额便被认为是不平衡的。其实，这样的贸易也会像前一种贸易一样，给两国居民提供若干收入，不过给法国人民提供的比给英国人民提供的多。但不论怎样，它必然会给英国人民带来收入。为生产用以购买金银的商品而投入的资本，这些资本在一部分英格兰居民中分配并为他们提供收入，会因此而得到补充，并继续投入到原来的用途。出口金银不会比出口等值的其他货物更减少英国资本的总量。相反，在大多数场合下，它们都会增加英国资本的总量。凡是送往国外的货物都是国外需求比国内需求更大的货物，因此买回来的外国货的预期价值会比这些出口商品的价值更大。如果烟草在英国仅值 10 万镑，但是出口法国后购回的葡萄酒在英国却值 11 万镑，那么这种交换就可使英国资本增加 1 万镑。如果英国以价值 10 万镑的黄金购得的法国葡萄酒在英国也可值 11 万镑，那这种交换也同样可使英国资本增加 1 万镑。在酒窖中存有价值 11 万镑葡萄酒的商人，比在仓库中存有 10 万镑烟草的商人更富裕，也比金库中有价值十万镑黄金的商人更富裕。与其他二人相比，葡萄酒商人可推动更多的产业，并给更多的人提供收入、生计和职业。而国家的资本等于所有居民资本的总和，一国每年所能维持的产业量等于所有这些资本所能维持的产业量。所以，一国资本及其每年所能维持的产业量，通常会因这种交换而增加。当然，英国用自己的铁器和高级绒面呢来购买法国葡萄酒，要比用弗吉尼亚的烟草或巴西和秘鲁的金银来购买更为有利。直接的对外消费品贸易总是比转口的对外消费品贸易有利。但是，以金银进行的转口的对外消费品贸易，也不比用其他商品进行的转口的对外消费品贸易更不利。无矿产的国家不会因为每年出口金银而使金银更容易枯竭，正如不长烟草的国家不会因为每年出口烟草而使烟草更容易枯竭。有财力购买烟草的国家绝不会长期缺乏烟草，同样，有财力购买金银的国家也不会长期缺乏金银。

有人说，工人与酒馆之间的交易对工人来说是一种亏本的交易，而制造业发达的国家与葡萄酒生产国之间自然进行的贸易，也可以看作同样性质的交易。我要说，工人与酒馆做交易并不一定就亏本。按其本身的性质来说，这桩生意和其他生意一样有利，只是它比较容易受毁谤。酿酒商这种职业，甚至零售酒商这种职业，与其他职业一样，是一种必要的分工。通常，工人向酿酒商购买他所需的酒比自己酿造更为有利。如果他是一个贫穷的工人，则通常向零售商一点一点地购买比向酿酒商大量购买更有利。毫无疑问，他也可以大量购买，就像一个贪吃的人可以大量购买肉类，一个翩翩公子可以大量购买混纺呢。虽然此类贸易都应该是自由的，这对工人大众有利，但这种贸易自由可能会受到毁谤，尤其是其中的一些生意更是如此。不过，虽然有时会有因为酗酒而倾家荡产的个人，但对一个国家来说，似乎没有这样的危险。虽然每个国家都有许多人在饮酒上花费过度，但总是还有更多的人在这方面花费较少。还有一点应当指出，如果我们诉诸经验，就可以知道，酒价低廉似乎不是酗酒的原因，相反是有节制地饮酒的原因。葡萄酒生产国的人，例如西班牙人、意大利人、法国南部各省的人，通常是欧洲饮酒最有节制的人。在日常饮食方面，人们很少过量饮酒。没有人会为了表现自己的潇洒和好客，而在与啤酒一样廉价的酒品上浪费钱财。反之，在过热或过冷以致不能栽种葡萄，因而使葡萄酒稀少而昂贵的地方，如北欧国家、热带地区（如几内亚海岸的黑人中间），酗酒才成为普遍的恶习。

我经常听说，一支法国军队从葡萄酒较贵的北方省份开来，在酒价较低的南方省份驻扎时，士兵们最初往往因为上好的葡萄酒如此价廉和新鲜而沉湎其中；但驻留数月之后，其中大部分士兵便像当地居民一样有节制地饮酒了。同样，如果把外国葡萄酒的进口关税、麦芽税、麦酒税、啤酒税一律取消，可能会造成英国中下层人民暂时酗酒成风，但不久也许就会形成一种恒久普遍的有节制地饮酒的习惯。如今，在上流社会，即有能力消费最昂贵的酒品的人中，已经不存在酗酒这种恶习了，喝得烂醉的绅士极为少见。此外，英国对葡萄酒贸易的限制，恕我直言，与其说是为了阻止人们走入酒馆，不如说是为了阻止人们购买价廉物美的酒品。这些限制给进口葡萄牙的葡萄酒开绿灯，而给进口法国的葡萄酒亮红灯。据说，对于英国的制造品，葡萄牙人确实是比法国人更好的顾客，所以我们应当予以他们优待。理由是，他们照顾了我们，我们也应该照顾他们。小商人的生意经居然成了一个大帝国的政治原则。只有小商小贩才只跟自己的熟人打交道；至于大商人，他们是不在乎这类小利益的，他们只在物最美、价最廉的地方购买货物。

然而，根据这样的原则，各国都以为他们的利益在于使所有的邻国变得穷困。每个国家都以嫉妒的目光去看待与自己通商的国家的繁荣，并认为这些国家的获利就是自己的损失。国际通商和个人通商一样，原本应该成为团结和友谊的纽带，而现在却成为不和与仇恨的最大根源。在本世纪和上世纪，王公大臣们的反复无常对欧洲和平所造成的危害，还没有商人和制造业者们无稽的嫉妒之心所造成的危害大。人类统治者的暴力与不公是一种古老的邪恶，恐怕人类事务的这种性质是很难纠正的。但是，商人和制造业者既不是也不应当是人类的统治者，他们的卑鄙的贪欲和垄断精神或许无法纠正，但要防止他们扰乱别人的安宁却很容易。

无疑，是垄断精神最初发明和传播这种学说的；但传播它的人当然不像信奉它的人那么愚蠢。在任何国家，从要价最低的人那里购买自己所需的东西，总是而且必然是符合人民大众的利益的。这个命题是非常清楚的，以至于花费心思去证明它倒是一件滑稽的事情。如果不是这些商人和制造业者从私利出发的诡辩混淆了人们的常识，这本是不容置疑的问题。在这一点上，他们的利益和人民大众的利益正好相反。就像同业公会的人的利益点在于阻止其余的居民去雇用他们以外的工人那样，这些商人和制造业者的利益点在于保有自己在国内市场的垄断权。因此，在英国和其他大多数欧洲国家，对几乎所有由外国商人输入的商品，都会课以超高关税；也因此，他们对所有输入本国并与本国制造品竞争的外国制造品，都施以高关税或进口禁令；还因此，对几乎所有因贸易差额于己不利而激起最强烈的民族仇恨国家的商品进口，他们都加以特殊的限制。

然而，邻国的财富虽然在战争中和政治上可能是危险的，但在贸易中必定是对我们有利的。在敌对状态中，它可以使敌国维持比英国强大的陆海军；但在和平通商时期，它却可以使我们能够交换到更多的货物，并为英国的产品和用这些产品购进来的商品提供更好的市场。正如一个富人比一个贫民更能成为其他劳动者的好顾客一样，一个富国也是如此。诚然，一个富人如果是个制造业者，他会成为所有从事同一行业的人十分危险的邻居；但是，更多附近的人会从他的用度所需的市场中得利。哪怕仅仅因为他的产品比同业者售价更低，对附近的人们也是有好处的。同样，富国的制造业会毫无疑问地成为邻国制造业极危险的对手，但这种竞争却对人民大众有利——他们还可以从富国人用度所需形成的良好市场中获得不少利益。想发财的人，决不会退居穷乡僻壤，一定会住在首都或大型商业城市。他们知道，财富流通少的地方，能够得到的财富就少，而财富流通多的地方，就有可能分一杯羹。如此指导着一个人、十个人、二十个人的常识性原则，也应该影响一百万人、一千万人、两千万人的判断，应该让全体国民都认识到，邻国的财富乃是本国获得财富的渠道和机会。想通过对外贸易来致富的国家，在其邻国都是富裕、勤勉的商业国的状况下，是最有可能达到目的的。一个大国，如果周围都是未开化的游牧民族和贫穷的野蛮人，无疑只能通过耕种自己的土地、进行国内贸易获得财富，而不能依靠对外贸易。古埃及人和近代中国人似乎就是通过这种方式获得巨大财富的。据说古埃及人是轻视对外贸易的，而中国人，大家都知道，甚至是鄙视对外贸易的，不屑于给它提供正式的法律保护。如果以让邻国变贫困为目标的近代对外贸易原则能够产生它所期望的结果，那就一定会使这种贸易变得微不足道，被人轻视。

法国和英国间的贸易之所以会在两国受到那么多阻碍与限制，就是由于这种原则。如果两国能抛弃商业上的嫉妒与国民间的仇恨，考虑真实的利害关系，那么对英国来说，与法国进行贸易将比与其他欧洲国家进行贸易更为有利，反过来对法国也是如此。法国是英国最近的邻国，英国南部沿海各地与法国北部及西北部沿海各地间的贸易，犹如国内贸易一样，同一笔资本每年可以往返四到六次。两国投在这项贸易上的资本，与投在其他大部分对外贸易上的等量资本相比，可以推动四到六倍的产业发展，雇用和养活四到六倍的人口。这两国相隔最远的地区之间的贸易，资本每年至少也可以往返一次。即使是这样的贸易，至少也和我们与其他大部分欧洲国家的贸易同样有利。如果和我们引以为豪的北美殖民地贸易——资本往返一次至少要三年，常常要五年——相比，那至少有利三倍。而且，据估计，法国居民有 2400 万，而英国北美殖民地居民绝不会超过 300 万。尽管法国由于财富分配不均导致贫民和乞丐比北美更多，但法国仍比北美富裕得多。所以，和英国北美殖民地相比，法国所能提供的市场至少有八倍大，再算上资本往返更频繁这一点，利益要有二十四倍大。对英国的贸易也同样有利于法国。从两国财富、人口、邻近程度这几个方面来比较，法国对英贸易的利益定会大于对其殖民地贸易的利益。两国的智者都认为有两种贸易，一种应该阻止，一种应该关照鼓励，指的就是上述这两种贸易。

然而，就是这种对两国都有利的开放与自由的贸易环境，成了这种贸易的主要障碍。作为邻居，它们必然是仇敌。于是，一方的富强，增加了另一方的恐惧；而本来可以增进国民友谊的有利因素，却成为助长激烈的民族仇恨的原因。它们都是富裕勤勉的国家，而每一国的商人和制造业者都担心在技术和生意上遇到另一国商人和制造业者的竞争。强烈的民族仇恨激起了商业上的嫉妒，商业上的嫉妒又燃起了民族仇恨，二者相互助长。两国的贸易商都认定了他们的利益谬论，声称不受限制的对外贸易必然会生出不利的贸易差额，而不利的贸易差额，又一定会导致国家的毁灭。

在欧洲的商业国家中，自称支持这种学说的学者们也常常预言，由于不利的贸易差额，某一国马上就要破产。可是，在他们引发的一切忧虑过后，在几乎所有商业国都做出了使贸易差额于己有利而于邻国不利的徒劳尝试之后，欧洲任何一国看来都没有因为这个缘故而在任何方面变得贫穷。相反，每一个城市和国家，按照其港口向其他国家开放的程度，都变得富裕起来。不过，在今日的欧洲，虽然有几个城市在某些方面称得上是自由城市，但还没有哪个国家可以称得上自由国家。与此最接近的国家也许是荷兰，虽然它仍相差很远。大家公认，荷兰全部的财富和大部分生活必需品都来自对外贸易。

我在前面已经说明，有另一种差额，和贸易差额极不相同；一个国家的盛衰，要看这个差额是有利还是不利。这就是年生产与年消费的差额。前面说过，年生产的交换价值如果超过了年消费的交换价值，社会资本每年就必然按照这个差额的比例增加。在这种情况下，社会在它的收入限度内维持，每年从收入中节省下来的部分自然会增加到社会资本中去，并用以进一步增加年产品。反之，如果年产品的交换价值小于年消费的交换价值，社会资本每年必然按照这个差额的比例减少。在这种情况下，社会的支出超过了社会的收入，那必然会侵蚀社会的资本。随着资本的减少，其产业年产品的交换价值也会减少。

生产与消费的差额，与所谓的贸易差额完全不同。在没有对外贸易、不与世界往来的国家可以产生这种差额，在财富、人口和改良都在逐渐增加或逐渐减少的整个世界也可以产生这种差额。

即使在所谓的贸易差额不利于一个国家时，生产与消费的差额仍可不断地有利于这个国家。也许半个世纪以来，这个国家进口的价值都大于出口的价值，在这期间流入的金银又全部旋即被输出；它的流通铸币可能逐渐减少，而代之以各种纸币，甚至它对各主要通商国的债务也可能逐渐增加；但它的实际财富，它的土地和劳动的年产品的交换价值，在此期间却仍然可能按照更大的比例增加。英国北美殖民地的状况，以及在这次骚乱事件之前他们与大不列颠的贸易情况，足以证明这并不是一个不可能成真的假设。

第四章　论退税

商人和制造业者并不仅仅满足于垄断国内市场，他们还渴望自己的商品在国外市场能有广泛的销路。但他们的国家无权管外国的事，不能使他们在那里获得垄断地位。因此，在一般情况下，他们不得不满足于向政府申请某种出口奖励。

在所有这些奖励中，所谓“退税”似乎是最合理的。将国内产业缴纳的各种国内税在其商品出口后全部或部分予以退还，绝不会使商品的出口量大于无税时商品的出口量。这种奖励不会引导国内资本违反规律流向任何产业，只是防止由税收导致的某一产业的资本流到其他产业。这种奖励不会打破社会上各产业间自然形成的平衡关系，只是防止这种税收去打破这种自然平衡。这种奖励不会破坏社会劳动的自然分工和分配，而是在大多数情况下对它起到一种有益的保护作用。

同样，对于进口的商品，在再出口时也可退税。在大不列颠，再出口时退税的份额在进口关税中比重最大。议会曾制定法令征收现在所称的“旧补助税”，其附则第二条规定，英国商人或外国商人都可因再出口而退还一半的旧补助税；但英国商人可在出口后十二个月内申请这种退税，而外国商人须在出口后九个月内申请。只有葡萄酒、葡萄干和丝织品由于已经享受了其他更有利的补贴，就不再适用这条规定。旧补助税在当时是唯一的进口商品税。后来，申请这项退税和其他退税的期限延长到三年（乔治一世统治的第七年第 21 号法令第十条）。

在旧补助税之后征收的各种税，其中大部分在出口后全数予以退还。但这条一般原则有许多例外，所以退税的原则其实远不像最初制定时那样简单。

对于某些外国商品，如果我们预计进口量大大超出了国内消费所需，就在再出口后退还全部税收，连旧补助税的一半也不要。在英国北美殖民地反叛之前，我们垄断了马里兰和弗吉尼亚的烟草。我们进口了约 96000 大桶烟草，但国内消费量估计不到 14000 大桶。为了促进多余烟草的出口，所有的进口关税均予退还，但须在三年内出口。

我们还几乎全部垄断了英国西印度群岛殖民地的蔗糖贸易。因此，如果蔗糖在一年内再出口，则进口关税全数予以退还；如果蔗糖在三年内再出口，则除了旧补助税一半的关税均予退还，这一半是大部分商品出口都要保留的。因为，蔗糖的进口量尽管也超出国内所需很多，但与烟草进口超出的数量相比还算不了什么。

有些外国商品为英国制造业者所嫉妒，被禁止进口供国内消费，但若缴纳某些税，便可进口存入仓库供再出口。对于这些商品的再出口，所有已经征收的关税都不再退还。英国的制造业者好像连这种进口受到严格限制的进口外国商品也很介意，他们担心存入仓库的商品会被偷运出一部分，与自己的产品竞争。丝织品、法国麻纱与上等细麻布、印花染色棉布等商品只有在这种限制下才可以进口到英国。

我们甚至不愿充当法国货物的中间商，宁愿放弃自己的利润，也不愿让我们视为敌人的法国通过我们而赚取利润。当所有法国货再出口时，不仅不退还旧补助税的一半，连后来征收的 25%的税也不退还。

根据旧补助税附则第四条，葡萄酒出口退税额相当于进口关税额一多半。这条附则意在让葡萄酒对外贸易享有高于一般水平的奖励。和旧补助税同时或在它之后征收的进口税，例如所谓的附加税、新补助税、1/3 补助税和 2/3 补助税、1692 年的进口税、葡萄酒铸币税等，都在再出口时全数予以退回。不过，除了附加税和 1692 年的进口税，其他进口税都必须以现金缴纳，其巨额税款利息显然是个负担，所以希望从葡萄酒对外贸易中获利是不现实的。因此，实际上只有一部分所谓的葡萄酒税在出口后被退回，而对每吨法国葡萄酒征收的 25 英镑的税，以及在 1745 年、1763 年、1778 年对葡萄酒征收的关税，均不予退回。1779 年和 1781 年在以往关税的基础上征收的 5% 的附加税，随着允许在其他货物出口后全数退回，也允许在葡萄酒出口后全数退回。1780 年特别对葡萄酒征收的最后一种关税，也允许全数退回。不过，在诸多重税都依然被保留的情况下，这种宽容措施不会让葡萄酒出口增加哪怕一吨。这些退税规定适用于一切合法的出口目的地，但不包括英属北美殖民地。

查理二世统治的第十五年的第 7 号法令旨在鼓励贸易，使英国本土有权垄断向殖民地供应包括葡萄酒在内的所有欧洲农业和制造业商品的贸易。但是，美洲和西印度群岛殖民地的海岸线很长，英国在那里的权威又一贯很弱，而且，那里的居民被允许用自己的船，将没有被列入禁运名单的商品先后运往欧洲和菲尼斯特雷角以南的港口；所以，这种垄断权不大可能受到尊重。那里的居民可能随时找到办法，从能够运货的地方带回一些货物。然而，由于税负很重，出口时又不可退税，欧洲葡萄酒似乎难以从原产地进口，也不能从英国本土进口。马德拉群岛生产的葡萄酒因为不是欧洲商品，所以能直接运到美洲和西印度群岛；在那里，未被列入禁运名单的商品可以与马德拉群岛自由贸易，马德拉葡萄酒因此广受欢迎。起初，这种酒在英国没什么市场，直到1755年开战时，英国的军官们才对它有所了解，并在后来将其带回国。1763年战争结束时，根据乔治三世统治的第四年的第15号法令的第十二条，除了法国葡萄酒，其他葡萄酒在向殖民地出口时均可享受退税（除了3镑10先令）；我们的民族偏见不容许英国给予法国葡萄酒贸易或消费任何奖励。不过，从采取这种免税措施到北美殖民地反叛的时间或许太短，以致无法改变那里的人对葡萄酒口味的偏好。

上述这条法律给殖民地的退税待遇，虽然在葡萄酒上如此优越，但在其他大部分商品上却不及其他地方。例如，大部分商品可在向其他地方出口后退还旧补助税的一半，而这条法律规定，除了葡萄酒、白棉布和细棉布，欧洲或东印度群岛的农业和制造业商品在向殖民地出口后，均不退还旧补助税。

设立退税制度的最初目的或许是为了鼓励中间商贸易。船只的运费常由外国人以货币支付，因此我们认为中间商贸易特别能为国家带来金银。虽然中间商贸易没必要受到特殊鼓励，设立退税制度的动机也十分可笑，但这种制度本身似乎还是很合理的。这些退税不会使流入中间商贸易的国家资本比没有进口税时自发流入的更多，只是防止了资本因为进口税而完全排斥中间商贸易。中间商贸易虽然不应受到特别关照，但也不应受到排斥，应当像其他贸易一样自由发展。对在本国农业或制造业、在国内贸易或对外贸易之中都找不到用途的资本来说，中间商贸易是一个必要的投资领域。

海关的收入会从这些被保留下来的关税中受益，而不是遭受损失。如果保留全部税款不退，那么已经纳税的外国货物就不太可能再出口，因为不会有市场，从而也就不可能再进口了。这样，本来还可以保留的一部分税款也会化为乌有。

这些理由看来足以证明，无论是对本国产品还是对外国货物的出口退税，即使是全数退税，也是合理的。当然，在这种情况下，国内税收会略受损失，而海关税收的损失更大；但是，或多或少被这种税收打乱的产业自然均衡及劳动的自然分工和分配，可以因这种退税规定而得到重建。

但这些理由仅证明，只有当商品出口到完全独立的外国时，退税是合理的，而并未证明，当商品出口到英国商人和制造业者拥有垄断地位的地方时，退税也是合理的。例如，对出口到英属美洲殖民地的欧洲商品退税，比起不退税来，未必会造成更大的出口。这是因为英国商人和制造业者在那里拥有垄断地位，即使保留全部税款，出口额也可能保持不变。在这种情况下，退税通常就是国内税收和海关税收的净损失，不会改变贸易状况或扩大贸易。关于退税在什么程度上可以被认为是对英国殖民地产业的适当鼓励，或者，在什么程度上允许对殖民地免除各种其他国民须缴的税才对宗主国有利，我将在讨论殖民地时予以论述。

但是，我们必须永远清楚，只有享受退税的出口商品真正出口到国外而非再暗中返回到国内时，退税制度才会带来益处。有些退税，特别是对烟草的退税，常常被人这样钻了空子，产生了许多欺诈行为，既有害于国家税收，又有害于守规矩的商人，这已是人所共知的事。

第五章　论奖金

在大不列颠，常常有人请求对某些国内产业的产品发放出口奖金，政府有时也确实发放了这种奖金。人们认为，有了出口奖金，英国商人和制造业者在国外市场上就能以与竞争者同样低廉或更低廉的价格出售货物。据说这样出口就会增加，从而贸易差额也更有利于英国。我们无法在国外市场上给予我们的工人像在国内市场上一样的垄断地位，也无法像强迫本国人那样强迫外国人购买英国工人的产品。因此，他们想出了次好的办法，就是贴钱给购买我们产品的外国人。重商主义体系就是提倡通过这种方法实现贸易顺差，从而去富国富民的。

人们认为，只应该向那些没有奖金就无法经营下去的行业发放奖金。但任何行业，如果售货价格能收回生产和销售期间所投入的成本并带来正常的利润，即使没有奖金也能经营下去。只有那些收不回所投资本、赚不到正常利润的行业才需要奖金。对这些行业发放奖金的目的是补偿其损失，鼓励其继续经营或创办一项投资可能大于收益的生意。这种生意每运作一次，投入的资本就亏损一部分。按这种性质，要是所有其他行业都如此经营，全国的资本不久就会亏空不剩。

应当指出的是，靠奖金维持经营的行业，只是那些在两国的贸易中长期经营但始终亏损的行业。如果没有奖金来补偿商人由于低售价的损失，商人迫于对自身利益的考虑，很快就会改变资本投向，也就是说，去寻找能以售货价格收回生产和销售期间所投成本并带来正常利润的行业。发放奖金的结果，和重商主义体系所提出的其他策略的结果一样，只是迫使一国贸易按照比自然而然更为不利的方向发展。

有位精明的、掌握了很多统计数据的学者，在他关于谷物贸易的论文集中很清楚地告诉我们，自从谷物出口奖金设立以来，谷物出口价格（颇为适中的估价）大大超过了谷物进口价格（非常高的估价），总超额比在此期间支付的全部奖金数额大得多。根据重商主义体系的原理，他认为这正清楚地证明了由奖金勉强推进的谷物贸易对国家有利，因为出口价值超过进口价值的额度，要多于国家为促进谷物出口所支出的全部特别费用。他没有考虑到，这种特别费用，即出口奖金，只是谷物出口实际上所消耗的社会支出中最小的一部分。农民在谷物生产中使用的资本也同样要考虑在内。如果谷物在外国市场的出售价格不足以换回这些奖金和投入的资本，则其间的差额就是社会的损失，也就是国内资本的损失。但是人们认为有必要发放奖金，正是因为谷物在外国市场的售价完成不了上述任务。

据说，自从设立奖金以来，谷物的平均价格已显著下降。我已尽力表明，谷物的平均价格在上个世纪末就开始小幅下降，在这个世纪的头六十四年里继续下降。但是照我看来，这件事即使没有奖金也一定发生，而不是因为有奖金才发生。虽然法国不发放奖金，而且在1764年以前还基本禁止谷物出口，但法国谷物的平均价格也同英国一样下降了。因此，谷物价格的逐渐下降可能根本不是由于什么政策调控，而应最终归因于白银的实际价值在不知不觉中的逐渐提高。我曾在本书第一篇尽力说明，这一点在本世纪的欧洲总体市场上已经发生。要说奖金能带来谷物价格的下降，似乎是不太可能的。

我们已经谈过，由于奖金在丰年带来额外的出口，必然会使国内市场的谷物价格高于本来应自然下降到的价格。而这正是奖金制度宣称要达到的目的。在谷物歉收的年份，奖金虽然经常暂停发放，但由于它在丰年带来的大量出口，必然会或多或少地影响以丰补歉。所以，无论是丰收还是歉收，奖金必然会把谷物的货币价格抬高到无奖金情况下的价格之上。

在目前的耕作情况下，奖金必然会造成这种趋势。我认为任何理性的人都不会对此有异议。但许多人认为，奖金会以两种方式鼓励耕作：第一，通过开辟更广阔的国外市场，增加对谷物的需求，从而加大谷物生产；第二，使谷物的售价高于目前耕作情况下的应有价格，以鼓励耕作。他们认为，在一段较长时间之内，这两种鼓励方式一定会提高谷物的产量，最终使国内市场上谷物价格的降幅大于奖金造成的价格涨幅。

对此，我的回答是，无论奖金每年带来的外国市场有多大，它必然以牺牲国内市场为代价，因为那些靠奖金才出口的谷物如果没有奖金就不会出口，就会留在国内，从而增加消费、降低价格。必须看到，谷物的出口奖金和其他商品的出口奖金一样，使国民承担两种赋税：第一，为支付奖金他们不得不缴的税；第二，全体国民是谷物的消费者，必须承担由于国内市场谷价抬高而带来的“赋税”。对于谷物这一商品而言，第二种赋税比第一种赋税重得多。让我们假设，各年平均每夸特小麦出口奖励五先令，只是使国内市场上小麦的售价，比无奖金时实际耕种情况下的正常价格，每蒲式耳高出 6 便士，即每夸特高出 4 先令。即使按照这一非常适中的假设，全体国民除了要纳税支付每夸特小麦 5 先令的出口奖金外，每消费 1 夸特小麦，还要多支付 4 先令。但据上述那位在谷物贸易方面掌握了很多统计数据的作者所言，出口谷物与国内消费谷物的平均比例为 1∶31。因此，如果国民为第一种赋税付出五先令，就必须为第二种赋税付出 6 镑 4 先令。对生活第一必需品征收如此重税，要么会削减劳苦大众的生活资料，要么会使货币工资按照生活资料的价格上涨的比例而增加。在第一种情况下，必定会削弱劳苦大众教育和抚养子女的能力，从而抑制国内的人口增长；在第二种情况下，则必定会削弱雇主雇用工人的能力，使可雇人数比没有奖金时少，从而必定会限制国家产业的发展。所以，出口奖金引起的额外出口，不仅每年在扩大国外谷物市场和消费的同时在国内谷物市场和消费上造成同等的减少，而且，由于它抑制了国内人口增长和产业发展，最终必趋于阻碍和限制国内市场的扩大。所以，从长期来看，奖金不是扩大了而是缩小了谷物的总体市场和总体消费。

然而有人认为，谷物价格的提高对农民来说更有利，因此必然会鼓励谷物的生产。

对此，我的回答是，如果发放奖金的效果是提高了谷物的真实价格，或者说，让农民能以同等数量的谷物，按照周围劳动者普通的生活要求——不论是宽裕的、适中的还是俭朴的——雇用更多的雇工，那么上述看法就可能是正确的。但很显然，奖金不会产生这种效果，其他人为制度也不可能产生这种效果。在很大程度上受到奖金影响的，只是谷物的名义价格，而不是其真实价格。奖金制度给全体国民增加的税负相当沉重，对接受奖金的人来说好处也很小。

奖金的真实效果，与其说是提高谷物的真实价值，还不如说是降低白银的真实价值，或者说，使等量白银交换到的谷物数量和其他国产商品的数量都更少；因为谷物的货币价格支配其他国产商品的货币价格。

谷物的货币价格决定劳动力的货币价格。劳动力的货币价格必须始终使劳动者足够购买一定数量的谷物，使其能够维持自己及家人宽裕、适中或俭朴的生活。雇主根据社会发展进步、停滞或退步的状况，相应地按照宽裕、适中或俭朴的标准提供维持劳动者生活的薪水。

谷物的货币价格也决定其他土地产物的货币价格，后者在每一个社会发展阶段必然和谷物的货币价格保持一定的比例，只是这一比例在不同的阶段有所不同。例如，谷物的货币价格决定牧草和干草、家畜肉、马匹、马匹饲料的货币价格，因此也决定了陆路运输或大部分内陆商业的货币价格。

由于决定了其他土地产物的货币价格，谷物的货币价格也决定了几乎所有制造业原料的货币价格。由于决定了劳动力的货币价格，它也就决定了制造技术和生产能力的货币价格。而决定了这两者的货币价格，也就决定了制成品的货币价格。劳动，以及劳动或土地的所有产品，其价格一定都随着谷物货币价格的涨落而同比升降。

因此，虽然奖金使农民出售谷物的价格由每蒲式耳 3 先令 6 便士提高到了 4 先令，付给地主的地租也随着这个比例有所增加，可是 4 先令所能购买的其他国产货物并不比以前多，农民的境况和地主的境况均不会由于这种变化而有所改善。农民的耕作不会更省，地主的生活不会更富。在购买外国产品方面，这种谷物价格的提高可能给他们带来一些小小的好处，但在购买国产商品时则丝毫好处也没有。然而，农民的几乎所有支出，甚至地主的绝大部分支出，都是用在国产商品上。

如果白银价值下降是由于矿产丰富，则其在大部分商业国家引起的效果都相同或基本相同，对个别国家不会有多大影响。由此引起的所有商品货币价格的上涨，虽不能使销售者实际上变得更富，却也不能使购买者实际上变得更穷。银器的价格实际上比以前更便宜了，但其他商品的真实价值仍然和以前完全相同。

但如果白银的价值下降是个别国家的特殊情况或政治制度造成的结果，只在该国发生，那就是后果严重的事件了。这绝不会使任何人实际上变得更富裕，而是使所有人变得更贫穷。所有商品货币价格上涨的现象为这一国所独有，这会或多或少地抑制该国各种产业的发展，使外国商品不仅在外国市场，甚至在该国市场，能够以低于该国产品的价格出售。

西班牙和葡萄牙的特殊情况是，它们经营金银矿山并向其他欧洲国家输送金银。因此，这些金属在西班牙和葡萄牙的价格自然比在欧洲其他地方低一些，但差额不会比运费和保险费的数额更大。而且，由于这些金属价值大而体积小，运费不多，保险费也和其他同等价值的货物一样。所以，西班牙和葡萄牙由于它们的特殊情况而遭受的损失很小，只要它们的政治制度不加剧这种不利的状况。

西班牙通过征税，葡萄牙通过禁令抑制金银出口，使得金银需要通过走私输出，其价值在其他国家就大大高于西班牙和葡萄牙，高出的那部分价值就是走私的全部费用。在河流边筑起堤坝，坝内的水蓄满后，自然会越过堤坝流出来。阻止金银出口的措施并不能使西班牙和葡萄牙留在国内的金银比它们所能使用的更多，即比它们的土地和劳动的年产品所允许它们使用的（用作铸币、金银器皿、镀金、镀银装饰等）更多。这个使用量就是其金银量的堤坝，超过它之后就会往外溢。所以，尽管有这些限制措施，西班牙和葡萄牙每年出口的金银量基本和进口的金银量持平。然而，如同堤坝内的水必定比堤坝外的水深，西班牙和葡萄牙由于出口限制而留在国内的金银与两国土地和劳动的年产品的比例，一定高于其他国家。堤坝越高、越结实，堤坝内外的水位差就越大；对金银出口征税越多，对违反禁令的惩罚越重，警察执法越严格，则西班牙与葡萄牙在国内的金银量与两国土地和劳动年产品的比例上与其他国家差异越大。据说这种差异非同小可，在西班牙和葡萄牙的百姓家中，常常可以看到许多金银器皿，却看不到像其他国家一样的与这种奢华相称或配套的其他东西。金银价格的低廉——或换种说法，所有商品价格的昂贵——是贵金属过剩的必然结果。这会阻碍西班牙和葡萄牙农业和制造业的发展，使外国能向它们提供许多天然产品和几乎所有种类的制造品，而所需金银比两国自己生产或制造这些产品所需的更少。关于金银出口的税收和禁令在两个方面起作用：它们不仅使两国贵金属的价值降低许多，而且由于在两国保留了一定数量原本会流入他国的金银，使得他国的金银价值比应有的略高，这样就使这些国家在和这两国通商时享有双倍的好处。如果打开闸门，堤坝内的水就会立即减少，坝外的水就会立即增加，内外的水位会很快持平。同理，如果取消对金银出口的税收和禁令，西班牙和葡萄牙的金银数量就会大幅减少，其他国家的金银数量会稍有增加，金银与土地和劳动年产品的比例很快就会在所有国家间处于同一水平或非常相近的水平。这种金银输出给西班牙和葡萄牙带来的损失完全是假想的和名义上的。他们的商品、土地和劳动年产品的名义价值将下跌，其价值所对应的金银会变少，但这些东西的真实价值仍和从前相同，足以维持、雇用和支配与从前同等数量的劳动。随着他们商品名义价值的下跌，留在其国内的金银的价值将上涨，较少量的金银就可以和以前较大量的金银一样，达到一切商业和流通目的。流往国外的金银不会一无所用，而是会换回同等价值的各种货物。这些货物也不全是供不事生产的闲人消费的奢侈品和消耗品。由于闲人的真实财富和收入不会因金银的这种额外出口而增加，所以其消费也不会有多大的增加。这些货物也许有一大部分，至少有相当一部分是原料、工具和食物，可以用来雇用和养活劳动者，他们会再生产出自己所消费的全部价值，并带来利润。这能激活一部分社会积压的资本，从而推动比以前规模更大的产业。于是，国家的土地和劳动的年产品立刻就会有所增加，几年后就可能大幅增加，它们的产业就会从现在承受的沉重负担中解脱出来。

谷物出口奖金发挥的作用，必然与西班牙和葡萄牙的不合理政策发挥的作用完全一样。不论耕作的实际情况如何，谷物出口奖金都会使我们的谷物价格在国内市场上比无奖金时略高，在国外市场上比无奖金时略低。由于谷物的平均货币价格或多或少决定着其他商品的平均货币价格，所以它使白银的价值在国内大为降低，在国外略有提高。卓有成就的权威人士马修·德克尔爵士明确指出，这种奖金使外国人——特别是荷兰人，不仅能以比他们原本须付的更低廉的价格吃到英国的谷物，有时甚至能以比同种情况下我们英国人民须付的更低廉的价格吃到英国的谷物。而且，这种奖金使英国工人不能像无奖金时那样，只需被付以较少量的白银就可以提供各种货物，却使荷兰人能够做到这一点。这就使英国制造品在任何地方都比无奖金时略为昂贵，外国制造品在任何地方都比无奖金时略为低廉，最终使外国产业得到双倍于英国产业的好处。

奖金在国内市场上提高我们谷物的名义价格，而不是提高它的真实价格；不是增加了一定数量谷物所能维持和雇用的劳动量，而只是增加了它所能交换的白银的数量；因此，它阻碍我们的制造业，又不能给我们的农民或乡绅带来任何重大好处。诚然，奖金在农民和乡绅口袋里多放了一点钱，对他们之中的大部分人而言，或许难以相信奖金没给他们带来什么重大好处。但如果这种货币的价值下跌，虽然它的数目增加了，但它所能购买的劳动、食物和各种国产商品的数量却相应地减少，那么这种好处就只是假想的和名义上的。

在整个国家中，也许只有一撮人从奖金中实际受益或可能受益，那就是谷物商人，即进口和出口谷物的那些人。奖金必然使丰年的谷物出口量比无奖金时要多，且由于丰收不能调剂歉收，所以歉收年份的谷物进口量比无奖金时也要多。这样，无论是丰收还是歉收，奖金都增加了谷物商人的业务。尤其在歉收的年份，由于丰收不能调剂歉收，奖金不仅使得谷物商人进口更多的谷物，而且使售价也更高，从而使利润比无奖金时更为丰厚。因此，我注意到，正是这撮人对继续实行或更新奖金制度的热情最高。

英国乡绅对外国谷物进口设置高关税（这在一般的丰收年份等于禁止进口），或对本国谷物出口设置奖金，这似乎是在模仿英国制造业者的行为。通过前一种做法，他们确保自己享有对国内市场的垄断权；通过后一种做法，他们力图防止国内市场上自己的货物库存过多。他们试图通过这两种方法来提高谷物的真实价值，就像制造业者曾用同样的办法提高了许多制造品的真实价值那样。但这些乡绅可能没有注意到，谷物在本质上和其他商品之间存在着巨大的差异。当你用垄断本国市场或发放出口奖金的办法，使英国的麻、毛织品制造业者能以比原来更好的价格出售其货物时，你不仅提高了这些货物的名义价格，而且也提高了它们的真实价格。这使得这些货物的价值相当于更多的劳动和生活资料，不仅增加了制造业者们的名义利润，而且也增加了他们的真实利润，增加了他们的真实财富和收入，使得他们可以生活得更好些，或者在自己的产业中雇用更多的劳动量。这实际上是鼓励了这些制造业，使更多的国内劳动进入这些行业。但是，你用同样的办法提高谷物的名义价格或货币价格，却没有提高它的真实价格。农民和乡绅的真实财富或真实收入不会因此而增加，谷物耕种也不会因此受到鼓励，因为这不能使谷物耕种事业维持和雇用更多的种植者。

谷物的本质决定了谷物的真实价值不会随货币价格的变动而改变。出口奖金和国内市场的垄断权都不能提高谷物的真实价值，而最自由的竞争也不能降低它。从全世界范围来看，谷物的真实价值等于它能维持的劳动量；更具体地说，谷物在某一地的真实价值等于它按当地的生活方式能维持的劳动量，不论这个生活方式是宽裕的、适中的，还是俭朴的。毛织品和麻织品不是那种最终衡量和决定其他商品的真实价值的决定性商品，而谷物是。任何其他商品的真实价值，最终都按照它的平均货币价格与谷物的平均货币价格的比例来决定。尽管谷物的平均货币价格在各个世纪都不同，但其真实价值却没有随之变动，随之变动的只是白银的真实价值。

对任何国产商品的出口奖金，首先，都可以用反对重商主义所有策略的理由来加以反对，即它迫使国内一部分劳动进入某一渠道，而这却不如按照这部分劳动自然要进入的渠道来得有利；其次，更重要的反对理由是，它不仅迫使这部分劳动进入不那么有利的渠道，而且实际上迫使它进入不利的渠道：没有奖金就无法经营的行业必然是一种亏损的行业。反对谷物出口奖金还应该抓住这一点：它本想鼓励谷物生产，但在任何方面都没有对谷物生产起到促进作用。因此，当英国的乡绅效仿制造业者要求设置这种奖金时，他们并不完全了解自己的利益；而商人和制造业者的行为一般是建立在对自己的利益完全了解的基础上的。这些乡绅使国家财政负担一笔极大的开支，向全体国民课征了极为沉重的赋税，但却没有使他们自己商品的真实价值有任何明显的增加。而且，由于降低了白银的真实价值，他们在一定程度上阻碍了国家一般产业的发展。因此，他们不但没有促进，反而或多或少阻碍了他们自己土地的改良，因为土地改良必然以国内一般产业的发展为基础。

有人可能会想，为了鼓励某种商品的生产，生产奖金可能会比出口奖金能更直接地起作用。而且，为支付这种奖金，只需人民缴纳一种赋税。这种奖金不会提高而只会降低国内市场上商品的价格，因此不会再向人民课征第二种赋税，而只会向他们返还第一种税，至少是返还一部分。然而，生产奖金很少被发放。重商主义确立的偏见使我们相信，国民财富更直接地是来自出口而不是来自生产。出口是将货币带回国内的更直接的手段，因此更加受到重视。还有人说，根据经验，生产奖金比出口奖金更容易弄虚作假。我不知道这种说法的真实程度，但出口奖金曾被滥用于许多欺诈行为，倒是众所周知的事。生产奖金只是不符合发明这些策略的商人和制造业者的利益，因为它有时会使他们的货物在国内市场上存积过多。而出口奖金则可以让他们将过剩的商品运往国外，并维持留在国内市场上的那部分商品的价格，从而有效地防止这种事情发生。因此，在重商主义的所有策略中，他们最喜欢的就是出口奖金。我知道，有些行业的经营者私下里自掏腰包为他们自己的商品设立出口奖金。这个办法十分成功——尽管他们的商品产量大增，其在国内的价格仍然提高了一倍以上。谷物奖金如果要降低谷物的货币价格，操作模式必定是大不相同的。

然而，在某些特定场合，政府曾发放过类似生产奖金的东西。按照吨位对捕捞鲸鱼和鲱鱼的渔船发放的奖金，也许可以看作具有这种性质。人们会认为，这种奖金直接使得上述商品在国内市场上的价格比无奖金时更低。但我们必须承认，这种奖金在其他方面的效果和出口奖金的效果是一样的。由于这种奖金的支持，一部分国内资本被用在这一行，而其货物售价并不能补贴其成本，更不用说带来正常利润了。

虽然按照渔船吨位发放的渔业奖金无助于国家财富的增长，但这会增加船舶和水手的数目，或许可以认为它有助于国防。也许可以说，通过这些奖金来达到国防的目的，比像维持常备陆军那样维持庞大的常备海军所需费用少得多。

然而，虽然有这类赞同的意见，但以下的考虑却使我相信，立法部门至少在批准发放这些奖金中的一种时大大受骗了。

第一，对捕捞鲱鱼的渔船发放的奖金似乎太多了。

从 1771 年冬季鱼汛开始到 1781 年冬季鱼汛结束，鲱鱼产业渔船的吨位奖金一直是每吨 30 先令。在这十一年中，苏格兰鲱鱼产业捕鱼共计 378347 桶。捕获后即在海上腌制的鲱鱼称为预腌海产。为了使之成为上市的鲱鱼商品，还要加一些盐将其重新包装。在这种情况下，通常将 3 桶预腌海产包装成 2 桶鲱鱼商品。因此，按照这种算法，在这十一年中捕捞的鲱鱼商品共有 $252231^{1}/_{3}$ 桶。在这十一年中发放的吨位奖金共计 155463 镑 11 先令，即每桶预腌海产的奖金为 8 先令 $2^{1}/_{4}$ 便士，每桶鲱鱼商品的奖金为 12 先令 $3^{3}/_{4}$ 便士。

用来腌制这些鲱鱼的盐有时是苏格兰盐，有时是外国盐，都可免除所有消费税而供应腌鱼者。现在对苏格兰盐课征的消费税为每蒲式耳 1 先令 6 便士，外国盐的为每蒲式耳 10 先令。一桶鲱鱼大约需用 $1^{1}/_{4}$ 蒲式耳外国盐，如用苏格兰盐则需 2 蒲式耳。如果鲱鱼是供出口的，则无须缴纳盐税；如果是供国内消费的，则无论是用外国盐还是苏格兰盐腌制，每桶只需缴纳 1 先令的盐税。这 1 先令是以前苏格兰对 1 蒲式耳盐所征收的税，因为即使按照最低估计，腌制一桶鲱鱼至少需要 1 蒲式耳盐。在苏格兰，外国盐基本上只用于腌鱼。但从 1771 年 4 月 5 日到 1782 年 4 月 5 日，进口的外国盐总计 936974 蒲式耳（每蒲式耳重 84 磅），而供应腌鱼者的苏格兰盐只有 168226 蒲式耳（每蒲式耳仅重 56 磅）。可见，用在渔业方面的主要是外国盐。此外，每出口一桶鲱鱼，还发放 2 先令 8 便士的奖金。而大渔船捕捞的鲱鱼有 2/3 以上都出口了。综合上述数字会得出以下结果：在这十一年中，每桶由大渔船捕捞的鲱鱼，用苏格兰盐腌制的，供出口时花费政府 17 先令 $11^{3}/_{4}$ 便士，供国内消费时花费政府 14 先令 $3^{3}/_{4}$ 便士；用外国盐腌制的，供出口时花费政府 1 镑 7 先令 $5^{3}/_{4}$ 便士，供国内消费时花费政府 1 镑 3 先令 $9^{3}/_{4}$ 便士。而上等鲱鱼商品的价格每桶只有 17 ～ 25 先令，平均约为 1 基尼。

第二，对鲱鱼产业发放的奖金是渔船吨位奖金，直接同渔船的载重量成比例，而与船员的勤惰和成败毫无关系。因此，恐怕大多数船舶装备成渔船出海的目的不是捕鱼，而是捞取奖金。1759 年，当奖金为每吨 50 先令时，苏格兰所有大渔船仅捕获了 4 桶预腌海产。那一年每桶预腌海产单是奖金就花费了政府 113 镑 15 先令，相当于每桶鲱鱼商品花费了政府 159 镑 7 先令 6 便士。

第三，按吨位接受奖金的鲱鱼产业渔船大多为载重 20 ～ 80 吨的大渔船或甲板船，这可能是在学习荷兰，但看来在苏格兰并不像在荷兰那样合适。荷兰的地理位置与鲱鱼聚居的主要海域相距甚远，因此经营鲱鱼产业只能用甲板船，以便携带充足的淡水和食品去远航。但在苏格兰主要的鲱鱼捕捞区赫布里底群岛或西部群岛、设得兰群岛、北部海岸及西北部海岸，却到处都是深入内陆的海湾，当地人称之为海湖。鲱鱼在这些海湖的活动场所也不是很规律。所以，小船捕捞作业似乎是最适合苏格兰特殊情况的渔业方式。这样，渔民捕获鲱鱼后就能尽快将其运到岸上进行腌制或趁新鲜售出。但每吨 30 先令的奖金极大地鼓励了大渔船，却对小渔船不利，因为小渔船没有奖金，就不能以与大渔船业同样的条件向市场提供腌鱼。在没有按渔船吨位发放奖金之前，鲱鱼产业中小渔船的规模曾很可观，据说雇用的渔民人数不会少于现在的大渔船，但现在几乎完全衰落了。然而，我必须承认，对现在已经衰落和被放弃了的小渔船往日的规模，我不可能叙述得十分准确。由于并未对小渔船发放奖金，海关或盐税官员那里没有相关的记录。

第四，在苏格兰的许多地区，一年中的某些季节里，鲱鱼是老百姓的重要食品。致力于降低国内鲱鱼价格的奖金，对救济并不富裕的英国大多数同胞来说，应该能做出很大的贡献；但对大渔船发放的奖金却无助于完成这个良好的目标。它破坏了到目前为止最适于供应国内市场的小渔船，而每桶 2 先令 8 便士的附加出口奖金，又使大渔船捕捞所得的 2/3 以上出口到国外。我确信，在三四十年前还未发放大渔船奖金之时，每桶鲱鱼的普通价格为 16 先令；十至十五年前，在小渔船尚未完全衰落时，每桶鲱鱼的普通价格为 17 ～ 20 先令；而最近五年，平均每桶价格已达 25 先令。不过，这种高价也可能是由于苏格兰海岸鲱鱼数量实实在在地减少了。我也必须指出，装鲱鱼的桶通常是连同鲱鱼一起出售的，其价格也包括在上述价格以内。自从美洲战争开始以来，桶的价格约比从前高出一倍，由大约 3 先令涨至大约 6 先令。我还必须指出，我收到的关于以前价格的记录，并不是十分准确的；一位记性好又有经验的老人告诉我，五十多年前，一桶优质鲱鱼商品的一般价格是 1 基尼。我想，现在这仍可被看作平均价格。可是，我仍认为，所有的记录均表明，对大渔船的奖励并未降低国内市场上鲱鱼的价格。

这些渔业经营者在接受政府慷慨的奖金后，仍以与平时相同或比平时更高的价格出售其商品，也许人们会认为他们的利润应该非常丰厚，有些个别的情况也很可能是这样。但我有足够的理由相信，在一般情况下，情况并非如此。这种奖金通常的效果是，鼓励鲁莽的人去冒险从事一种他们并不了解的行业；他们由于自己的疏忽和无知所受到的损失，远远超过了从最慷慨的政府那里所得到的一切。1750 年，根据最先给予鲱鱼产业渔船每吨 30 先令奖金的同一法令，成立了一家资本金为 50 万镑的股份公司。此后十四年间，认股人所付出的每 100 镑资本金，每年都有权得到 3 镑奖金，由海关负责发放，每半年发放一半。此外还有其他各种奖金，如上述的吨位奖金，每桶 2 先令 8 便士的出口奖金，以及无论是英国的还是外国的盐均享受的免税待遇。除了这家经理和董事都须在伦敦设籍居住的大公司，政府还宣布，只要认购股本不少于 1 万镑，在国内除伦敦外的港口设立的分公司均为合法。各分公司独立经营，自负盈亏，但和总公司享受同样的年金和其他各种奖金。大公司的资金很快就全部到位，并在全国各海港成立了许多渔业分公司。尽管享受了这么多的奖金，但几乎所有这些公司，无论大小，资本金的全部或大部分都亏损掉了。如今，这些公司都没影了，鲱鱼产业全部或基本上由私人来经营。

如果某一制造业的确为国防所必需，则依靠邻国的供应也许很不明智。如果这种制造业没有政府支持就不能在国内维持，则对其他产业征税来支持这种制造业也未必没有道理。对英国制造的帆布和火药发放出口奖金一事，我们或许可以根据这个原则为之辩护。

虽然对民生产业征税来支持个别制造业很难说合理，但在空前繁荣时期，国民享有较大的收入而不知如何使用，此时，政府向自己喜好的制造业发放奖金，或许就同其他无用的花费一样自然。在公共支出中与在私人支出中一样，巨大的财富常常可以成为愚蠢行为的缘由。但在人民普遍困难和穷困的时候还继续这种不合理的行为，就必定是过于荒谬的了。

有时候所谓奖金只不过是退税，因而不能用反对真正的奖金的理由加以反对。例如，对出口精制白糖的奖金，可以看作对进口红糖和黑糖的退税。对出口丝织品的奖金，可看作对进口生丝和捻丝的退税。对出口火药的奖金，可看作对进口硫黄和硝石的退税。但按照海关的说法，只有对那些出口时形态和进口时形态相同的货物发放的补助才称为退税。如果货物的形态在进口后由某种制造业改变了，换了新的名称，所发的补助就称为奖金。

社会向那些在其行业中技艺出众的工匠和制造业者发放的嘉奖，没有产业奖金的缺陷。通过鼓励超常的技巧和独创性，嘉奖可以维持各行业现有工人的竞争力，但不会使国家的资本背离自然趋势而过多地流入任何行业。这种奖励不会打破各行业间的自然均衡，而只是使各行业的产品尽可能地趋于完善。而且，嘉奖的支出很少，而奖金的支出则非常大。单是对谷物发放的奖金，国家有时就需支出 30 万镑以上。

奖金有时候也称为嘉奖，就如同退税有时也被称为奖金一样。但我们在任何时候都必须注意事物的本质，而不是事物的名称。

关于谷物贸易和谷物法令的离题论述

如果我不指出，人们对设置谷物出口奖金的法律和一系列相关限制规定的赞扬是完全不当的，我还不能结束关于奖金的这一章。对谷物贸易的性质及与之相关的英国法律的具体考察，足以证明我的看法的正确性。这个问题的重要性使得这篇离题论述的篇幅会长一点。

谷物贸易由四个不同的部分组成。这四个部分虽然有时由同一人经营，但就其性质来说是四种不同的贸易：第一种是谷物的国内贸易；第二种是供国内消费的外国谷物的进口贸易；第三种是供国外消费的国产谷物出口贸易；第四种是专供再出口的谷物进口的中间商贸易。

第一种

国内商人的利益和广大老百姓的利益，无论表面上看起来是多么对立，但其实，即使在粮食最短缺的年份，也是完全一致的。国内商人的利益在于，尽可能抬高谷物的价格，使其符合粮食实际的短缺状况，直到不能再高（如果再高就不符合他的利益了）。价格的提高会阻碍消费，使每个人，尤其是底层人民，或多或少地节省粮食，精打细算。如果提价过高，对消费阻碍过大，将导致谷物在本季供过于求。那么，当一段时间后，下一季收成上市时，他将面临两方面的风险：上一季供过于求的那部分谷物不仅会由于自然原因耗损掉相当一部分，而且剩余部分也不得不以比几个月前低得多的价格出售；但如果提价不够高，消费未受阻碍，在本季又可能供不应求，他就不仅损失了一部分应得的利润，而且还可能会使人民在本季无粮可用，面临饥荒。人民的利益在于，他们每日、每周、每月的消费应尽可能与每季的供给保持平衡。国内谷物商人的利益也是一样。尽可能准确地判断供需如何平衡，从而提供谷物，他就可能以最高价格将其出售，赚取的利润也可能最多；而凭他对粮食收成和自己每日、每周、每月销售情况的了解，他就能相当准确地判断供需如何平衡。他不用考虑人民的利益，只需考虑自己的利益，即使在粮食短缺的年份，他也必定会像谨慎的船长有时候被迫对待他的船员那样去对待人民。船长在预见到船上的粮食将要耗尽时，就会减少船员每天的粮食供应量。虽然有时候由于过度谨慎，他做了本没什么必要的事，但是由此给船员带来的不便，与由于他不谨慎而可能让船员面对的危险、痛苦和死亡相比，却是微不足道的。同理，内地谷物商人有时候由于过度贪婪而将粮食价格抬高了到超出粮食短缺状况所要求的水平，但是由此给人民带来的困难，与由于谷物商人在季初的慷慨而可能引起的季末饥荒相比，也是微不足道的。倒是谷物商人自己可能因为这种贪婪而受害最深；因为他不仅要面对由此引起的民愤，而且，即使他能逃脱民愤的影响，季末他手头还是会剩下一定数量的谷物，如果下个季节丰收，他不得不将其低价出售。

诚然，如果一群大商人占有一个大国的全部谷物，出于自身利益，他们或许会像荷兰人处理摩鹿加群岛的香料那样，毁掉或抛弃一大部分货物，以抬高剩余的货物的价格。但是，想要如此广泛地垄断谷物，即使是依靠法律的强制力，也基本不可能做到；而在法律允许贸易自由进行的地方，谷物是一切商品中最不容易被少数大资本购下大部分市场供给以囤积或垄断的。这不仅是因为这一大部分谷物的价值太大，超出少数私人资本的购买能力，而且即使少数私人资本有这种购买能力，谷物的生产方式也使这种购买完全不能实现。谷物在任何文明国家都是每年消费量最大的商品，所以生产谷物的劳动力就多于生产其他商品的劳动力。当谷物从土地上被收获时，得到它的人数也必然比得到其他商品的人数多。这些人绝不可能像许多独立的制造业者一样聚居在一个地方，而必定是分散在全国各处。最初得到谷物的这些人要么把谷物直接供应给周围的消费者，要么提供给供应这些消费者的国内商人。因此，国内谷物商人，包括农民和面包师在内，必定多于经营其他任何商品的商人，并且他们的分散状态也使他们绝不可能结成任何联盟。所以，在歉收的年份，如果其中任何一个商人发现，自己的谷物有许多不能按现价在季末售出，他绝不会维持现价让自己蒙受损失而让竞争对手获利，而是会立即降低售价，以便在下一季收成上市前将手里的谷物卖掉。调节任何一个商人行为的利益动机同样会调节其他商人的行为，使他们全都根据自己的最佳判断，按照与当季丰歉程度最相称的价格出售他们的谷物。

我相信，凡是仔细研究过本世纪和前两个世纪欧洲各地粮食短缺和饥荒历史（我们有其中几次十分准确的数据）的人均会发现，粮食短缺从来都不是由于国内商人的联盟或别的什么原因造成的。粮食短缺有时要归因于个别地方战争的摧毁，但在大多数情况下都要归因于天时不利。而由粮食短缺发展成饥荒的唯一原因，就是政府试图以不适当的方法强行解决粮食短缺带来的困难。

在种植谷物的大国，只要各地之间贸易和来往交通都自由，即使是最不好的气候造成的粮食短缺，也绝不会严重到引起饥荒的程度；如果能精打细算，节俭地使用粮食，哪怕是在歉收最严重的年份，也能以比普通年份低一些的水平，养活同样多的人度过一年。对作物最不利的天气莫过于干旱或淫雨。但是，谷物在高地和低地、过于潮湿和过于干燥的地方都能种植，所以对国内某地有害的干旱或淫雨对另一地可能有利。尽管收成在多雨或干旱的季节比风调雨顺的季节少得多，但无论是多雨还是干旱，一个地区的损失仍然可以在其他地区的收益中得到某种程度的补偿。在种植水稻的国家，作物不仅需要非常潮湿的土壤，而且在生长期的一段时间内还必须泡在水中，所以干旱会造成更加不利的影响。但即使在这样的国家，如果政府允许自由贸易，干旱未必会导致饥荒。几年前，孟加拉的干旱也许本来只会导致严重的粮食短缺，但东印度公司的官员对稻米贸易所设置的不适当规定和不明智限制，使得粮食短缺最终演变成了饥荒。

如果政府为了解决粮食短缺给人民带来的困难，命令所有商人以政府认为合理的价格出售他们的谷物，这或将阻碍商人将谷物送入市场，甚至在季节刚开始时就引发饥荒；这也或将使人民在商人将谷物送入市场后，能够且被鼓励快速消费谷物，以至于必然在季末造成饥荒。不受限制的谷物自由贸易是防止饥荒的唯一有效办法，也是减轻粮食短缺困难最好的办法；因为真正的粮食短缺困难是不可能完全解决的，只能设法去减轻困难。没有一种贸易比谷物贸易更应当受到法律的充分保护，也没有一种贸易比谷物贸易更需要法律的充分保护；因为没有一种贸易比谷物贸易更容易引起民愤。

在谷物歉收的年份，下层人民常将自己的穷困归咎于谷物商人的贪婪，谷物商人成了他们憎恨和愤怒的对象。在这种情况下，谷物商人不但赚取不到利润，反而经常要面对完全破产的危险；因为谷仓随时可能被群众以暴力抢劫和毁坏。然而，谷物商人正是指望在粮食短缺、粮价高昂的年份赚取自己的主要利润。他通常与一些农民签订合同，让他们在若干年内按一定的价格向他供应一定数量的谷物。合同价格是按照被认为适中的或合理的价格，即一般的或平均的价格来商订的。这一价格在最近几次歉收前，一般为每夸特小麦 28 先令左右，其他各种谷物的价格以此为标尺。因此，在歉收年份，谷物商人就能以一般价格买到他所需的大部分谷物，并以高得多的价格售出。然而，这一特别利润只是使他所从事的贸易与其他贸易处于平等的水平，只够补偿他在其他场合下由于谷物的易腐性及其价格的多变性而蒙受的损失。这一点，从做谷物生意很少像做其他生意那样发大财就可看出。只能在歉收年份以高价赚取丰厚的利润，同时又因为这样做而引起民愤，这使得品格端正、家境殷实的人士都不愿从事谷物贸易。因此，这个行业就留给一群下层商人经营：磨坊主、面包师、面粉商、零售商，以及一些贫苦的小商贩，他们几乎是国内市场上谷物种植者和消费者之间唯一的中间人。

欧洲从前的政策不但没有去平息人们对这种有利于公众的行业的愤怒，反而似乎任由他们如此。

爱德华六世统治的第五年和第六年的第14号法令规定，凡是打算购买谷物再出售者，即视为非法囤积者，初犯处以两个月监禁，并没收其谷物；再犯处以六个月监禁，并处两倍于其谷物价值的罚款；三犯处以枷刑，监禁时间由国王任意决定，并没收全部个人财产。欧洲其他大部分地方以前的政策也不会比英国更好。

我们的先人似乎认为，人民向农民购买谷物会比向谷物商人购买便宜，因为他们担心谷物商人在支付给农民的谷物价格之上加价以赚取高额利润。因此，他们试图完全消灭谷物商人这一行业。他们甚至尽可能地防止种植者和消费者之间有任何形式的中间人。为此，他们对谷物商和谷物中间商的贸易施加了种种限制。他们规定，如果没有取得能证明自己诚实正直的特许状，任何人都不能从事这一行业。依据爱德华六世的法令，必须经过三位治安官的认可，才能发给这种特许状。但后来人们认为，即使这样的限制还是不够，所以依据伊丽莎白女王的一条法令，颁发这种特许状的特权归于每季开庭一次的地方治安法庭。

欧洲从前的政策对农村最大的行业（农业）的管理原则与对城市最大的行业（制造业）的管理原则截然不同。这种政策使得农民要与消费者和谷物商人、中间商等直接代理人都打交道。这就是迫使他们不仅要做一个农民该做的工作，而且还要做谷物批发商和零售商的工作。在城市则相反，在许多情况下，政策禁止制造业者兼营商店，禁止他们零售自己的商品。前一种政策的意图是增进国家的整体利益，也就是使谷物价格变得低廉；不过，人们可能不是很了解应如何操作。后一种政策的意图是增进商店老板这类人的利益。人们认为，如果允许制造业者从事零售业，他们就会以低于商店老板的价格抛售其产品，从而毁灭商店零售业。

然而，即使让制造业者自己开店零售他的货物，他其实也不会比普通的商店老板售价更低。他投入自己店铺中的资本，一定是从他的制造业中抽调出来的。为了和他人在同一水平上经营，他投入商店的资本必须取得商店老板的利润，正如他投入制造业的资本必须取得制造业者的利润一样。例如，假定在他居住的那个城市，制造业资本和商店资本的一般利润率均为 10%，那么他在自己的商店出售自己的每一件产品的利润率必须是 20%。当他将产品从自己的厂房送往自己的商店时，他对产品的估价必须与他批发给商店老板的价格相同，如果估价低了，他就损失了一部分制造业资本的利润。当他在自己的商店再将产品出售时，如果售价低于其他商店老板的售价，他就损失了一部分商店资本的利润。所以，虽然从表面上看，他在同一件产品上取得了双重的利润，但由于这些产品先后作为两种不同资本的一部分，他在所使用的全部资本上只得到了单一的利润。如果他所得的利润比这少，那他就是一个亏损者，或者说他所投入的全部资本没有取得大部分人取得的利益。

法令禁止制造业者去做的事情，却在某种程度上要求农民去做，要求农民将他的资本投入到两种不同的用途上：一部分投入到谷仓和干草场，以储存粮食供应市场的临时需求；另一部分投入到土地耕作。但正像他投入后一部分的资本所得的利润不能少于农业资本的一般利润一样，他投入前一部分的资本所得的利润也不能少于商业资本的一般利润。在谷物贸易中实际使用的资本不管是属于农民还是属于谷物商，都要取得相同的利润，以使投入其中的资本得到回报，即与其他行业处于相同的水平，以免资本转移到别的用途。所以，被迫兼营谷物贸易的农民最终出售谷物的价格，不可能比任何其他谷物商在自由竞争中最低的谷物售价更便宜。

能将自己的全部资本用在单一业务上的商人，可以得到与将全部劳动用在单一作业上的工人一样的好处。后者能达到一种熟练程度，用同一双手完成数量多得多的作业；前者能学到一种简单高效的营业方法，以同样的资本经营多得多的业务量。一般情况下，这样的工人能因此以便宜得多的价格出售自己的产品，同样，这样的商人出售自己货物时的价格也能比有许多货物分散自己的精力和资本时便宜一些。如果一个精明灵活的商店老板的唯一业务就是成批采购货物然后再零售，那么大部分制造业者在零售自己产品时的定价都不可能像这个商店老板一样低；如果一个精明灵活的谷物商人的唯一业务就是成批购买谷物存入粮仓然后再零售，那么大部分农民在将自己的谷物零售给四五英里外的城镇居民时的定价就更不可能低于这个谷物商人的价格。

禁止制造业者兼营商店的法令试图迫使资本的这种分工加快；迫使农民兼营谷物商业务的法令则试图使资本的这种分工放慢。两种法律显然都违反了天赋自由的原则，因此都是不公正的，也同样是失策的。对这类事情，既不强迫，也不妨碍，才符合每一个社会的利益。如果某人以其劳动或资本来从事各种对自己并无必要的行业，他绝不可能以比他的邻人更低的价格出售货物而伤害邻人。他可能会伤害到他自己，一般情况下都是如此。谚语有云，什么都做发不了财。法律应该相信人民照顾自己利益的能力，因为作为当事人，人民一般比立法者更了解自己的利益所在。但迫使农民经营谷商业务的法令，是上述两种法令中更有害的。

这种法律不仅有碍于对任何社会都非常有利的资本分工，而且同样有碍于土地的改良和耕作。迫使农民兼营两业而不是专营一业，就使得农民被迫将资本分成两部分，只能将其中一部分投入耕作。如果他能自由地在收割打谷之后将全部收成尽快出售给谷物商，他的全部资本就可以立即返回土地，用于购买更多的耕牛，雇用更多的佣工，以更好地改良和耕作土地。如果农民被迫零售自己的谷物，他就只好将大部分资本放在他的谷仓和干草场中，因而不可能像没有这种法令时耕作得那样好，虽然资本是一样多的。所以，这种法令必然会阻碍土地的改良，不但不能使谷物的价格更低，而且由于它使得谷物产量比没有这种法令时更少，必然使得谷物价格更高。

除了农民的劳作外，实际上最有助于谷物生产的，就是受到适当保护和鼓励的谷物商业务。如同批发商能够扶持制造业者一样，谷物商也能够扶持农民。

批发商为制造业者提供现成的市场，使其产品尽快脱手，有时候甚至在产品未完工前就预付货款，这使得制造业者能将他的全部资本（有时候还不止他的全部资本）始终投在生产上，从而与被迫将产品卖给直接消费者或零售商相比，制造业者能生产出多得多的产品。而且，批发商的资本一般足以供许多的制造业者周转，在他们的这种往来中，大资本商人出于利害关系会去扶持许多小资本商人，在他们遭受损失和灾难并可能破产时给予他们帮助。

农民与谷物商人之间广泛建立的这类往来关系，结果同样有利于农民。农民将能够把他的全部资本（有时候还不止他的全部资本）始终投在耕作之中。农业比其他行业都更容易遭受意外，但有了这种往来关系后，农民将会发现，无论发生什么意外，他们的老主顾，即富裕的谷物商人，都愿意并且能够帮助他们。他们就不会像现在这样，完全指望地主的宽容和地主管家的仁慈。如果能立即广泛地建立这种往来关系（虽然没这种可能），如果能立即将国家全部农业资本从其他行业撤回并投入到土地耕作这种适当的用途之中，如果在需要时能立即提供另一项几乎同样巨大的资本以扶持和帮助农业资本发挥作用，那么，仅仅这些变化就将给全国土地带来多么巨大、多么广泛、多么急剧的改进，或许难以想象。

因此，爱德华六世的法令尽可能地禁止种植者与消费者之间存在中间人，这实际上是试图消灭这样一种行业：它的自由运作不但可以最好地缓解谷物短缺的状况，而且可以最好地防止饥荒的发生。除了农民的劳作外，实际上最有助于谷物生产的就是谷物商人的业务。

后来的几个法令缓和了这一法令在这方面严厉与苛刻的规定。它们先后允许人民在小麦价格不超过每夸特 20 先令、24 先令、32 先令和 40 先令时囤积谷物。最后，查理二世统治的第十五年的第 7 号法令规定，当小麦价格不超过 48 先令（其他谷物价格以其为标尺）时，只要不是谷物垄断者，即不是购买谷物后三个月内又在同一市场出售的人，囤积谷物或购买谷物以待出售的行为均为合法。依据这一法令，国内的谷物商人由此得到了他们不曾享受过的贸易自由。当今国王（乔治三世）统治的第十二年的法令废除了几乎所有以前的反对垄断和囤积的法令，但没有取消查理二世统治的第十五年的第 7 号法令所设的限制，因此该法令至今仍然有效。

可是，这项法令在某种程度上认可了两种非常荒谬的世俗偏见。

第一，它认为当小麦价格高到每夸特 48 先令（其他谷物价格以此为标尺）时，谷物就有可能被大量囤积，从而有害于人民。但我在前文已经清楚明白地论证过，无论价格高低，国内的谷物商人囤积谷物都不会有害于人民。而且，每夸特 48 先令的价格尽管看起来很高，但在歉收年份常常是收获之后立即就出现的价格，所有新收成还很少有售出的，即使是无知的人也不会认为新收成的任何部分会被人囤积起来使人民受害。

第二，它认为存在某个价位，当谷价达到这个价位时，谷物可能就会被人买来囤积，形成垄断，以便随后在同一市场高价出售，从而有害于人民。但是，如果谷物商人在某个市场大肆收购囤积，以图随后在同一市场再出售，必定是他判断出谷物的市场供给不会在全季都能像当时那样充分，不久必将涨价。如果他判断错误，谷价实际并未上涨，他就不仅没赚到利润，还会损失一部分资本，即储藏和保管谷物的费用和损耗。因此，他对自己的损害将比对别人大得多。即便是那些在谷商收购当天被妨碍了购买谷物的人，受到的损害也没谷商自己受到的损害大，因为购买谷物的人可以在另外的日子以同样低廉的价格购买谷物。如果谷价判断正确，他不但不会伤害到广大人民，反而对他们有至关重要的帮助。通过使人民早一点体会到缺粮的困难，谷商可以防止他们由于目前谷价低廉而不顾实际情况地快速消费谷物，从而防止他们感受到粮食匮乏的强烈痛苦。如果确实出现了粮食短缺的情况，那么对人民来说，最好的方法就是将其带来的困难的程度尽可能平均地分配到一年中的每月、每周和每一天。谷物商人由于自身利益的关系而能够尽可能正确地这样去做。由于其他人都没有这种利益关系，也没有这种知识和能力可以像谷商那样正确地做这件事情，所以应将这项最重要的商业业务全部委托给谷商；

换句话说，至少在国内市场的供给方面，谷物贸易应完全自由。

世人对于囤积和垄断的恐惧，与他们对巫术的恐惧和怀疑非常相似。因巫术而被控告的不幸之人，与那些因囤积和垄断而被控告的人一样，都是无罪的。法律取缔了对巫术的起诉，使人们不能再因为私怨而以这种想象中的罪名控告邻人；因为法律消除了鼓励和支持这种恐惧和怀疑的重要原因，似乎也就有效地打消了这种恐惧和怀疑。如果法律恢复内地谷物贸易的完全自由，同样也可能打消世人对囤积和垄断的恐惧。

可是，查理二世统治的第十五的第 7 号法令虽然有各种缺点，但与其他法律相比，或许仍对国内市场上谷物的充足供应和耕作的改进做出了更大的贡献。正是从这项法令开始，国内谷物贸易获得了它从未享有过的一切自由和保护；而不管是对国内市场上谷物的供给还是对耕作的改进，国内贸易都比进出口贸易更为有效地起到了促进作用。

根据那位关于谷物贸易论文集的作者的计算，英国平均每年进口的各种谷物量与平均每年消费的各种谷物量的比例不到 1∶570。所以，对于国内市场的供给，国内贸易的重要性必定是进口贸易的 570 倍。

根据这位作者的计算，英国平均每年出口的各种谷物量不到年产量的 1/30。所以，在为本国谷物提供市场从而鼓励耕作方面，国内贸易的重要性也必定是出口贸易的 30 倍。

我不太相信自己的政治算术水平，无法保证上述两种计算的准确性。我提及它们只是为了说明，在最明智、最有经验的人看来，谷物的国际贸易与国内贸易相比是多么不重要。设立出口奖金之前那几年的谷物价格极为低廉，在某种程度上归因于查理二世这项法令的作用，或许是有理由的。这项法令颁布于二十五年前，有足够的时间产生这种效果。

至于谷物贸易的其他三个部分，我可以用很短的篇幅来说明。

第二种

进口谷物供国内消费的贸易，显然有利于国内市场的直接供给，因而直接有利于人民大众。当然，这会使谷物的平均货币价格有所下降，但不会降低谷物的实际价值，即它所能维持的劳动量。如果谷物能随时自由进口，我们的农民和乡绅每年出售谷物所得的货币或许要比现在少，因为现在谷物进口在大部分时间里实际上是被禁止的；但是他们所得到的货币会有更大的价值，能买更多的其他商品和雇用更多的劳动。因此，他们的实际财富和实际收入都会和现在一样多，只是用较少数量的白银来表现而已；他们能够耕种和愿意耕种的谷物也不会比现在少。相反，谷物的货币价格下降，白银的实际价值上升，会使其他商品的货币价格有所下降，这又使国家的产业在外国市场上占有一定优势，从而能鼓励和促进该国产业的发展。而国内谷物市场的大小，必须和这个国家的一般产业保持一定的比例，也就是说，必须和生产并拥有其他能与谷物交换的商品的人数或这些东西的价格保持一定比例。在任何国家，国内市场都是谷物最近和最方便的市场，因此也是最大和最重要的市场。所以，由于谷物平均货币价格下降而导致的白银实际价值上升，会倾向于扩大（而不是缩小）谷物最大和最重要的市场，从而促进谷物的生产。

查理二世统治的第二十二年的第 13 号法令规定，国内市场小麦价格不超过每夸特 53 先令 4 便士时，进口小麦每夸特须纳税 16 先令；国内市场小麦价格不超过每夸特 4 镑时，进口小麦每夸特须纳税 8 先令。前一价格在过去的一个多世纪中只在粮食严重短缺的年份才出现过，后一价格据我所知从未出现过。根据这一法令，在小麦价格涨到后一价格以上的时候，小麦进口被要征收非常高的关税，而在小麦价格涨到前一价格以上的时候，小麦进口被征收的关税相当于禁止其进口。限制其他各种谷物进口的关税税率占其价值的比例也几乎同样高（见表2）。此后的法律进一步提高了这种关税。

表2　乔治三世统治的第十三年以前各种谷物的进口税

谷物	每夸特价格	关税
蚕豆	≤ 28 先令	19 先令 10 便士
	＞ 28 先令且≤ 40 先令	16 先令 8 便士
	＞ 40 先令	12 先令
大麦	≤ 12 先令	19 先令 10 便士
	＞ 12 先令且≤ 32 先令	16 先令
	＞ 32 先令	12 先令
麦芽	年度麦芽税法禁止进口	
燕麦	≤ 16 先令	5 先令 10 便士
	＞ 16 先令	$9^{1}/_{2}$ 先令
豌豆	≤ 40 先令	16 先令 10 便士
	＞ 40 先令	$9^{3}/_{4}$ 先令
黑麦	≤ 36 先令	19 先令 10 便士
	＞ 36 先令且≤ 40 先令	16 先令 8 便士
	＞ 40 先令	12 先令
小麦	≤ 44 先令	21 先令 9 便士
	＞ 44 先令且≤ 53 先令 4 便士	17 先令
	＞ 53 先令 4 便士且＜ 4 磅以下	8 先令
	≥ 4 镑	约 1 先令 4 便士
荞麦	≤ 32 先令	16 先令

注：这些税，一部分根据查理二世统治的第二十二年代替旧补助税的法律课征，另一部分根据新补助税、1/3 和 2/3 补助税，以及 1747 年补助税的法律课征。

在歉收年份，人民很可能由于上述法令的严格执行而苦不堪言。但在这种情况下，这些法令一般都由临时法令替代而暂停实行。临时法令准许在一定期限内进口外国谷物。有必要实行临时法令，足以证明原有法令的不适当。

虽然对进口的这些限制是设立出口奖金之前的规定，但这两者所遵循的精神和原则如出一辙。不过，不管这种限制和某些其他限制怎样有害，在设立出口奖金后，限制进口都是必要的。如果一夸特小麦的价格不到 48 先令，或者高出 48 先令不多时，外国谷物可以免税或缴很少的税进口，那么可能会有人为了出口奖金而进口谷物再出口。这将使国家收入蒙受巨大损失，颠倒了出口奖金制度的初衷；因为它没有扩大本国产品的市场，反倒扩大了外国产品的市场。

第三种

出口谷物供外国消费的贸易，当然不会直接有利于国内市场供给的丰足，但会间接产生有利作用。无论供应国内市场的谷物是来自何处，是本国生产的也好，国外进口的也好，只有在国内生产的谷物量或进口的谷物量大于国内消费的谷物量时，国内的谷物市场才有充足的供应。但是，如果剩余的供给在一般情况下不能出口，种植者就将小心谨慎地不让生产的谷物多于国内市场的需求，进口商也会小心地不让进口的谷物多于这个需求。这样，市场很少会存货过多，而一般会存货不足，因为供给谷物的人通常会担心手里的货物积压。所以，禁止出口限制了土地的改良和耕作，使谷物的供给仅限于满足国内居民的需求，而出口自由则能扩大耕作以供应国外需求。

查理二世统治的第十二年的第 4 号法令规定，只要小麦价格不超过每夸特 40 先令（其他各种谷物以此为标尺），就允许谷物出口；查理二世统治的第十五年，进一步放开到小麦价格不超过 48 先令；到了第二十二年，不再设上限。当然，这种出口须向国王交税。但所有的谷物税率都很低，小麦仅为每夸特1先令，燕麦仅为每夸特4便士，其他各种谷物仅为每夸特6便士。而根据威廉和玛丽统治的第一年设置出口奖金的那项法令，只要小麦价格不超过每夸特48先令，这项小额出口税实际上已被取消。威廉三世统治的第十一至十二年的第20号法令则明确取消这项税收，无论小麦价格有多高。

这样，谷物出口商的贸易不仅受到出口奖金的鼓励，而且比国内商人的贸易自由得多。根据上述法令中的最后一个，无论价格高低，谷物都可囤积用于出口，但除非价格不超过48先令，否则不许囤积用于国内销售。但是，我在前面已经论证过，国内商人的利益绝不会与人民的利益相对立。而出口商的利益却有可能与人民的利益相对立，事实上有时也的确如此。当本国处于粮食短缺状态而邻国发生饥荒时，也许将大量谷物运往邻国符合出口商的利益，但这将大大加重本国粮食短缺的情况。国内市场能得到充足供应不是这些法令的直接目的；它们的直接目的是，借口鼓励农业，尽可能地提高谷物的货币价格，从而尽可能地造成国内市场上经常的粮食短缺。由于那些法令阻碍进口，即使在粮食严重短缺时，国内市场的供给也只能依靠国内生产；而由于那些法令鼓励出口，即使在粮食严重短缺的情况下，当小麦价格高到每夸特48先令时，国内市场也不能得到本国谷物的全部。英国不得不经常颁布临时法令，在一定期限内禁止出口谷物和对进口免税，这充分说明了原有法令的不适当。如果原有法令是适当的，就没有必要经常暂停实施它们了。

假如所有国家都实行自由进出口的制度，构成一块大陆的各个国家就会像构成一个大国的各个省一样了。理论和实践都证明，在一个大国的不同省份之间实行贸易自由不仅是缓解粮食短缺最好的方法，也是防止饥荒的最有效的方法；在一块大陆的不同国家之间，进出口贸易自由也会起相同的作用。大陆面积越大，其上各地之间水陆交通越方便，其中任何一个国家遭受这两种灾难的可能性就越小，因为粮食短缺很可能由其他某个国家的丰收予以缓解。但是，极少有国家完全实行这种自由制度。谷物贸易的自由几乎在所有地方都或多或少受到限制，而且在许多国家，限制谷物贸易的荒谬法律常常加重了已有的粮食短缺造成的不幸，使其演变成可怕的饥荒。这些国家对谷物的需求常常变得如此巨大和紧迫，使得当时也在粮食短缺的状况下挣扎的邻近小国不敢冒着自己也陷入这种可怕灾难的危险去供应他们。这样，一个国家极坏的政策，可能使另一个国家本来最好的政策在某种程度上成为危险和不谨慎的措施。但是，不受限制的自由出口对大国的危险性要小得多；因为大国的谷物产量要大得多，无论可能出口多少谷物，都很少影响其国内供应。在瑞士的某个州或者意大利的某些地区，或许有时还有必要限制谷物的出口，但在英国或法国这样的大国很少有这种必要。此外，阻止农民随时将产品运到最有利的市场，显然是以公共利益或国家理由而牺牲了一般的公正法则；只有在最紧迫的情况下，立法机关才能采取这种行动，也才能得到谅解。如果非得禁止谷物出口，应该在谷物价格非常高时才实施。

关于谷物的法律无处不可与关于宗教的法律相类比。对今世的生存和来世的幸福，人民是那么关心，因此政府不得不屈从于他们的偏见，建立他们认同的制度，以保持社会安定。或许正是由于这样，我们从未见到关于这两件头等大事的合理制度。

第四种

进口外国谷物以备再出口的中间商贸易，也有利于国内市场供给的丰足。这种贸易的直接目的的确不是在国内出售谷物，但中间商一般也会愿意这样做，哪怕比他在外国市场可望获得的货币少得多；因为这样能节省装卸费用、运费和保险费。由于中间商贸易而成为其他国家粮仓的国家，其居民自己是很少会缺乏粮食的。虽然中间商贸易可能降低国内市场谷物的平均货币价格，但绝不会因此降低谷物的真实价值。它只会提高白银的真实价值。

在英国，进口外国谷物须缴纳高额关税，而其中大部分不能退还，所以，在一般情况下，中间商贸易实际上是受到禁止的；而在特殊情况下，当粮食短缺使得有必要实行临时法令暂停征税时，又会禁止出口谷物。因此，按照这种法律制度，谷物中间商贸易实际上在一切情况下都是被禁止的。

所以，设立奖金的这种法律体系，似乎并不值得称赞。常常被归功于这些法律的英国的进步与繁荣，可以很容易地找到其他原因加以解释。英国法律为人们享用自己的劳动成果提供了安全保障，即使还有上面这些和另外几十条荒谬的商业条例，单是这一点就足以让一个国家繁荣起来；而且，和奖金的设立几乎同时发生的光荣革命完善了这种保障。当每个人得以自由和安全地为改善自己的境遇而努力，就自然会形成一股非常强大的力量，即使不借助任何帮助，也能使社会富裕繁荣，还能克服那些愚蠢的人为法律所设置的顽固障碍。不过，这些愚蠢的法律或多或少地侵害了这种努力的自由，或降低了这种努力的安全程度。在英国，产业是很安全的；虽然远谈不上完全自由，但与其他欧洲国家相比，至少同样自由或更自由。

尽管英国最繁荣、最进步的时期出现在那些与奖金有关的法律建立之后，但我们不能就此将这种繁荣与进步归功于那些法律，就好比这一时期也出现在发行国债之后，但发行国债肯定不是英国繁荣和进步的原因。

虽然英国与奖金有关的法律体系和西班牙、葡萄牙的相关政策一样，都使得贵金属的价值在实施这些法律和政策的国家趋于降低，但英国无疑是欧洲最富有的国家之一，而西班牙和葡萄牙大概位于欧洲最贫穷的国家之列。这种境况上的差别，可以很容易地以下述两个原因说明。首先，这两个国家每年输入的金银价值超过600万镑，但出口金银在西班牙须纳税，在葡萄牙受禁止，并且这种法律得到严格执行。这在这两个贫穷的国家所产生的降低金银价值的作用，与英国实施的谷物法令所产生的作用相比，不仅更直接，而且更有力。其次，这些糟糕的政策在这两个国家并没有被人民的普遍自由和安全抵消。那里的产业既不自由也不安全。即使这两国的通商条例一改目前大部分条例的荒谬愚蠢而变得非常明智，他们的市民政体和宗教政体依然会使他们的贫穷延续下去。

乔治三世统治的第十三年的第43号法令似乎建立了一种与谷物法令有关的新体系，其中许多方面优于旧体系，但在一两个方面则还不是很好。

该法令规定，中等小麦的价格涨至每夸特48先令，中等黑麦、豌豆或蚕豆的价格涨至每夸特32先令，大麦的价格涨至每夸特24先令，燕麦的价格涨至每夸特16先令时，供国内消费的相应外国谷物在进口时免征高关税，代之以每夸特小麦6便士的小额关税（其他谷物以小麦为标尺）。这样，外国的各种谷物，尤其是小麦，就能以比从前低得多的价格供应国内市场。

同一法令还规定，每夸特小麦5先令的出口奖金在小麦价格涨至每夸特44先令时即停止发放（以前是要涨至48先令）；每夸特大麦2先令 6 便士的出口奖金在大麦价格涨至每夸特 22 先令时即停止发放（以前是 24 先令）；每夸特燕麦片 2 先令 6 便士的出口奖金在燕麦片价格涨至每夸特 14 先令时即停止发放（以前是 15 先令）。黑麦的出口奖金从 3 先令 6 便士减至 3 先令，在黑麦价格涨至每夸特 28 先令时即停止发放（以前是 32 先令）。如果出口奖金像我已经试图证明的那样是不适当的，那么，越早停止发放，发放的数额越少，则越有好处。

这项法令还准许以最低的价格免税进口谷物以备再行出口，但必须把进口的谷物存入仓库，用分属国王和进口商的两把锁锁住。诚然，在英国享有这种自由的只限二十五个港口，不过这些都是主要的港口，其他大部分港口或许没有适用该法令的仓库。

就以上各点来看，这项法令显然是对旧法令的改进。

但是，这项法令规定，当燕麦价格不超过每夸特 14 先令时，每出口每夸特发放 2 先令奖金。过去从未对这种谷物的出口发放过奖金，就像对豌豆和蚕豆那样。

这项法令还规定，当小麦价格涨至每夸特 44 先令，黑麦价格涨至每夸特 28 先令，大麦价格涨至每夸特 22 先令，燕麦价格涨至每夸特 14 先令时，均立即禁止出口。这几种价格似乎都太低了，而且，出口奖金本是为了鼓励出口，现在一停止发放奖金就禁止出口，也似乎不妥。停止发放出口奖金的价格应该比禁止出口时的价格低得多，要么就应该在比此价格高得多的价格上允许出口。

就以上各点来看，新法令似乎又不如旧法令。不过，虽然它有各种不足，我们或许仍可用前人评价《梭伦法典》的话来评价它：它本身虽不完美，但却是当时的利益、见识和倾向所能产生的最好的。它或许会为将来更完善的法律铺平道路。

附　录

下面的内容是为了证明第四篇第五章关于鲱鱼产业船只吨位奖励金的评述确凿无误的。读者可以相信它们的正确性。

表 3　鲱鱼产业相关情况

年份	船数	空桶数	捕获桶数	奖励金		
				镑	先令	便士
1771	20	5948	2832	2085	—	—
1772	168	41316	22237	11055	7	6
1773	190	42333	42055	12510	8	6
1774	248	59303	56365	16952	2	6
1775	275	69144	52879	19315	15	—
1776	294	76329	51863	21290	7	6
1777	240	62679	43313	17592	2	6
1778	220	56390	40958	16316	2	6
1779	206	55194	29367	15287	—	—
1780	181	48315	19885	13445	12	6
1781	135	33992	16593	9613	12	6
总计	2186	550943	378347	155463	11	—

海棒 378347 桶，每桶平均奖励金 8 先令 $2^1/_4$ 便士，减去 $126115^2/_3$，因为每桶海棒只能做成 2/3 桶可售鲱鱼，所以减去 1/3，这使得 $252231^1/_3$ 桶可售鲱鱼的奖励金为 12 先令 $3^3/_4$ 便士。如果每桶鲱鱼还有出口奖励金 2 先令 8 便士，所以政府付给每桶鲱鱼的奖励金是 14 先令 $11^3/_4$ 便士，但加上腌藏每桶鲱鱼用盐的货物税，外国盐 $1^1/_4$ 蒲式耳，每蒲式耳

10先令，计12先令6便士，那么，每桶可售鲱鱼的奖励金就等于1镑7先令$5\frac{3}{4}$便士。如果用苏格兰盐腌藏，那政府付给每桶出口鲱鱼的奖励金仍然是14先令$11\frac{3}{4}$便士，但加上每桶鲱鱼2蒲式耳的苏格兰盐每蒲式耳1先令6便士的货物税，共3先令，则每桶可售鲱鱼的奖励金就等于17先令$11\frac{3}{4}$便士。当每桶鲱鱼缴纳1先令的货物税进港供苏格兰消费时，每桶可售鲱鱼的奖励金仍然是12先令$3\frac{3}{4}$便士，减去每桶的货物税1先令，是11先令$3\frac{3}{4}$便士，但加上腌藏每桶鲱鱼用的外国盐的货物税12先令6便士，则每桶进港供苏格兰消费的鲱鱼奖励金就等于1镑3先令$9\frac{3}{4}$便士。如果鲱鱼用苏格兰盐腌藏，则奖励金计算如下：每桶进港的可售鲱鱼奖励金是12先令$3\frac{3}{4}$便士，减去进港供苏格兰消费时缴纳的货物税1先令，是11先令$3\frac{3}{4}$便士，但加上腌藏每桶鲱鱼用的苏格兰盐的货物税，每桶需要2蒲式耳，每蒲式耳货物税1先令6便士，共3先令，则每桶进港供苏格兰消费的鲱鱼奖励金就等于14先令$3\frac{3}{4}$便士。

虽然政府在出口的鲱鱼上损失的货物税，严格地说，不算奖励金，但政府在那些进港供苏格兰消费的鲱鱼上损失的货物税无疑是奖励金。

表4　苏格兰进出盐类相关情况

时间	外国盐输入数量（蒲式耳）	从工厂免税交给船只的苏格兰盐数量（蒲式耳）
1771年4月5日～1782年4月5日	936974	168226
年平均	$85179\frac{5}{11}$	$15293\frac{3}{11}$

我们必须注意的是，外国盐每蒲式耳重84磅，而苏格兰盐每蒲式耳只重56磅。

第六章　论通商条约

如果一个国家受条约的约束，允许某些货物从某一外国进口而禁止从其他国家进口，或只对某一外国的某些货物免征关税而对其他国家的这些货物都征收关税，那么，商业上受惠的这个国家，或至少是该国的商人和制造业者，必然会从这种条约中得到很大的好处。这些商人和制造业者在如此优待他们的国家享有一种垄断权，那里成了他们的货物的更广阔、更有利的市场。更广阔，是因为其他国家的货物或是被排除在这个市场之外，或是被征收更多的关税，使得受惠国的商品能占领更多的市场；更有利，是因为受惠国的商人在那里享有一种垄断权，常常能以比各国在自由竞争的情况下更高的价格将其货物出售。

然而，这种条约虽然对受惠国的商人和制造业者有利，但对施惠国的商人和制造业者却必然是不利的。通过这种条约，施惠国将一种不利于自己的垄断权赋予了某一外国，必须常常以比各国自由竞争时更高的价格购买自己所需的外国货物，而施惠国用于购买这些外国货物的那部分本国产品也就必然变得更便宜了。因为，当两种物品彼此交换时，一种贵了就相当于另一种便宜了，这是一回事。因此，这个国家年产品的交换价值可能由于这种条约而减少。不过，这种减少并不意味着绝对价值的损失，而只是本来可获得的利益的减少。它出售产品的价格虽然低于没有这种条约时可得的价格，但不可能低于成本，也不会像有出口奖金时那样，收不回商品上市的成本更得不到普通的利润，否则这种贸易不能长期进行。所以，即使是施惠国也依然能从这种贸易中得利，尽管利益不如自由竞争时那么大。

但是，根据与此不同的原理，人们也认为某些通商条约是有利的。有时一个商业国给予某国的某种商品这种对自己不利的垄断权，是因为它希望在两国间的总体贸易中，它的年出口能大于年进口，每年都保持金银的顺差。正是根据这一原理，梅休因先生在1703年签订的英国和葡萄牙通商条约才大受称赞。以下是该条约的直译，一共只有三条：

第一条 尊敬的葡萄牙国王陛下以他自己和他的继承人的名义，承诺今后永远准许英国的毛织品像以往一样进入葡萄牙，直到另有法律加以禁止；但须遵循下面的条件。

第二条 尊敬的英国国王陛下以他自己及他的继承人的名义，自今以后永远准许葡萄牙的葡萄酒进入英国，不论何时，不论英法两国是和是战，不论进入英国的葡萄酒使用的是105加仑的桶、52.5加仑的桶还是其他规格的，以关税、手续费或其他名义对葡萄牙的葡萄酒直接或间接征收的税费，都不得超过对同量法国葡萄酒所征税费2/3。如果上述减免在任何时候以任何形式被破坏或侵害，尊敬的葡萄牙国王陛下重新禁止英国制造的毛织品进口就是正当的和合法的。

第三条 两国特命全权大使承诺负责敦请各自的国王陛下批准本条约；批准的条约在两个月内互相交换。

根据上述条约，葡萄牙国王有义务按照禁止进口英国毛织品之前的条件准许进口英国毛织品，即征收的关税不能高于禁止进口之前的水平。但他没有义务让英国的毛织品以比其他国家的毛织品（例如法国的或荷兰的）更优越的条件进口。相反，英国国王却有义务让葡萄牙的葡萄酒以比最有可能与其竞争的法国葡萄酒更优越的条件进口，其所纳关税仅为法国葡萄酒的2/3。仅就这一点而言，该条约明显有利于葡萄牙，而不利于英国。

但该条约却被誉为英国商业政策的杰作。葡萄牙每年从巴西得到的黄金数量，多于其用于国内商业——不论是用在铸币上还是用在器皿上的数量。剩余的黄金价值太大，不能将其锁在金库闲置，而在国内又找不到有利的市场，所以葡萄牙尽管禁止黄金出口，也必须将黄金送到国外交换某种在国内更有市场的东西。其中很大一部分黄金被运到英国用以交换英国商品，或间接从英国交换其他欧洲国家的商品。据巴雷蒂先生所知，每周从里斯本出发的班轮运入英格兰的黄金平均价值在5万镑以上。这一数字或许有些夸大。果真如此的话，一年总计将在260万镑以上，这比人们认为巴西每年能向葡萄牙提供的全部黄金还多。

英国的商人几年前曾失去对葡萄牙国王的好感。一些并非由条约规定而是由葡萄牙国王恩赐的特权（这些特权可能是求来的；作为回报，葡萄牙商人从英国国王那里得到了更多的优惠和保护），不是被侵犯，就是被取消了。因此，以往最赞成与葡萄牙进行贸易的那些人也认为，这种贸易并不像一般想象的那样有利。他们提出，每年从葡萄牙进口到英国的大部分甚至全部的黄金，都不是为了换取英国货物，而是为了换取其他欧洲国家的货物；英国每年从葡萄牙进口的水果和葡萄酒的价值，几乎就可以与出口到葡萄牙的英国货物的价值相抵。

不过，即使我们假定这些黄金全部是为了换取英国货物，并且总额比巴雷蒂先生脑子里的那个数目还要大，这种贸易也不会因此比出口价值等于进口消费品价值的其他贸易更有利。

我们可以认为，在英国，每年输入的黄金中只有极小的部分用来增加国内器皿或铸币，其余大部分必然运往外国去购买各种消费品。但是，如果直接用英国产品去交换这些消费品，那就比先用英国产品换取葡萄牙的黄金，再用这些黄金购买这些消费品更有利于英国。直接的对外消费品贸易总比转口的对外消费品贸易更有利；因为将相同价值的外国货物运入本国市场，前一种贸易比后一种贸易所需资本少得多。既然英国所需消费品主要不是在葡萄牙而是在其他国家，那么，以较小一部分英国产业生产适合葡萄牙市场需求的商品，以较大一部分产业去生产适合其他市场需求的商品，就对英国更为有利。这样，英国要获得自身需要用到的黄金和消费品，所用资本就比现在少得多。英国因此就会有一部分多余资本可用于其他方面，用于推动更多的产业发展，增加产量。

即使英国与葡萄牙完全没有贸易往来，英国也可以不太费力地得到在器皿、铸币或对外贸易方面所需的全部黄金。黄金和其他商品一样，只要你有能和它交换的价值，就总能在某处得到它。而且，葡萄牙每年多余的黄金仍然会被送往国外，即使不被英国买去，也必然被其他国家买去，也必然会同现在的英国一样，乐于以某一价格将这些黄金再卖出。当然，在购买葡萄牙的黄金时，我们买的是一手货；在购买其他各国（西班牙除外）的黄金时，我们买的是二手货，花费可能略多。但这部分差额非常小，不值得政府放在心上。

英国的黄金据说几乎来自葡萄牙。其他国家和英国的贸易差额不是不利于英国，就是对英国利好不大。但我们应记住，英国从一个国家输入的黄金越多，则从其他国家输入的黄金必定越少。对黄金的有效需求，同对其他商品的有效需求一样，在每个国家都有一定的限量。如果这一限量的 9/10 都从一个国家进口，那可从其他国家进口的就只剩

1/10。此外，英国每年从某些国家输入的黄金超过国内在器皿和铸币上所需的数量越多，英国向其他国家再输出的黄金也必然越多；这样，与某些国家间的贸易差额——这一现代政策最无意义的目标越是有利于英国，与其他许多国家之间的贸易差额就必然越不利于英国。

不过，正是基于英国不与葡萄牙进行贸易就无法生存这一可笑的观念，法国和西班牙在上次战争将要结束时，甚至不找什么被冒犯或被挑衅的借口，就要求葡萄牙国王禁止所有英国船只进入葡萄牙港口，并允许法国或西班牙军队入港以确保这一禁令实施。如果葡萄牙国王接受了西班牙国王提出的丢脸的条件，那英国就可以摆脱一个大麻烦，这个麻烦比失去葡萄牙贸易的麻烦大得多，那就是支持一个毫无国防部署的弱小盟国这一大负担。如果来一场战役，英国即使倾尽全力未必能保护得了它。失去与葡萄牙的贸易无疑也会给当时经营这种贸易的商人带来不小的困窘，他们可能在一两年内找不到其他同样有利的投资渠道；这大概就是这一抢眼的贸易政策可能给英国带来的全部麻烦。

每年输入大量的金银既不是为了制造器皿，也不是为了铸币，而是为了进行对外贸易。转口的对外消费品贸易，以金银为媒介比以其他商品为媒介都更有利。由于金银是通用的交易媒介，与其他货物相比，人们更愿意接受用金银来交换各种商品；且由于金银体积小、价值大，在两地之间来往运输所需费用几乎比其他商品少，在运输过程中损失的价值也较小。所以，如果在某个外国购买某些商品的目的是为了在另一国将其出售以换取（或直接换取）其他商品，那直接用金银去换最方便。对葡贸易的主要益处，就是使英国各种转口的对外消费品贸易更为便利；这虽然不是极重大的益处，但无疑也是不小的益处。

我们有理由认为，每年为增加国内的器皿和铸币只需输入很少的金银，这似乎很明显；而即使我们不与葡萄牙进行直接贸易，这少量的金银也可以很容易地从其他地方得到。

虽然金匠行业在英国规模很大，但他们每年出售的大部分新器皿都是用旧器皿熔化铸成的，所以国内全部器皿每年的增加额不是很大，每年只需输入少量的金银即可满足。

铸币的情况也是一样。在上次金币重铸之前的十年中，每年铸币价值黄金 80 万镑以上。我相信，没人会以为这些铸币大部分是每年在现有货币基础上所增加的。在铸币费用由政府支付的国家，即使铸币所含金银重量完全符合标准，其价值也绝不会比等量金银条块的价值大多少；这是因为要以任何数量的金银条块换取含等量金银的货币，只要不怕麻烦送去造币厂，最多耽误几个星期。不过，在任何国家，大部分流通铸币都或多或少有所磨损，或由于其他原因而低于标准重量。在英国上次金币重铸之前尤其是这样，金币低于标准重量 2% 以上，银币低于标准重量 8% 以上。但是，如果 44.5 基尼含有十足的标准重量（即 1 磅黄金），但只能购买 1 磅的黄金，那么重量有所短缺的 44.5 基尼就买不到 1 磅的黄金，且须另加一些以补不足。因此，金块的市场流通价格与造币厂价格不同，不是每磅 46 镑 14 先令 6 便士，而是大约 47 镑 14 先令，有时大约是 48 镑。而当大部分铸币都是这样低于标准重量时，即使是刚从造币厂出厂的标准基尼，在市场上也不能比等量普通基尼购买到更多的货物；因为它们在商人的金库中和普通货币混在一起，如果要加以区分的话，所费还不偿所值。新铸的 44.5 基尼和其他普通基尼一样，所值不会多于 46 镑 14 先令 6 便士；但是，如果将新基尼投入熔炉，没有明显损失便可产出 1 磅标准黄金；它在任何时候都可换取 47 镑 14 先令 ～ 48 镑的金币或银币，而且这些货币的效用和当初熔化的基尼完全一样。所以，熔化新铸币明显有利可图，而其速度之快，政府用任何预防措施都无法阻止。因此，造币厂的工作有些像珀涅罗珀[①]在织布，白天织好的布在夜间又拆掉。造币厂的工作与其说是在每天增加铸币，不如说是在更换每天被熔化的最好的那些货币。

如果铸币费用是由持金银到造币厂去的私人支付，那铸币就会增加这些金属的价值，正如加工能增加器皿的价值一样。铸成货币的金银会比金银条块价值更高。如果铸币税不是太高，全部税额都将加于金银条块价值之上，因为政府在任何地方都有铸币特权，没有任何铸币能以更低的价格出现在市场。如果铸币税太高，大大超过铸币所需劳动和费用的真实价值，那么金银条块与金银铸币价值之间的巨大差额可能会刺激国内外的伪币制造者，使他们向市场投入大量伪币，从而降低官方货币的价值。不过，法国的铸币税高达 8%，但并未因此出现显著的伪币困扰。无论是住在国内的伪币制造者还是其住在国外的代理人和联络人，都要面临巨大的风险，不值得为了百分之六七的利润去冒这个险。

法国的铸币税使铸币的价值高于按其含金量计算的水平。这样，根据 1726 年 1 月的敕令，1 马克（8 巴黎盎司）24 克拉纯金的造币厂价格被定为 740 里弗 9 苏 $1^1/_{11}$ 德涅尔。法国金币，扣除造币厂公差，包含 $21^3/_4$ 克拉纯金和 $2^1/_4$ 克拉合金。可见，标准金 1 马克只值大约 671 里弗零 10 德涅尔。但在法国，1 马克标准金被铸成 30 个金路易，每个价值 24 里弗，共计铸成 720 里弗。可见，铸造使 1 马克标准金的价值增加了 671 里弗 10 德涅尔与 720 里弗之间的差额，即增加了 48 里弗 19 苏 2 德涅尔。

---

① 《荷马史诗》中奥德修斯的妻子，她在丈夫远征期间以需要完成一项织布工作为由，搪塞周围众多的求婚者，但她总是在夜里把白天织好的布又拆掉。——译者

铸币税在所有情况下都会减少熔化新铸币的利润，在其中一些情况下则使之完全无利可图。这种利润始终来自普通流通货币应含金银量与实含金银量的差额。如果这一差额小于铸币税，那么熔化新铸币不但没有利润，还有损失；如果这一差额等于铸币税，那么熔化新铸币既无利润也无损失；如果这一差额大于铸币税，当然就会有利可图，不过利润比没有铸币税时少。例如，在上次金币重铸之前，如果铸币税是 5%，熔化新铸币将亏损 3%；如果铸币税是 2%，熔化新铸币就不赚不赔；如果铸币税是 1%，熔化新铸币就有了利润，不过利润只有 1% 而不是 2%。只要是在按照枚数而不是重量接受货币的地方，铸币税就是对熔化铸币最有效的防范，同理，也是对输出铸币最有效的防范。被熔化或输出的通常都是最好和最重的铸币，因为这样才能获取最大利润。

通过免税鼓励铸造货币的法律，最早是在查理二世时期制定的，但有免税期限；此后又多次延长期限，直至 1769 年改为永久免税。英格兰银行为了补充金库中的货币，不得不常常运送金银条块到造币厂去铸币。他们可能以为，相比自己担负铸币费用，政府担负这一费用会对自己更有利。也许是因为要照顾这家大公司，政府同意将这一法律永久化。如果称量黄金的习惯消失（由于称量不方便，这是很可能的），如果英格兰金币按枚数来计算（像上次金币重铸之前那样），英格兰银行可能会发现，像其他许多场合一样，他们在这一场合又大大错估了自己的利益。

在上次重铸金币之前，英国的金币比标准重量低 2%，由于没有铸币税，金币的价值比应含标准黄金的价值低 2%。因此，当这家大银行购买金块来铸币时，需要支付的价格必须比铸成金币后所值多 2%。但是，如果铸币须纳税 2%，则普通金币虽然比标准重量低 2%，它在价值上必然仍与应含标准黄金的价值相等。在这种情况下，铸造过程的价值抵消了黄金重量的减少。银行虽然支付了 2% 的铸币税，但在全部交易过程中的损失还是 2%，与现实中金币减重带来的损失完全相同，并没有损失更多。

如果铸币税是 5%，而金币低于标准重量 2%，这种情况下银行在金块的价格上获利 3%；但由于银行支付了 5% 的铸币税，所以在全部交易过程中的损失同样是 2%。

如果铸币税是 1%，而金币低于标准重量 2%，这种情况下银行在金块的价格上只损失 1%；但由于银行支付了 1% 的铸币税，所以在全部交易过程中的损失和其他情况下一样，仍是 2%。

如果铸币税比较合理，同时铸币就像上次重铸之后的一段时间一样，含有十足的标准重量，则银行无论在铸币税上损失多少，都会在金块价格上补偿回来；而银行无论在金块价格上获利多少，都会在铸币税上损失掉。所以，银行在全部交易上既无所失又无所得。在这种情况下，他们就像在上述所有情况下一样，处于与没有铸币税时完全相同的状况。

当对一种商品课征的赋税适中而不至于引起逃漏税时，经营这种商品的商人虽然垫付了铸币税，但由于可在商品价格中收回，所以他并没有真正纳税。最终纳税者是最后的购买者或消费者。但对货币这种商品来说，每一个人都是商人，所有购入它的人都是为了将它再售出，一般情况下不会有最后的购买者或消费者。因此，当铸币税很适中，不会引起伪造货币时，尽管每个人都垫付了铸币税，但没有人真正纳税，因为每个人都在铸币提高的价值中将其收了回来。

因此，适中的铸币税，在任何情况下都不会增加银行或其他持金银条块到造币厂铸币的私人的费用；而如果没有适中的铸币税，也不会减少这种费用。不论是否有铸币税，只要货币含有十足的标准重量，任何人铸币都不必破费；而如果货币低于标准重量，铸币的费用必然总是等于货币应含纯金量与实含纯金量之差。

所以，当支付铸币费用时，政府不仅负担了一小笔开支，而且损失了本可由合适的税收得到的一小笔收入；而无论是银行还是私人都不能从这种无用的慷慨中获得丝毫利益。

不过，如果跟英格兰银行的董事们说，铸币税未必给他们带来好处，但肯定不会给他们带来损失，他们可能不愿因此同意被征收铸币税。在现有的金币状况下，只要它继续按照重量来计算，他们确实不会通过这种改变得到任何好处。但是，如果以重量来衡量金币的习惯消失（这非常可能），而金币质量又降低到上次重铸之前那样，那么由于征收铸币税而给银行带来的利益，更准确地说是给银行节省的开支，可能相当可观。英格兰银行是唯一一家把大量金银条块送到造币厂去铸币的公司，每年铸造货币的责任全部或几乎全部都落在它身上。每年的新铸币如果只是用于修补流通铸币难免会有的损失和必然的磨损，那就很少会超过 5 万镑，最多也不会超过 10 万镑。但是，既以重量衡量铸币，而铸币又低于标准重量，每年的新铸币就必须在此之外，再填补流通货币因不断输出和熔化而产生的巨大缺口。由于这一原因，上次金币重铸之前的十年或十二年间，平均每年的新铸币都超过 85 万镑。但是，如果当时征收 4% 或 5% 的金币铸币税，那么即使在当时的情况下，也可能有效地阻止铸币的输出和熔化。这样，银行就不用每年在这用来铸造 85 万镑金币的金块上损失 2.5%，也就是说，不用每年损失这 21250 镑了。它会损失的可能不到这一数额的 1/10。

议会每年从岁入中拨出作为铸币费用的金额只有14000镑，而政府实际支出的费用，即造币厂职员的开支，我相信一般不会超过这个数额的一半。节省这么小的一笔开支，甚或得到比这大不了多少的一笔收入，可能在某些人看来，太微不足道，不值得政府重视。但是，节省那可以节省下来的，以前常常花了出去，以后也很可能要再花的18000镑或2万镑，即使对英格兰银行这样的大公司来说，肯定也值得重视。

上述论证和观察中的一部分内容，放在第一篇的《论货币的起源和作用》及《论商品的真实价格与名义价格》那几章，可能更恰当。但由于鼓励铸币的法律源于重商主义引进的流俗偏见，我觉得这些论证放在本章更合适。没有比奖励生产货币更符合重商主义精神的了；因为重商主义认为是货币真正构成了每一个国家的财富。这是他们的众多富国妙策之一。

第七章　论殖民地

第一节　论建立新殖民地的动机

最初引发欧洲人在美洲和西印度群岛建立殖民地的利益动机，并不像古希腊人和古罗马人建立殖民地的利益动机那样简单清楚。

古希腊的各个城邦都只拥有很小的领土，一旦某一邦的人口增长至其领土不易维持的程度，一部分人就被送往领土外遥远的世界寻找新的居住地；因为周围好战的邻邦使其难于在附近扩张领土。多利安人的殖民地主要在意大利和西西里，在罗马帝国建立以前，这两地的居民还是野蛮人和未开化的民族；爱奥尼亚人和伊奥利亚人——古希腊的另外两大部族——的殖民地主要在小亚细亚和爱琴海各岛，当时这两地的居民状况与意大利和西西里大体相同。宗主国虽然把殖民地看作孩子，总是给予巨大的恩惠和帮助，并受到孩子的感激和尊敬，但却是把它视为独立的孩子，并不要求直接的管辖权。殖民地自决政体，自定法律，自选官员，以独立国的身份与邻国和谈或宣战，不必等待宗主国的批准或同意。建立这种殖民地的利益动机最是简单清楚。

古罗马，像其他大部分古代共和国一样，最初建立于一种土地法之上，这种土地法将公有领土按照一定比例分配给组成共和国的每个公民。但结婚、继承、转让等人事变迁，必然打乱原有的分配，使原本划分给许多家庭以维持他们生活的土地常常归一人所有。为了补救这种失衡（当时认为这是一种失衡），他们制定法律限制公民占有土地的数量，最多不得超过500罗亩，约合350英亩。但是，据我所知，虽然这项法律实行过一两次，可大多数时候人们都忽视或回避它，财富不均的现象仍然存在。大部分公民没有土地，而按照当时的制度和习惯，没有土地的自由人很难保持独立。在今天，贫民即使没有自己的土地，但如果他有少量资金，他也可以租种别人的土地，或经营某些小本生意；即使他毫无资金，也可以做农村劳力或技工。但在古罗马，富人的土地全部由奴隶耕种。奴隶在监工的监督下干活，监工自身也是奴隶。因此，贫穷的自由人几乎没有机会被雇为农民或农村劳力。所有的商业、制造业，甚至是零售业，也都由富人的奴隶代为经营。富人的财富、权威对他们的保障使贫穷的自由人很难与其竞争。所以，没有土地的公民，除了每年选举时能得到候选人的馈赠外，几乎另无生计。当护民官试图鼓动人民反抗富豪时，就用古代的土地分配方式提醒人民，并强调那种限制私有财产的法律是共和国的基本法律。人民为了得到土地而闹起来的时候，我们可以相信，富豪们也铁了心不会把自己任何的土地给他们。为了在某种程度上满足人民的要求，富豪们往往提议开发新殖民地。但是，已经征服了许多地方的罗马帝国没有必要将自己的公民送到他们一无所知的广阔世界去寻找出路，即使在上面这样的情况下也是如此。它一般是将这些公民发派到被征服的意大利各省，那里处于罗马帝国的统治之下，他们绝不会再建一个独立的国家，最多形成某种自治体；这个自治体虽然拥有制定地方法律的权力，但隶属于罗马帝国的行政和立法机关，罗马帝国有权修订这些法律。发派公民去建立这样的殖民地，不仅满足了人民的需要，而且还在一个新近才被征服、统治还不稳固的地方建立了驻军。因此，罗马的殖民地，无论是从它本身的性质还是从建立的动机来看，都与希腊殖民地完全不同。他们各自的原始语中用来表示殖民地的词语也具有极不相同的含义。拉丁语“colonia”仅仅表示“大规模耕地”；相反，希腊语“αποικια”则表示“离家、离乡或出门”。不过，虽然罗马殖民地在许多方面与希腊殖民地不同，建立殖民地的利益动机却同样是简单清楚的。这两种殖民建制都起源于不可抗拒的必要性和显而易见的好处。

欧洲人在美洲和西印度群岛建立殖民地并非出于必要；虽然他们从殖民地得到巨大的好处，但这些好处也不是那么清晰明确的。在殖民地建立之初，人们并不明白这种好处，发现和建立殖民地的动机也不是为了这些好处。即使是现在，这种好处的性质、范围和局限也不大为人所理解。

在十四世纪和十五世纪，威尼斯人曾从事一种非常有利的商业活动，就是将香料和其他东印度货物销往欧洲各国。他们进货地主要是埃及。当时，埃及处于马穆鲁克军人统治之下。马穆鲁克是土耳其人的敌人，而土耳其人又是威尼斯人的敌人。这种利害关系的同盟，再加上威尼斯的金钱，就形成了一种联合，使得威尼斯人几乎垄断了这一贸易。

威尼斯人的巨额利润勾起了葡萄牙人的贪欲。十五世纪，葡萄牙人一直在努力寻找一条海路，以通往摩尔人穿越沙漠带来象牙和沙金的国家。他们发现了马德拉群岛、加那利群岛、亚速尔群岛、佛得角群岛、几内亚海岸，以及卢安果、刚果、安哥拉和本格拉各海岸，最后，发现了好望角。他们一直期望着从威尼斯人利润丰厚的贸易中分一杯羹，最后的这次发现使他们看到了这一前景。1497 年，瓦斯科·达·伽马指挥着由四艘船组成的船队，从里斯本港出发，经过十一个月的航行，到达了印度海岸，由此完成了以极大的坚定持续了近一个世纪的探索历程。

在此若干年前，当欧洲对葡萄牙人的计划是否成功还心存疑虑的时候，一位热那亚舵手提出了一个更大胆的计划：向西航行到达东印度群岛。当时的欧洲对东印度群岛的情况所知甚少。少数几个曾去过那里的欧洲旅行家夸大了到那里的距离——可能是由于纯朴和无知，一段确实漫长的距离对那些没有办法测量它的人来说就显得遥不可及；也可能，他们只是想夸大自己去异域冒险的非凡成就。哥伦布正确地推断：向东的路程越远，向西的路程就越近。于是，他提出向西航行，理由是这条路最近而且最稳妥，并且幸运地让卡斯蒂利亚王国的伊莎贝拉相信了自己的计划。他于 1492 年 8 月从帕罗斯港出发，比达·伽马从葡萄牙出发的时间早大约五年，经过两个多月的航程，先是发现了巴哈马群岛（即卢卡约群岛中的一些小岛），随后又发现了圣多明各这个大岛。

但哥伦布在这次及后来数次航海中发现的国家与他计划要寻找的国家并无相似之处。他发现的不是富裕、文明和人口稠密的中国和印度；在圣多明各和他所到过的新世界的其他地方，他发现的只是森林茂密、没有开垦的土地，唯有赤身露体、可怜兮兮的野蛮部族居住在那里。但他不太愿意相信，自己发现的地方并不是马可·波罗——第一个游历中国和东印度群岛的欧洲人，至少是第一个留下对这两个地方的描述的欧洲人——所描绘的国家；只要有一点点相似之处，比如圣多明各的一座山的名字“西巴奥”（Cibao）与马可·波罗提到的“西潘各”（Cipango）有些相像，就使得哥伦布以为这是他心中想去的地方，尽管有明显的证据证明并非如此。在他致费迪南德和伊莎贝拉的信中，他把自己发现的地方叫作印度群岛。他坚信那就是马可·波罗所描绘之地的一端，已接近恒河或亚历山大所征服的地方。甚至在后来明白那是两个不同的地方后，他仍自我安慰，认为那些富庶的国家离此不远，因此在后面一次航行中沿着美洲大陆向达里恩地峡的方向继续寻找那些国家。

由于哥伦布的这一错误，那些可怜的岛屿从那时起一直被叫作印度群岛；直到最后人们新发现的印度群岛与以前发现的印度群岛完全不同时，才将前者称作西印度群岛，后者称作东印度群岛，以示区分。

对哥伦布来说，重要的是，不管发现的是什么地方，都必须在向西班牙宫廷的报告中把它们说成极具价值的重大发现。在各国，构成真实财富的都是土地上的动植物，然而当时那些地方的动植物实在没什么能够支撑他的说法的。

体型介于老鼠和兔子之间的科里（Cori）（布丰先生认为它就是巴西的豚鼠），是当时圣多明各最大的四足胎生动物。这种动物好像从来就不多，据说它们和其他一些更小的动物一样，老早就被西班牙人的狗和猫吃得差不多了。然而这些动物，以及一种叫作鬣蜥的漂亮的大蜥蜴，就是当地能提供的最主要的动物性食物。

当地居民的植物性食物，虽然由于农业不发达也不太充裕，但不像动物性食物那样匮乏。这些植物性食物主要有玉米、芋头、土豆、香蕉等。这些食物在当时都是欧洲不知道的，此后也不被欧洲人所重视，他们并不认为这些东西与自己那块宝地里世代种植的谷类和豆类有同等的营养价值。

当然，岛上生长的棉花是一种非常重要的制造业原料，当时对欧洲人来说，这无疑就是那些岛上最有价值的植物性产物了。但是，尽管十五世纪末欧洲各地都高度评价东印度群岛产的细布和其他棉织品，欧洲自己却没有培养出任何棉花产业。所以，即使是这种产物，在欧洲人眼里也算不上重大发现。

在新发现的地方找到的动植物都不能证明这些地方的重要性，哥伦布便将视线转移到这些地方的矿产上。在这第三种资源的丰富程度上，他自欺欺人地认为，他的发现足以弥补另两种资源（动物和植物）的匮乏。看到当地居民用小金片装饰衣服，并听他们说经常能在山上流下来的溪水或湍流中找到金子，哥伦布相信，那些山峦中藏有最富饶的金矿。就这样，圣多明各被描述成盛产黄金的国家，并因此（不仅根据现在的偏见，而且根据当时的偏见）被看作西班牙国王及整个国家真实财富无穷无尽的源泉。当哥伦布第一次航海回来，在凯旋仪式上被引见给卡斯蒂利亚和阿拉贡的统治者时，他发现的地方的主要产物都由隆重的仪仗队抬着走在他前面。其中有价值的东西只有金发带、金手镯和其他金饰品，以及几捆棉花。其余的则仅是猎奇之物，如几根巨大的芦苇、几只羽毛炫丽的鸟，还有几只大鳄鱼和海牛的标本。在所有这些物品前面，六七个肤色和相貌怪异的土著使得这次展示更为新奇。

由于哥伦布的报告，卡斯蒂利亚的议会决定占领这些明显没有防卫能力的国家。使当地居民皈依基督教的虚伪目的，为这一非正义计划披上了神圣的外衣。实施这一计划的唯一动机就是希望找到那里的黄金宝藏；而且，为了使这一动机更受重视，哥伦布提议，在那里发现的金银一半归卡斯蒂利亚的统治者所有。议会同意了他的提议。

最初的冒险家输入欧洲的黄金，只要其中的全部或大部分是以极容易的方式，即掠夺无抵抗能力的土著而取得的，那么即使缴纳这么重的税（一半要交给国王），可能也不太困难。但是，一旦土著所拥有的黄金完全被掠夺干净（在圣多明各和哥伦布发现的其他地方，六至八年之后就已彻底如此），要发现更多黄金，就必须从新矿藏中采掘，那么再缴纳这么重的税就不可能了。严格征收这种税，使得圣多明各的金矿完全停产，而且从那之后就没恢复过。因此，不久金税就减少到金矿总产量的1/3，再减少到1/5，再减少到1/10，最后减少到1/20。银税在很长时期内都是总产量的1/5，直到本世纪才减少到1/10。但是，最初的冒险家们对白银的兴趣似乎不大。不如黄金贵重的物品似乎都不值得他们去注意。

在哥伦布之后探索新世界的其他西班牙冒险家，似乎都是为同一动机所驱动。正是对黄金的狂热渴望，将奥伊达、尼克萨、瓦斯科·努涅斯·德·巴尔沃亚带到了达里恩地峡，将科特兹带到了墨西哥，将阿尔马格罗和皮萨罗带到了智利和秘鲁。当这些冒险家到达每一处不知名的海岸时，首先要了解的就是那里是否可以找到黄金；他们会根据调查结果决定他们的去留。

在所有费用高昂、风险莫测并使大部分参与者破产的事业中，或许寻找新金银矿的事业最容易使人丧尽家财。这或许是世界上最不划算的彩票了，也就是说，中奖的所得与未中奖的损失相比，比例最小；虽然中奖的很少，失意的居多，但一张彩票的价格却通常是一位非常富有的人全部的财产。采矿计划不会收回采矿资本并提供资本的正常利润，而常常会吞噬资本和可能的利润。所以，希望增加本国资产的谨慎立法者最不愿意给予这种计划特别鼓励，或使更多资本违背自然趋势流入其中。事实上，寻找新矿的事业源自人们对自身幸运怀有的荒谬信心，以致他们认为，即使成功的可能性非常非常小，幸运也很有可能眷顾自己。

但是，尽管清醒的理智和经验对这些计划做出的判断是它们极不划算，人类贪婪做出的判断却与此相反。很多人荒唐地相信存在点石成金这种事，同样的感情用事使另一些人荒唐地相信存在无限丰富的金矿和银矿。他们未曾考虑到，在所有时代和国家，这些金属的价值主要来自其稀罕性，而这种稀罕性是由于其自然储量极少，并且包裹在坚硬和难处理的物质之中，因此提取和得到这些金属所必须耗费的劳动和成本很大。他们自以为，金银矿脉在许多地方就像能常常发现的铅、铜、锡、铁的矿脉那样丰富多产。沃尔特·雷利爵士关于黄金国的梦告诉我们，即使是智者，有时候也难免产生这种奇异的错觉。这位伟人去世一百多年后，耶稣会士古米拉还相信这个奇妙国度的存在，并且极其热忱地（我敢说，还是极其诚挚地）表示，他非常乐意为黄金国的人带去福音，因为他们一定能很好地回馈虔诚的传教士。

在西班牙人最初发现的那些国家里，现在看来没有一座值得开采的金银矿山。传说中最初那批冒险家所发现的金银数量，以及第一次发现后立即被开采的矿山的富饶程度，可能被过分夸大了。然而，关于冒险家们发现大量黄金的传言，足以引起他们同胞的贪欲。每一个航行到美洲的西班牙人都期望发现一个黄金国。而最终，幸运女神也罕见地降临了。她在某种程度上实现了她的信徒们的奢望，在他们发现和征服墨西哥与秘鲁时（前者发生在哥伦布首次远征后大约三十年，后者发生在那之后大约四十年），她送给他们贵金属的丰饶程度与他们所寻求的目标相差无几。

因此，与东印度通商的计划，让人们第一次发现了西印度群岛；一项征服计划，使西班牙人在新发现的地方建立了他们的殖民地；实行这个征服计划的动机是一项寻找金银矿山的计划，而由于任何人类智慧都预料不到的意外，这个计划的结果比参与者有理由期望的要成功得多。

其他欧洲国家最初那批试图去美洲殖民的冒险家，也是受同样的幻想所鼓舞，不过他们可没这么成功。在巴西建立殖民地一百多年后，葡萄牙人才在那里发现金矿、银矿和钻石矿。在英国、法国、荷兰和丹麦的殖民地，迄今还未发现有这些矿山，至少没发现目前认为有开采价值的。英国在北美的第一批殖民者为了让国王发给他们特许状，曾答应把所发现金银的 1/5 上缴国王。在发给沃尔特·雷利爵士、伦敦和普利茅斯的公司，以及普利茅斯的议会等的特许状中，都规定了这上缴国王的 1/5。为了发现金银矿，这批殖民者也在寻找从西北方向通往东印度群岛的通道。但他们迄今为止对这两项任务都很失望。

第二节　论新殖民地繁荣的原因

文明国家的殖民地中，那些土地荒芜或居民稀少、原住民容易对新来的殖民者退让的殖民地，比其他任何人类社会都富强得快。

殖民者带来的农业知识及其他有用的技术知识，比当地未开化的野蛮人数百年间自发形成的知识更优越。殖民者还带来了等级习惯，以及关于自己国家建立的政府、维持政府的法律体系和常规司法行政的观念；他们自然要在新殖民地也建立这一套。但在未开化的野蛮民族中，当保护殖民者自身的法律和政府建立起来后，法律和政府的自然进步要比技术的自然进步慢。每一个殖民者得到的土地都比他所能耕种的要多。他无须付地租，也几乎不纳税。没有地主来分享他的劳动果实，上缴国王的一份通常是微不足道的。不管从哪方面说，他都愿意尽可能地提高产量，因为这些产品几乎都属于他自己。但是，殖民者拥有的土地通常非常广阔，即使他全力劳动、尽量雇人，也很少能使土地的产量达到最高产量的 1/10。因此，他急于从各处寻找劳动力，并支付给他们最优厚的工资。但这些优厚的工资，加上大量廉价的土地，很快就使这些劳动力离开他，自己去做地主，并以同样优厚的工资支付给其他劳动力。出于同样的原因，这些劳动力也很快会离开他们的雇主。对劳动的优厚报酬鼓励了结婚生子。孩子们在幼小时营养充足，得到精心的照料，长大后他们的劳动价值会远远超过其抚养费用。劳动的高价和土地的低价使得他们在成年后能像父辈那样自立生活。

在其他国家，地主的地租和经营者的利润吞噬了劳动者的工资，这两个上层阶级压迫着下层阶级。但在新殖民地，两个上层阶级出于自身利益，不得不更慷慨、更人道地对待下层阶级；至少，在那里下层阶级不是处于奴隶的地位。有着巨大自然生产力的荒地，只需付出极少代价就可得到。通常身兼经营者的地主期望通过改良土地来增加收入，这部分增加的收入构成了他的利润，而在这种环境下，利润一般极为丰厚。但是，如果不雇用其他劳动力来开垦和耕作土地，他就得不到这种丰厚的利润；而新殖民地普遍的情形是，土地的广阔和人口的稀少不成比例，使地主难于雇到劳动力。因此，他不计较工资的高低，而愿意以任何价格雇用劳动力。劳动力的高工资促进了人口增长。良田的廉价与肥沃促进了耕作的改良，使地主有能力支付高工资。这些工资差不多就是土地的全部价格；虽然这价格作为劳动力的工资很高，但它作为价值如此巨大的土地的价格，又是相当之低。促进人口增长和耕作改良的因素，也是促进社会财富增加和强大的因素。

也是由于这种原因，许多古希腊殖民地走向富强的进程似乎非常迅速，在一两个世纪的时间里就能与宗主国不相上下，甚至超过宗主国。西西里的锡拉库萨和阿格里真托，意大利的他林敦[①]和洛克里，小亚细

---

① 即现在的塔兰托。——译者

亚的以弗所和米利都，无论就哪一方面来说，至少都可与古希腊的任何城邦相媲美。尽管这些地方建立较晚，但艺术、哲学、诗歌和修辞学似乎与宗主国的任何地方开发得一样早，发展水平一样高。值得一提的是，最古老的两个希腊哲学学派，泰勒斯的学派和毕达哥拉斯学派，并不是形成于古希腊，而是一个形成于意大利的殖民地，另一个形成于亚细亚。所有这些殖民地，都建立在容易对新来的殖民者退让的野蛮人和未开化民族所居住的地方。那里有大量的良田，而且由于完全独立于宗主国，人们能以他们认为最符合自己利益的方式，自由处理自己的事务。

罗马殖民地的历史就没有这么辉煌了。当然，其中一些殖民地，如佛罗伦萨，经过许多代人的努力，在宗主国衰落后，成了强国。但是，似乎没有一个罗马殖民地能迅速发展。它们全都是建立在原先人口已经十分稠密的被征服的省份，很少有大块土地分给这些殖民者。而且，由于殖民地并不独立，他们不能以他们认为最符合自己利益的方式，自由处理自己的事务。

在良田的丰富程度方面，欧洲人在美洲和西印度群岛建立的殖民地类似甚至大大超过于古希腊的殖民地。在对宗主国的依附性方面，欧洲人在美洲建立的殖民地与古罗马的殖民地类似；但它们同欧洲的遥远距离，或多或少地减轻了这种依附的影响。它们的地理位置使其较少受到宗主国的监视和控制。在这些殖民地以自己的方式追求自己的利益时，其行为在许多场合都没有被注意，因为欧洲要么不知道，要么不理解；有时欧洲即使知道这些殖民地的行为，也只能容忍和默许，因为相距太远，难以管束。即使是西班牙那样强横专制的政府，由于担心全面反抗，也常常不得不将已经下发给殖民地的命令收回或修改。所以，所有欧洲殖民地，在财富、人口和改良方面的进步都非常大。

从设立殖民地开始，西班牙国王就由于可以得到金银分成而从殖民地获得了一些收入。这种收入也激起了人性的贪婪，他们总是期望得到更多。因此，当其他欧洲国家的殖民地在很长一段时间遭到宗主国的忽视的时候，西班牙的殖民地从设立开始便得到了宗主国的极大关注。前者并未因受到忽视就发展得慢，后者或许也并未因受到关注就发展得快。从与国土面积的比例来看，西班牙殖民地的人口和繁荣程度，都不如其他欧洲国家的殖民地。然而，即使是西班牙的殖民地，在人口和土地改良方面的发展也是很快很大的。按乌略亚叙述的，在秘鲁被征服后才建立的利马市，三十年前的人口已达5万。他同样说过，以前只是一个贫穷的印第安村落的基多市，在他造访那里的时候，人口和利马一样多。而按杰梅里·卡勒利（虽然据说他是个冒牌的旅行家，但其著作似乎都是以极可靠的资料为依据）的描述，墨西哥城拥有10万居民；这一数字，且不管被西班牙的作者夸大了多少，可能比蒙特祖马时代的居民数多出五倍还不止。这些数字均大大超过了英国殖民地最大的三座城市波士顿、纽约和费城的人口数。在被西班牙人征服以前，墨西哥和秘鲁还没有适合役使的牲畜。驼马是那里唯一的驮畜，但力气似乎比普通的驴子小得多。他们没有耕犁，也不知用铁。他们没有铸币，也没有任何确定的交易媒介。他们以物物交换的方式进行贸易。一种木锄是他们主要的农用工具；尖石是他们切割东西的刀斧；鱼骨和某种动物的坚硬的肌腱是他们缝东西的针；而这些似乎就是他们的主要生产工具。在这种状态下，这两大帝国不可能像现在这样进步，耕作得也不可能像现在这样好。现在那里已经有各种欧洲牲畜，已经使用铁，造了耕犁，应用了许多欧洲的技术。而每一个国家的人口密度必定与其土地改良和耕作水平相称。尽管当地的原住民在被征服后遭到了残酷的杀戮，但这两大帝国现有人口可能仍比从前任何时候都多，而且人种也肯定与从前大为不同；因为，我觉得我们得承认，作为西班牙后裔的克里奥尔人[①]在许多方面都优于昔日的印第安土著。

除了西班牙人建立的殖民地，欧洲国家在美洲最早的殖民地就是葡萄牙人在巴西建立的殖民地。但由于巴西在被发现之后很长一段时间都没发现金矿或银矿，对国王的收入贡献极少甚至干脆没有，所以它在很长一段时间内遭到了忽视；而正是在受到忽视的情况下，巴西成为强大的殖民地。当葡萄牙臣服于西班牙时，荷兰进攻巴西，占领了巴西 14 个省中的 7 个省。荷兰本打算接着征服其他 7 个省，这时葡萄牙恢复了独立，布拉干萨王朝执政。于是，与西班牙为敌的荷兰人变成了葡萄牙人的朋友，因为西班牙人也是葡萄牙人的敌人。因此，荷兰同意把巴西尚未被他们征服的部分留给葡萄牙，葡萄牙也同意把巴西已被荷兰征服的部分留给荷兰。两国都认为不值得为这件事与盟国发生争执。但是，荷兰政府不久就开始压迫当地的葡萄牙移民。对此，葡萄牙移民不是仅仅发发牢骚，而是拿起武器来反抗新主人。他们在宗主国的默许之下（诚然，但却没有得到宗主国任何公开的帮助），通过他们自己勇敢而坚决的斗争，将荷兰人赶出了巴西。当看到自己不可能再在巴西立足，荷兰人于是同意将巴西所有被他们占领的部分归还给葡萄牙国王。这个殖民地的葡萄牙人及其后裔、克里奥尔人、黑人与白人的混血儿，以及葡萄牙人与巴西人的混血儿加起来据说有 60 多万。没有任何一个美洲殖民地有这样多欧洲血统的居民。

十五世纪末及十六世纪大部分时间内，西班牙和葡萄牙是大西洋上

---

① 克里奥尔人（Creoles）指出生于南美洲的欧洲人及其后裔。——译者

的两大海军强国；威尼斯的贸易尽管遍及欧洲各地，但其舰队却很少驶出地中海。西班牙人由于自己最先发现了美洲，便宣称整个美洲都归他们所有；虽然他们不能阻止葡萄牙这样的海军强国在巴西殖民，但那时他们的威名使其他大部分欧洲国家不敢占领这块新大陆的任何部分。试图在佛罗里达殖民的法国人就全部被西班牙人灭掉了。但他们的“无敌舰队”在十六世纪末被击败后，西班牙的海军力量衰落了，再也无力阻止其他欧洲国家的殖民者在美洲建立殖民地。于是，在十七世纪，英国人、法国人、荷兰人、丹麦人、瑞典人等所有在大西洋上有港口的大国，都试图到新大陆建立殖民地。

瑞典人在新泽西建立了殖民地，那里现在仍有许多瑞典家庭，其数量之多足以证明，这个殖民地如果当初受到宗主国的保护，本来是非常可能繁荣起来的。但由于瑞典人忽视了这个殖民地，它不久就被荷兰人的纽约殖民地（1674 年[①] 归英国人统治）吞并了。

圣托马斯和圣克鲁斯这两座小岛是丹麦人曾在新世界占领的全部领土。这两块小殖民地由一家专营公司统治；只有这家公司有权购买岛上殖民者的剩余产品，也只有它有权供应他们所需的外国货物。因此，在买卖关系中，这家公司不仅有权压迫他们，而且想不压迫他们都难。无论在什么国家，专营商业公司的统治都可能是最差劲的统治。不过，这也只能延缓而不能完全阻止这些殖民地的发展。已故的前任丹麦国王解散了这家公司，从此这两块殖民地就变得非常繁荣。

荷兰在西印度群岛的殖民地与他们在东印度群岛的殖民地一样，最初都是由一家专营公司统治。因此，其中某些殖民地的发展，与那些已

① 实际上英国人在 1664 年就已经占领了纽约。——译者

经被殖民很久的地方相比固然算不错，但与其他大部分新殖民地相比还是显得缓慢。苏里南殖民地尽管已经很不错，但仍不如其他欧洲国家的大部分蔗糖殖民地。现在已经分为纽约和新泽西两个州的新尼德兰殖民地（已属英国），即使一直受荷兰统治，说不定也会很快变得繁荣。良田的丰足和廉价是出现繁荣强有力的原因，即使最差劲的统治也难以限制其全部效应。与宗主国的遥远距离，也使得殖民者可以通过走私或多或少地逃避这家公司享有的对他们不利的垄断权。现在，这家公司允许所有的荷兰船只在按照货物价值的 2.5%纳税并取得许可证后与苏里南通商，它自己只保留了从非洲到美洲的直接贸易（几乎全部是奴隶贸易）特权。这家公司专营特权的减少，大概是苏里南殖民地繁荣至此的主要原因。库拉索和尤斯特沙，荷属的两座主要岛屿，都是对所有国家的船只开放的自由港；在那些土地更优良却只对一个国家开放港口的殖民地的包围下，这两座贫瘠的岛屿却因为这种自由而得到了繁荣。

在上世纪的大部分时间和本世纪的部分时间里，法国在加拿大的殖民地也由一家专营公司统治。在如此不利的管理模式之下，该殖民地的发展必然比其他新殖民地缓慢得多；但在所谓的“密西西比计划”失败，这家专营公司被解散之后，它的发展就非常快了。当英国人占据这个国家时，他们发现当地居民人口已经比二十多年前沙勒瓦神父所记述的增加了近一倍。这位耶稣会士曾游遍加拿大全境，他统计的人数不会比实际数目少多少。

法国在圣多明各的殖民地是由海盗建立的，他们在很长一段时期内既不要求法国的保护，也不承认法国政府；即使当他们后来接受招安，承认了法国政府，他们仍在很长一段时间受到宽容对待。这个时期该殖民地的人口增长和技术进步都非常迅速。虽然有一段时间它和其他法国殖民地一样，受到一家专营公司的压迫，发展受到阻滞，但并未停止。这种压迫刚被解除，这个殖民地就立即像从前一样繁荣了。这里现在是西印度群岛最重要的产糖殖民地，其产量据说比英国所有产糖殖民地的总产量还要大。法国其他产糖殖民地也普遍很繁荣。

但是，没有任何殖民地比英国在北美的殖民地发展得更快。

良田的丰足，以及以自己的方式处理自己事务的自由，似乎是所有新殖民地繁荣的两个主要原因。

英国在北美的殖民地无疑有很多良田，但这些土地比不上西班牙和葡萄牙的殖民地，也并不比上次战争前法国的某些殖民地强。然而，英国殖民地的政治制度，比其他三国中任何一国殖民地的政治制度都更有利于土地的改良和耕作。

首先，对未开垦土地的垄断，在英国殖民地虽未被完全杜绝，却比在其他殖民地受到更多的限制。英属殖民地的法律规定，每一个土地所有者都有义务在一定时限内改良和耕种他一定比例的土地，如若不然，这些被忽视的土地将可授予其他人。虽然该法律可能并未严格执行，但还是产生了一些效果。

其次，在宾夕法尼亚州，没有长子继承权的法规，土地像动产一样，在家中所有子女之间平分。在新英格兰的三个州，长子顶多得到双份，像《摩西律法》规定的那样。所以，在这些州，虽然有时候个别人能独占大片土地，但经过一两代后，这些土地可能就被分得很碎了。诚然，在其他的英属殖民地，像英格兰一样，存在长子继承权的法规。但是，在所有的英属殖民地，土地租赁都是实行农役租佃制[1]，这就促进

---

① 农役租佃制（socage），英国封建时代的一种土地形式，佃户可以向领主缴纳租金，也可以提供农业劳役。——译者

了土地的转让，领受了大片土地的人通常都发现，尽快将大部分土地转让掉，留下一小块能收到免役租金的土地，对自己最有利。在西班牙和葡萄牙的殖民地，所有有头衔的人的土地都实行长子继承制。这些大面积的土地全部归于一人的情况，实际上都是限定继承，不可转让。法国殖民地固然沿袭巴黎的习惯，在土地继承方面比英国法律更有利于年幼的子女，但有骑士或贵族头衔之人的领地如被转让，可在一定期限内由第一顺位继承人或家族继承人赎回。这就有碍于转让了，而那些殖民地所有的大地产又都是这种贵族领地。在新殖民地，未开垦的大片地产通过转让来分割可能比通过继承来分割快得多。我已经指出，丰足而廉价的良田是新殖民地快速繁荣的主要原因。对土地的独占实际上破坏了这种丰足和廉价。而且，对未开垦土地的垄断也是土地改良的最大障碍。人们用在土地改良和耕作上的劳动，可为社会提供最多的、最有价值的产品。劳动产物在这种情况下不仅支付劳动本身的工资，还支付雇佣劳动的资本的利润，以及劳动所耕种土地的地租。英属殖民地居民的劳动更多地用在了土地的改良和耕作上面，也就因此能比其他三国中任何一国殖民地居民的劳动提供价值更大、数量更多的生产物。其他三国的殖民地由于土地被垄断，人们的劳动或多或少流向了其他用途。

再次，英属殖民地居民的劳动不仅能够提供更多、更有价值的生产物，而且，由于他们缴纳的赋税比较适中，生产物的大部分都归他们自己所有，他们可以将其储存起来用以开展和支持更多的劳动。英属殖民地居民还从来没有对宗主国的国防或行政费用做出过什么贡献，相反，迄今为止他们自己的防卫事务几乎全靠宗主国花钱。而海陆军的费用比必要的行政费用要大许多倍。他们的行政开支一直非常适中，通常只包括总督、法官和一些警卫官员的适当薪金，以及某些最有用的公共设施的维持费用。在这次骚乱开始之前，马萨诸塞湾每年的行政费用约为18000镑，新罕布什尔和罗得岛各约为3500镑，康涅狄格约为4000镑，纽约和宾夕法尼亚各约为4500镑，新泽西约为1200镑，弗吉尼亚和南卡罗来纳各约为8000镑。新斯科舍和佐治亚每年的行政费用有一部分由英国议会拨款，除此之外，新斯科舍还要花7000镑，佐治亚2500镑。简而言之，在这次骚乱开始之前，北美殖民地每年所有的行政费用，除了没有准确记录可查的马里兰和北卡罗来纳之外，当地居民最多仅承担64700镑。用如此少的费用就能治理300万人，而且治理得很好，确实是值得铭记的范例。当然，政府开支中最重要的部分，即国防费用，始终由宗主国负担，但殖民地自己也确实节俭。在欢迎新任总督或者新一届议会召开等场合，殖民地政府的仪式虽然隆重，但并不讲排场。他们的教会也同样节俭——没有什一税；牧师很少，仅靠普通水平的薪金或居民的捐助维持生活。相反，西班牙和葡萄牙维持本国政权的开支，部分要依靠他们殖民地的税收。法国诚然没有从殖民地捞取太多收入，他们向殖民地课征的税收也大都用于殖民地。不过，这三个国家的殖民地政府在仪式上的开销都比英属殖民地大得多。例如，他们在欢迎秘鲁新总督上任时常常花钱无数。这种仪式不仅使当地富有的殖民地居民要为此缴纳一种真正的赋税，而且还会在他们中间形成一种平时也虚荣奢侈的习惯。这就不是暂时的苛税这么简单，而是会形成永久的负担；因为奢侈和浪费会倾家荡产。在这三国的殖民地，教会的压迫也极为严重。这些地方都征收什一税，在西班牙和葡萄牙两国的殖民地尤其严苛。而且，这些地方的居民都会受到人数众多的乞讨修士的拖累。这些修士的乞讨行为不仅受政府许可，还被宗教神圣化。他们用尽心思使贫民相信，布施修士是他们的责任，拒绝布施是极大的罪过。这不啻最苦的税。不仅如此，在所有这些地方，教会还是最大的土地垄断者。

第四，在处置超过自己消费所需的剩余生产物方面，英国殖民地比其他欧洲国家的殖民地都更便利，市场也更广阔。欧洲各国都试图垄断对其殖民地的贸易，因而禁止其他国家的船只与它进行贸易，也禁止它从外国进口欧洲货物。不过，不同的国家实行这种垄断的方式大不相同。

某些国家将其殖民地的全部贸易交给一家专营公司经营，殖民地所需的全部欧洲货物必须从这家公司购买，他们的全部剩余产品也必须只向这家公司出售。因此，这家公司的利益点在于，尽可能的高价出售前者，尽可能以低价收购后者；但即使后者价格极低，购买的数量也不能多于该公司能以高价在欧洲销售的数量。这家公司出于自身利益考虑，不仅要在所有场合降低殖民地剩余产品的价值，而且在很多场合要抑制其产量的自然增长。要阻碍新殖民地的自然成长，在所能想到的方案中，最有效的无疑就是设立一家专营公司。然而，这正是荷兰的政策，尽管荷兰的专营公司在本世纪已经在许多方面放弃了专营权。丹麦，在已故的前任国王登基之前也是如此。法国有时也奉行这种政策。而当其他欧洲国家都因这种政策的荒谬而将其放弃之后，近来，自 1775 年起，葡萄牙却又至少在巴西伯南布哥和马拉尼昂两个州实行这种政策。

有些国家虽然没有设立专营公司，却在国内限定了一个与其殖民地通商的港口，所有对殖民地贸易都必须通过这个港口进行，而且商船只能在特定季节结成船队出航；如果是单艘船只，则需付出极高的费用领取特许证。这种政策固然对宗主国全体国民都开放了殖民地贸易，只要他们在特定的港口和特定的季节，用特许的船只来进行；但是由于将资本联合起来使用这种特许船只的商人会觉得采取一致行动才对自己有利，以这种方式进行的贸易，其原则就必然会和专营公司非常接近。这些商人的利润将同样过高，对殖民地居民也将同样是压迫性的。殖民地绝得不到良好供给，不得不高价购买、低价出售货物。而直到最近几年，这都一直是西班牙的政策，相应地，所有欧洲产品的价格在西属西印度群岛据说都非常之高。乌略亚说，在基多，每磅铁的价格约为 4 先令 6 便士，每磅钢的价格为 6 先令 9 便士。但殖民地售卖自己的产品，主要就是为了购买欧洲的产品。因此，他们购买欧洲产品时出钱越多，他们出售自己的产品实际所得就越少；一方的高价同时就意味着另一方的低价。葡萄牙在这方面的政策，除了最近在伯南布哥和马拉尼昂实行了更糟的政策以外，其他殖民地贸易政策都与西班牙以前的政策相同。

其他国家允许其所有国民和本国殖民地自由开展贸易，允许他们从宗主国任何港口出航，除了海关的普通文件外，不需其他的特许证。这种情况下，商人为数众多且分散各地，不可能形成普遍的联合，所以他们之间的竞争足以阻止他们获得过高的利润。在如此自由的政策下，殖民地就能以合理的价格出售自己的产品或购买欧洲的产品。而自从普利茅斯公司解散以来，当我们的殖民地还处在起步阶段时，英国的政策便一向如此。这通常也是法国的政策，自从英国一般所称的“密西西比公司”解散后，法国的殖民地就一律如此。因此，法国和英国与殖民地进行贸易的利润，虽然肯定会比允许其他国家自由竞争的情况下要高一些，但绝不会高得过度；这两个国家大部分殖民地的欧洲商品的价格也因此不算太高。

在输出自己的剩余产品方面，英国的殖民地也只有某些特定的商品才被限于在宗主国的市场销售。这些商品曾被列举在航海法和其后的一些法令中，所以被称为“列举商品”[1]。其余商品称为“非列举商品”，可以直接出口到其他国家，只要运输船属于英国或其殖民地，船主和3/4的船员是英国人。

在非列举商品中，有美洲和西印度群岛一些最重要的商品，包括各种谷物、木材、腌肉、鱼、糖和朗姆酒。

谷物自然是所有新殖民地最初的和主要耕种的农作物。通过许以非常广阔的市场，法律鼓励殖民地推广耕作，使其产量大大超过当地稀少人口的消费量，从而为不断增长的人口预先储存充足的生活资料。

在森林密布的地方，木材的价值极低或毫无价值，开垦土地的开支是土地改良的主要障碍。通过对殖民地的木材许以非常广阔的市场，法律提高了本来价值极低的商品的价格，使殖民地能从本来只有费用支出的事情中获得一些利润，从而推动土地的改良。

在人口不稠密、耕作不发达的地方，牲畜繁殖的数量自然会多于当地居民的消费量，因此常常价值极低或毫无价值。但是，我们已经说过，要想使一国的大部分土地都能得到改良，牲畜的价格与谷物的价格必须保持一定比例。通过对美洲的牲畜——无论是活牲畜还是肉类产品——许以非常广阔的市场，法律努力提高这种商品的价格，因为这种商品的高价对土地改良非常重要。不过，这种自由政策的良好作用必然由于乔治三世统治的第四年的第15号法令而有所降低，因为该法令将生皮和皮革定为列举商品，从而降低了美洲牲畜的价值。

通过扩大英国殖民地的渔业来增加大不列颠的航运和海军力量，似乎一直是英国议会所着眼的目标。因此，殖民地的渔业受到了自由制度

---

① 在查理二世统治的第十二年的第18号法令第十八条中列举的商品是糖、烟草、棉花、羊毛、靛青、生姜、佛提树和其他染色用的木料。——译者

所能给予的一切鼓励，从而繁荣了起来。尤其是新英格兰的渔业，在上次骚乱之前，可能是世界上最重要的渔业之一。捕鲸业在英国被发给极高的奖金，却成效不大，许多人认为（但我不敢保证他们的说法正确），其全部产量的价值比发放的奖金高不了多少。而在新英格兰，虽然没有任何奖金，捕鲸业的经营规模却非常大。渔业产品是北美洲与葡萄牙、西班牙及其他地中海沿岸国家进行贸易的主要商品之一。

蔗糖最初是列举商品，只能出口到英国。但在 1731 年，经甘蔗种植者的请求，英国允许北美的蔗糖向世界所有地区出口。不过，这种贸易自由受到一些限制①，再加上糖的价格在英国很高，使它在很大程度上没得到发挥。英国及其殖民地几乎仍是英属殖民地全部蔗糖的唯一市场。蔗糖消费增长如此之快，即便牙买加和法国割让给英国各岛的土地不断改良，英国的蔗糖进口在这二十年里依然增加了很多，但北美蔗糖对外国的出口据说增加不多。

朗姆酒是美洲用来与非洲沿海地区进行贸易的重要商品。这种贸易从非洲运回黑人奴隶。

如果美洲的所有谷物、腌肉和鱼类的全部剩余产品都进入列举商品名单，从而被迫进入英国市场，那将大大扰乱我们自己的生产。这些商品之所以不仅未被列入列举商品，而且除了大米之外的一切谷物，以及腌肉，在一般情况下被法律禁止进口到英国，大概不是因为照顾美洲的利益，而是因为担心它产生上述混乱。

非列举商品最初可以出口到世界的各个地方。木材和大米曾一度进入列举商品名单，后来又被抽出，但在欧洲市场只能出口到菲尼斯特雷

① 指不是开往菲尼斯特雷角以南的船只都必须先开往大不列颠的特定港口这个限制。——译者

角以南的欧洲各国。根据乔治三世统治的第六年的第 52 号法令，所有非列举商品都受到同样的限制。菲尼斯特雷角以南的欧洲各国都不是制造业国，所以我们不用那么担心殖民地的船只从那里运回能妨碍英国产品的制造品。

列举商品可分为两类，第一类是美洲特有的产品，或是宗主国不能生产，至少是没有生产的产品。这类产品有糖蜜、咖啡、可可豆、烟草、甜椒、生姜、鲸须、生丝、棉花、羊毛、海狸皮和其他生皮、靛青、佛提树和其他染色用的木料。第二类不是美洲特有的产品，宗主国也能生产，但宗主国的产量只能满足其需求的一小部分，其他主要靠外国供应。这类产品都是海军用品，包括桅杆、帆桁、斜桅、沥青、焦油、松节油、生铁、铁条、铜矿石、生皮、皮革、锅罐和珍珠灰。第一类商品进口再多也不会妨碍宗主国任何产品的生产和销售。通过把这类商品的销售地限制在本国市场，人们预期，英国商人不仅能在殖民地以更低的价格购买它们并在国内售得更多的利润，而且还能在殖民地与其他国家建立一种有利可图的中间商贸易；因为英国作为最先输入这些商品的欧洲国家，必然成为这种贸易的中心市场。有人认为也可以这样来经营第二类商品的进口，即让它不能妨碍本国同类产品的销售，而会妨碍外国进口的同类产品的销售；因为，通过适当征税，这类商品可以在始终比前者贵一点的同时，比后者便宜很多。因此，限制这类商品只在本国市场销售，不是想干扰英国的产品，而是想干扰那些对英贸易差额于英国不利的国家的产品。

禁止殖民地将桅杆、帆桁、斜桅、沥青、焦油出口到英国以外的任何国家，自然会降低殖民地木材的价格，从而增加他们开垦土地的费用，这是土地改良的主要障碍。但在本世纪初的 1703 年，瑞典经营沥青和焦油的公司为了提高他们输入英国的这些商品的价格，规定这些商品必须由他们的船只运送，由他们自定价格和数量，否则禁止出口。为了对抗这一令人瞩目的商业政策，并使自己尽可能不依赖包括瑞典在内的所有北欧国家，英国向自美洲进口的海军用品发放奖金。这种奖金起到了提高美洲木材价格的作用，其程度大大超过了限制木材只出口到英国所引起的降低木材价格的作用程度；由于这两个规定是同时颁布，其联合作用仍是鼓励而不是妨碍美洲的土地开垦活动。

生铁和铁条虽然也进入了列举商品名单，但如果是从美洲进口的，则可免交从其他国家进口时要交的重税。免税规定在美洲对建立铁厂的鼓励比铁作为列举商品对建立铁厂的妨碍作用更大。没有一种制造业消耗的木材比铁厂的熔炉还多，或者说，没有一种制造业能像铁厂一样，对一个森林密布的国家的土地开垦做出如此巨大的贡献。

某些规定能起到提高木材在美洲的价格的作用，从而也起到促进土地开垦的作用，这或许既不是立法机关的本意，也不为他们所理解。可是，它们在这方面的有利影响虽然是偶然产生的，但并不因此就不真实。

英国法律给予了英属殖民地和西印度群岛之间贸易完全的自由，不论是列举商品还是非列举商品。那些殖民地现在人口稠密、兴旺繁荣，其中任何一个殖民地都能在另一个殖民地为自己的任何产品找到广阔的市场。所有这些殖民地合在一起，就给彼此的产品提供了一个巨大的内部市场。

但是，英国对其殖民地施行的自由宽松的政策，主要限于它们的天然产物和初级加工品市场。至于殖民地产物更进一步的、更精细的加工，英国商人和制造业者则要自己经营，并请求议会通过高关税或禁令阻止殖民地建立这类制造业。

例如，从英属殖民地进口黑糖，每英担[①]仅课税6先令4便士；白糖课税1镑1先令1便士；而单次或双次精制的糖块则课税4镑2先令$5^2/_5$便士。在征收如此之高的关税时，英国是其殖民地蔗糖的唯一出口市场，现在仍然是主要市场。因此，课征这种高关税，当初等于是禁止殖民地精炼白糖以供出口，现在等于是禁止它精炼白糖出口到销量可能占其总产量九成的一个市场。因而，精炼白糖虽然在法国的产糖殖民地很发达，在英国的殖民地则除了供应本地需求以外，很少发展。当格林纳达掌控在法国人手中时，几乎每一个甘蔗种植园都有一个炼糖厂。这里落入英国人手中后，这些工厂几乎都已关闭。现在（1773年10月），我相信这个岛上只剩下两三家炼糖厂了。不过，由于海关管理不严，精糖如能从块状磨成粉末，目前一般可作为粗糖进口。

英国虽然鼓励美洲生产生铁和铁条，对它们免征其他国家同类产品进口时要征的关税，但却绝对禁止在其美洲殖民地的任何地方建立炼钢厂和炼铁厂。它不能接受其殖民地的居民从事这种精细的制造业，即使是为了居民自己消费；而是坚持让他们从英国商人和制造业者手中购买他们全部所需的这类货物。

英国还禁止美洲生产的帽子、羊毛和毛织品由水运，甚至是由车马陆运从一省输入另一省。这种规定有效地防止了殖民地建立将这些商品销往远处的制造业，而将殖民地居民的劳作限制在生产粗糙和普通东西的范围，即私人家庭仅为自己使用或邻居使用而生产。

禁止人民对他们生产的任何原料进行他们所能进行的一切制造，或

---

① 每英担（hundredweight）等于112磅。——译者

禁止他们按他们认为于自己最有利的方式去使用他们的劳动和资本，这显然侵犯了神圣的人权。不过，这种禁令虽然不公正，迄今却尚未给殖民地居民带来太大损失。土地仍很便宜，因而劳动仍很昂贵，他们能从宗主国进口几乎所有的精加工产品或先进制造品，价格比他们自己能制造的更为低廉。因此，即使没有禁止殖民地建立这类制造业，按现在的发展状况，从他们自己的利益出发，他们可能也不会建立这类制造业。在殖民地现有的发展状况下，这种禁令可能没有约束他们的劳动，或限制他们顺其自然地发展，它只是宗主国的商人和制造业者出于无端的嫉妒而粗暴地强加在他们身上的奴役标志。在一个更进步的状态下，这种禁令可能成为不能容忍的真正的压迫。

在限制殖民地一些最重要的产品只能出口到自己市场的同时，作为补偿，英国也给予其中某些产品在这个市场上的优势地位：有时是对从其他国家进口的同类产品课征较高的关税，有时是对从殖民地进口的产品发放奖金。第一种办法使英属殖民地的糖、烟草和铁在英国市场上享有优势，而第二种办法惠及殖民地的生丝、大麻、亚麻、靛青、海军用品和建筑木材。第二种办法，即发放奖金来鼓励进口殖民地产品的办法，据我所知是英国独有；第一种办法则不是。葡萄牙人就不满足于对从其殖民地之外的任何国家进口的烟草征收较高关税，而是以最严厉的惩罚来禁止进口。

在殖民地进口欧洲货物这方面，英国对待自己的殖民地也比其他国家更为宽宏。

对于外国商品进口时所纳的税，英国允许在这些货物再出口时退还一部分——几乎总有一半，一般是大部分，有时是全部。我们可以想见，如果这些货物带着进口到英国时被征收的全部重税再出口，任何一个独立的外国都不会接受。因此，除非在再出口时退还一部分税，否则中间商贸易——重商主义如此推崇的一种贸易——就会消亡。

然而，我们的殖民地无论如何算不上独立的外国；而且大不列颠已经取得向其殖民地供应一切欧洲货物的专营权，本可以强迫其殖民地（像其他国家对它们的殖民地所做的那样）接受带着进口到宗主国时所缴的全部关税的货物。但是，与此相反，1763 年以前，大部分外国商品出口到英国殖民地时，享受与出口到任何独立的外国时同样的退税待遇。当然，1763 年，乔治三世统治的第四年的第 15 号法令颁布之后，这种宽厚的待遇大打折扣，该法令规定："欧洲或东印度生长、生产或制造的任何货物，从本王国向英属北美殖民地输出时，所谓旧补助税的任何部分均不退还；葡萄酒、白棉布和平纹布除外。"在这项法令颁布前，许多外国商品在殖民地的价格比在宗主国还便宜，现在有些商品可能仍然如此。

在制定大部分有关殖民地贸易的规定时，经营这种贸易的商人都是主要的顾问。注意到这一点，我们就不必奇怪，在大部分这类规定中，考虑得更多的是这些商人的利益，而不是殖民地或宗主国的利益。商人在供应殖民地所需的欧洲货物和购买殖民地剩余产品（以不损害自己在国内的贸易为前提）方面都拥有专营权，他们的利益以牺牲殖民地的利益为代价；而他们在把大部分欧洲和东印度的货物再出口到殖民地时，享受与出口到任何独立国家时同样的退税待遇，他们的利益以牺牲宗主国的利益为代价，即使按照重商主义的利益观念也是如此。为尽可能减少在运往殖民地的外国货物上的开销，对进口到英国的外国货物尽可能多地退回垫付的税款，这符合商人的利益。这样，他们就能在殖民地销售同等数量的货物而获得更多的利润，或在同等的利润率下出售更多的货物；总之，不管怎样都有获利。对殖民地来说，以尽可能低的价格得到尽可能多的货物，也符合它们的利益；但这未必总符合宗主国的利益。宗主国常常在两个方面受到损失：一方面，退还进口这些货物时征收的大部分税收，会影响宗主国的收入；另一方面，由于这种退税，外国制造品得以更便宜地运到殖民地，从而使宗主国制造品在殖民地市场降价销售，影响宗主国的制造业。有一种普遍的说法是，对再出口到美洲殖民地的德国亚麻布的退税，大大阻碍了英国亚麻布制造业的发展。

不过，英国关于殖民地贸易的政策虽然和其他国家一样受重商主义精神的影响，但总的来说，并不像其他国家的政策那样狭隘和具有压迫性。

除了对外贸易以外，英国殖民地在所有方面都有完全以自己的方式处理自己事务的自由。殖民地人民在所有方面的自由都和他们宗主国的同胞平等，也同样有人民代表组成的议会，只有它拥有为维持殖民地政府而立法课税的独家权力。这个议会的权威高于行政者的权威，不论是最低贱的还是最令人憎恶的殖民地居民，只要他遵守法律，就不必惧怕行政长官或其他文武官员对他的怨恨。殖民地议会虽然也像英国的众议院那样，并不总能非常平等地代表人民，但更接近于这种平等的性质；由于行政机构无法收买议会，甚至由于行政机构的经费来自宗主国因而没有必要收买议会，议会通常可能更多地受到选民倾向的影响。殖民地的参议院相当于英国的上议院，但不是由世袭贵族组成的。在某些殖民地，如在新英格兰的三个殖民地，参议院议员不是由国王任命，而是由人民代表选择的。所有英属殖民地都没有世袭贵族。当然，所有殖民地都像其他自由国家一样，老殖民地家族的后裔会比有相同业绩和财富的暴发户受到更多的尊敬；但他们只是受到尊敬而已，并没有可以给邻人带来麻烦的任何特权。在当前的骚乱开始以前，殖民地议会不仅有立法权，还有一部分行政权。在康涅狄格和罗得岛，总督由议会选举。在其他殖民地，议会规定的税收由议会任命的税收官去征收，税收官对议会直接负责。因此，英属殖民地的人民比宗主国的人民享有更多的平等。他们的行为更具有共和精神；他们的政府，尤其是新英格兰的三个政府，迄今也更具有共和精神。

相反，西班牙、葡萄牙和法国的极权政府被移植到了他们的殖民地；这些政府通常把裁定权下放给所有下级官员，由于距离遥远，他们执行权力的时候自然地比平时更为粗暴。在所有极权政府统治下，首都总比其他地方更自由。君主自己绝不可能有兴趣或意向去破坏司法秩序或压迫人民大众。在首都，他的存在或多或少会使下级官员有所敬畏；但在遥远地区，人民的抱怨要想传达到君主那里比较困难，下级官员实施暴政就安全得多。而欧洲在美洲的殖民地比我们所知的最大帝国的最远省份更为遥远。有史以来或许只有英国殖民地政府能为距离如此遥远地方的居民提供完全的保护。不过，法国殖民地的行政部门与西班牙和葡萄牙的殖民地的行政部门比起来，在施政上还是更为温和与宽松的。这种施政上的优越性既与法兰西民族的特性相称，也与其政府的性质（这种性质也形成一个民族的特性）相称。法国政府虽然要比英国政府极权和蛮横，但却比西班牙和葡萄牙政府更合法、更自由。

但是，英国殖民地政策主要是在北美殖民地的发展进程中才显示出它的优越性。在蔗糖殖民地方面，法国的蔗糖殖民地的发展与大部分英国蔗糖殖民地的发展至少是相当，或许比英国的发展更大，而英属蔗糖殖民地的统治几乎与英属北美殖民地同样自由。法国蔗糖殖民地的精糖加工不像在英国蔗糖殖民地那样受到挫抑；更为重要的是，当地政府的特性带来了对黑奴的更好的管理。

在所有欧洲殖民地，甘蔗都是由黑奴来种植。在欧洲温带地区出生的人的体质，据说不能胜任西印度群岛炎炎烈日下的掘土劳动；虽然很多人认为使用犁播机耕作更好，但目前种植甘蔗还是全部依靠手工劳动。正如使用牛马耕种时的成效和利润在很大程度上依赖于对牛马的良好管理一样，使用奴隶耕种时的成效和利润在很大程度上也依赖于对奴隶的良好管理；我想大家都承认，法国的种植者在管理奴隶方面要比英国的种植者强。为制止主人的暴行而对奴隶提供有限保护的法律，在一个极权的殖民地可能比在一个自由的殖民地执行得更好。在每一个建立了可悲的奴隶法的国家，当地方官员保护奴隶时，就在某种程度上干涉了奴隶主对私有财产的管理；而且，在自由国家，奴隶主也许是殖民地议会议员或者有权选举议员，地方官员如非深思熟虑不敢采取行动。地方官员不得不对奴隶主表示尊敬，这使得他们很难去保护奴隶。但在一个极权国家，地方官员经常干涉个人对其私有财产的管理；如果对方不按他的意思办，就有可能会收到拘票。这样，地方官员要向奴隶提供保护就容易得多；良知自然也会促使他这样去做。地方官员的保护使奴隶在他们主人的眼中不那么下贱了，从而促使主人重视他们，温和地对待他们。这种温和的对待方式不仅使奴隶更忠诚，而且使他们更灵巧，因此也就更有用。他们更像是自由佣人（而在主人享有完全自由的国家，奴隶通常就是被当作奴隶来对待的），可能具备某种程度的正直和对主人利益的忠诚，这种品德常常是属于自由佣人的，而不是属于奴隶的。

奴隶的处境在极权政府统治下比在自由政府统治下更好，这点我相信可以从任何时代和国家的历史中得到证明。在古罗马史中，第一次提到行政长官保护奴隶免受主人虐待，就是在皇帝统治时期。当维迪乌斯·波利奥当着奥古斯丁的面，下令将他一个犯了小错的奴隶砍成碎块丢入鱼池喂鱼时，这位罗马皇帝怒不可遏，不仅命令他立即释放这个奴隶，还命令他释放他的其他奴隶。而在共和体制下，官员没有足够的权力来保护奴隶，更不要说去惩罚主人了。

值得指出的是，用来改良法国产糖殖民地尤其是圣多明各这个大殖民地的资本，几乎全部来自这些殖民地的逐步改良和耕作的收益。这几乎都是殖民者自己的土地和劳动的产物，也就是说，殖民者通过良好的经营逐渐积累产品，并用之生产更多的产品。但是，用以改良英国产糖殖民地的资本中，大部分都是出自英国本土，并不全是殖民者的土地和劳动的产物。英国产糖殖民地之所以繁荣，很大程度上是因为英国富得流油，其中一部分流到了（如果可以这样说）这些殖民地。但法国产糖殖民地的繁荣却完全是由于殖民者的良好经营，在这方面法国殖民者是强于英国殖民者的，这一点在他们对奴隶的管理上体现得最明显不过。

欧洲各国的殖民地政策大体上就是如此。

可见，欧洲的政策，不论是从最初殖民地的建立来看，还是从之后繁荣的美洲殖民地的内部管理来看，都没有什么值得夸耀的。

荒唐和不义似乎是指导最初殖民计划的原则；为了金银矿而寻寻觅觅是荒唐的，觊觎一个友善国家的土地，则是不义——这些国家的原住民不但没有伤害过欧洲人，而且还曾热情地接待欧洲最初的冒险家。

当然，后来建立一些殖民地的冒险家，除了寻找金银矿的妄想外，还有更合理和更值得称赞的动机；但即使是这些动机，也不能为欧洲的政策增色多少。

英国的清教徒，在国内受到压迫，逃往美洲寻找自由，在新英格兰建立了四个政府。英国的天主教徒，受到的不公正待遇更严重，在马里兰建立了政府；教友派教徒则落脚在宾夕法尼亚。葡萄牙的犹太人，受宗教法庭迫害，被剥夺了财产并驱赶到巴西，在原本住在那里的流放犯和妓女之中现身说法，建立了秩序和产业，并教他们种植甘蔗。在上述所有情况下，使人们到美洲定居和耕作的，都不是欧洲各国政府的明智的政策，而是它们的混乱和不义。

欧洲各国政府在一些最重要的殖民地的实地建设中，也像在谋划过程中一样，没有什么功绩。对墨西哥的征服不是西班牙国会的计划，而是一位古巴总督的计划；这一计划的实施依靠的则是总督所委托的冒险家的大胆精神（而这位总督很快就后悔了，冒险家又不得不排除总督的一切阻挠）。智利和秘鲁的征服者，以及美洲大陆上几乎所有西班牙殖民地的征服者，在征服过程中，除了被许可以西班牙国王的名义去征服和殖民以外，并未得到政府其他的鼓励和支持。这些冒险家的事业全部是风险自担、费用自付。西班牙政府几乎没有对任何一次这样的冒险做出过贡献。英国政府对北美的一些最重要的殖民地的建立，也同样贡献寥寥。

但当这些殖民地已经建立，其重要性足以引起宗主国的关注时，宗主国对它们颁布的第一批规定，总是着眼于确保自己垄断这些殖民地的贸易、限制它们的市场，并以此为代价扩大自己的市场，可以说，这不是加速和推进，而是妨碍和抑制了殖民地的繁荣进程。欧洲各国殖民政策最根本的不同之一，在于实施垄断的方法各不相同。其中最好的政策（英国的政策）也只是在某种程度上不像其他国家的政策那样狭隘和具有压迫性而已。

那么，欧洲政策究竟对美洲各殖民地最初的建立或当前的繁荣有何贡献呢？在一个方面，也仅在一个方面，欧洲政策的贡献颇多。伟人的母亲！它哺育和培养了能完成如此伟大的事业、为如此伟大的帝国打下根基的人物；没有其他哪个地方的政策能够培养出这样的人物，或曾经实际上培养过这样的人物。殖民地受惠于欧洲政策的，是它们积极进取的缔造者的教育水平和远见，其中某些最大与最重要的殖民地的内政尤其受惠于这一点。

第三节 论发现美洲和发现经由好望角到东印度的航道给欧洲带来的利益

前一节讲的是美洲殖民地从欧洲的政策中得到的利益。那么欧洲又从发现美洲和在美洲建立殖民地中得到了什么利益呢?

这些利益可分为两类：第一，欧洲作为一个大的地区从这些重大事件中得到的总体利益；第二，殖民国各自从其统治或管理的殖民地中得到的利益。

欧洲作为一个大的地区从发现美洲和在美洲建立殖民地中得到的利益也可分为两类：第一，可享受之物的增加；第二，产业的扩大。

输入欧洲的美洲剩余产品，给这个大陆的居民提供了各种如果不是因为美洲的发现和殖民他们就不可能拥有的商品。这些商品有些便于使用，有些富于乐趣，有些用于装饰，因此都有助于增加居民们可享受之物。

一般人很容易看到，美洲的发现和殖民有助于产业的扩大：首先是在所有和美洲直接通商的国家，如西班牙、葡萄牙、法国和英国；其次是在其他不和美洲直接通商的国家，它们通过别国的中介，将自己的产物送往美洲，例如奥地利的佛兰德及德国的一些省份，它们通过以上国家的中介，将大量亚麻布和其他货物运往美洲。所有这些国家显然都为自己的剩余产品找到了更广阔的市场，从而必然受到鼓励，增加这些东西的产量。

对那些从未将自己的任何产物运往美洲的国家，如匈牙利和波兰，这些重大事件也促进了它们的产业的发展。这种促进可能不那么明显，但同样无可置疑地存在。匈牙利和波兰消费了美洲的一部分产品，那里对新世界的糖、巧克力和烟草有一定的需求。但这些商品必须用匈牙利和波兰的某些产品（或这些产品所交换来的产品）去购买。这些美洲商品是新的价值和新的等价物，引入匈牙利和波兰以交换那里的剩余产品。这些剩余产品一旦被运走，也就是进入了新的、更广阔的市场，其价值就得到了提升，产量也会因此而增加。尽管匈牙利和波兰的剩余产品可能并未运往美洲，但可以运往其他国家，由其他国家用他们得到的一部分美洲剩余产品来购买；这样，通过这种最初由美洲剩余产品推动的贸易流通，匈牙利和波兰为自己的剩余产品找到了一个市场。

对于那些不仅从未将自己的任何产物运往美洲，而且也没从美洲得到任何产物的国家，这些重大事件甚至也有助于它们可享受之物的增加和产业的扩大。即使是这些国家，也能从那些受美洲贸易推动而增加了产量的国家那里得到更多其他的商品。这更多的商品必然会增加这些国家的可享受之物，同样也必然会扩大它们的产业从而会有更多的新的等价物来交换它们产业的剩余产品，因此必然会为这些剩余产品打开更广阔的市场，提高它们的价值，从而促进其产量的增长。这样，每年投入欧洲这个大商圈的商品总量，以及通过周转而分配给欧洲各国的商品数量，必然由于美洲剩余产品的推动而增加。每个国家得到的商品增加，从而其可享受之物增加，产业也随之扩大。

宗主国的专营贸易会减少宗主国自己可享受之物，抑制其产业的发展，至少使它们低于正常发展水平，而对于美洲殖民地则更是如此。这是一道紧箍咒，套在推动人类大部分经济活动的某种动力之上。这种专营贸易使殖民地的产品在他国非常昂贵，从而减少了对这些东西的消费，也就束缚了殖民地的产业；它也束缚了其他国家可享受之物和产业，因为可享受之物越贵则越少，生产越廉价则生产越少。同样，由于使其他国家的产品在殖民地非常昂贵，这种专营贸易也束缚了其他国家的产业，当然也因此包括殖民地可享受之物和产业。这是为了某些国家想当然的利益而制造的障碍，妨害了其他国家的生活享受和产业活动，而对殖民地的妨害尤大。这种专营贸易不仅尽可能将其他国家排除在某个市场以外，而且尽可能将殖民地限制在某个市场以内；某一市场是封闭的而其他市场是开放的，与某一市场是开放的而其他市场是封闭的，这之间的区别是相当大的。欧洲由于发现美洲和在美洲建立殖民地从而增加享用、扩大产业，其源泉就是美洲殖民地的剩余产品，但宗主国的专营贸易却使这一源泉远不如应有的丰富。

每一个殖民国从其殖民地得到的独家利益有两种：第一，各帝国从其治下各地得到的普通利益；第二，从像欧洲的美洲殖民地那种性质非常特殊的地方得到的特殊利益。

各帝国从其治下各地得到的普通利益是：第一，各地为帝国的防卫提供的军事力量；第二，各地为帝国的政府提供的收入。罗马帝国的殖民地有时能同时提供这两者。希腊的殖民地有时提供军事力量，但很少提供收入。希腊殖民地很少承认自己归宗主国统治，它们在战时通常是宗主国的盟友，但在和平时期很少向其臣服。

欧洲在美洲的殖民地从未为宗主国的防卫提供过军事力量。这些殖民地的军力还不足以保卫自己；而宗主国在各次战争中，常常为保卫它们的殖民地而使军事力量分散。所以，在这方面，所有欧洲殖民地概莫能外，与其说是使各自的宗主国强大的一个因素，还不如说是削弱宗主国国力的一个因素。

只有西班牙和葡萄牙的殖民地为宗主国的防卫或政府开支提供过一些收入。而其他欧洲国家，尤其是英国，从其殖民地征收的税，在和平时期就难与在殖民地上的开支相抵，在战时就更不够用了。可见，这些殖民地对其各自的宗主国来说是耗钱之地，而不是收入之源。

这些殖民地给各自的宗主国带来的利益，只有从欧洲在美洲殖民地的特殊性质中产生的特殊利益；人们认为，专营贸易就是所有这些特殊利益的唯一来源。

以英国为例，由于这种专营贸易，英国殖民地的剩余产品中被称为列举商品的那一部分，就只能运往英国，不能运往其他国家。此后其他国家要购买这些产品必须向英国购买。因此，这些产品在英国必然比在其他国家便宜，从而更能增加享受之物，扩大产业。在用本国剩余产品交换这些列举商品时，英国必然能比其他国家得到更加优惠的价格。例如，英国的制造品与其他国家的同类制造品相比，能购买到更多英国殖民地的糖和烟草。所以，就英国的制造品和其他国家的制造品用来交换英国殖民地的糖和烟草而言，这种价格上的优越性给予英国制造品的鼓励超过了其他国家的制造品在这种情况下所能得到的鼓励。因此，由于殖民地专营贸易打压了没有这种专营权的国家的享受之物和产业发展，或至少是使其低于应有的水平，那些拥有专营权的国家就得到了明显的利益。

但是，这种利益与其说是绝对利益，也许还不如说是相对利益；拥有专营权的国家获得优越地位，是由于打压了其他国家可享受之物和产品，而不是使本国可享受之物和产品的发展超过自由贸易下的发展的水平。

例如，马里兰和弗吉尼亚的烟草，由于英国的垄断，在英国的售价肯定就比在法国（它通常从英国购买这些烟草中的很大一部分）的售价低。但假如允许法国和其他欧洲国家同马里兰和弗吉尼亚进行自由贸易，那么，这些殖民地的烟草就不仅能以比现在低的价格运往其他国家，而且同样能以更低的价格运往英国。因为，这样的话，市场比以往更为广阔，烟草的产量可能大大增加，直到种植烟草的利润降到种植谷物的自然利润水平（据说现在种植烟草的利润是超过这一水平的）。这时烟草的价格就会降到现在的价格以下，英国或其他国家同等数量的商品就能在马里兰和弗吉尼亚购买更多的烟草，也就是能在那里卖个更好的价钱。所以，如果烟草的廉价和丰产能增加英国或其他国家可享受之物和促进产业发展，自由贸易就很可能取得比现在更好的效果。当然，这种情况下，英国相对于其他国家就没有任何优势了。英国可以用比现在便宜的价钱购买殖民地的烟草，把自己的商品卖得贵一点，但与其他国家相比，它既不能比它们买烟草买得便宜，也不能比它们卖自己的商品卖得贵。英国可能会得到绝对利益，但肯定会失去相对利益。

可是，为了获得殖民地贸易中的这种相对利益，为了实施将其他国家尽可能排除在这一贸易之外的无良计划，我们有充分理由相信，英国不仅牺牲了它和其他国家有可能从这种贸易中获得的一部分绝对利益，而且对其他贸易部门不利，不论是相对不利还是绝对不利。

当英国根据航海法垄断殖民地贸易时，此前投入到这种贸易中的外国资本必然会撤出。英国资本此前只是经营这种贸易的一部分，现在将经营其全部。此前只是供给一部分殖民地所需欧洲货物的英国资本，现在要供给殖民地所需欧洲货物的全部。但它不可能供给其全部，而且它供给的货物必定会以非常昂贵的价格出售。此前只是用来购买殖民地部分剩余产品的资本，现在要用来购买全部剩余产品。但它不可能以老价钱购买全部剩余产品，它现在购买的价钱必然非常便宜。商人在运用资本时，如能像这样以非常高的价格出售货物，以非常低的价格买入货物，利润必然非常丰厚，大大超过其他贸易部门的一般利润水平。殖民地贸易的这种优厚利润一定会把其他贸易部门原有资本的一部分吸引过来。但这种资本转移由于必然逐渐增加殖民地贸易中的资本竞争，所以也必然逐渐减少其他贸易部门中的资本竞争；由于它必然逐渐降低前者的利润，所以也必然逐渐提高后者的利润，直至所有部门的利润达到一个新的水平，这一水平要高于以前。

从其他贸易部门抽出资本，以及使所有贸易部门的利润率高于先前水平的这种双重效应，不只是在这种垄断权最初建立的时候产生的，而且是从那时候开始一直持续产生的。

第一，这种垄断权持续不断地从其他贸易部门吸收资本，使其投入殖民地贸易。

自从颁布航海法以来，英国的财富虽然已经大为增长，但是肯定没有和殖民地财富按同一比例增长。而每一个国家的对外贸易自然应该和它的财富成比例增长，它的剩余产物自然应该和它的全部产物成比例增长；但英国将对殖民地的贸易全部据为己有之后，它的资本却没有和这种贸易的规模按同样的比例增长，所以它只有不断地从其他贸易部门吸收一部分资本，同时阻止资本流向这些贸易部门，才能进行殖民地贸易。因此，自从颁布航海法以来，殖民地贸易不断增长，而其他许多对外贸易部门，尤其是与其他欧洲地区进行贸易的部门，则不断萎缩。英国的外贸商品，不像航海法制定以前那样，适合邻近的欧洲市场或稍远的地中海国家市场，而是绝大部分适合更加遥远的殖民地市场；也就是说，适合有垄断权的市场，而不是适合有许多竞争者的市场。关于其他对外贸易部门萎缩，马修·德克尔爵士和另外一些作者认为，是由于赋税过重、征税方式不当、劳动力价格过高，以及奢侈成风等原因造成的；但其实原因都在于殖民地贸易的过度增长。英国的商业资本虽然很多，却也不是无限的；自从航海法颁布以来，英国资本虽然大大增加，但没有与殖民地贸易同比例增加，这种殖民地贸易只有从其他贸易部门吸收一部分资本（因而使这些贸易部门萎缩）才能得以进行。

我必须指出，英国是一个贸易大国，不仅在航海法建立对殖民地贸易的垄断以前，而且在这一贸易形成规模之前，英国的商业资本就很雄厚，而且日渐增多。在克伦威尔执政期间与荷兰交战时，英国海军比荷兰海军强大；而在查理二世刚登基时爆发的战争中，英国海军至少与法荷联合海军实力相当，或许比它们更强大。这种优势现在似乎并未加强，至少荷兰的海军现在和以前一样，与其商业规模保持着一定的比例，而英国没有。但在上述两次战争中，英国海军的强大并不能归功于航海法。在上述第一次战争中，航海法的实施计划刚刚拟定；而在上述第二次战争爆发前，这个法令虽然已由立法机关颁布，但还来不及产生什么效果，尤其是法令中关于殖民地专营贸易的那部分内容。当时的殖民地和殖民地贸易与现在相比，都是微不足道的：牙买加是座不宜居的荒岛，人烟稀少，土地荒芜；纽约和新泽西归荷兰人所有，圣克里斯托弗则被法国人占了一半；安提瓜、南北卡罗来纳、宾夕法尼亚、佐治亚和新斯科舍均未被殖民；弗吉尼亚、马里兰和新英格兰虽然已被殖民且非常繁荣，但不论在欧洲还是美洲，无人预见甚至想象到，那里的财富、人口和改良以后会取得如此迅速的进步。只有巴巴多斯岛是当时比较重要的英国殖民地中条件与现在相似的。即使是在颁布航海法一段时间之后，英国也只享有殖民地贸易的一部分（因为在航海法被通过以后的头几年里，它执行得并不十分严格），这种贸易在当时不可能成就英国贸易大国的地位，也不可能成就强大的英国海军。当时支持着强大英国海军的，是英国与邻国及地中海沿岸各国的贸易。但是，英国目前在这一贸易中占有的份额不可能再支持这样强大的海军了。假如不断增长的殖民地贸易对所有国家都自由开放，不管落到英国手中的一份有多大（可能是很大的一份也说不定），相对于它以前享有的巨大贸易量，都只是锦上添花。但现在由于垄断，殖民地贸易的增长并未造成原有贸易的增长，只是使原有贸易完全改变了方向。

第二，这种垄断必然会使英国各贸易部门的利润率高于让所有国家都能与英国殖民地自由通商时的自然水平。

由于对殖民地贸易的垄断，虽然更多的英国资本会被吸收到殖民地贸易中来，但垄断排斥了所有外国资本，最后投入到这种贸易中的资本总量必然会减少，以至于低于自由贸易时自然流入的资本量。但由于垄断减少了资本在这个贸易部门的竞争，必然就提高了这个贸易部门的利润率。同时，由于减少了英国资本在其他贸易部门的竞争，也必然会提高其他贸易部门的利润率。在实施航海法以来的任何时期，不管英国商业资本的状况与规模如何，对殖民地贸易的垄断，必然使英国资本在这个贸易部门及其他贸易部门的普通利润率高于没有垄断的情况。如果说，自从实施航海法以来，英国资本普通利润率的绝对值其实已经大幅降低（确实是如此），那么，若不是这个法令所确立的垄断起到了支持的作用，它一定会下降得更低。

但是，一个国家的普通利润率如果由于某个条件而高于没有这一条件时的水平，必定会给这个国家没有垄断权的贸易部门带来不利的影响，不管是绝对不利还是相对不利。

之所以有绝对的不利，是因为这些贸易部门的商人要获得这一较高的利润率，必然会以比原来更高的价格在国内出售他们进口的外国商品，或在外国出售他们出口的本国商品。他们国家的人民购买的外国商品以及卖到外国的本国商品必然会因此减少，从而可享受之物和生产也会减少。

之所以有相对的不利，是因为其他那些没有受到这种绝对的不利影响的国家，在这些贸易部门会比该国更有优势，或减轻了相对于该国的劣势。这使得其他国家相对于该国来说，可享受之物和生产变得更多。其他国家与从前相比，对该国的优势更大，或者劣势更小。由于该国提高了自己商品的价格，使得其他国家的商人能以比该国更低的价格在外国市场上出售商品，从而将该国没有垄断权的贸易部门的商品从外国市场上排挤出去。

我们的商人常常抱怨英国劳动力的高工资，说这是他们的商品在外国市场上售价高于竞争者的原因；但对于他们资本的高利润，他们却闭口不提。他们抱怨别人所得太多，但对自己所得太多却不置一词。可是，英国资本的高利润在许多场合也像英国的高工资一样，会造成英国制造品价格的提高，在某些场合可能提高得更多。

确实可以说，英国的资本就是这样，从那些没有垄断权的贸易部门，尤其是从欧洲贸易和地中海贸易中，一部分被吸引走，一部分被排挤出来了。

这些部门的一部分资本被吸引走，是因为殖民地贸易持续增长带来的超额利润，而经营这种贸易的资本的缺口总是一年比一年大。

这些部门的一部分资本被排挤出来，是因为英国资本的高利润率使英国没有垄断权的那些贸易部门的优势落到了其他国家手中。

对殖民地贸易的垄断权将一部分英国资本从其他贸易部门吸引到殖民地贸易之后，许多外国资本就流入到其他这些贸易部门。这些外国资本如果不是从英属殖民地贸易中被英国驱逐出来，本来是不会进入其他这些贸易部门的。在殖民地贸易之外的贸易部门中，英国资本的转出使得英国资本的竞争减少，从而使英国资本的利润率高于以前。相反，外国资本的转入使得外国资本的竞争增加，从而使外国资本的利润率低于以前。这两方面的结果都必然在这些贸易部门给英国带来相对不利的影响。

但是，或许有人会说，殖民地贸易对英国比其他贸易有利；而英国对殖民地贸易的垄断权使更多的英国资本投入其中，就是使这部分资本转入对英国更有利的用途。

资本对所属国最有利的用途，是那种能维持最多的劳动力、增加最多的土地和劳动年产品的用途。但我在本书第二篇曾指出，在对外消费品贸易中，任何资本所能维持的劳动力数量，是和它的往返频率成正比的。例如，在每年往返一次的对外消费贸易中使用的1000镑资本，其在国内能持续雇用的劳动力数量等于1000镑资本一年所能雇用的数量；如果每年往返两次或三次，其在国内持续雇用的劳动力就等于2000镑或3000镑资本一年能雇用的数量；因此，一般情况下，与邻国进行对外消费品贸易，比与遥远的国家进行这种贸易更为有利。出于同样的理由，我在本书第二篇也曾指出，在一般情况下，直接进行对外消费品贸易，比转口贸易更有利。

但是，殖民地贸易的垄断权迄今为止对英国资本的用途所起的作用，一般是迫使一部分资本从与邻国进行的对外消费品贸易转入与更遥远的国家进行的对外消费品贸易，很多时候是使一部分资本从直接的对外消费品贸易转入转口的对外消费品贸易。

首先，殖民地贸易的垄断权，一般迫使一部分英国资本从与邻国进行的对外消费品贸易转入与更遥远的国家进行的对外消费品贸易。

一般情况下，这种垄断迫使一部分英国资本从与欧洲内陆及地中海沿岸各国的贸易，转入与更远的美洲和西印度群岛的贸易。在新贸易中，资本的往返频率必然较低。这不仅是因为距离更远，也是因为这些国家的情况特殊。我说过，新殖民地的资本总是不足，而且比他们希望投入土地改良和耕作中以创造巨大利益的资本少得多。所以，殖民地的自有资本始终不能满足其需求。为了弥补自有资本的不足，它们设法尽可能多地向宗主国借债（因此它们总是欠着宗主国的债）。殖民地人民最普通的借债方法，不是向宗主国的富人立据借款（虽然他们有时也这样做），而是尽可能地拖欠欧洲货物供应商的货款。他们每年的还款常常只有欠款的 1/3，有时还不到 1/3。因此，他们的供货商垫付的资本，没有三年很难全部返回英国，有时四五年也不一定。但是，假如 1000 英镑的英国资本五年才往返一次，它能持续雇用的英国劳动力，就只相当于一年往返一次的 1000 英镑资本能雇用的 1/5，或者是相当于 200 镑资本一年内能持续雇用的劳动力。当然，殖民地人民对欧洲货物支付的高价格、对远期票据支付的利息，以及对调换短期票据支付的佣金，无疑能补偿供货商由于货款被拖欠而带来的全部损失，甚至可能在补偿了损失之后还绰绰有余。但是，尽管这能够补偿供货商的损失，却不能补偿英国的损失。在双方距离很远的贸易中，商人的利润可能与双方距离很近、往返频率很高的贸易所产生的利润同样多，甚至更多；但是，他居住的国家的利益——那里所能持续维持的劳动力数量、土地和劳动的年产量必然大为减少。对美洲的贸易，尤其是对西印度群岛的贸易，与对欧洲任何内陆国家甚至是对地中海沿岸国家的贸易比起来，不但路途更远、资本回收更慢，而且也更不稳定。我想，任何人只要对这些贸易稍有经验，肯定会承认这一点。

其次，对殖民地贸易的垄断权很多时候使一部分英国资本从直接的对外消费品贸易流入转口的对外消费品贸易。

在只能运往英国而不能运往其他市场的列举商品中，有几种商品的数量大大超过了英国的消费量，因此其中一部分必须出口到其他国家去。但是，要做到这一点，就得让一部分英国资本进入对外消费品的转口贸易。例如，马里兰和弗吉尼亚每年运往英国的烟草达 96000 桶以上，而英国的消费量据说不超过 14000 桶。因此，82000 桶以上的烟草必须出口到其他国家，如法国、荷兰，以及波罗的海和地中海沿岸各国。将这 82000 多桶烟草输入英国，然后再出口到其他国家，并从那里换回货物或货币的那部分资本，就是投入到了转口的对外消费品贸易之中，这是为处理那些巨大的烟草余额所必须做的。如果要计算这些资本要多少年才能全部回到英国，我们必须在美洲贸易的往返时间上，再加上对这些国家进行贸易的往返时间。如果我们在与美洲的直接消费品贸易中投入的资本要三年或四年才能全部回到英国，那么投入转口消费品贸易的资本要全部回到英国就得四年或五年。如果前者能维持一年往返一次的资本所能维持的国内劳动的 1/3 或 1/4，后者就只能维持 1/4 或 1/5。在英国的某些出口港，购买出口烟草的外国商人通常可以先欠着货款。伦敦港是现款结算（那里的规矩是一手称重、一手交钱），在那里，转口贸易的全部资本返回的时间只比美洲贸易的资本返回的时间多出了货物出售之前在仓库存放的时间，可货物存放的时间也可能长得很。但是，如果殖民地出售烟草时不被限定在英国市场上出售，输入英国的烟草或许就不会超过国内消费的需要。在这种情况下，英国现在用出口到其他国家的大量剩余烟草购买的供本国消费的商品，可能就变成用本国产业的直接产物或制造品来购买了。这些产物或制造品在这种情况下，与现在几乎只供应一个大市场的情况相反，将供应许多较小的市场。在这种情况下，与现在只经营一个大的转口对外贸易的情况相反，英国将经营许多小的直接对外贸易。由于周转加快，现在经营这个转口贸易的资本的一部分（可能只是一小部分，或许只有 1/3 或 1/4），就足以经营所有这些小的直接贸易，而且持续雇用的英国劳动力和能够维持的英国土地和劳动的年产量与现在相等。这样，现在的转口贸易所有的目标只需使用比现在少得多的资本就能达到，大量的剩余资本就可以用于其他用途，如改良土地、发展制造业、扩大商业规模，或至少用来和这些行业中的其他英国资本竞争，降低它们的利润率，使英国在这些行业上相对于其他国家的优势比现在更大。

对殖民地贸易的垄断，还使得一部分英国资本从所有形式的对外消费品贸易转入中间商贸易，从而使这部分资本从或多或少支持英国的产业，变成一部分支持殖民地的产业，一部分支持其他国家的产业。

比如，每年用英国再出口的 82000 多桶剩余烟草购买的货物，并未完全用于英国消费。其中一部分，如从德国和荷兰购买的亚麻布，又运回了殖民地，专供那里消费。但是，购买烟草再以之购买亚麻布的这部分英国资本，必然不能支持英国产业，而是一部分支持殖民地产业，一部分支持用自己的产品换烟草的国家的产业去了。

此外，对殖民地贸易的垄断，由于使得更多的英国资本违背自然趋势而流入这种贸易，所以似乎已经打破了英国不同产业部门之间的自然平衡。英国的产业已经不是去适应许多的小市场，而是主要适应着一个大市场了。英国的商业已经不是在许多小渠道运行，而是被引导着主要在一个大渠道上运行。但这就使得英国整个工商业系统变得不那么安全，它整个政治机体的状态也变得不那么健康。在目前的状态下，英国类似于一具不健康的躯体，由于某些重要器官生长得过大，所以容易发生各器官比例均衡的躯体所不常有的危险疾病。这好像是一根已经被人为膨胀到超出了它自然限度的大血管，非正常比例的国家工商业在其中流通，它一次小小的阻塞，就可能给整个政治机体带来极危险的紊乱。因此，同殖民地决裂的前景给英国人带来的恐慌，比西班牙舰队和法国入侵给他们带来的恐慌还要严重。正是由于这种恐慌（无论有无根据），使得废除印花税法深受欢迎，至少在商人之中是如此。英国大部分的商人都认为，如果英国完全被排除在殖民地市场之外，只需几年时间，他们的贸易就会全面停止；英国大部分的制造业者也认为，他们的生意会被完全摧毁；英国大部分的工人则认为，到时候他们将找不到活干。而与欧洲大陆上任何邻邦的决裂，虽然也可能使上述各阶层人民的职业中断，但它不会引起如此普遍的恐慌情绪。在某些小血管中流动的血液一旦受到阻塞，很容易就能流到大血管中，不会引起任何危险的疾病；但是如果大血管中流动的血液受到阻塞，直接的和不可避免的后果就是痉挛、半身不遂或死亡。在这些靠出口奖金或对国内和殖民地市场的垄断而过度膨胀的制造业中，如果有一个部门的业务中断，就常常会引起混乱甚至动乱，使政府恐慌，甚至使议会束手无策。那么，想想看，如果英国的主要制造业有一大部分突然完全中断，造成的混乱会有多大?

要使英国在将来免于这种危险，要使（甚至是迫使）英国从过度膨胀的行业撤出一部分资本，投入其他也许利润较少的行业，要使一个产业部门逐渐缩减而其他产业部门逐渐增长，渐渐恢复所有产业部门之间那种自然、健康和适当的比例（这种比例是完全自由的贸易必然建立和确保的），唯一可行之道，似乎就是逐渐适当地放宽赋予英国在殖民地贸易中的专营权的法律，直至使之在很大程度上成为自由的贸易。如果立刻对所有国家开放殖民地贸易，不仅会带来一些暂时的麻烦，而且会给大部分目前在殖民地贸易中投入了劳动或资本的人带来巨大且永久性的损失。即使是那些超出英国消费所需的82000多桶烟草的运送船只突然丢了生意，其损失也会让许多人透不过气。这就是一切重商主义法规的不幸后果！这些法规不仅给政治机体带来非常危险的混乱，而且这种混乱至少在一段时间内还会带来更大的混乱，以致常常难于治理。所以，应该以什么样的方式逐渐开放殖民地贸易，哪些限制应首先取消，哪些限制应最后取消，如何逐渐恢复完全自由与公正的自然体制，这些问题必须留给未来的政治家和立法者动脑筋去决定。

自从1774年12月1日[①]以来的一年多时间里，在殖民地贸易中占非常重要地位的北美十二个州联合起来全面排斥英国商品。但同时也很幸运地发生了五个未曾预见的事件，使英国没有像通常应有的那样经受强烈的震动。第一，这些殖民地为不进口协定做准备时，已将适合它们市场的英国商品全部买下；第二，西班牙舰队出于特殊需要，在这一年买光了德国和北欧的许多商品，尤其是亚麻布。这些商品过去常常和

---

① 不进口英国货物的协定开始生效的日期。——译者

英国的制造品竞争，甚至在英国市场上也是如此。第三，俄国和土耳其媾和，使土耳其市场对商品的需求大增（此前土耳其处于危难之中，俄国的舰队又在爱琴海一带逡巡，该国市场的供应严重不足）。第四，在过去的一段时间内，北欧对英国制造品的需求在逐年增加。第五，波兰最近由于被瓜分而获得了平静，使这个大国的市场对外开放，这一年来增加了大量的市场需求。不过，这些事件除了第四个以外，都只属于暂时的和偶然的。对英国如此重要的殖民地贸易如果不幸被排斥得更久的话，仍然会带来某种程度的厄难。但是，这种厄难由于是逐渐到来的，会比它一下子突然到来容易承受得多；而且，当此之时，英国的劳动和资本也将找到新的用途与方向，以减轻这种厄难的程度。

总之，对殖民地贸易的垄断，使更多的英国资本流入这种贸易，一般是使一部分英国资本从与邻国进行的对外消费品贸易流入与更遥远的国家进行的对外消费品贸易，很多时候是使一部分英国资本从直接的对外消费品贸易流入转口的对外消费品贸易，有时候是使一部分英国资本从所有形式的对外消费品贸易流入中间商贸易。因此，在所有情况下，它都使英国资本从能维持更多劳动力的方向转往只能维持较少劳动力的方向。而且，对殖民地贸易的垄断，使如此大一部分英国的工商业仅适于一个特定的市场，因而使整个工商业的状况，比起让它的产品适于更多的市场来，更不稳定，更不安全。

我们必须仔细地区分殖民地贸易的效应和垄断殖民地贸易的效应：前者永远且必然是有利的，后者永远且必然是有害的。而殖民地贸易是如此有利，以至于即使被垄断，这种贸易在总体上仍然有利，而且非常有利。当然，垄断时已远不如没有垄断时有利。

自然和自由状态下的殖民地贸易，为超过欧洲内陆和地中海沿岸各国这些邻近市场需求的那部分英国产品开发了一个遥远却巨大的市场。自然和自由状态下的殖民地贸易，不会攫取原来销往邻近市场的产品送往殖民地，而会鼓励英国不断提高剩余产品的数量，以便与殖民地不断提供的新产品交换。自然和自由状态下的殖民地贸易，会增加英国生产性劳动的数量，但不会改变原有的就业结构。在自然和自由状态下的殖民地贸易中，来自其他国家的竞争会防止在新市场或新行业里的利润率上升到一般水平之上。新市场不会从老市场攫取任何产品，而会创造——如果可以这样说——新的产品来满足需求；这种新产品会构成用于新用途的新资本，同样，新资本不会来自任何旧资本。

相反，对殖民地贸易的垄断，由于排斥了其他国家的竞争，从而提高了新市场和新行业的利润率，使新市场吸取老市场的产品，新行业吸取老行业的资本。垄断殖民地贸易的公开目的，是增加英国在殖民地贸易中的份额。如果英国在这种贸易中的份额在有垄断权时不比在没有垄断权时更多，就没有理由去建立这种垄断。但殖民地贸易与其他大部分贸易相比，距离更远、周转更慢，如果迫使一个国家有更多的资本违背自然趋势流入这种贸易中，必然会使该国每年维持的生产性劳动总量，以及每年土地和劳动总产量，少于没有垄断时的状况。这使该国居民的收入低于其在自然状态下会达到的水平，从而降低他们积累资本的能力。这不仅在任何时候都会阻止他们的资本维持自然状态下能维持的那样多的劳动，而且会阻止他们的资本增长得像自然状态下增长的那样快，从而阻止了他们维持更多本来可以维持的劳动。

但是，对英国来说，殖民地贸易自然产生的良好效果，抵消垄断带来的不良效应绰绰有余。所以，即使是现在这样的垄断贸易，也是有利的，而且是大大有利的。殖民地贸易开拓的新市场和新行业，比旧市场和旧行业因垄断而损失的那部分大得多。殖民地贸易所创造的——如果可以这样说的话——新产业和新资本，在英国所维持的生产性劳动的数量，比由于资本从周转更快的其他贸易部门突然抽出而失去的生产性劳动的数量更多。但是，如果殖民地贸易——即使以目前这种方式经营——对英国有利，那绝不会是由于垄断，而是由于垄断以外的原因。

由殖民地贸易而打开一个新市场的，主要是欧洲的制造品，而不是欧洲的天然产物。农业是所有新殖民地天然的产业，土地的廉价使农业比其他产业更为有利。所以，殖民地土地的天然产物很丰足，不但不必从其他国家进口，而且通常有大量剩余可供出口。在新殖民地，农业能从其他行业吸收劳动力，或者留住劳动力以免它流入其他行业。农业留给必需品制造业的劳动力很少，留给装饰品制造业的劳动力几乎没有。对于这两种制造业的大部分产品，他们发现，自己制造还不如向其他国家购买更实惠。殖民地贸易主要促进了欧洲的制造业，间接地促进了欧洲的农业。殖民地贸易维持的制造业构成了欧洲农产品的新市场，一个所有市场中最有利的市场，即欧洲的谷物和牲畜、面包和鲜肉的国内市场，就这样因为对美洲的贸易而大大扩张了。

但是，一个国家对人口众多、繁荣兴旺的殖民地的贸易垄断，并不足以新建甚至维持国内的制造业，西班牙和葡萄牙就是很好的例子。这两个国家在拥有任何大的殖民地之前，曾是制造业国；但自从它们拥有世界上最肥沃富饶的殖民地之后，却不再是制造业国。

在西班牙和葡萄牙，垄断的不良效应由于其他一些原因而加剧，或许差不多抵消了殖民地贸易的自然产生的良好效果。这些原因似乎包括：其他各种垄断、金银的价值低于其他大多数国家、对出口的不当课税而使其产品被外国市场排斥，以及对国内货物运输更不当的课税而导致的市场萎缩；最主要的是司法制度的不规范和不公平，常常保护有钱的和有势力的债务人逃脱债权人的追讨，使国内生产者不敢生产货物供这些傲慢的老爷消费，因为他们既不敢拒绝老爷们的赊欠，又对欠款的归还毫无把握。

相反，在英国，殖民地贸易自然产生良好的效果，再加上其他一些积极原因，在很大程度上抵消了垄断的不良效应。这些原因似乎包括：贸易的总体自由（虽然有一些限制，但至少不会比任何国家更不自由，而且很可能比任何国家都自由）；出口自由（几乎所有种类的本国产品都可以免税出口到几乎任何国家）；更重要的是，不受限制的运输自由（本国产品在两地之间运输不必向任何政府部门报告，也不必接受任何盘问和检查）；最主要的是，平等公正的司法制度（最底层的英国人民的权利能得到最上层人的尊重，每个人的劳动成果都受到保护，使每一种产业都得到了最大的、最有效的鼓励）。

但是，如果说英国的制造业受到了殖民地贸易的推动（事实上确实如此），那绝不是因为它对殖民地贸易的垄断，而是由于垄断之外的其他原因。垄断的效果，不是增加了英国制造业的产量，而是改变了一部分英国制造业的性质和形态，使其违背自然趋势，从供应周转较快、距离很近的市场，转去供应周转较慢、距离遥远的市场。因此，它的效果是将一部分英国资本从能维持较大数量制造业劳动的用途转入维持较小数量制造业劳动的用途，因而减少而不是增加了英国制造业劳动的总数量。

所以，对殖民地贸易的垄断也像重商主义其他低级方案一样，抑制了其他国家（尤其是殖民地）的产业不说，还没有给自己国家的产业带来一点点增长，相反还使其被削弱了。

对殖民地贸易的垄断使得该国的资本，不管这资本在特定时期有多少，不能维持不垄断时那么多生产性劳动的数量，不能给劳动者提供不垄断时那么多的收入。而由于资本只能通过收入的储蓄而增加，所以，垄断既然使资本不能提供应有的收入，也必然使资本不能以应有的速度增加，从而不能维持本应增多的生产性劳动，也不能给该国的劳动者提供本应增多的收入。所以，劳动工资作为国民收入的一大来源，必然会因垄断而不如应有的丰厚。

由于提高了商业利润率，垄断也妨碍了土地改良。土地改良的利润取决于土地现有产量和投入一定资本后可能的产量之间的差额。如果这一差额提供的利润大于等量资本从任何商业用途取得的利润，土地改良就能从所有商业部门吸引资本。如果土地改良的利润小于商业利润，各商业部门就从土地改良中吸引资本。所以，无论是什么原因提高了商业的利润率，都会要么减小土地改良的利润优势，要么加大土地改良的利润劣势；前一种情况妨碍资本流入土地改良，后一种情况使资本从土地改良中抽离。而由于妨碍土地改良，垄断必然延缓国民收入的另一大来源（土地地租）的自然增长。而且，由于提高利润率，垄断也必然使市场利息率高于应有水平。与地租成比例的土地价格，即一般根据若干年地租而计算的买价，必然随利息率的提高而下跌，随利息率的下跌而提高。所以，垄断在两方面损害了地主的利益，首先是妨碍了地租的自然增长，其次是妨碍了与地租成比例的土地价格的自然增长。

垄断确实提高了商业的利润率，从而使英国商人的获利有所增加。但由于垄断会阻碍资本的自然增长，它倾向于减少而不是增加国家居民从他们各自的资本利润获得的收入总额；因为大资本的低利润通常比小资本的高利润能提供更多的收入。垄断提高利润率，但阻止利润总额达到它本应达到的高度。

由于垄断，国民收入的所有原始来源，即劳动工资、土地地租和资本的利润，均不如没有垄断时那样丰足。为了提升一个国家里一个少数阶层的小小利益，垄断损害了这个国家其他阶层的利益和其他国家所有阶层的利益。

只是通过提高普通利润率，垄断才对任何一个特定阶层有利。但是，除了上面提到的由于高利润率而必然对国家总体造成的各种负面效应之外，还有一种负面效应可能比它们加起来更加致命。根据经验，这种负面效应也和高利润率密不可分。高利润率似乎在任何环境下都会改变商人在其他情况下自然养成的节俭品格。利润丰厚时，俭朴的美德显得多余，穷奢极侈似乎才更适合商人所处的富裕境况。但大商业资本的所有者必定是每个国家产业界的领袖人物和指挥者，他们树立的榜样对全国劳动人民生活方式的影响，比其他阶层人物树立的榜样都大得多。如果老板谨慎节俭，他手下的工人很可能也如此；如果主人挥霍无度，按照主人的方式工作的仆人，也会按他树立的榜样去生活。这样，在本来最喜欢积累资本的人那里，资本积累也无法实现；在本来最能使生产资金增长的人那里，生产资金也无法增长；国家的资本，不是在增多，而是逐渐缩水，它维持的生产性劳动也日益减少。加的斯和里斯本的超常利润可曾增加西班牙和葡萄牙的资本？可曾减轻这两个赤贫国家的穷困，促进它们的产业发展？挥霍无度已成为这两个贸易城市中商人们的风尚，超常的利润不但没有增加他们国家的总资本，而且几乎不足以维持原有资本。我敢说，外国资本正一天比一天多地侵入加的斯和里斯本的贸易。而当初，正是为了把外国资本从这种靠自己的资本已不足以维持经营的贸易中排除出去，西班牙人和葡萄牙人才天天殚精竭虑地加强这种不合理的垄断。如果比较加的斯和里斯本商人的行为与阿姆斯特丹商人的行为，你就会明白，受高利润影响的商人的行为和性格与受低利润影响的商人是多么不同。伦敦的商人虽然一般不像加的斯和里斯本的商人那样财大气粗，也不如阿姆斯特丹的商人那样谨慎俭朴，但是人们却说，许多伦敦商人比前两个城市的大部分商人富得多，而比不上后一个城市的许多商人富裕。这只是因为，他们的利润率通常比前者的利润率低得多，而比后者的利润率高得多。正如俗话所说的“来得容易去得快”，无论在哪里，通常的花费风格，与其说是由真实消费能力支配的，不如说是由赚钱的难易程度决定的。

就是这样，垄断为单一阶层的人带来的单一好处，在许多的方面损害了国家的整体利益。

建立一个庞大的帝国，仅仅是为了培养一群顾客，这种事情乍看起来似乎只有由小店主们组成的国家才会去做。但是，实际上，做这种事情的不是小店主们的国家，而是政府受小店主们影响的国家。只有受小店主影响的政治家会认为，以同胞的血汗和财富来建立这样一个帝国是值得的。如果你对一个小店主说“你给我买一处好地产，我就永远在你的店里买衣服，即使你卖得比别人贵”，他不会响应你的提议；但如果其他人已经买了这处地产给你，这个小店主却会很愿意你的这位恩人命令你在他的店里买衣服。英国就为某些在国内很难立足的国民在异国他乡买了一处巨大的地产。它的价钱固然便宜——不是现在三十年年租这一普通地价，而只相当于当初发现、勘测海岸和掠夺土地的各种费用，但土地肥沃广阔。耕作者不但有大量良田，还可以在一段时间内自由销售其产品，因此他们在大约四十年的时间里（1620 年～ 1660 年）繁衍生息，人口大增，使英国的小店主们和其他各类商人恨不得将这些人的买卖全据为己有。他们倒没有装作自己支付了一部分购买这片地产和改良土地的费用，但却向国会请求将美洲殖民地人民今后的生意交到他们手上——首先是殖民地所需欧洲货物都得向他们买，其次是他们认为合适的殖民地产品全都要卖给他们。他们并不认为所有殖民地产品都适合购买，因为其中有些产品进口到英国也许会冲击他们在国内经营的某些行业。因此，对于这部分产品，他们希望殖民地到别处销售，越远越好；他们的提议是将其销售地限制在菲尼斯特雷角以南各国。那部著名的航海法中的一个条款让这种真正属于小店主的提议变成了金科玉律。

迄今为止，维持这种垄断一直是英国统治殖民地的主要目的，更恰当点说，或许是唯一目的。殖民地从未为宗主国的内政或国防提供过任何收入或军队。不少人认为，统治殖民地的利益全来自这种专营贸易。这种垄断就是殖民地隶属英国的主要标志，也是英国迄今从这种隶属关系中取得的唯一成果。英国迄今用以维持这种隶属关系的费用，实际上都是为了支持这种垄断。在当前的骚乱开始之前，殖民地平时的维和费用一般包括：二十个步兵团的给养；炮兵的军备费用及他们所需的特殊供应；一支庞大海军的经费，维持这支海军是为了捍卫北美和西印度群岛的漫长海岸，防止其他国家的走私船只入境。所有的这些维和费用都由英国负担，但其实只是英国统治殖民地的费用中最小的一部分。如果我们想知道全部的费用是多少，必须在每年的维和费用之上，再加上英国由于将殖民地看作自己的外省而在不同场合产生的防卫支出的总和息。我们尤其要加上，上次战争的全部费用，以及上上次战争的大部分费用。上次这场战争完全是一场殖民地纠纷，其全部费用，无论是用于世界上什么地方，德意志也好，东印度群岛也罢，都应记在殖民地的账上。这笔费用总计在 9000 万英镑以上，不仅包括新发行的公债，还包括土地税每镑 2 先令的附加税，以及每年动用的偿债基金。1739 年开始的英国对西班牙的战争，主要也是殖民地纠纷引起的。其主要目的是为了阻止在英属殖民地与西班牙本土之间走私的船只。这笔费用实际上相当于发给垄断的奖金。在名义上，它的目的是鼓励英国的制造业，推动其商业，而实际效果却是提高了商业利润率，使英国商人将更多的资本，转投到周转更慢、距离更远的贸易部门——如果奖金能阻止这两种情况发生，倒是很值得发放。

所以，在目前的管理体制下，英国从对其殖民地的统治中一无所获，只有损失。

如果建议英国主动放弃对其殖民地的所有统治权，让殖民地自己选举地方长官，自己制定法律，自己决定是战是和，那等于提出一个从来不曾也永远不会被世界上任何国家采纳的措施。没有一个国家曾主动放弃对任何殖民地的统治权，不论其如何难于统治，不论其提供的收入与其花费相比是如何微小。这种牺牲尽管常常符合一国的利益，却总是有损于这个国家的脸面。更重要的则可能是，这种牺牲违背了统治阶级的私人利益，因为他们会因此失去一些名利场上的控制权，失去许多获得财富和荣誉的机会；拥有社会最动荡不安而人民大众最无利可图的殖民地，是常常能得到这种机会的。所以，即使是最富于想象力的热心分子，也不会真的希望这种措施能被采纳。不过，如果真的采纳这种措施，英国不仅能立即从殖民地每年的全部维和费用负担中解脱出来，还能和殖民地订立有效地保证自由贸易的通商条约；与现在享有的垄断权相比，这种条约虽然对商人不那么有利，但对大多数人更为有利。以这种好朋友的方式分离，因近来的争执而几乎消失的殖民地对宗主国的自然感情，就能很快恢复。他们不仅会长久地遵守分离时与我们订立的通商条约，而且会在英国爆发战争时在贸易方面与我们为善。他们不会再骚扰捣乱，而会成为我们最忠实、最真挚、最慷慨的盟友。像古希腊城邦与其殖民地之间一方有父母之爱、一方有子女之心那样的情感，在英国与其殖民地之间也会恢复起来。

一个地方要为其所属帝国带来利益，它应该在平时为国家提供足够的收入——不仅能支付它自己的全部维和费用，还要对帝国的政府经费贡献它的那一份。每个地方都必须或多或少地为增加政府经费做贡献。如果某个地方没有按其应占比例支付这份费用，则一种不平等的负担必然落在帝国其他地方。同理推断，每个地方在战争时期为帝国政府贡献的非常经费，也应与平时保持同样的比例。但英国从其殖民地取得的收入，无论在平时还是在战时，都未与大英帝国的全部收入保持应有的比例，这是大家都承认的。有人认为，垄断会增加英国人民的私人收入，从而使他们缴纳更多的税收，这样就能补偿殖民地提供的公共经费的不足。但是我曾证明，这种垄断尽管对殖民地来说是苛税，尽管可增加英国特定阶层的收入，却没有增加，相反是减少了大部分人的收入，从而也削弱了大多数人的纳税能力。对于因垄断而增加了收入的人，由于他们属于特殊阶层，也绝对不可能让他们超出其他阶层的纳税比例来纳税，即使做这样的打算都是失策（我将在下一篇予以说明）。所以，不可能从这个特殊阶层取得特殊的经费。

殖民地可以由它们自己的议会征税，也可以由英国议会来征税。

要把殖民地议会管理成能向其居民征收足以在任何时期维持他们的民政和军事编制，并按其应分担的比例上缴供英帝国政府经费，似乎不大可能。即使是直接受君主监督的英国议会，也是经过很长时间才得以管理到这一步，为维持本国的民政和军事编制提供足够的税收。虽然对英国议会而言，也只是通过将大部分民政和军事的职权分配给议会中的某些议员，才建立这样的管理机制，但殖民地的议会远离君主、数目众多、位置分散、组织多样，即使君主拥有同样的控制手段，也很难以这种方式来管理，何况他还没有这种控制手段。英帝国政府要把职权分派给各殖民地议会的主要议员，让他们放弃自己在家乡与选民的鱼水情而向这些选民征税，以支持那个所有薪水都被陌生人拿走的英帝国政府，这是绝对不可能的。此外，英帝国政府不可避免地对这些不同议会的不同成员之间的相对地位缺乏了解，因此在试图以这种方式来管理他们时，肯定会经常惹怒他们，犯下错误，这也使这种管理方式对殖民地议会来说完全不可行。

而且，殖民地议会对整个帝国防卫需要的经费，不可能做出正确的判断。没人指望殖民地去关注这类事情，这不是他们的任务，他们也不能经常得到相关的信息。一个殖民地的议会就像教区委员会一样，对自己区域的事务能做出正确判断，但无法正确判断全帝国的事务。他们甚至不能正确判断自己在整个帝国中的比重，或自己相对于其他殖民地的重要性和富裕程度，因为其他殖民地并不受其监督和管理。整个帝国防卫需要的经费，以及各地应负担的比例是多少，只能由监督和管理全帝国事务的议会做出正确的判断。

于是，有人建议，对殖民地应该用派征的方式课税，英国议会决定每个殖民地应当缴纳的数额，各殖民地议会用最适合自己情况的办法去征收。这样，有关整个帝国的事务由监督和管理整个帝国的议会去决定，而每个殖民地的地方事务仍由它自己的议会去裁夺。在这种情况下，虽然殖民地在英国议会中没有代表，但是根据我们的经验，议会对殖民地的派征不可能不合理。对于在英国会没有代表的帝国殖民地，议会从未加以任何过重的负担。根西和泽西二岛没有任何手段对抗议会的权威，赋税却比英国其他地方都轻。议会虽然想行使向殖民地征税的权利（且不论理由正当与否），但迄今要求它们纳的税甚至与宗主国人民纳税的比例还有距离。此外，如果殖民地的纳税额与土地税同比例增减，那么议会就不能在不课征本土选民时去课征他们，在这种情况下，殖民地实际上就像在议会里有代表一样。

对不同的地方征税不搞一刀切，而是由君主规定每一个地方应缴纳的数额，有些地方由君主决定征收办法，其他的地方则由他们自己决定征收办法，这种做法在其他帝国不乏先例。在法国的某些省份，国王不仅决定纳税额，还决定征收办法；而在其他省份，他则只规定一定纳税额，由各省自己决定征税办法。这些享有自己的议会特权的省份被认为是法国治理得最好的省份。如果英国采取派征赋税的方案，英国议会与殖民地议会的关系，差不多就是法国国王与他这些治理得最好的省份的关系。

但是，虽然按照这个方案，殖民地没理由担心他们对国家的负担会在一定比例上超过宗主国同胞，但英国却没理由不担心殖民地对国家的负担达不到应有的比例。法国国王在那些有权组建议会的省份确立了自己的权威，但英国在过去却没有在殖民地确立同样的权威。殖民地议会如果不是十分乐意的话（除非用比以往更巧妙的办法来管理他们，否则他们是不太可能十分乐意的），仍有可能找到许多借口来逃避或抵制议会最合情合理的派征。我们不妨假设，现在英法之间爆发了一场战争；我们必须立即筹集 1000 万镑，来保卫帝国的中心地带。这笔资金必须用公债来筹借，以某项议会基金担保并支付利息。这项基金的一部分，国会打算通过在英国国内征税来筹集；另一部分则向美洲和西印度群岛的殖民地派征。派征部分能否有着落，取决于远离战争中心、有时觉得战争和自己关系不大的殖民地议员的心情好坏。人民是否会愿意凭这样一种基金的担保就将钱借给国会呢？恐怕能借到的钱就只是人们认为英国国内税收能偿还的数额。这样，由于战争而欠的全部债务，就像以往一样，都由英国本土负担；也就是说，由帝国的一部分负担，而不是由整个帝国负担。英国，或许是有史以来在扩张帝国时唯一只增加开支而不增加收入的国家。其他国家一般是将帝国国防费用的绝大部分分摊给属地，以解除自己的负担。而英国却一向是让他们的属地把这种费用几乎全部的负担卸在他们自己身上。既然在法律上这些殖民地是英国的属地，那么，为了使英国本土和这些殖民地处于平等地位，议会如果对其实行派征，就应该有手段使这种派征在殖民地要逃避或抵制的时候立即生效；但这种手段不容易被想到，也没有人阐述过。

假如英国议会与此同时，甚至不经过殖民地议会同意，就完全确定了对殖民地的征税权力，那么这些议会的权威从此就不存在了，英属美洲殖民地领导者们的权威也就不存在。人们之所以想参与公共事务的管理，主要是因为这能使其成为权威人物。任何自由政府组织的稳定和持久，都取决于这个国家大部分领导者（统治阶层）保持或捍卫其权威地位的力量。这些领导者不断地攻击别人的权威地位，捍卫自己的权威地位，就上演了国内所有的派系斗争和野心活动。美洲的领导者们也像其他国家的领导者一样，想要保持自己的权威地位。他们觉得，如果他们的权力组织——他们称其为国会，认为其权威和英国议会是平等的——被降格到仅被当作英国议会谦恭的使节或执行官员的地步，他们自己就再也谈不上拥有权威。因此，他们会拒绝英国议会向他们派征赋税的议案，像其他雄心勃勃、心高气傲的人一样，宁愿拿起武器来捍卫自己的权威。

当罗马共和国日渐衰落之时，曾对帝国的防卫和扩张承担主要责任的罗马同盟国，要求享有罗马公民的所有特权。在他们遭到拒绝之后，内战便爆发了。在这场战争中，罗马将这些特权按独立程度逐个地授予了大部分同盟国。现在英国议会坚持对殖民地征税，而殖民地拒绝由没有其代表的议会来征税；但如果英国允许想独立的殖民地在缴纳了与国内同胞相同的赋税而享有相同的贸易自由之后，按照其对帝国公共收入贡献的比例选派议会代表，那么，各殖民地的领导者们就有了一种获取权威的新方法，一种全新的和更迷人的政治野心。凭着人们天然具有的对自己的才能和运气的自信，他们也许会希望在英国政坛这个国家级大赌盘中赢得某种大奖，而不是仅从殖民地这个小彩票中得到一些蝇头小利。除非用这种方法或其他方法（但似乎没有更显而易见的方法）来保持美洲的领导者们的权威地位并满足其野心，否则他们是不太可能自愿服从我们的。我们应该考虑到，如果强迫他们服从我们，那么所流的每一滴血都是属于英国公民或是我们希望其成为英国公民的人的。那些自以为在出事的时候仅以武力就能轻易地征服殖民地的人是非常愚蠢的。现在那些在美洲殖民地所谓的大陆会议主导各种决议的人，觉得他们自己正处于一种欧洲最显赫的公民都感受不到的权威地位。他们从小店主、商人和律师变成了政治家和立法者，为一个幅员辽阔的帝国设计一种新政体。他们对自己说，这个帝国将成为世界上前所未有的最强大的国家，而这看上去很有可能。大概有五百人直接在大陆会议工作，在这五百人之下工作的也许是五十万人，他们都觉得自己的权威随着自己社会地位的提高而提高了。美洲的执政党中，几乎每一个人，都觉得自己的地位不仅比过去优越，而且是出乎意料的优越；除非某种新的目标出现在他或他的领导人面前，否则，只要他还有常人的志气，就一定会誓死捍卫他现在的地位。

亨诺主席曾在他的书中提到过，我们现在喜欢阅读关于社会团体处理许多小事件的笔记，这些事件在发生时可能并未被看作什么重要的新闻。他说，每个当事人都觉得自己具有某种重要性；而这些数不清的回忆录之所以流传下来，是由于那些作者以为自己在某些事件中扮演了重要角色，而又有记录和夸大它们的爱好。巴黎城当时是如何顽强地保卫自己，宁愿选择可怕的饥荒也要对抗最英明且后来又是最受爱戴的法国国王的，这大家都知道。巴黎大部分市民或管理大部分市民的那些人，由于预见了原有政府一旦恢复，他们的重要地位就会不保，所以才奋起作战。而我们的殖民地，除非我们能诱导他们与我们建立联邦，否则他们很可能为了保护自己而像巴黎人民反抗最英明的国王一样，反抗一个最好的宗主国。

古代没有代议制的概念。当一国国民在另一个国家也可以享有公民权时，他们没有其他办法行使这种权利，只有亲自来和那个国家的人民一起讨论、一起投票。允许意大利大部分居民享有罗马公民的特权，完全毁了罗马共和国；因为这样无法再对罗马公民和非罗马公民进行区分，罗马部族也不再分得清谁是自己的成员。乌合之众也能进入人民议会，他们赶走真正的公民，并俨然像真正的公民那样决定共和国的事务。但是，即使美洲派五十个或六十个新代表来参加英国议会，下议院的门卫也不难区分谁是议员、谁不是议员。因此，虽然罗马政体必定会由于罗马与意大利同盟国的联合而被摧毁，但英国政体却绝不会因为英国与其殖民地的联合而受到损害。相反，英国政体将因此更加完善；因为，讨论并决定帝国所有地方事务的议会为了得到正确的情报，应当有来自各个地方的代表。不过，我不会妄称这种联合容易实行且实行起来不会有困难；但我也没听说过有不能克服的困难。主要的困难可能不是来自这件事本身的性质，而是来自大西洋两岸人民的偏见和成见。

在大西洋这边的我们，担心众多的美洲代表会打破政治组织的平衡，要么是过度增强国王的势力，要么是过度增强民主派的势力。但如果美洲代表的人数与美洲的纳税成果成正比，那么受管理的人数的增加就会完全与管理他们的方式成比例，管理方式的增加也会与受管理的人数成比例。在联合之后，政治组织中国王和民主派的力量对比仍会和此前完全一样。

大西洋那边的人民则担心他们会由于远离中央政府驻地而遭受许多压迫。但其实他们在议会的代表数量一开始就应该很多，能够很容易地使他们免于所有压迫。距离的遥远不会减少代表对选民的依存性，他们仍会感觉到，要靠选民的好感才能得到议会席位及由此带来的好处。因此，出于自己的利益，代表们会为了培养选民的好感，动用他们作为立法机关成员的全部权力，对帝国的那些偏远之地的民政或军政官员的一切不法行为进行申讨。而且，美洲人民似乎也有理由认为，他们远离中央政府驻地的局面不会长久。按照迄今为止美洲在财富、人口和土地改良上的发展速度，或许在一个世纪的时间里，他们的纳税额就会超过英国本土的纳税额。帝国中心届时自然会迁到对整个帝国的国防和行政经费做出最大贡献的那个地方去。

美洲的发现，以及经由好望角去往东印度群岛通路的发现，是人类历史上最伟大、最重要的事件。它们的影响已经非常巨大；不过，在这两大发现之后短短两三百年的时间里，还不可能看出其全部的影响。这两大事件今后将为人类带来何种好处或者何种不幸，是人类智慧不能预见的。通过在某种程度上将世界上相隔最遥远的地区联合起来，使其满足彼此的需求、提高彼此的生活水平、鼓励彼此的产业发展，它们的总体倾向似乎是有利的。但对东印度群岛和西印度群岛的原住民来说，他们从这些事件中能够得到的商业利益，早已在这些事件所带来的可怕不幸中完全被湮灭和丧失了。只是这种不幸与其说是出于这两大事件自身的性质，不如说是出于偶然。当时，力量上的优势恰巧完全偏向了欧洲人这边，以致他们能在这些遥远的国家干下各种坏事而不受惩罚。而今后，这些地方的人民也许会日渐强大，或者欧洲人会日渐衰弱，世界各地人民的勇气和实力可能达到相同的水平，由此产生的相互之间的敬畏，足以震慑欲行不义的国家，使其尊重其他国家的权利。但是，要建立这种力量上的平等，最有可能的方法似乎就是相互交流知识技术和改良措施，而世界各国之间的广泛贸易自然会，或者说必然会带来这一切。

而同时，这两大发现已经将欧洲的重商主义体系提升到了一个辉煌显耀的地位，这是它们的主要成效之一，没有这些重大发现，绝不可能走到这一步。重商主义体系的目标是使各个国家富强起来，但不是通过土地改良和耕作，而是通过贸易和制造业，即不是通过农村产业，而是通过城镇产业。由于这两大发现，欧洲的商业城市不再仅仅局限在世界极小一部分地区（大西洋沿岸的欧洲各国，以及波罗的海和地中海沿岸各国）的制造业者和中间商那里，而是遍布在为美洲众多生气蓬勃的种植业者提供制造品的制造业者，以及亚洲、非洲和美洲几乎所有国家的中间商（当然在某些方面也是制造业者）那里。两个崭新的世界向欧洲的产业敞开了大门，每个新世界都比旧世界广阔得多，其中一个的市场还日益增长。

占有美洲殖民地并直接与东印群岛度通商的国家，诚然享有这一巨大商业体系的全部光环。但是，其他国家尽管受到不公平的排斥和限制，却常常享有该体系大部分的实际好处。例如，西班牙和葡萄牙的殖民地对其他国家的产业真实的促进作用，比对西班牙和葡萄牙本国产业真实的促进作用还多。仅亚麻布这一项，据说这些殖民地每年的消费金额就超过 300 万镑（不过我不能保证这一数字的准确性）。但这一巨额消费，几乎全部由法国、佛兰德、荷兰和德国供给，西班牙和葡萄牙只提供了其中一小部分。以这么大量的亚麻布供应殖民地的西班牙资本和葡萄牙资本，每年在其他那些国家之间分配，并为它们的居民提供收入。只有这些资本的利润是在西班牙和葡萄牙花掉的；在那里，加的斯和里斯本的商人们将其挥霍一空。

一个国家为独占与其殖民地的贸易而订立条例，本是想使自己国家受益，使其他国家的利益受损，但结果往往是对本国的损害比对其他国家更大。对其他国家的产业施加不公平的压迫，会反过来落在压迫者的头上，对本国的产业打击更大。例如，依据这种条例，汉堡商人必须把要送往美洲的亚麻布运往伦敦，从伦敦带回供应德国市场的烟草；因为他既不能直接将亚麻布送往美洲，也不能直接从美洲带回烟草。受这种限制，他出售亚麻布的价格可能不得不低于没有这种限制时的价格，他购买烟草的价格也不得不高于没有限制时的价格，因此他的利润可能有所减少。然而，在汉堡与伦敦的贸易中，商人资本的周转肯定比直接与美洲通商快得多，哪怕美洲的付款像伦敦一样准时（当然事实上这绝无可能）。所以，这一系列贸易中限定汉堡商人经营的那一部分，与禁止他经营的那一部分比起来，能在德国维持更多的劳动。这样尽管对他个人来说是利润减少了，但不可能对他的国家不利。不过，由于垄断而自然吸引伦敦商人的资本进入的那种贸易则完全不同。这种贸易可能对他个人来说比其他大部分贸易更有利可图，但由于周转较慢，不会对他的国家有利。

所以，在欧洲各国为独占其殖民地贸易的全部利益而用过了各种不公正的手段之后，没有一个国家独占到了任何东西，除了独自担负在平时用来维持或在战时用来保卫它对殖民地的压迫性权力的开支。占有殖民地所带来的麻烦每个国家都独自消受，这些殖民地的贸易所产生的利益它们却不得不与其他国家分享。

乍看起来，对美洲大贸易的垄断似乎无可怀疑地具有最大的价值。在不辨是非的昏头野心家眼中，这种垄断自然会是纷繁的政治与武力斗争中一个值得争夺的耀眼目标。然而，这一目标的耀眼光辉，这种贸易的无限空间，正是使垄断变得有害的原因所在，也就是说，它使一种在本质上比其他大多数行业对国家利益更少的行业，吸收了比自然状态下多得多的国家资本。

我在第二篇已论述过，任何国家的商业资本都会自然地寻找最有利于国家的用途。如果投资中间商贸易，这一资本所属的国家就会成为这一贸易所经营的各国货物的中心市场。但资本所有人必定希望将这些货物在国内销售掉尽可能多的部分，因为这样他能省却出口的麻烦、风险和费用。出于这种考虑，他不仅会愿意在国内以比在国外低得多的价格销售货物，而且也不会介意在国内销售的利润比他出口后所期望的利润少一点。所以，他自然会尽力使中间商贸易转变为对外消费品贸易。如果他的资本是投于对外消费品贸易，出于同一理由，他会愿意将收购来打算出口的本国产品，尽可能多地在国内销售，并尽力使对外消费品贸易转变为国内贸易。每一国的商业资本都会这样自然地寻求近距离的贸易，避免远距离的贸易；都会自然地寻求周转更快的贸易，避免回收期遥远、周转缓慢的贸易；都会自然地寻求能维持所在国最大劳动量的贸易，避免只能维持最小劳动量的贸易。也就是说，它自然会寻求在一般情况下对该国利益最大的贸易，避免在一般情况下对该国利益最小的贸易。

但是，如果在这种一般对国家利益较小的远程贸易中，某一项贸易的利润偶然提高到足以抵消近距离贸易的自然好处，这种利润优势就会把资本从近距离贸易中吸引过来，直到各种贸易的利润都回归到适当水平为止。这种利润优势是一个证明，证明在当时社会的现实情况中，远程贸易行业的资本投入有所不足，全社会的资本没有按最适当的方式在社会各行业间分配。它证明，当时有某样东西比其应有的价钱卖得贵或是买得便宜，打破了各阶层自然应该具备（也自然会具备）的平等状态，使某一市民阶层的人支出过多或收入过少，使他们或多或少受到了压迫。尽管等量资本投入远程贸易不会像投入近距离贸易那样维持相同的生产性劳动的数量，但远程贸易和近距离贸易一样是社会福利所必需的；而且，远程贸易经营的货物可能许多近距离贸易也需要。但是，如果经营这些货物的利润是超出了适当的水平之上的，这些货物将会以高于应有水平的价格出售，而所有从事近距离贸易的人就会多少受到这种高价格的压迫。在这种情况下，为了他们的利益，有一部分资本需要从近距离贸易中撤出来，转入远程贸易，以便将远程贸易的利润降低到适当水平，并将远程贸易所经营货物的价格降低到自然水平。在这种特殊的情况下，公共利益要求有一些资本从一般情况下对公众比较有利的行业撤出来，转入到一般情况下给公众利益较少的行业中去；在这种特殊的情况下，人们的自然利益和行为倾向仍和所有一般情况下一样，完全与公共利益相一致，这引导他们从近距离贸易中撤出资本，转入远程贸易。

所以说，个人的自身利益和欲望自然会使他们将资本投入到在一般情况下对社会最有利的行业。但如果这种自然选择使他们投到这些行业的资本过多的话，这一行业利润的降低和其他行业利润的提高，立即就会使他们改变这种不当的分配比例。因此，不需要法律干涉，人们的自身利益和欲望自然会引导他们将社会资本尽可能按照最适合全社会利益的比例，在所有不同的行业之间进行分配。

重商主义体系的所有法规都必然会或多或少地扰乱这种自然的而又最有利的资本分配，而其中关于美洲贸易和东印度贸易的法规比其他法规带来的纷扰更大，因为这两大贸易吸收的资本比其他两个贸易部门都多。不过，扰乱了这两个贸易部门的法规并不完全相同。两者都以垄断为动力，却是两种不同的垄断；虽然不管是哪一种，垄断似乎都是重商主义的唯一动力。

在与美洲的贸易中，每个国家都尽可能独占其殖民地的全部市场，彻底排斥其他国家与之进行直接贸易。在十六世纪的大部分时间里，葡萄牙人也按这样的方式经营东印度贸易，宣称只有他们有权利在印度洋航行，因为是他们首先发现了这条通路。荷兰人现在仍在继续排斥其他欧洲国家与荷属产香料各岛进行直接通商。这种垄断明显是对其他欧洲国家不利的，这些国家不仅被排斥在他们本可以方便地投入一些资本的贸易之外，而且不得不以比自己直接从产地进口时更高的价格购买这种贸易所经营的货物。

但自从葡萄牙的力量衰落以来，没有一个欧洲国家再宣称自己独家拥有印度洋的航行权，现在印度洋的主要港口对所有欧洲国家的船只开放。不过，除了在葡萄牙及近几年的法国，每一个国家都将东印度贸易交由一家专营公司经营。这种垄断权的设置，损害的正是实行这种垄断的那个国家的利益。这个国家的大部分人不仅被排斥在他们本可以方便地投入一些资本的贸易之外，而且不得不以比这种贸易对全国人民都开放的情况下更高的价格，购买这种贸易所经营的货物。例如，自从英国东印度公司成立以来，被排斥于这种贸易的其他英国居民为自己消费的东印度货物所支付的价格，必定不仅包含东印度公司由于垄断而产生的超额利润，而且还包含这个大公司由于处理事务时难免的漏洞而造成的严重浪费。可见，这第二种垄断明显比第一种垄断更不合理。

这两种垄断都会或多或少地扰乱社会资本的自然分配，但它们扰乱的方式并不总是相同。

第一种垄断总是吸引过多的社会资本违背自然趋势，流入享有这种垄断权的特殊贸易。

第二种垄断有时候可能吸引资本流入享有这种垄断权的贸易，但有时候可能排斥资本流入这种贸易。在贫国，这种垄断当然会吸引比没有垄断时更多的资本流入这种贸易；但在富国，这种垄断自然会阻挡本来会有的大量资本进入这种贸易。

例如，像瑞典和丹麦那样的穷国，如果没有一家专营公司来经营东印度贸易，可能根本不会有船开往东印度。这个专营公司的成立必然会鼓励冒险者。由于有垄断权，他们可以不用担心国内市场上有竞争者，而在国外市场，他们又和其他国家的商人有同样的机会。也就是说，他们的垄断权向他们表明，他们肯定能在国内市场上赚取丰厚利润，也有机会在国外市场赚取丰厚利润。没有这种特别的鼓励，这些穷国的穷商人绝不会想到要将自己微薄的资本投入到东印度贸易这种遥远、无常的冒险事业中去。

相反，像荷兰那样的富国，如果是自由贸易的话，可能会有比现在更多的船只开往东印度。荷兰东印度公司的有限资本可能将许多本来会流入这种贸易的商业资本阻挡在外。荷兰的商业资本非常之多，多得一直在往外冒——有时候购买外国的国家公债，有时候贷给外国的商人和冒险者，有时候流入最迂回的对外消费品贸易，有时候流入中间商贸易。在所有近距离贸易都已经饱和、利润空间小得不能再小的情况下，荷兰的资本必定会流向最远距离的贸易。如果东印度贸易是完全自由的，可能会吸收大部分过剩资本。因为东印度群岛为欧洲的制造品、美洲的金银及另外几种产品所提供的市场，比欧洲和美洲的市场加起来还大。

任何对资本自然分配的扰乱都必然有害于社会，不管是阻挡资本按原有趋势流入某一贸易，还是吸引资本违背原有趋势流入某一贸易。如果没有专营公司，荷兰对东印度贸易的规模会比现在更大。这个国家必然由于一部分资本被排斥在它最方便的用途之外而蒙受相当大的损失。同样，如果没有专营公司，瑞典和丹麦对东印度贸易的规模会比现在小，或者根本不存在。这两个国家必然由于他们的资本被吸引到了目前不太适合的行业中而遭受相当大的损失。按照这两个国家目前的条件，更好的选择可能是向其他国家购买东印度货物，即使价格高一些，也不要从他们不多的资本中抽出这么大一部分投入到这么遥远的贸易；这种贸易周转这么慢，在国内能维持的生产性劳动这么少，而他们国内却是这么需要生产性劳动，没做的工作和要做的工作又这么多。

所以，即使某个国家没有专营公司就不能从事与东印度的直接贸易，也不能得出结论说，应该在那里成立这样一个公司，而是只能认为，在这种情况下这个国家本不应该与东印度直接贸易。葡萄牙的经验足以证明，经营东印度贸易并不一定需要这样的专营公司。这个国家没有任何专营公司，却在加起来有一个多世纪的时间里坐享几乎全部的东印度贸易。

有人说，没有一个私营商人有足够的资本在东印度各港维持中间商或代理商，以便为他不时开往那里的船只准备货物；如果他做不到这一点的话，寻找待运货物的困难就会常常使他延误返航船期，而船期延误所产生的费用，不仅会吞掉商业冒险的全部利润，往往还会造成巨大损失。这种说法想要证明，没有专营公司就不能经营大的贸易部门；但这是不符合所有国家的经验的。对一个大的贸易部门来说，为了经营其中的主要部门就必须同时经营许多附属部门，而任何私营商人的资本都不足以经营这些附属部门。但是，当一个国家经营某一个大贸易部门的条件成熟时，自然会有一些商人投资主要部门，另一些商人去投资附属部门；尽管各个不同的部门都自然会有人经营，但很少出现全部由一个私营商人经营的情况。因此，如果某国经营东印度贸易的条件成熟了，它的一部分资本自然会分别投入到这种贸易的各个部门之中。其中一些商人会觉得，住在东印度，把资本用于为欧洲开来的船只备办货物，这对自己更有利。如果欧洲各国在东印度的殖民地能够从目前归各专营公司管理变成归君主直接保护，在这些殖民地居住将会变得安全而轻松，至少对其宗主国的商人来说是如此。如果在某一时期，某国自行投向东印度贸易的那部分资本不够经营这种贸易所有不同的部门，那就证明，此时这个国家经营这一贸易的条件尚未成熟，它最好是向其他国家购买所需的东印度货物，即使价格高一些，也不要自己直接从东印度进口这些货物。它因这些货物的高价格而受的损失，很少能比得上因从其他更必要、更有用或更适合当地条件的行业抽取很大一部分资本去经营东印度贸易而造成的损失。

欧洲人虽然在非洲海岸和东印度拥有许多很大的居留地，却没能在那里建立像在美洲的岛屿和大陆上那样人口繁盛的殖民地。非洲和许多被统称为东印度国家的居民都是野蛮民族。但这些民族不像可怜无助的美洲土著那样软弱和没有自卫能力；而且与土地的肥沃程度一致的是，这些地方的人口比美洲多得多。非洲和东印度最野蛮的民族都是靠放牧为生，甚至霍屯督人①也是如此。但是美洲各地的土著，除了墨西哥和秘鲁的之外，都只是狩猎民族；而同样大小、同样肥沃的土地所能维持的放牧者和狩猎者的人数差别是非常大的。因此，在非洲和东印度，要驱逐土著并把欧洲人的种植园扩张至土著居住的大部分土地上，就比较困难。此外，我们已经指出，专营公司的本质不利于新殖民地的成长，这可能是东印度殖民地没取得什么进步的主要原因。葡萄牙人经营非洲与东印度贸易，均未成立专营公司，但他们在非洲海岸的刚果、安哥拉和本格拉，以及东印度的果阿建立的殖民地，虽然由于迷信和恶政而颇不景气，但仍有一点点接近美洲的殖民地，其中一些地方已有好几代葡萄牙人在那里居住。荷兰人在好望角和巴达维亚的殖民地是目前欧洲人在非洲和东印度建立的最重要的殖民地，这两个殖民地的地理位置特别有利。好望角的原住民几乎和美洲土著一样野蛮，而且一样没有抵抗能力。此外，好望角是欧洲和东印度之间的中途休息站（如果可以这样说的话），几乎所有欧洲船只往返时都要在这里停留。仅是供给这些船只所需的包括水果在内的新鲜食品（有时候还有葡萄酒），就为殖民地的

① 非洲南部的民族。——译者

剩余产物提供了一个十分广阔的市场。而巴达维亚在东印度各主要国家之间的位置，就像好望角在欧洲和东印度之间的位置。它占据着印度通往中国和日本的要道，差不多就在这条要道的中点。几乎所有航行于欧洲和中国之间的船只都要在巴达维亚靠岸。而且，更重要的，它是所谓的东印度国家贸易的中心和主要市场，不仅对欧洲人经营的那部分是这样，对东印度的居民经营的那部分也是这样。在那里的港口，常常能看到中国人和日本人的船只，以及马六甲、南圻国和西里伯斯岛的居民驾驶的船只。这种有利位置使这两个殖民地能克服专营公司的压迫性特点对其发展可能带来的一切障碍，也使巴达维亚能克服恶劣气候——那里的气候或许是世界上最不利于健康的气候——这一额外的不利条件。

英国和荷兰的公司虽然除了上述两处以外没有建立什么大的殖民地，但均在东印度征服了许多地方。而在两国统治新属民的方式上，专营公司的本质得到了最清楚的体现。据说，在生产香料的荷属岛屿上，如果丰年生产的香料超过了荷兰人认为能以足够的利润在欧洲销售的数量，荷兰人就会焚毁过多的那部分香料。而在他们没有殖民的岛屿，他们对采集丁香和肉豆蔻的嫩花及绿叶的人给予奖励；由于这种野蛮政策，那些天然生长在那里的植物据说现在已濒临绝种。甚至在他们殖民的岛屿，据说他们也大大减少了这些树木的数量。而即使是他们自己的岛屿上的产量超过了他们的市场容量，他们也怀疑土著可能会偷偷地将一部分运往其他国家；于是他们认为，确保垄断的最好的办法便是，不让比自己能够送往市场的数量更多的产物生长出来。通过各种压迫手段，他们减少了摩鹿加群岛中一些岛屿的人口，只够为他们少量的驻军和不时来运载香料的船只提供新鲜食品和生活必需品。然而，即使是在葡萄牙人的统治下，这些岛屿的人口据说也曾是相当稠密的。英国公司还来不及在孟加拉建立这么完备的破坏制度，但它们的治理计划却完全有这种趋势。我相信，各公司分支机构的主管命令农民将一块盛产罂粟的土地翻耕，改种大米或其他谷物，这是常有的事情。他们这样做的借口是防止粮食短缺，而真正的原因则是想以更高的价格出售当时他手里的大量鸦片。有时候这一命令正好相反：一块长得很好的水稻田或其他谷物的田地被翻耕，改种罂粟，因为主管预见到鸦片可能带来超额利润。专营公司的雇员已经多次试图在对外贸易和国内贸易的一些最重要的部门建立有利于他们自己的垄断了。如果让他们这样下去，他们完全有可能在某个时刻对被他们篡夺了垄断权的那种产品的生产加以限制；不仅限制在他们自己所能购买的数量上，而且限制在他们能以足够的利润销售的数量上。这样，在一两个世纪之内，英国公司的政策可能就会像荷兰公司的政策一样完全显出破坏性。

然而，这些公司作为他们所征服国家的统治者，没有比这种破坏性计划更与他们的真实利益直接相违背的了。在几乎所有的国家，统治者的收入都是取自人民的收入。人民的收入越多，即他们的土地和劳动的年产量越大，他们向统治者缴纳的就越多。因此，尽可能增加年产量符合统治者的利益。而如果这符合每一个统治者的利益，那么对于像收入主要来自土地地租的孟加拉统治者来说，则尤其如此。地租必定与这块地上产物的数量和价值一致，而这二者又必然取决于市场的大小。产物的数量总是或多或少地适应有购买力的人群的消费，而他们支付的价格总是与他们竞争的热切程度成比例。所以，这样的一个统治者为了自己的利益，应为自己国家的产物开辟最广阔的市场，以及允许最彻底的商业自由，以便尽可能地增加购买者的人数和竞争；而且，出于同样原因，不仅应废除所有垄断，还应废除对本国产品在国内运输、出口，以及用于交换任何商品的进口方面的所有限制。这样，他就最有可能增加产物的数量和价值，从而增加他自己从中得到的那一份，也就是说，最有可能增加他自己的收入。

但是，一群商人似乎不可能将自己当作统治者，即使在他们已经成为统治者之后也是如此。他们仍将贸易——购买货物然后出售货物看作自己的主要业务，而离谱地仅将统治者的角色看作商人角色的一个附属品，认为这只有助于他们在印度以较低价格购买货物，从而在欧洲售得更多利润。他们为了这个目的，竭力从他们所统治国家的市场上排除所有的竞争者，并为此将这些国家的剩余产物或至少其中一部分减少到仅够满足他们自己的需求，或者说减少到他们能以他们认为合理的利润在欧洲销售的量。他们商人的习惯几乎必然是（虽然也可能是不知不觉地）这样牵着他们的鼻子，使他们在一切普通情况下宁肯要垄断者微薄的暂时利润，也不要统治者丰厚的长久收入，并逐渐使他们像荷兰人对待摩鹿加群岛那样对待他们统治的国家。作为统治者，东印度公司的利益在于，以尽可能低的价格出售运到印度境内的欧洲货物，以尽可能高的价格出售运到欧洲的印度货物；但是作为商人，他们的利益正好与此相反。作为统治者，他们的利益与其所统治国家的利益完全一致。作为商人，他们的利益与其所统治国家的利益直接对立。

如果说，这样一个政府的性质即使他们在欧洲的管理部门而言也是一个不可救药的根本性错误，那对他们在印度的统治机构来说就更是如此。这个统治机构必然是由一个商人会议组成的；商人无疑极有地位，但这种职业在世界上任何一个国家都不具有使人民自然慑服的那种权威，也就是说，他们不使用武力就不能使人民服从。这样一个商人会议只有通过与之相伴的军队才能使人民服从，因此他们的政府必然是依赖暴力的专制政府。而他们的正当业务是做商人，是按照他们老板的委托，出售从欧洲运来的货物，然后购买销往欧洲市场的印度货物，也就是尽可能以高价出售前者、以低价购买后者，并为此尽可能地在他们做买卖的市场上排除所有竞争者。因此，就公司贸易这方面而言，这个统治机构的倾向性与他们的欧洲管理部门的倾向性是一样的。它将使政府的统治从属于垄断的利益，从而阻止这个国家至少一部分剩余产物的自然生长，使之仅够满足这个公司的需求。

不过，除此之外，这个统治机构里的所有人都会或多或少地自己做生意，而要对此加以禁止则是徒劳的。这个大账房的职员远在万里之外，几乎完全不受监视，他们的薪水也一般，而且不会随着公司贸易所得真实利润的增加而增加；指望他们由于老板的一纸命令，就立即放弃自己所做的生意，放弃所有发财的希望（他们手中自有发财的手段），那真是再愚蠢不过了。在这种情况下，禁止公司职员自己做生意不会有别的效果，只会使高级职员得以借口执行主管部门的命令，去压迫那些不幸触怒了他们的低级职员。这些公司职员自然会试图建立像有利于公司官方贸易的垄断权一样的有利于自己私人贸易的垄断权。如果欧洲方面容忍他们的行为，他们会公开地、直接地建立这种垄断，彻底禁止其他人经营他们自己经营的东西；这大概是建立这种垄断最好的、压力最小的办法。但如果欧洲方面禁止他们这样做，他们则会以对这个国家更具破坏性的方法，秘密地、间接地建立同一种垄断。他们会秘密地或至少是不公开承认地利用代理人去经营他们想经营的贸易，他们会运用政府的全部权力，败坏司法行政，阻挠和打击在这些商业部门中妨碍他们的人。与公司的官方贸易相比，公司职员的个人贸易自然会涵盖多得多的商品种类。公司的官方贸易仅限于对欧洲的贸易，仅包含这个国家对外贸易的一部分；但公司职员的私人贸易却可以涵盖国内贸易和对外贸易的一切部门。公司的垄断，仅会抑制在贸易自由时会出口到欧洲的那部分剩余产物的自然增长。而公司职员的垄断，却会抑制他们经营的所有产物，不论是供本国消费的，还是用于出口的；因而会危害整个国家的耕种活动，减少国家的居民数量。它会使公司职员要经营的任何一种产物，甚至是生活必需品，减少到他们有能力购买并按预期利润出售的数量为止。

这些职员所处地位的性质，也必然使他们比他们的老板更倾向于用严酷的手段来维护自己的利益，牺牲他们所统治国家的利益。这个国家属于他们的老板，老板们难免会有些关注自己属国的利益，但这个国家不属于这些职员。他们老板的真实利益——如果这些老板能够理解的话——是和这个国家的利益一致的，主要是出于无知及鄙陋的重商主义偏见，他们才去压迫它。但职员们的真实利益与这个国家的利益绝不一致，即使有最完备的知识也不会让他们停止对这个国家的压迫。从欧洲发布的管理条例虽然往往是愚蠢的，但在大多数情况下却是善意的；而印度的公司职员制定的管理条例，虽然有时显得更明智，但可能不是那么善意。这是一个非常诡谲的政府，其行政部门的每一个成员都希望尽快离开这个国家，从而尽快地和这个政府脱离关系。而从他带着自己的全部财富离开之日起，他就丝毫不再关心那个国家的利益，即使整个国家被地震摧毁。

不过，我说这些并不是要诋毁东印度公司职员的总体品格，更不是诋毁任何特定个人的品格。我所要责难的是政府的体制，是这些人员所处的地位，而不是在其中行事之人的品格。他们的地位自然地引导他们这样做，那些最激烈地反对他们的人自己若处在这一地位也未必能做得更好。在战争中或谈判中，马德拉斯和加尔各答的议会多次做出果断和明智的行动，足以与罗马共和国全盛时期的元老院相媲美。然而，这些议会成员的职业素养与战争和政治所要求的相去甚远。但仅是他们所处的地位，无须教育、经验甚至榜样，似乎就可以在他们身上造就这一地位所需的伟大品质，使他们具备他们自己也不太知道的能力和美德。所以，如果在某些场合他们的地位激发他们做出了出人意料的高尚举动，那么在另外的场合，他们的地位引导他们做出中饱私囊的举动，我们也不应觉得奇怪。

所以，专营公司在任何方面都是个祸害，它或多或少地不利于建立这种公司的国家，而对不幸受它统治的国家则造成破坏。

第八章　关于重商主义的结论

虽然鼓励出口和抑制进口是重商主义体系提出的两大富国手段，但对某些特定商品来说，它似乎奉行相反的政策，转为抑制出口和鼓励进口。不过，重商主义体系宣称，其最终目标始终相同，即通过贸易顺差来富国。它限制制造业原材料和生产工具的出口，以使英国工人降低生产成本，使他们能在所有外国市场以比其他国家更低的价格出售货物；它提出通过这样限制一些低价商品的出口，来促成数量更大和更有价值的其他商品的出口。它鼓励制造业原材料的进口，以使英国人民能以较低价格将其制成成品，从而防止数量更大和更有价值的制造品的进口。但我没看到它对生产工具的进口给予过任何鼓励（至少在我们的法律汇编中没有）。当制造业发展到一定的程度时，生产工具的制造本身就会成为许多极重要的制造业。任何对进口这种工具的特别鼓励，都会大大影响那些制造业者的利益。因此，这种进口不但不被鼓励，还往往被禁止。正是这样，梳毛机的进口，除了来自爱尔兰、遇难船只或战利品，爱德华四世统治的第三年的一项法令曾予以禁止；伊丽莎白女王统治的第三十九年重申了这一禁令，后来的法律则使之永久化。

制造业原材料的进口有时靠免税来鼓励，有时靠发放奖金来鼓励。

进口某几个国家的羊毛，任何国家的棉花，爱尔兰或英属殖民地的亚麻、大部分染料和大部分生皮，英属格陵兰渔场的海豹皮，英属殖民地的生铁和铁条，以及一些其他制造业原材料，只要正常通报海关，就能享受免除所有关税的鼓励。这些免税条例可能和我们其他大部分商业条例一样，是我们的商人和制造业者为了自己的利益而迫使立法机关制定的。然而，这些条例是完全公正和合理的，如果符合国家需要的话，可以将其推广到其他制造业原材料上，公众一定会从中受益。

可是，由于英国大制造业者的贪欲，这些免税措施的实施对象有时大大超过了可认作他们正当生产原材料的范围。乔治二世统治的第二十四年的第46号法令规定，外国黄麻纱的进口只征收每磅1便士的轻税，而在此前所课的税要高得多：帆布麻纱为每磅6便士，法国和荷兰麻纱为每磅1先令，俄国麻纱为每英担2镑13先令4便士。但英国的制造业者没过多久就不满足于这项减免了。根据乔治二世统治的第二十九年的第15号法令，甚至对黄麻纱进口所征收的小额关税都取消了；同一条法令还规定，对价格不超过每码18便士的英国或爱尔兰麻布的出口发放奖金。可是，制造麻纱所需要的劳动量，比麻纱织成麻布所需要的劳动量大得多。且不说亚麻种植者和亚麻纤维整理者的劳动，单是麻纱织成麻布的过程，就得三四个麻纱纺工才能维持一个麻布织工的工作；织成一匹麻布所需的全部劳动有4/5以上是用于纺麻纱。而英国的纺工都是贫民，通常是妇女，她们散居全国各地，没有人支持或保护她们。英国大制造业者用以盈利的，不是出售她们这些纺工的产品，而是出售织工制造的最终成品。由于以尽可能贵的价格出售最终成品符合他们的利益，因此以尽可能便宜的价格购买原材料也符合他们的利益。他们逼迫立法机关对自己麻布的出口发放奖金，对外国麻布的进口征收高关税，并完全禁止进口几种法国麻布，力图以尽可能高的价格出售自己的货物。通过鼓励外国麻纱进口，使之与本国人民的产品竞争，他们力图以尽可能便宜的价格购买穷苦纺工的产品。而他们也一心想要像压低穷苦纺工的收入一样压低自己织工的工资，所以他们无论是抬高最终成品的价格还是降低原材料的价格，都绝不是为了给工人们带来利益。我们的重商主义体系所鼓励的，主要是为有钱有势的人的利益而经营的产业；而为穷苦人民的利益而经营的产业，常常被忽视或被压制。

对麻布出口的奖金，以及外国麻纱进口免税的规定，颁布时只给予了十五年有效期，但后来两次予以延长，将于 1786 年 6 月 24 日议会会议结束时失效。

对制造业原材料的进口发放奖金予以鼓励，主要是限于从英国的美洲殖民地进口的原材料。

第一批这类奖金，是本世纪初针对从美洲进口海军造船用品而发放的。在这个名目下包括适用于制造桅杆、帆桁、斜桅的木材，以及大麻、焦油、沥青和松节油。不过，对船桅用木的进口发放的每吨 1 镑的奖金，以及对大麻的进口发放的每吨 6 镑的奖金，也推广到了从苏格兰进口到英格兰的这些产品。这两种奖金一直持续发放，没有变化，直到期满为止：对大麻进口的奖金有效期至 1741 年 1 月 1 日，对船桅用木进口的奖金有效期至 1781 年 6 月 24 日议会会议结束。

对进口焦油、沥青和松节油的奖金，在有效期内经历了几次变更。最初对焦油和沥青的进口奖金为每吨 4 镑，松节油为每吨 3 镑。后来，进口焦油每吨 4 镑的奖金，仅限于按特定方法制造的焦油；对进口其他良好、洁净的商用焦油的奖励，减至每吨 2 镑 4 先令。同样，对进口沥青的奖励减至每吨 1 镑，对松节油的奖励减至每吨 1 镑 10 先令。

按照时间顺序，第二批对制造业原材料进口发放的奖金，是乔治二世统治的第二十一的年第 30 号法令规定的对进口英属殖民地的靛青发放的奖金。这项法令规定，当殖民地靛青的价格达到上等法国靛青价格的 3/4 时，进口奖金为每磅 6 便士。这一奖金和大多数其他奖金一样，都是有期限的，但得到多次延期，只是奖金额减至每磅 4 便士。其有效期至 1781 年 3 月 25 日的议会会议结束为止。

第三批这类奖金，是乔治三世统治的第四年的第 26 号法令规定的对从英属殖民地进口大麻或亚麻发放的奖金（在此期间，英国有时笼络美洲殖民地，有时与其争吵）。这一奖励有效期为二十一年，从 1764 年 6 月 24 日起到 1785 年 6 月 24 日止。头七年每吨进口奖金为 8 镑，随后七年为 6 镑，最后七年为 4 镑。这项政策没有推及苏格兰，因为那里的气候不太适合种植亚麻（虽然有时候也种，但产量不高，质量也较差）。而且，如果英格兰从苏格兰进口亚麻也能得到这一奖金，那么英国南部的亚麻生产品会受到很大的抑制。

第四批这类奖金，是乔治三世统治的第五年的第 45 号法令规定的对从美洲进口木材发放的奖金。这一奖金有效期为九年，从 1766 年 1 月 1 日起到 1775 年 1 月 1 日止。头三年里每进口 120 条优质松板的奖金为 1 镑，进口 50 立方英尺其他方板的奖金为 12 先令；随后三年，优质松板的奖金改为 15 先令，其他方板的奖金改为 8 先令；最后三年，优质松板的奖金又改为 10 先令，其他方板的奖金改为 5 先令。

第五批这类奖金，是乔治三世统治的第九年的第 38 号法令规定对从英属殖民地进口生丝发放的奖金。这一奖励有效期为二十一年，从 1770 年 1 月 1 日起到 1791 年 1 月 1 日止。头七年每进口 100 磅的生丝奖金为 25 镑，随后七年改为 20 镑，最后七年又改为 15 镑。养蚕和缫丝需要如此之多的手工劳动，美洲的劳动力又这样昂贵，据我所知，即使发放这么多的奖金也不会产生显著的促进作用。

第六批这类奖金，是乔治三世统治的第十一年的第 50 号法令规定对从英属殖民地进口酒桶、大桶、桶板和桶头板发放的奖金。这一奖励有效期为九年，从 1772 年 1 月 1 日起到 1781 年 1 月 1 日止。头三年里某一数量的此类货物的进口奖金是 6 镑，随后三年改为 4 镑，最后三年改为 2 镑。

第七批，也是最后一批这类奖金，是乔治三世统治的第十九年第 37 号法令对从爱尔兰进口的大麻发放的奖金。这一奖金的发放方式与对美洲进口的大麻和亚麻发放的奖金相同，有效期也为二十一年，从 1779 年 6 月 24 日起到 1800 年 6 月 24 日止。这二十一年也同样划分为三个阶段，每一阶段的爱尔兰奖金和美洲的奖金相同。但与美洲不同的是，从爱尔兰进口亚麻不享受奖金。如果对爱尔兰的亚麻发放进口奖金的话，那将大大抑制英国的亚麻种植。发放这项奖金时，英国议会和爱尔兰议会的关系，并不比从前英国和美洲的关系和睦多少。但人们希望，对爱尔兰的恩惠能比对美洲的恩惠更顺利的落实。

从美洲进口时享受奖励的这些商品，如果从其他国家进口则须缴纳高额关税。英属美洲殖民地的利益被认为和宗主国的利益是一致的。他们的财富被看作就是我们的财富。人们说，送往那里的钱，会通过贸易平衡（贸易差额）回到我们这里，我们为他们所做的支出不会使我们少掉哪怕一个法新。从任何方面来说他们都是属于我们自己的，在他们身上支出就是为增加我们自己的财富而支出，对英国人民有利。我认为，现在无须再多说什么来揭露这种说法和这种制度的愚妄，惨痛的经验已将其暴露无遗了。如果我们的美洲殖民地真的是大不列颠的一部分，这些奖金就可被看作对生产的奖励，仍然要受到这种奖金（而不是其他奖金）所要受的全部非难。

对制造业原材料出口的抑制，有时是以绝对禁止的方式，有时是以课征高关税的方式进行的。

我们的毛织业者比其他行业的从业者更为成功地说服了立法机关，使之相信国家的繁荣有赖于他们这种业务的成功和扩大。他们不仅靠完全禁止外国毛织品的进口而取得了不利于消费者的垄断权，而且靠类似的对绵羊和羊毛出口的禁止，同样取得了不利于牧羊人和羊毛生产者的垄断权。对许多为确保税收而制定的法律，人们合理地抱怨说，许多行为在法律颁布前向来被看成无罪的，而这些法律却对这种行为处以重罚；但我敢保证，即使是关于税收最严酷的法律，与英国商人和制造业者吵嚷着逼迫立法机关颁布的支持他们荒唐的和压迫性的垄断权的某些法律相比，也显得温和宽大。就像德拉古的法律一样，这些法律可以说全是用鲜血写成的。

伊丽莎白统治的第八年的第 3 号法令规定，出口绵羊、小羊羔或公山羊者，初犯没收全部货物，监禁一年，然后在某一集市日砍断其左手，钉于市上；再犯，即宣告其为重罪犯人，处以死刑。这一法律的目的，似乎是为了防止英国的羊种在外国繁殖。查理二世统治的第十三和十四年的第 18 号法令又规定，出口羊毛也属重罪，将对出口者像对重罪犯人那样处以刑罚并没收财物。

为了国家的人道主义名誉，我们但愿上述两项法律从来没有执行过。但是，第一项法律从未被直接废除，高级律师霍金斯似乎也认为它仍然有效。只是，我们或许可以认为在实际上它已被查理二世统治的第十二年的第 32 号法令的第三项规定废除；因为后者虽然未明确取消以前的法律所规定的处罚，但规定了一种新的处罚，即每出口或试图出口一只羊，罚款 20 先令，并没收这只羊及其主人拥有的那部分船只股份。第二项法律则被威廉三世统治的第七和第八年第28号法令明确废除了，该法令宣布：“查理二世统治的第十三和十四年颁布的禁止羊毛出口的法令，将出口羊毛视为重罪；由于处罚过于严酷，对罪犯的起诉并未有效执行，因此对该法令将该犯罪行为定为重罪一节予以废止，宣告无效。”

但是，这一较温和的法令所规定的处罚，以及此前的法令所规定而未被这一法令所撤销的处罚，仍很严酷。除了被没收货物以外，出口者对他出口或试图出口的每磅羊毛，须缴纳3先令的罚金，相当于羊毛价值的四五倍。任何犯此罪的商人或其他人，不得向任何代理人或其他人索取他的债款或清算其账目。不论其财产多少，付得起或付不起这样重的罚金，法律的意图是使其完全破产。但由于人民大众还没像这些法律的制定者那样道德败坏，我还未曾听说过有人利用这一条款。如果犯此罪的人不能在三个月内缴纳罚金，他将被处以七年的流刑，如果他在期满之前逃回来，他将被当作重罪犯人处罚，即便做牧师也不能豁免。船主如果知情不报，将被没收其船只及设备。船长和水手如果知情不报，将被没收其全部货物和动产，并处以三个月的监禁；后来的法律又将船长的监禁期改为六个月。

为了防止出口，整个内地的羊毛贸易都受到极为烦琐和苛刻的限制。羊毛不能用箱子、木桶、盒子等装箱，只能用皮革或包装布捆包，外面必须标有字体宽度不少于3英寸的大字“羊毛”或“毛线”，否则没收货物和包装，每磅羊毛罚款3先令，由所有者或包装者缴纳。除了白天（日出和日落之间）以外，不能在离海岸5英里之内的陆地上用马或马车运输羊毛，否则没收货物和车马。临近海岸的百户邑，对从那里或经过那里运输或出口羊毛的人，应于一年内提出诉讼，羊毛价值在

10 镑以下的罚款 20 镑，价值高于 10 镑的，罚款为价值与诉讼费的三倍。对居民中任何两人的处罚将由法庭向其他居民摊派，就像抢劫案件一样。如果有人疏通关系来减少罚款，将被处以五年监禁；任何人都可告发。这些法规[①]通行全国。

而在肯特和萨塞克斯这两个郡，限制更为烦琐。每一个离海岸 10 英里之内的羊毛所有者，必须在剪下羊毛三天内，将所剪羊毛的数量和存放地点以书面形式向附近的海关官员报告。在运走其中的任何部分以前，他必须以相同的方式报告运走的羊毛的数量、买方的姓名和地址，以及打算运往的地点。在这两个郡，居住在离海岸 15 英里之内的人如不先向国王做出以下保证，就不得购买羊毛：他将要购买的羊毛不售予离海岸 15 英里以内的任何人。如果发现有人向这两个郡的海边运送羊毛，除非做过上述报告和保证，否则将被没收羊毛并按每磅羊毛 3 先令罚款。如有人未做上述报告将羊毛存放于离海岸 15 英里内，则予以查封和没收。如有人要认领这些羊毛，则需向财政部提交保证金；如果在审判中败诉，除了其他处罚，他还要支付三倍的诉讼费。

当内地贸易受到这些限制时，我们可以相信，沿海贸易也不会有太多自由。如果羊毛所有者运送或企图运送羊毛到沿海港埠，以便从那里再经海路运至其他港埠，他必须先在出海港登记羊毛的重量、标志和包数，才能将羊毛运入该港的 5 英里以内，否则将被没收羊毛、车马及其他运输设备，并处以禁止羊毛出口的其他有效法律所规定的罚没。不过，这项法令（威廉三世统治的第一年的第 32 号法令）也宽大地宣布："本法令不妨碍任何人将他的羊毛从剪毛地运回家中，即使是在离海 5

① 所有这些规定均出自威廉三世统治的第七和第八年的第 28 号法令。——译者

英里以内，只要他在剪毛后十日内、搬运羊毛之前，亲自向附近的海关官员报告羊毛的真实数量和存放地点，并于搬运前三日向上述官员亲自报告他的搬运意图。”沿海岸运输的羊毛必须提交保证金，在预先登记的港口上岸；而其中任何部分上岸时如果没有官员在场，则不仅没收羊毛，通常还处以每磅羊毛 3 先令的额外罚款。

英国的毛织业者为了证明他们要求这种特殊的限制和法规的正当性，声称英国羊毛品质独特，优于其他国家的羊毛；其他国家的羊毛如不混入部分英国羊毛，就不能制成说得过去的产品；没有英国羊毛就不能制成精纺毛织品；因此，英国如能完全阻止羊毛出口，就几乎能垄断全世界的毛织品贸易。这样，没有了竞争对手，就可以按照任何自己满意的价格出售毛织物，通过最有利的贸易差额在短期内取得令人难以置信的财富。这种说法，像那种小部分人说得头头是道，大部分人就跟着深信不疑的说法一样，到现在一直有很多人相信，对毛织业不熟悉或没有特殊研究的人，几乎全都相信这一说法。然而，无论从哪方面说，英国羊毛对于制造精纺毛织品必不可少的说法完全是谎言。英国羊毛其实不适合于制造精纺毛织品。精纺毛织业完全是用西班牙羊毛制造的。英国羊毛如与西班牙羊毛混合，甚至会在一定程度上降低毛织品的质量。

我在前面的篇章中曾指出，这些法规的效果是降低了羊毛的价格，不仅使它低于现在自然应有的水平，还大大低于爱德华三世时期的实际价格。苏格兰的羊毛价格，当由于与英格兰合并而受到相同法规的制约时，据说下跌了将近一半。《羊毛研究报告》的作者——严谨明智的约翰·史密斯先生曾提到，最好的英国羊毛在英国的价格，一般比极劣质的羊毛在阿姆斯特丹市场上的通常售价还低。使这种商品的价格降低到自然的或固有的价格之下，就是这些法规公开提出的目标；它们无疑达到了预期的效果。

可能有人会认为，价格的降低不利于羊毛的生产，必然大大减少这种商品的年产量，即使不比从前低，也会比目前开放而自由的市场允许价格上升到自然水平时的产量低。但我相信，羊毛年产量虽会受到这些法规的一定影响，但不会受到太大的影响。羊毛生产不是牧羊人使用其劳动和资本的主要目标。牧羊人并不期望羊毛的利润会像羊肉的利润那样多；在许多场合下，羊肉的平均或一般价格能补偿羊毛平均或一般价格的不足。我在前面的篇章已指出，不论什么规定导致羊毛或皮革价格降到自然水平之下，在一个土地得到改良且耕作发达的国家，必会同时抬高羊肉的价格。在改良的耕地上饲养的大小牲畜，其价格必须足够支付地主的合理地租和农民的合理利润；如若不然，他们不久就会停止饲养它们。因此，羊毛和羊皮不够支付的那部分牲畜价格，必须由羊肉来支付。前者支付得越少，后者必然支付得就越多。羊的价格如何在羊的各部分间分摊，地主和农民并不关心，只要全数付给他们就行。所以，在一个土地得到改良且耕作发达的国家，地主和农民的利益不可能受这类规定太大影响，虽然他们作为消费者，其利益可能因食物价格上升而受到影响。因此，根据这个推理，在一个土地得到改良且耕作发达的国家，羊毛价格的降低不可能导致这种产品年产量的减少。不过，由于羊毛价格下降使羊肉价格上涨，对这种畜肉的需求可能有所减少，从而使这种畜肉的产量有所减少。但即使在这方面，其影响可能也不太大。

可能有人会认为，羊毛价格的降低尽管对年产量的影响不大，但对羊毛品质的影响必然非常大。英国羊毛的品质即使不低于以前，也低于目前的土地条件下的自然水平，或许与价格的降低成比例。由于羊毛的品质取决于羊的品种、牧场，以及对羊的管理和清洁，他们自然会想，在羊毛生产过程中，牧羊人在这些方面花的心思会与羊毛的价格成比例。然而，羊毛质量在很大程度上也取决于羊的健康、发育情况；提高羊肉质量所必要的措施，在某些方面就足够提高羊毛的质量了。尽管羊毛的价格下降了，但据说英国羊毛的品质甚至在本世纪已有很大的改善。当然，如果羊毛的价格更高，品质的改良也许更大；但价格的低廉尽管妨碍了改良，却没有完全阻止这种改良。

所以，这些粗暴的法规对羊毛产量和品质的影响，似乎不如人们预想的那么大（虽然我认为它对品质的影响可能比对产量的影响大得多）；羊毛生产者的利益尽管必然受到某种程度的损害，但总体来看，这种损害比人们想象的要小得多。

不过，上述考虑并不能证明完全禁止羊毛出口是正当的。但是，它们可以充分证明对羊毛出口课以重税的正当性。

一个国家的君主应公正、公平地对待各阶层的臣民，如果只是为了促进某一阶层的利益而伤害另一阶层的利益，不管伤害程度如何，都显然违反了这一原则。但只是为了促进制造业者的利益而禁止羊毛出口，肯定在某种程度上伤害了羊毛生产者的利益。

每一阶层的人民，均有为君主或国家做出贡献的义务。羊毛出口每托德[1]课税 5 先令甚至 10 先令，会为国王提供很大一笔收入。这种赋税对羊毛生产者利益的损害要小于禁止出口对他们的损害，因为它不会使羊毛的价格降低那么多。它也会为制造业者提供足够的好处；因为，他虽然不能以禁止出口时那样低的价格购买羊毛，但与外国制造业者相比，他的购买价格至少仍便宜 5 ～ 10 先令，此外还不用支出外国制造

① 衡量羊毛重量的单位，相当于 28 磅。——译者

业者必须支出的运费和保险费。要设计出一种既能给君主提供庞大的收入，又不会给任何人带来点困难的赋税，那几乎是不可能的。

禁令并没能阻止羊毛的出口，即使它有各种处罚措施的保障。众所周知，羊毛的输出量很大。国内市场与国外市场上羊毛价格的悬殊对走私者的诱惑是任何严酷的法律都不能阻止的。这种非法出口对走私者以外的人都无益处。而经过缴税的合法出口由于能为君主提供收入，避免了征收其他可能更苛重、更麻烦的税收，对国民都有利。

被认为是制造和清洗毛织品所必需的漂白土的出口，也像羊毛的出口一样，受到差不多相同的处罚。甚至大家一般认为与漂白土不同的烟斗土，由于外表酷似有时候被当作烟斗土出口的漂白土，也受到相同的禁止和处罚。

查理二世统治的第十三、十四年的第 7 号法令规定，不仅是生皮，鞣革也禁止出口，制成长短靴子或拖鞋的除外；这一法令为英国鞋匠确立了不利于畜牧人和制革者的垄断权。不过，此后的法令使英国的制革者摆脱了这种垄断，只要他们在出口鞣革时缴纳每英担 1 先令的轻税。他们还获得了出口时退还 2/3 消费税的权利，即使是出口未深加工的鞣革也是如此。所有皮革制品都能免税出口，而且出口者还能被退还全部的消费税。而英国的畜牧人还处于从前制造业者的垄断之下。畜牧人彼此分离，散居国内各地，很难联合起来将垄断强加于同胞或摆脱其他人强加给他们的垄断；而各个门类的制造业者在所有大城市都建立了联合团体，很容易做到这一点。甚至牛角也被禁止出口，因此制角和制梳这两个微不足道的行业在这方面也享有不利于畜牧人的垄断。

以禁止或课税的办法限制半成品的出口，并非皮革制造业所特有的办法。只要某件货物在直接使用和消费之前还需加工，英国制造业者就认为应由他们完成这一加工。毛线与绒线也被禁止出口，与羊毛出口所受处罚相同。甚至白绒布出口也需纳税，英国的染匠也因此获得了不利于毛织业者的垄断地位。英国的毛织业者本来或许能保护自己免于这种垄断，但恰恰英国大部分主要的毛织制造业者也兼营染业。表壳、钟壳、表针盘和钟针盘均被禁止出口。英国的钟表制造业者似乎不愿这类产品的价格由于外国人竞相购买而提高。

爱德华三世、亨利八世和爱德华六世时期的一些旧法令规定，所有金属均禁止出口，铅和锡例外；这可能是因为这两种金属的储量极丰富，它们的出口占到当时王国贸易相当大的一部分。为了鼓励采矿业，威廉和玛丽统治的第五年的第 17 号法令规定，由英国矿石冶炼而成的铁、铜和白铁不受出口禁令的限制。此后，威廉三世统治的第九和第十年的第 26 号法令又允许外国产或英国产的各种铜块出口。对于未加工的黄铜，即所谓的枪炮金属、钟铃金属和货币金属，仍继续禁止出口；各种黄铜制成品则可以免税出口。

未被完全禁止的制造业原材料的出口，在许多情况下要被课以重税。

乔治一世统治的第八年的第 15 号法令规定，英国生产或制造的所有货物，按照以前的法令须纳税出口的，现在均可免税出口，但下列货物例外：明矾、铅、铅矿石、锡、鞣革、绿矾、煤炭、梳毛机、白绒布、菱锌矿石、各种兽皮、胶、野兔毛等各种毛、马匹和黄色氧化铅。除了马匹，这些货物都是制造业原材料、半成品（可视为深加工原料）或生产工具。该法令规定这些货物仍须缴纳以前须缴的所有税，即旧补助税和 1% 的出口税。

同一法令还规定很多种染料在进口时可免征一切赋税，但再出口时须缴纳一定的关税（当然税并不太重）。英国染业工作者似乎认为，如果免税鼓励进口这些染料对自己有利，那么对这些染料的出口略加抑制也对自己有利。但是，商人出于贪欲而使出的这种抢眼的伎俩，最可能的结果是使其大失所望，因为这必然提醒进口商更小心，以免进口量超过国内市场必需的供应量。国内市场可能始终供给不足，这些商品的价格可能始终比出口与进口同样自由时更高。

按照上述法令，塞内加尔胶或阿拉伯胶列在染料之内，可免税进口。它们再出口时只需缴纳每英担 3 便士这样少的税。当时法国垄断了塞内加尔附近盛产这种染料的地区的贸易，英国市场难以从它们的产地直接进口这些染料以供应市场。因此，乔治二世统治的第二十五年的法令允许塞内加尔胶从欧洲任何地区进口（这和航海法的一般倾向相反）。但是，由于这项法令并不打算鼓励这种贸易，所以，与英国商业政策的一般原则相反，它又规定这种胶在进口时每英担需课税 10 先令，而且在再出口时不予退还。1755 年开始的那场战争的胜利，使英国像从前的法国那样垄断了对那些国家的贸易。战争刚一结束，英国的商人就力图从这种有利条件中获益，建立一种有利于他们而不利于种植者和进口商的垄断地位。因此，乔治三世统治的第五年的第 37 号法令规定，从国王陛下的非洲属地出口的塞内加尔胶，只能出口到英国，并适用于与英属美洲殖民地和西印度殖民地的列举商品一样的限制、没收和处罚法规。进口这种胶诚然只需缴纳每英担 6 便士的轻税，但其再出口则须缴纳每英担 1 镑 10 先令的重税。英国制造业者的意图是，这些国家产的全部胶均应输入英国，而且——为了他们能以自定的价格购买这些产品——这些产品不应再行出口，除非课以重税（但这一重税足以抑制其出口）。可是，他们的贪欲在这里也像在其他许多场合一样未能得逞。

这种重税是走私活动很大的诱因，大量的这种商品不仅从英国，还从非洲暗中出口到各欧洲工业国，尤其是荷兰。因此，乔治三世统治的第十四年的第 10 号法令将这种商品的出口税减为每英担 5 先令。

在据以课征旧补助税的税率表中，海狸皮估值为每张 6 先令 8 便士，而 1722 年以前进口海狸皮每张所缴纳的各种补助税和进口税为该估值的 1/5，即 16 便士；除旧补助税的一半，即 2 便士外，其余均在再出口时退还。对如此重要的一种制造业原料课征的进口税被认为太高了，于是 1722 年估值被减为 2 先令 6 便士，进口税被减为 6 便士，只有一半可在再出口时退还。1755 年那次战争的胜利使海狸最多的国家处于英国的统治之下，海狸皮被划为列举商品，因而从美洲出口的海狸皮仅限于运往英国市场。英国的制造业者很快就开始琢磨从这一局面中获利。1764 年，每张海狸皮的进口税减为 1 便士，而出口税却提高到 7 便士，出口时还不退还进口税。同一法令还规定，海狸毛的出口每磅课税 18 便士，但这种商品的进口税不做调整（在当时，由英国人以英国船只进口的海狸毛，每磅课税 4 ～ 5 便士）。

煤炭既可视为制造业原料，也可视为生产工具。因此，煤炭的出口被课以重税，现在（1783 年）是每吨 5 先令以上，或纽卡斯尔衡每查尔特隆 15 先令以上；这在大多数情况下比这种商品在矿井的原价还高，甚至比它在出口港的价值还高。

但对可称为生产工具的商品的出口，通常不是通过高关税，而是通过绝对禁止来限制。威廉三世统治的第七和第八年的第 20 号法令第八条规定，禁止出口编织手套和长袜的织机或引擎，否则不仅没收出口或企图出口的货物，而且要罚款 40 镑，一半归国王，一半归举报人或起诉人。乔治三世统治的第十四年的第 71 号法令同样规定，禁止出口用于棉织业、麻织业、毛织业和丝织业的所有工具，否则不仅没收货物，还罚款 200 镑；对知情不报、允许这些工具上船的船主也罚款 200 镑。

当对死的生产工具的出口施以重罚时，也不可能指望活的生产工具，即技工，有离开的自由。因此，乔治一世统治的第五年的第 27 号法令规定，凡引诱英国制造业技工去国外从事或传授他本行工作的人，初犯处以 100 镑以下的罚款，并处三个月监禁，三个月后如仍未付清罚款则继续监禁，直到罚款付清为止；再犯由法庭决定罚款数额，并处十二个月监禁，之后直到罚款付清为止。乔治二世统治的第二十三年的第 13 号法令又加重了这种处罚，每引诱一名技工，初犯是罚款 500 镑，处以十二个月监禁，并直到罚款付清为止，再犯则罚款 1000 镑，监禁两年，并直到罚款付清。

上述两个法令中的前一个法令规定，如证明某人曾引诱某技工，或证明某技工曾承诺或签约去外国从事上述活动，那么该技工必须向法庭做出不出国的保证，在此之前，法院可以将他拘禁起来。

如果某个技工出国并在国外从事或传授本行工作，在接到国王驻外公使或领事的警告后六个月内不回国并在国内居住下去，那么他就会被剥夺在国内的一切财产继承权，不得担任国内任何人的遗嘱执行人或遗产管理人，也不得继承、受让或购买国内任何土地，他全部的土地、货物和动产也收归国王所有，他将被当作外国人对待，不受国王的保护。

我想，无须指出这种规定与我们装作珍惜并自夸不已的国民自由是多么矛盾。在这种情况下，为了英国商人和制造业者的蝇头小利，这种自由明显被牺牲了。

所有这些规定冠冕堂皇的动机都是扩大英国的制造业，但其扩大方式不是改进自身，而是压制邻国的制造业，尽可能消灭这些讨厌对手烦人的竞争。英国的制造业者认为，他们理应垄断他们同胞的技能。通过限制一些行业所雇用的学徒数量，通过规定所有行业必须有长时间的学徒期，他们力图使各自行业中的知识被尽可能少的人掌握；同时，他们不愿这少数人中有人去外国传授技能。

消费是所有生产的唯一目的；而生产者的利益只有在成为促进消费者利益的必要条件时才应受到关注。这个原则不言自明，无须加以证明。但在重商主义体系中，消费者的利益几乎总是为了生产者的利益而被牺牲；这一体系似乎将生产而不是消费看成是工商业的最终目的。

对能与本国产物和制造品竞争的所有外国商品的进口加以限制，显然是为了生产者的利益而牺牲了消费者的利益。完全是为了前者的利益，后者才不得不支付这种垄断所抬高的货物价格。

对本国某些产品的出口发放奖金，也完全是为了生产者的利益。国内消费者不得不负担的，第一是为了支付这种奖金所必须征收的税收，第二是国内市场上商品价格的上涨所产生的更重的赋税。

与葡萄牙所订立的著名通商条约，通过高关税，使英国消费者不能从邻国购买我们本国气候所不宜生产的商品，而不得不从一个遥远的国家去购买，尽管大家承认那个国家的商品质量不如邻国的好。国内消费者不得不忍受这种不便，以便本国生产者能以比本来更有利的条件将他们的某些产品出口到那个遥远的国家去。消费者还不得不支付这些产品因强势出口而在国内市场上增长的价格。

但为了经营英国在美洲和西印度群岛的殖民地而订立的那些条约，与英国其他通商条约比起来，更严重地为生产者的利益牺牲了国内消费者的利益。一个大帝国已经建立起来，我们的唯一目的就是把它培养成一个消费者之国，使这些消费者不得不从英国生产者的店铺中购买英国能供应的各种商品。为了这种垄断使英国生产者的商品价格能稍稍提高的这点好处，英国的消费者负担了维持和保卫这个帝国的全部开支。为这个目的，并且仅仅是为了这个目的，在最近两次的战争中，英国已支出 2 亿多镑，借债超过 1.7 亿镑，这还不算此前为同一目的的多次战争所支出的费用。仅这项借款的利息，就不仅超过了因垄断殖民地贸易据说能得到的全部超额利润，还超过了这种垄断贸易的全部价值，即超过了每年平均向殖民地出口的货物的全部价值。

不难确定是谁规划了整个重商主义体系。我们相信，不会是消费者，因为他们的利益完全被忽略了；那一定是生产者，因为他们的利益受到了细致的照顾。在生产者中，英国的商人和制造业者是主要的设计师。在本章所论及的商业条例中，英国制造业者的利益受到了最特别的关注，而为之牺牲的，除了消费者的利益以外，还有一些其他生产者的利益。

第九章 论重农主义，或论把土地产物看作各国收入或财富的唯一或主要来源的各种政治经济学体系

关于政治经济学中的各种重农主义体系，我认为不需要做出像重商主义体系那样长的说明。

据我所知，把土地产物看作一国收入或财富的唯一或主要来源的学说从未被任何国家采用，目前只存在于法国少数几个博学而特出之人的理论之中。对于一种从来没有或许将来也绝不会危害世界任何地方的学说，的确不值得连篇累牍地去考察它的错误。但我将尽可能清楚地说明这一独特学说的要领。

路易十四的名臣柯尔贝尔是一位正直、勤勉和博学的人，且对公共账目的检查富有经验，十分精明。总之，他的各方面能力都适于有序管理公共经费的征收与支出。这位大臣不幸持有重商主义体系的所有偏见。这种体系就其性质及实质而言是一种限制和管制的体系，因此对一个惯于管理各个公共部门并设置必要的检查必将其控制在适当范围内的勤恳而古板的实干家来说，很难不与之契合。他试图以管理公共部门的模式来管理一个大国的工商业，不是让每一个人用他自己的方式在平

等、自由和公正的计划下去谋求自身利益，而是赋予某些产业部门以特殊的权利，同时对其他产业部门加以特殊限制。他不仅像其他欧洲国家的大臣那样，给予城市产业比农村产业更多的鼓励，而且为了支持城市产业，他还愿意压制农村产业。为了让城市居民买到便宜的食物，从而鼓励制造业和对外贸易，他完全禁止出口谷物，这使得农村居民不能将自己最重要的产物送往外国市场。这一禁令，加上法国各省以前的法律对谷物在各省间运输的限制，以及几乎所有省份对耕种者的横征暴敛，抑制了法国农业的发展，使之大大低于在土壤如此肥沃、气候如此宜人的国家农业发展应有的自然水平。这种压抑、萧条的状况在这个国家的每一地区都或多或少地能感觉到，以至于已经有许多人开始研究其中的原因。柯尔贝尔先生制定的城市优先于农村的政策，似乎是原因之一。

俗话说，想弄直弯曲的竿子，必须把它反向弯曲。那些提出把农业看作各国收入或财富唯一来源这种学说的法国学者，似乎采纳了这一格言。正如在柯尔贝尔先生的政策中城市产业相对于农村产业的确被高估了一样，在重农主义体系中，城市产业也确实被低估了。

他们把人们认为对国家的土地和劳动年产品有贡献的各阶层人民分为三个阶级：第一个是土主阶级；第二个是耕作者阶级，即农夫和农村劳工阶级，他们特别称之为“生产阶级”—— 一个荣誉称号；第三个是工匠、制造业者和商人阶级，他们用“非生产阶级”这一羞辱性称号对其进行贬低。

地主阶级对年产品的贡献，在于他们不时投入资金用于土地改良，以及建筑物、排水沟、围堰及其他设施的改良或保养。借助于地主的这种投入，耕作者就能以相同的资本生产出更多的产物，从而支付更高的地租。所提高的地租可看作地主投入这种改良的费用或资本所应得的利息或利润。这些费用在重农主义的体系中被称为“土地费用”。

耕作者或农夫对年产品的贡献，在于他们投入费用用于土地的耕作，重农主义体系把这种费用分为“原始费用”和“年度费用”。原始费用包括农具、耕畜、种子的费用，以及至少在耕作第一年的大部分时间里（或在收成之前的时间里），农夫用于维持其家庭、雇工和牲畜的费用。年度费用包括种子费用、农具磨损造成的费用，以及农夫每年维持其家庭、雇工和牲畜（就其中可看作从事耕作的雇工的人而言）的费用。他支付地租后留下的那部分土地产物，首先，应该足以在合理的时间内（至少在他耕作期间）补偿其全部原始费用，并带来资本的一般利润；其次，应该每年足以补偿其全部的年度费用，并带来资本的一般利润。这两种费用是农夫投入耕作的两种资本。除非能定期收回这两种资本并得到合理的利润，否则他就不能与其他行业处于同一经营水平；如果是这样，出于自身利益考虑，他必然会尽快放弃这一行业，转而寻找其他行业。农夫继续从事耕作所必需的那部分土地产物，应看作神圣的耕作基金；如果地主加以侵犯（收取过重的地租），他必然会使自己的土地的产量减少，以至于使农夫在几年之后，不仅无力支付这一苛刻的地租，而且连地主本来可以从中得到的合理地租也无法支付。地主应得的地租，不应多于完全付清此前投入生产的所有费用及其一般利润之后所剩余的净产物。正是因为耕作者的劳动在偿还所有必需的支出并带来一般利润之后，还能提供这种净产物，这个阶级才在这种体系中荣获了“生产阶级”的特别称号。同样，他们的原始费用和年度费用在这种体系中被称为“生产性费用”；因为这种费用除了补偿自身价值之外，还能推动每年净产物的再生产。

所谓的土地费用，即地主投入土地改良的费用，在这种学说中也被称为生产性费用。所有这种费用加上资本应得的一般利润，在尚未通过地租完全付给地主之前，教会和国王应将这种地租视为神圣不可侵犯的资源，不能课以什一税和赋税；否则，由于这不利于土地改良，也就会不利于教会自身的什一税在未来的增长，也会不利于国王自身的税收在未来的增长。由于在良好的状况下，这些土地费用除了再生产出其全部价值之外，还能在一段时期后再生产出净产物，所以在这种体系中它也被视为生产性费用。

但是，只有地主的土地费用、农夫的原始费用和年度费用这三种费用被这一体系看成是生产性的；其他费用及其他阶级，甚至在人们通常的理解中最具生产性的人，也由于上述原理而被完全视为非生产性的。

尤其是工匠和制造业者，在人们通常的理解中，他们的劳动能极大地增加土地天然产物的价值，但在这种体系中也被视为完全不生产的阶级。据说，他们的劳动只能补偿雇用他们的资本并带来一般利润。这种资本包括雇主预支给他们的原材料、工具和工资，是雇用和养活他们的资金；而资本的利润则是用来养活雇主自己的资金。雇主就像预支给雇工他们工作所需的原材料、工具和工资那样，也预支给自己生活费；这种生活费一般与他预期从雇工的产值中得到的利润成正比。除非工人的产值能补偿雇主预支给自己的生活费，以及预支给雇工的原材料、工具和工资，否则他显然不能收回他投入的全部费用。因此，制造业资本的利润，不像土地地租那样，是完全偿还所有必需的开支后剩余的净产物。农夫的资本能为自己提供利润，在这点上制造业者的资本也一样，但农夫的资本还能为他人提供地租，制造业者的资本却不能。所以，用于雇用和养活工匠及制造业者的费用，最多是延续——如果可以这样说的话——其自身价值的存在，而不生产任何新的价值。因此，这种费用完全是非生产性费用。相反，用于雇用农夫和农村劳动力的费用，除了延续其自身价值的存在，还生产新的价值，即地主的地租，因此是生产性费用。

商业资本和制造业资本一样是非生产性的。它只是延续其自身价值的存在，而不生产任何新的价值。商业资本的利润只是偿还投资人在经营期间或得到回报之前预支给自己的生活费，只是偿还投资过程中所必需的全部费用中的一部分。

工匠和制造业者的劳动从来不能使土地天然产物全年产量的价值有所增加。诚然，他们的劳动使某些特定的天然产物的价值大为增加，但同时，他们另外消耗的那些天然产物，正好等于他们劳动增加的那些价值；因此，他们的劳动在任何时候都丝毫不会增加天然产物全部价值。例如，制作一对花边的人，有时会把可能只值 1 便士的亚麻的价值提高到 30 镑。尽管乍看起来，他似乎把某种天然产物的价值提高了大约 7200 倍，但实际上他并未增加天然产物全年总量的价值。制作这种花边也许要花费他两年的劳动。花边制成后他所得到的 30 镑，只不过是偿还他在这两年工作期间垫付给自己的生活费。他每天、每月或每年的劳动为亚麻增加的价值，只不过偿还他在那一天、那一月或那一年自己所消费的价值。因此，无论在任何时候，他都丝毫没有增加土地天然产物全年总量的价值。他不断消费的那部分产物的价值始终等于他不断生产的价值。从事这种成本高而又不重要的制造业的人，大部分都非常贫穷，这足以让人相信，他们的产值一般并不会超过他们生活费的价值。但农夫和农村劳工的劳动则不同。一般情况下，他们的劳动，除了完全补足他们及其雇主的消费和劳动开支，还继续生产一种价值，即地主的地租。

工匠、制造业者和商人只能靠节俭来增加社会的收入和财富，或者，按重农主义体系所表述的，只能靠抠省，即剥夺自己预定用于自己生活费的一部分资金。他们每年再生产的只不过是这种资金。因此，除非他们每年节约一部分生活资料，剥夺自己一部分生活享受，否则社会的收入和财富绝不会因为他们的劳动而有丝毫增加。与之相反，农夫和农村劳动者却可以完全享受用于自己生活费的全部资金，同时仍能增加社会的财富和收入。除了自身的生活费外，他们的劳动每年还提供净产物，这种净产物的增加必然增加社会的财富和收入。因此，主要由地主和耕作者组成的国家，如法国和英国，能由勤劳和享受而致富；相反，主要由商人、工匠和制造业者组成的国家或城市，如荷兰和汉堡，则只能通过节俭和抠省才能变得富起来。由于条件如此不同的国家或城市的利益非常不同，因此人们的普遍性格也极不相同：在前一类国家，宽容、率直和友好自然成为人们普遍性格的一部分；而在后一类国家，人们则容易形成狭隘、吝啬和自私，远离一切世俗乐趣和享受的性格。

非生产阶级，即商人、工匠和制造业者，完全是靠另两个阶级，即地主和耕作者所雇用和养活的。后两者供给这个阶级生产原材料和生活资金，供给他们所消费的谷物和牲畜。地主和耕作者最终支付非生产阶级所有雇工的工资及其所有雇主的利润。严格地说，这些雇工和雇主是地主和耕作者的仆人，只是他们仅在户外工作，而家仆是在户内工作。但两者都在同一主人手里讨生活。两者的劳动同样都是非生产性的，对于土地天然产物的总量不增加任何价值；不但不增加这一总量的价值，反而还必须从这一总量中支付它们的开销和费用。

但是，这个非生产性阶级对其他两个阶级来说，不仅有用，而且大为有用。正是由于商人、工匠和制造业者的劳动，地主和耕作者才能够用自己较少量的劳动产品去购买所需的外国货物和本国制造品——如果他们试图自己去进口外国货物或制造本国那些制造品，他们的笨拙和不熟练会让他们付出多得多的劳动。有了非生产性阶级，耕作者就能从许多干扰他们耕作的事务中摆脱出来，专心耕作。由于专心耕作而提高的产量，完全足以支付他们自己及地主为养活和雇用非生产性阶级所付出的代价。商人、工匠和制造业者的劳动，尽管按其性质来说是非生产性的，但能以这种方式间接地有助于提高土地的产量。他们的劳动使生产性劳动者的劳动力得到了提高，因为他们使生产性劳动者具有了专注于自己的职业，即土地耕作；耕作借助与之最不相关的人的劳动，常常变得更简单、更有效率。

在任何方面限制或抑制商人、工匠和制造业者的产业，都绝不符合地主和耕作者的利益。非生产性阶级享有的自由越大，其中各行业的竞争就越激烈，其他两个阶级能得到的外国商品和本国制造品就越便宜。

压迫其他两个阶级也不符合非生产性阶级的利益。养活和雇用非生产性阶级的，正是土地的剩余产物，即扣除耕作者和地主的生活所需之后剩下的产物。剩余产物越多，非生产性阶级的生活和就业状况就越好。确立完全的公正、自由和平等，就是最有效地确保这三个阶级最高程度繁荣最简单的秘诀。

像荷兰和汉堡这样主要由非生产性阶级构成的商业国家或城市，他们的商人也是这样完全靠地主和耕作者来养活和雇用的。唯一不同的是，大部分为这些商人、工匠和制造业者提供生产原材料和生活资金的地主和耕作者是其他国家的居民，距离他们很远，交通不便。

然而，这样的商业国家或城市对其他国家的居民来说不仅有用，而且大为有用。其他国家的居民本应在国内找到商人、工匠和制造业者，但由于该国政策的某些不足，在国内却找不到；这些商业国家或城市为他们提供了这样的商人、工匠和制造业者，填补了这一至关重要的方面的空白。

对这些商业国家的贸易或由其供应的商品征收高关税，从而阻碍或抑制这些国家的产业发展，绝不符合农业国家（如果我可以这样称呼的话）的利益。这种关税使那些商品更为昂贵，因此只会降低用来购买这些商品的他们自己土地剩余产品的实际价值（或者说降低其价格，这二者是一回事）。这种关税只能阻止剩余产品的增加，从而不利于他们自己土地的改良和耕作。反之，给予所有这些商业国家最完全的贸易自由，就是提高农业国家自己剩余产品的价值、促进剩余产品增加，从而鼓励国内土地改良和耕作的最有效的策略。

这种完全的贸易自由，甚至对农业国在适当时机为自己提供国内所需的商人、工匠和制造业者，并填补他们在国内感到至关重要的方面的空白来说，也是最有效的策略。

他们土地剩余产品的持续增加所创造的资本，到了一定的时候就会多于在一般利润率下用于改良土地或耕作土地的资本；多余的这部分资本自然会转而用于在国内雇用工匠和制造业者。国内的工匠和制造业者能在国内找到生产原材料和生活资金，即使技艺和熟练程度远不如人，也许也能立即以与商业国同行同样低廉的价格制造产品；因为商业国的同行得从很远的地方取得所需的生产原材料和生活资金。即使由于技艺和熟练程度不够，他们在一定时期内不能以与商业国同行同样低廉的价格制造产品，他们也能在国内市场上以同样低廉的价格销售其产品；因为商业国同行的产品只能从很远的地方运过来。而且，等到他们的技艺和熟练程度得到提高以后，他们很快就能以更低廉的价格出售产品。所以，商业国的工匠和制造业者在那些农业国的市场上将迎头遇到竞争，不久就将降价出售其产品，直至被完全赶出市场。随着技艺和熟练程度的逐渐提高，这些农业国的廉价制造品将走出国门，进入外国市场；在那里，它们会按同样的方式将许多商业国的制造品排挤出去。

农业国的天然产物和制造品的持续增加所创造的资本，到了一定的时候就会多于一般利润率下用于农业或制造业的资本；多余的这部分资本自然会转而用于对外贸易，将超出国内市场需求的那部分天然产物和制造品出口到外国。在出口本国产品时，农业国的商人比商业国的商人更有优势，正如农业国的工匠和制造业者比商业国的工匠和制造业者更有优势，因为农业国的商人能在国内找到货源和干粮，而商业国的商人不得不到远方去寻找。因此，即使他们的航海技能较差，也能以与商业国的商人同样低廉的价格在外国市场上出售他们的货物；如果航海技能差不多，他们就能卖得更便宜。所以，他们很快就会在对外贸易的这一部门形成与商业国的竞争，并在一定的时候将对手完全排挤出去。

所以，按照这种自由、放任的体系，农业国培养本国工匠、制造业者和商人最有利的办法，就是给予其他国家的工匠、制造业者和商人最完全的贸易自由。这会提高农业国自己土地剩余产品的价值，而这一价值的不断增加将逐渐积累一种基金，在一定的时候培养出本国所需的各种工匠、制造业者和商人。

相反，当农业国用高关税或进口禁令压制其他国家与自己的贸易时，它必然从两方面损害自身利益：第一，提高所有外国商品和制造品的价格，必然降低用来购买这些商品的本国土地剩余产物的实际价值（或价格）；第二，通过给予本国商人、工匠和制造业者一种国内市场上的垄断权，会将商业和制造业的利润率提高到高于农业的利润率的水平，从而将以前使用在农业中的一部分资本吸引出来，或阻止本来会进入农业的那部分资本进入到农业中去。所以，这种政策从两方面不利于农业：首先，降低农业产品的实际价值，从而降低农业的利润率；其次，通过提高其他行业的利润率，农业成了薄利行业，而商业和制造业则比以前更有利可图，这使得每一个人都会为了自己的利益而尽可能地将资本和劳动从前者转投到后者。

通过这种抑制性政策，农业国培养本国的工匠、制造业者和商人虽然在速度上会比自由贸易条件下更快一些——对此我们毫不怀疑，但还是时机未到，培养过早（如果可以这样说的话）。过快过急地培养一种产业，就会抑制另一种更有价值的产业。过快过急地培养一种仅能补足所投资本并带来普通利润的产业，就会抑制另一种在补足所投资本并带来利润之外还能提供净产物作为地主地租的产业。过快过急地促进非生产性劳动，就会抑制生产性劳动。

土地的总年产品以何种方式在上述三个阶级中分配，非生产阶级的劳动怎样只补偿它自己消费的价值而毫不增加总年产品的价值，这个思想体系渊博而独到的创始人魁奈先生用了一些数学公式来进行表述。其中第一个公式作为重中之重被命名为《经济表》，表示了他认为在最完全的自由也是最繁荣的状态下，这种分配是如何进行的——在这种状态下，年产品能提供最多的净产物，每一个阶级都享有它应有的年产品份额。接下来有几个公式表示的则是，在不同的限制和管制状态下，这种分配是如何进行的——在这种状态下，地主阶级或非生产阶级受惠多于耕作者阶级，这两者或多或少地侵占了后者应该拥有的年产品份额。这样的侵占，以及这种对最完全的自由所建立的自然分配的违反，在这一思想体系看来，必然逐年降低年产品的价值和总量，并必然会造成社会真实财富和收入的逐渐衰退；衰退进程的快慢，依违反最完全的自由所建立的自然分配的程度而定。随后的几个公式则表示，根据这一思想体系，与不同程度违反自然分配相对应的不同衰退程度。

有些理论派的医生似乎认为，人体的健康只有靠遵守某种严格的饮食和运动规律才能维持，稍有违反都必然会引起相应程度的疾病或失调。可是，经验似乎表明，在各种不同的养生方式下，人体——至少是在可见状态下，常常都能保持最佳的健康状态，甚至在某些一般认为远谈不上完全健康的方式下也是如此。人体的健康状态似乎本身就包含一种不为人知的自卫机能，能在许多方面预防和修正一种非常错误的养生方式的不良后果。魁奈先生本人作为一名医生，一名典型的理论派医生，似乎对政体也持有类似的看法，认为只有在完全自由和公正的正确体制之下，国家才能兴盛繁荣。他似乎没有考虑到，在国家内，每个人为改善自身境况自然会付出的不断努力，就是一种自卫机能，能在许多方面预防并修正某种程度上不公平的和压迫性的政治经济制度造成的不良后果。这种政治经济制度虽然无疑或多或少会阻碍一国富裕繁荣的进程，但却不会使其完全停止，更不会使其倒退。如果一国不享有完全的自由和公正就不能繁荣，那世上就没有繁荣的国家了。而幸运的是，在政体之中，自然的智慧有充分的准备来修正人类的愚蠢和不义造成的不良后果，正如它在人体之中修正人类的懒惰和放纵造成的不良后果那样。

不过，这种思想体系的主要错误，似乎还是在于把工匠、制造业者和商人完全看作非生产阶级。下面的观点将说明这种看法的不当之处。

第一，大家都承认，这个阶级每年会再生产其自身每年消费的价值，也就是说，至少延续雇用或养活他们的资金或资本的存在。单凭这一点，就可以看出以“无生产”或“非生产”为其命名很不恰当。父母仅生一儿一女以代替他们延续人类的存在而并不增加人类数量的婚姻，不能称之为不繁衍的婚姻。诚然，农夫和农村劳工除了补足养活和雇用他们的资本之外，每年还再生产一种净产物作为地主的地租；正如生育三个孩子的婚姻肯定比生育两个孩子的婚姻更有繁衍能力，农夫和农村劳工肯定比商人、工匠和制造业者更有生产力。但是，一个阶级生产得更多并不能使另一阶级成为无生产或非生产的。

第二，由于这个缘故，将商人、工匠和制造业者与家仆同样看待是完全不恰当的。家仆的劳动并不能使雇用和养活他们的资金继续存在。养活和雇用他们的费用完全由其主人承担，他们从事的工作在性质上并未偿还这种费用。他们的工作属于随生随灭的服务，并不固定或转化在任何可偿还其工资和生活费价值的可售商品上。相反，工匠、制造业者和商人的劳动却自然地固定和转化在一些可售商品上。所以，在讨论生产性劳动和非生产性劳动的那个章节中，我把工匠、制造业者和商人列为生产性劳动者，将家仆列为非生产性劳动者。

第三，无论根据何种假设，说工匠、制造业者和商人不增加社会的真实收入，似乎都不恰当。即使我们像这种思想体系一样，假定这个阶级每日、每月、每年所消费的价值，恰好等于他们每日、每月、每年生产的价值，我们也不能因此认为，他们的劳动并不增加社会的真实收入，以及土地和劳动的年产品的真实价值。例如，一个工匠在谷物收获之后六个月内完成了价值 10 镑的工作，即使他同时消费了价值 10 镑的谷物和其他必需品，他实际上仍为社会的土地和劳动的年产品增加了 10 镑的价值。当他消费了 10 镑的半年收入，即价值 10 镑的谷物和其他必需品时，他也生产了一个等值产品，可以让他自己或别人换取相等的半年收入。因此，他这六个月内生产和消费的价值加起来，不等于10镑，而等于20镑。诚然，实存的价值可能在任何时候都不会多于10镑。但如果这价值10镑的谷物和其他必需品不是由工匠消费，而是由士兵或家仆消费，那么这六个月终了时存在的那部分年产品的价值，就比工匠劳动时少10镑。所以，即使工匠所生产的价值在任何时候都不超过其所消费的价值，但由于他的生产，市场上货物实际存在的价值在任何时候都大于他不生产时市场货物的价值。

此种思想体系的拥护者往往说，工匠、制造业者和商人的消费等于他们生产的价值。他们这样说的意思也许只是，这些人的收入或预定供这些人消费的资金等于他们生产的价值。如果他们把话表达得更明确些，说这一阶级的收入等于这一阶级生产的价值，读者们也许更容易想到，这一阶级从这个收入节省下来的东西必会或多或少地增加社会的真实财富。但是，为了说得掷地有声一点，他们不得不照他们现在的说法来说了。然而，即使事情真像他们假定的那样，他们的这种说法也是不得要领的。

第四，农夫和农村劳工如果不节俭，也不能增加社会的真实收入，即土地和劳动的年产品，这和工匠、商人和制造业者是一样的。任何社会增加土地和劳动的年产品，都只有两种方式：一，提高目前社会实际雇用的有用劳动力的生产力；二，增加这一劳动力的数量。

有用劳动力的生产力的提高取决于两点：一是劳动者能力的提高；二是他工作所用机械的改进。因为工匠及制造业者的劳动，能比农夫和农村劳动者的劳动实行更细致的分工，使每个工人的操作更为简单，所以对工匠和制造业者来说，这两种改进都能达到非常高的程度。因此，在这方面，耕作者阶级并不比工匠和制造业者阶级更有优势。

任何社会实际雇用的有用劳动量的增加，必然完全取决于雇用这些劳动的资本的增加；而这种资本的增加，又必然就等于资本操控人或是资本拥有人节省收入的数额。如果商人、工匠和制造业者真像这一思想体系假定的那样，本能地比地主和耕作者更倾向于节俭和储蓄，那么他们就更有可能增加社会雇用的有用劳动量，因而更可能增加社会的真实收入，即土地和劳动的年产品。

第五,一国居民的收入，即使真像这个思想体系假定的那样，完全由其居民的劳动能获得的生活资料构成，那么，在其他条件相同的情况下，商业国或制造业国的收入也必然比没有商业或制造业的国家大得多。一国每年通过商业和制造业进口的生活资料，往往多于其土地在现有耕作状态下能提供的数量。城市居民虽然往往不拥有土地，也能凭自身劳动从他人那里得到足够的土地天然产物，不仅包括生产原材料，而且包括生活必需品。城市与其邻近农村的关系，常常就是一个独立国家与其他独立国家的关系。荷兰就是这样从其他地方得到大部分生活资料的：活牲畜来自荷尔斯泰因和日兰德，谷物则几乎来自所有欧洲国家。少量的制造品可以购买大量的天然产物。所以，一个商业和制造业国家，自然可以用自己很小一部分的制造品去购买其他国家很大一部分的天然产物；相反，没有商业和制造业的国家通常不得不以自己很大一部分的天然产物去换取很小一部分的外国制造品。前者出口的东西仅能维持和供应少数人，而进口的却是许多人的生活资料和必需品；后者出口的是许多人的必需品和生活资料，而进口的却只是维持和供应少数人的东西。前者的居民必然总能享用比其土地在现有状态下能提供的多得多的生活资料，而后者的居民则只能享用少得多的生活资料。

然而，这个思想体系尽管有许多缺陷，但在以政治经济学为课题所发表的学说中，也许最接近真理，因此它非常值得每一个想认真研究政治经济学这一重要科学的原理的人关注。尽管这个思想体系认为投入土地的劳动是唯一的生产性劳动这一点未免偏颇，但它认为的，国家财富不是由不可消费的货币资源构成，而是由社会劳动每年再生产的可消费货物构成，并且完全的自由是使每年的再生产达到最大的唯一有效方法，这种论点，就像它是自由和开放的一样，无论从哪方面来讲，它也是公正的。这个思想体系的信奉者众多。人们喜欢标新立异的理论，喜欢装作自己能理解常人不能理解的东西，而这种思想体系关于制造业劳动非生产性性质的论点，或许就是它吸引这些称道者的原因之一。在过去数年间，他们形成了一个不可小觑的学派，在法国学术界以“经济学家”之名著称。他们的著作对国家确有贡献——不仅使许多从前未被仔细考虑过的课题引起了广泛的讨论，而且在某种程度上影响了国家机关，使其扶持农业。由于他们的主张，法国农业摆脱了以前所受的好几种压迫。任何未来的土地购买者或地主都不得侵犯的土地租期，已由九年延长到了二十七年。以前法国各省对于谷物运输的限制已被完全解除；王国的习惯法也已确立，在所有普通场合，谷物有出口到其他任何国家的自由。这个学派发表了许多著作，不仅探讨正统的政治经济学，即国民财富的性质和原因，而且探讨国家行政组织其他各个部门的事务。这些著作都毫不动摇地遵循魁奈的学说，与之没有任何明显的不同，因此它们大同小异。最清楚、最连贯地阐述这个学说的，是曾任马提尼克总督的利维埃先生所著的《政治社会之自然的与基本的秩序》。整个学派对他们的导师（他自己是一个非常谦逊和质朴的人）的颂扬，不逊于古代任何哲学学派对其创立者的颂扬。勤勉并受人尊敬的学者米拉波侯爵如此说道：“有史以来有三项伟大的发明为政治社会带来了安定，这三大发明在其他许多丰富和装饰政治社会的发明中鹤立鸡群。第一个发明是文字，只有它使人类有能力将法律、契约、历史和发现如实传达。第二个发明是货币，它是各文明社会之间一切联系的纽带。第三是《经济表》，它是另两种发明的结果，通过完善二者的目标而成就了它们；它是我们这个时代的伟大发现，我们的后代将从中受益。”

近代欧洲各国的政治经济体系，比较有利于制造业和对外贸易（城市产业），比较不利于农业（即农村产业）；其他国家的政治经济体系则采用不同规划，更有利于农业而不是制造业和对外贸易。

中国的政策，对农业就比对其他行业更为重视。在中国，农业劳动者的境遇据说要优于工匠，这和欧洲大部分地区正好相反。在中国，人们的理想就是拥有一小块土地，做地主或做佃户都可以；而那里的租佃条件据说很合适，对佃户有充分的保障。中国人不重视对外贸易。北京官吏对俄国公使兰杰谈到对外贸易时的用语是：“你们的叫花子贸易！”除了与日本，中国人很少或完全不自己或以自己的船只经营对外贸易；允许外国船只出入的海港，也只有一两个。中国的对外贸易因此被局限在狭窄的范围内——如果本国船只或外国船只可以更自由地从事这一行，这个范围自然会大得多。

制造品通常体积小、价值大，能比大部分天然产物以更少的费用由一国运至另一国，因此在几乎所有国家，它们都是对外贸易的主要支柱。而且，在幅员不像中国那么广大而国内贸易也不像中国那么发达的国家，制造业也常常需要对外贸易来支持。如果没有广阔的外国市场，那么，不管是在幅员不够辽阔而仅能提供狭小国内市场的国家，还是在国内交通不便以致某地的产品不能行销全国的国家，制造业都不可能兴旺发达。我们必须记住，制造业的完善完全依赖劳动分工；而制造业能实行的分工程度，又必然取决于市场范围，这是我在前面已经说过的。中国幅员辽阔、人口众多、气候多样，因此各地物产丰富，再加上大部分地区之间水运便利，使得中国仅凭广大的国内市场就足以支持庞大的制造业，并允许很细致的劳动分工。就规模而言，中国的国内市场也许不逊于欧洲各国市场的总和。但是，如果能在广阔的国内市场之外再加上世界其他国家的市场，那么，更广泛的对外贸易——尤其是如果这种贸易有相当一部分由中国的船只经营，必将为中国的制造业带来更大的增长，使其生产力得到更大的提高。通过航行到更多的地方，中国人自然能学到各种外国机械的使用和制造方法，以及世界各国技术和工业的其他进步之处。但在现在的政策下，中国除了跟日本的接触，几乎没有向其他国家学习的机会。

古埃及的政策，以及印度政府的政策，似乎也是重视农业胜于所有其他行业。

在古埃及和印度，全体人民分为不同的世袭阶级或部族，由父亲到儿子，固定从事某一职业或某一类的职业。僧侣的儿子必然当僧侣；士兵的儿子必然当士兵；农村劳工的儿子必然当农村劳工；织工的儿子必然当织工；裁缝的儿子必然当裁缝，诸如此类。在这两国，僧侣阶级都占据最高地位，其次是士兵阶级；在两国，农夫和农村劳工阶级的地位都高于商人和制造业者阶级。

这两国的政府都特别关注农业的利益。古埃及国王为合理疏导尼罗河而兴建的工程在古代是很有名的，其中的一些遗迹至今仍得到旅游者的赞叹。古印度各王公为使恒河及其他许多河流灌溉各地而兴建的同类工程，尽管不如前者有名，但是一样伟大。所以，这两国虽也偶尔出现粮食短缺的情况，但都是以粮食丰饶闻名于世。它们尽管都是人口极多的国家，但即使年成一般，也能输出大量谷物到邻国。

古埃及人有畏惧大海的迷信；印度教则不许教徒在水上点火，因而不许教徒在水上烹调任何食物，所以实际上就等于禁止他们远海航行。古埃及和印度几乎都必须完全依靠外国的航运来出口剩余产品，这种依赖必然限制市场，因而必然阻碍剩余产品的增加。而且，它阻碍制造品的增加更甚于阻碍天然产物的增加。与天然产物最重要的部分相比，制造品需要一个大得多的市场。一个鞋匠一年可制造 300 双以上的鞋子，而他的家人可能一年也穿不坏 6 双。因此，除非有 50 个像他家一样的家庭成为他的顾客，否则他的劳动产品就无法全部脱手。在一个大国，人数最多的那类工匠，在国内居民中所占的比例也很少超过 1/50 或 1/100。但在英国和法国这样的大国，从事农业的人口所占的比例，据某些作者计算为 1/2，据另一些作者计算为 1/3，反正据我所知没有哪个作者算出来低于 1/5。由于英法两国的农产品绝大部分都在国内消费，照此推算，每个从事农业工作的人，只需要一家或两家，最多不过四家他家那样的家庭来光顾，就能将其劳动产物全部脱手。因此，与制造业相比，农业更能在市场受限制的不利情况下自我维持。当然，在古埃及和印度，外国市场的狭窄在一定程度上由国内航运的便利得到了补偿；这种航运以最有利的方式，为国内各个地区的不同货物开辟了全国性的市场。印度幅员辽阔，其国内市场广大，足以支持许多种类的制造业。但古埃及幅员还不及英格兰，所以国内市场总是很小，不能维持许多种类的制造业。因此，孟加拉作为印度出口大米最多的地区，一直以出口制造品闻名，而不是出口谷物。相反，古埃及虽然也出口一些制造品，尤其是细麻布及其他货物，却一直以出口大量谷物而闻名。它曾是古罗马的长期粮仓。

中国和古埃及的各君主，以及印度各个时代割据王国的君主，其收入的全部或绝大部分都来自地税或地租。这种地税或地租，像欧洲的什一税一样，由一定比例（据说是1/5）的土地产物构成，或用实物交付，或估价用货币交付，因而税收随各年产量的不同而不同。这样，这些国家的君主，自然特别关注农业的利益，因为他们自己年收入的增减，直接取决于农业的盛衰。

古希腊共和国和古罗马帝国的政策，虽然重视农业甚于重视制造业和对外贸易，但是，与其说他们是直接地、有意识地鼓励前一种行业，不如说他们是抑制后一类行业。在古希腊的某些城邦，对外贸易完全遭到禁止；还有一些城邦认为工匠和制造业者的职业有损人类身体的力量和敏捷度，使人们不能养成在军事和体育训练中要努力养成的习惯，从而不能忍受战争之苦并抵抗危险。这些职业被认为只适于奴隶，国家的自由公民则被禁止从事它们。即使在那些没有这种禁令的国家，比如罗马和雅典，人民大众事实上还是不能从事今日下层城市居民通常从事的各种职业。这种职业，在雅典和罗马，都是由服务于主人利益的富人奴隶来做的。这些富人既有财富和权力，又可以保护他的奴隶，贫穷的自由人要想以他们的产品与富人奴隶的产品竞争，几乎找不到市场。可是，奴隶很少有创造性；所有可以方便劳动和节省劳动的重要改进，不论是在机器方面，还是在工作的安排与分配方面，都是自由人的发现。如果一个奴隶提出这类改进的办法，他的主人往往认为这是懒惰的表现，是想让主人花钱来节省自己的劳动。可怜的奴隶不但不能得到奖赏，还有可能受到斥责，甚至受到惩罚。所以，由奴隶从事的制造业比起自由人从事的制造业来，同量的工作常常要花费更多的劳动才能完成。由于这种缘故，前者的产品一般要比后者的产品更为昂贵。孟德斯鸠曾谈到过，匈牙利的矿山与邻近的土耳其矿山相比虽不丰饶，但总能以较少的费用开采，因而能获得较大的利润。土耳其矿山是由奴隶开采的，土耳其人知道使用的工具只有奴隶的双臂。匈牙利矿山由自由人开采，他们使用许多的机器，方便和简化了自己的劳动。从我们知之不多的关于古希腊和古罗马时代制造品的价格的信息来看，那时的精制造品是非常昂贵的。丝绸，就与黄金以等重量相交换。诚然，丝绸在当时不是欧洲的制造品，它是从东印度运来的，远程运输或可在一定程度上说明其价格的昂贵。但据说当时贵妇人有时也以同样昂贵的价格购买极精致的亚麻布。由于亚麻布一般是欧洲的产品，最远也不过是埃及的产品，所以这种高价只能是因为生产亚麻布所需的必要劳动量非常大；而之所以需要这么多劳动，只是因为所用机器非常笨拙。精纺毛织品在当时的价格虽然不是贵得这么离谱，但也比现在的价格高得多。我们从普利尼的书中知道，以某种特定方式加染的毛织品，每磅价值 100 第纳里，即 3 镑 6 先令 8 便士；而以另一种方式加染的毛织品，每磅价值 1000 第纳里，即 33 镑 6 先令 8 便士。要知道，1 罗马磅仅相当于我们现在的常衡量 12 盎司。诚然，这种高价，似乎主要应归因于染料。但如果毛织品本身价格不是比现在高许多，那这么昂贵的染料可能也不会用在毛织品上，否则主料和配料之间的价值就太不成比例了。普利尼所提到的一种放在桌旁长椅上的毛织靠垫的价格更令人难以置信——有些价值 3 万镑以上，有些价值 30 万镑以上。这样的高价，也没说是因为染料的原因。阿巴思诺特博士认为，古代时髦男女的服装并不像现在这样款式繁多；我们从古代雕像上只发现了极少的式样，这证实了他的看法是正确的。但他以此推断，他们的服装价格总体上必然比现在低廉，这个结论似乎错了。当服装价格极贵时，款式必然极少。但当制造技术和制造业的生产力改进，使得任何服装的价格变得适中时，款式自然会变得非常丰富。当富人不能凭一件服装的价格来使自己与众不同时，就自然会力图凭服装的数量和款式来达到这一目的。

前面已经说过，任何国家最大和最重要的贸易部门，都是城乡之间的贸易。城市居民从农村得到天然产物作为生产原料和生活资料，而向农村提供一部分制造品和准备供直接使用的产品作为支付手段。这两类人之间的贸易，最终就是一定数量的天然产物与一定数量的制造品相交换。因此，后者越贵，前者就越便宜；在任何国家，提高制造品的价格，都会降低土地天然产物的价格，从而抑制农业。一定数量的天然产物或其价格所能购买的制造品越少，这一定数量的天然产物的交换价值就越小，对地主改良土地和农夫耕作土地以增加产量的鼓励作用就越小。此外，在任何国家，减少工匠和制造业工人的人数，都会缩小国内市场，即天然产物最重要的市场，从而进一步抑制农业。

所以，为了促进农业而特别重视农业，并主张对制造业及对外贸易加以限制的那些政治经济体系，其作用都与其所要达到的目的背道而驰，都间接地妨害了它想要促进的那种产业。从这一点看，它们的矛盾之处甚至可能比重商主义体系还大。重商主义鼓励制造业和对外贸易多于鼓励农业，从而使一部分社会资本离开比较有利的产业去支持而比较不利的产业。但它实际上总算鼓励了它想要促进的产业。相反，这样的重农主义体系，实际上最终挫抑了它想要扶持的产业。

这样看来，任何一种政治经济体系，如果试图通过特别的鼓励，违背自然趋势，将更多的社会资本吸引到某一特定产业，或试图通过特别的限制，将本来有可能投入某一特定产业的资本抽走，实际上都是和它想要促进的主要目标相违背的。它将阻碍而不是加速社会走向真正富强的进程，降低而不是增加其土地和劳动的年产品的真正价值。

一切有所偏爱或限制的制度完全被废除后，明白简单的自由制度就会自行建立起来。任何人，只要他不违反公正的法律，都有充分的自由以自己的方式追求自己的利益，以其劳动和资本与其他人或其他阶层相竞争。君主们也可以从此摆脱那种给他带来无穷困惑、凭人类智慧和知识难以胜任的职责，即监督和指导私人产业，使之符合社会利益的职责。按照自由的制度，君主只有三种应尽的职责；这三种职责虽然及其重要，但都简单清楚、易于理解。第一，保卫社会不受其他独立社会的侵犯。第二，尽可能保护社会中的成员不受其他成员的侵害和压迫，这就是说，要设立公正的司法机关。第三，建设和维护某些公共事业和公共设施——这些工程不是为了任何个人或小团体的利益，因为只为他们的利益的话，必将得不偿失；若为整个社会的利益，则能创造比投入时更大的效益。

君主要恰当地履行这些职责必须要有一定的支出，而这种支出又必然要求有一定的收入来支持。因此，在下一篇，我将力图说明：第一，君主或国家的必要费用是什么，其中哪些部分应由对全社会的一般课税来支付，哪些部分只应由对社会特定部分或特定成员的课税来支付；第二，应由全社会支付的费用，应以哪些不同的方式由全社会支付，各种方式的主要利弊是什么；第三，近代各国政府几乎都用这种收入的一部分来作抵押以举债，其理由及原因何在，以及此种债务对社会的真实财富即土地和劳动的年产品的影响又怎样。所以，下一篇将自然地分作三章。

第五篇

论君主或国家的收入

第一章　论君主或国家的开支

第一节　论国防开支

君主的第一项职责，即保卫本国社会的安全，使之不受其他独立社会侵犯的职责，只有凭借军队才能完成。但在和平时期备战和在战争中动用军队的开支，在不同的社会状态下和不同的发展时期是非常不同的。

在狩猎民族（最低级、最原始的社会状态，如北美洲的土著部落）之中，每个人既是猎手又是战士。当他为保卫他的社会或报复其他社会而参加战争时，他通过自己的劳动养活自己，就像平时在家里那样。他的社会，在这种状态下自然不会有君主或国家，因此也无须为他战争前的准备或战争中的生活负担任何开支。

在游牧民族（进步一些的社会状态，如鞑靼人和阿拉伯人）之中，情况也一样，每个人既是游牧者又是战士。他们通常住在帐篷或便于移动的有篷马车中，没有固定居所。整个部落或家族跟随季节或突发事件而迁移。当他们的畜群吃完一个地方的牧草后，他们就迁往另一个地方，然后再从那里迁往第三个地方。他们在干旱季节下到河岸边，在潮湿季节又回到高地。当他们奔赴战场时，并不把牲畜交给老人、妇女和孩子看护，也不会把这些人抛在吃穿没有着落的后方。此外，整个民族在平时已习惯了游牧生活，在战时也能很快奔赴战场。不管是作为一支军队行进，还是作为一个游牧群体迁移，他们的生活方式几乎相同，虽然目的大为不同。所以说，他们全民皆兵，每个人都全身心投入到战争中。在鞑靼人中，甚至妇女也以常常参加战斗著称。如果他们得胜了，敌方部落的所有东西都是胜利的报酬。但如果他们战败了，那就将失去一切，不仅是他们的牲畜，甚至他们的妇女和儿童，都将成为胜利者的战利品。大部分幸存下来的人为生活所迫，不得不向胜利者屈服，其余的人则通常遭受到驱逐而逃亡。

鞑靼人或阿拉伯人在日常生活中的历练，使其为参加战争做好了充分的准备。他们普通的户外消遣，如跑步、摔跤、耍棍、投枪、拉弓等，俨然是在做战斗演习。而他们在实际作战时，也像平时一样，自带牲畜维持生活。这些民族是有酋长或君主的，但酋长或君主并不为训练他们作战而负担任何费用；在作战时，掠夺的机会是他们期望或要求的唯一报酬。

狩猎者的队伍很少超过两三百人。狩猎所提供的生活资料很不稳定，很难在长时间内维持更多的人的生活。与之相反，一支游牧民的队伍有时候能达到二三十万人。只要他们的行进不受阻碍，只要他们能从牧草被吃完了的地方前往牧草仍很丰盛的地方，他们共同前进的人数似乎就没有限制。狩猎民族对邻近的文明民族来说并不可怕，而游牧民族则可能是大威胁。与北美洲印第安人的战争无关痛痒，但鞑靼人在亚洲的屡次入侵最是可怕。修昔底德的判断——欧洲和亚洲都无法抵抗联合起来的塞西亚人，已被各个时代的经验所证实。在塞西亚或鞑靼广袤而无屏障的平原上，居民们常常处在一个骁勇善战的部族首领的统治下，而亚洲的浩劫就是他们统一的信号。另一支庞大的游牧民族，即阿拉伯荒凉沙漠里的居民，曾被穆罕默德及其继任者统一过；这虽然是宗教热情的结果而不是征服的结果，但同样标志着亚洲的浩劫。如果美洲的狩猎民族都成了游牧民族，他们对邻近的欧洲各殖民地来说要比现在危险得多。

在更进步一点的农业社会里，即在没有对外贸易，除了各家为自用而制造的粗糙日用品外，没有其他制造业的农业社会里，每个人也都是战士，或很容易就能成为战士。以务农为生的人一般都是整日露天工作，受尽日晒雨淋。这种艰苦的日常生活正可锻炼他们，使他们能适应战争的艰辛；因为农业日常基本工作与战争时辛苦的任务非常类似。比如说，农民在田地里要挖沟掘渠，这使他能在战场上从容地挖掘战壕、围建营地。农民的日常消遣，也像游牧民那样，像是在作战。不过，农民的闲暇时间比游牧民少，不能像游牧民那样经常进行这类消遣。他们虽也是士兵，但相关技能不是很熟练。但尽管如此，训练他们作战也很少需要其君主或国家来承担费用。

农业活动，即使是在最原始、最初级的状态下，也必须有固定的场地和居所；农民如果放弃它，就会蒙受很大的损失。所以，农耕民族不可能全体出动作战，至少需要老人和妇孺留在后方照看住所，其他符合兵役年龄的男子都应当上战场；人口少的民族往往都是如此。在一个国家中，符合兵役年龄的男子据估算约占总人口的 1/4 或 1/5。如果战争在播种期后开始，在收获期前结束，那么，即使农夫和主要劳动者离开农田，也不会遭受很大的损失。他们相信，老人和妇孺能在此期间很好地完成必需的工作。所以，如果短期参战，他们可以无偿地服兵役，就像在平素的训练中那样，通常不需要其君主或国家承担多少费用。第二次波斯战争结束前，古希腊各城邦的市民似乎就是以这种方式服兵役的；伯罗奔尼撒人在伯罗奔尼撒战争结束之前也是如此。修昔底德曾注意到，伯罗奔尼撒人一般在夏季离开战场，回家收获庄稼。罗马人在各国王统治下乃至共和国初期，也是如此服兵役的。直到围困维伊之战，留在家里的罗马人才开始承担参战人员的费用。在可适当地称为“封建法”的法律制定之前及之后的一段时间，在罗马帝国的废墟上建立的欧洲各王国的各大领主及其直接属民，往往是自费为国王打仗。在战场上，他们也像在家里一样，以自己的收入来养活自己，并不因为参战而从国王那里得到任何薪金或报酬。

但在更高级的社会状态下，有两个原因使得作战人员自费养活自己成为完全不可能的事。这两个原因是制造业的进步和战争方式的改变。

就农民参战来说，只要战争是在播种期后开始，在收获期前结束，他的农务的中断就不会对他的收成有太大影响。因为，即使他们不劳动，大自然也能完成剩余的大部分工作。但是，如果工匠（比如铁匠、木匠、纺织工人）离开作坊去参战，其收入的唯一来源就断了。他的工作全靠自己，大自然帮不上什么忙。所以，如果他们为保卫国家而参战，由于没有收入来维持自己，就必须由国家来维持。而如果一国大部分居民是工匠或制造业工人，那么，大部分参战者必然来自这个阶层，军队作战期间就必然由国家来供养。

再者，战争技术也逐渐发展为十分错综复杂的科学，战争行为不再是社会初级阶段那种零星的小冲突或小战斗，而是要进行多次战役，每次战役说不定持续大半年。此时，参战人员就需要由国家来维持，至少在战争期间是如此。否则，不论参战人员平时从事何种职业，自费参战对于他来说都是过重的负担。由此之故，在第二次波斯战争后，雅典的军队似乎一般都是由雇佣军组成；诚然有一部分是本国公民，但也有一部分是外国人，而且都是由国家支付佣金。罗马军队自从围困维爱城之战以来，在作战期间也得到了报酬。在各封建政府统治下的某一时期之后，各大领主及其直接属民的军事服役，以支付货币的形式代替，他们所交纳的货币就用来维持那些代替他们服役的人的生活。

在文明社会里，服兵役人数与人口总数的比例，必然要比初级社会小得多。文明社会维持士兵的费用，都由那些不参战的劳动者负担。由于这些劳动者还得根据各自的情况维持自己及其行政司法官吏的生活，因此，士兵的数目就不能超过他们维持了这二者生活之后所能维持的限度。在古希腊小农业国中，全体人民中有 1/4 或 1/5 具有士兵的身份，并不时走上战场。而在近代欧洲的各文明国家，按一般估算，士兵的人数不能超过人口总数的 1/100，否则将会由于支付过多的佣金而危及国家经济。

为作战而练兵的费用，直到战场上的军队由君主或国家供养很久之后，才成为国家的一项大的开支。在古希腊各共和国，军事训练是国家对自由市民施加教育的必要部分。每个城市都有一个公共场地，青年人在地方官员的主持下由不同的教师带领进行不同的训练。这种简单的公共机构的开支似乎就是古希腊各共和国用于训练战士的全部开支。古罗马在其竞技场中进行的训练与古希腊在其运动场中进行的训练具有同样的目的。随后的各封建政府也颁布法令规定，各区市民必须演练箭术并接受其他军事训练；这也是为了同一目的，但似乎效果不是很好。由于受托执行这种法令的官员缺乏兴趣或某些其他的原因，这种法令普遍遭到了忽视。随着那些政府的更替，军事训练似乎在群众中间逐渐被废止了。

在古希腊、古罗马各共和国存在的整个时期，以及在各封建政府建立之后的很长一段时期，当兵或从军并不是一种作为某一市民阶层唯一或主要工作的独立职业。每一个国家公民不论平时以何种职业为生，都认为自己同样能当一个士兵；在非常时期，他更觉得自己有这个义务。

然而，战争技术作为所有技术中最高端的技术，随着社会的进步，必然成为最复杂的技术。战争技术的完善程度虽然由机械技术及其他相关技术决定，但是，要真正变得完善，还得有赖于一个把战争作为唯一或主要职业的特定市民阶层；和其他技术一样，此种技术的发展也有赖于劳动分工。其他技术领域的劳动分工是个人慎重考虑的结果——人们发现，专门做某项特定工作比做许多种不同工作对自己更有利。但要使得当兵成为一种独立、明确的特殊职业，只能靠国家的行为。在和平时期，一个市民如果在国家没有任何奖励的情况下把大部分时间用在军事训练上，他无疑会在军事方面大有提高，或许还能从中得到很大的乐趣，但肯定不会增加他自身的利益；只有国家的行为，才能使他为了自己的利益，在大部分时间里从事这种特殊的职业。但很多国家甚至在存亡之际也不知变通。

游牧民有大量闲暇时间；在初级阶段的农业社会，农夫也有一些闲暇；而工匠和制造业工人则完全没有闲暇时间。第一种人可以将大量时间用于军事训练，没有任何损失；第二种人可以将一部分时间用在这方面，也没有任何损失；但第三种人哪怕在这上面耗上一个钟头也会有损失，他对自身利益的关注自然会使他完全忽视军事训练。技术和制造业的进步也必然会引起农业上的各种改良，使得农夫和工匠一样，几乎没有闲暇时间。农民也会变得像城市居民那样完全忽视军事训练，这样，人民大众就逐渐不再好战。然而，在另一方面，由农业和制造业的改良所带来的财富，也就是说，因这些改良所积蓄下来的财富，却又会招致邻国的入侵。事实上，因勤勉而致富的国家，往往最容易招致别国的攻击。所以，在人民的自然习性根本不能保卫自己的情况下，国家在国防上必须采取新的措施。

在这样的情况下，国家似乎只能采取两种方法提供基本的国防力量。

第一，不管公民的利益、资质和爱好如何，通过强制手段强迫他们进行军事训练，命令所有符合兵役年龄的市民（或其中特定人数的市民），不论其从事哪种职业，都必须在某种程度上同时从事士兵的职业。

第二，通过维持和雇用一部分公民进行专门的军事训练，使士兵这种职业成为一种区别于其他职业的特殊职业。

如果国家采取第一种方法，其军事力量就是所谓的民兵；如果采取第二种方法，其军事力量就是所谓的常备军。进行军事训练是常备军唯一的或主要的职业内容，国家给予他们的薪水或饷金就是他们主要的和通常的生活费来源；而对于民兵来说，军事训练只是他们偶尔的职业内容，他们主要的和通常的生活费来自其他职业的收入。对民兵来说，他们作为劳动者、工匠或商人的身份是主要的，士兵的身份是次要的；对于常备军来说，他们作为士兵的身份则是主要的。这种区别似乎就是这两种军事力量的基本区别。

民兵也有若干不同的种类。有些国家只是对要参与国防的公民进行军事训练，并无编制，也就是说，不分成独立的队伍，不在正式的和固定的官员指挥下进行操练。在古希腊和古罗马各共和国，每位公民只要在家，都是独自一人训练或和关系最好的同伴一起训练，直到实际应征参战时才被编入某一特定队伍。而在其他国家，民兵不仅进行军事训练，而且还有编制。在英国、瑞士乃至近代欧洲其他设立这种不完备军队的国家，每个民兵即使在和平时期也都被编入某一特定队伍，在各自正式和固定的长官的指挥下进行军事训练。

在枪炮发明以前，一支军队是否占优势，取决于其中每个士兵使用武器的技术和灵巧程度。士兵身体的力量和敏捷性最重要，常常能决定战斗的态势。但是，这种使用武器的技术和灵巧程度，也像现在的剑术一样，不能通过集体的学习获得，只能在特定的学校中、在特定老师的指导下，独自学习或与水平相当的伙伴一起学习。自从枪炮发明以来，身体的力量和敏捷性，甚至使用武器的特殊技术和灵巧程度，虽不是变得毫不重要，但重要性小多了。对于笨拙者和灵巧者来说，使用枪炮虽不会使他们的技术水平相同，却能使他们的技术水平比从前更为接近。人们认为，使用枪炮的技术和灵巧性，完全可以通过集体操练来习得。

在现代军队，与士兵使用武器的技术和灵巧程度相比，纪律、秩序和迅速服从命令这些士兵的素质更能决定战斗的命运。但是，枪炮的轰响和硝烟，以及进入大炮射程之内就无时无刻不要面对的无形的死神，必然使得士兵们在纪律、秩序和对命令的服从上很难保持一定水平，甚至在战斗刚开始就会是这样。在古代的战斗中，没有枪炮的轰响，只有人发出的喊叫；没有硝烟，没有在无形中使人负伤或死亡的东西，每一个人都看得清他身边的致命武器。在这种情况下，对自己使用武器的技术和灵巧程度有一定信心的军队，必然比在使用枪炮的情况下更容易保持纪律和秩序；不仅在战斗的开始时是如此，而且在战斗的整个过程且直到两军决出胜负为止都是如此。不过，纪律、秩序和对命令迅速服从的这些素质，只有士兵集体训练的军队才能形成。

可是，民兵无论以什么方式进行训练，都必然远不如纪律严明、训练有素的常备军。

一个星期或一个月才训练一次的士兵，在使用武器上绝不如每日或隔日训练一次的士兵来得熟练。军队整体上熟练使用武器这点如今虽远不如古代那样重要，不过大家之所以公认普鲁士军队非常强大，据说在很大程度上要归因于他们在使用武器上更训练有素。这说明，即使在现在，熟练使用武器也非常重要。

一个星期或一个月才接受一次长官指挥的士兵，在其他时候都有自由按自己的方式处理自己的事务，在任何方面都不必对长官负责；因此，他们绝不会像全部生活和行动都由长官指挥，甚至每天的作息（至少是回营房休息）都遵照长官命令的士兵那样，能够敬畏长官并迅速服从他的命令。民兵在纪律（或者说迅速服从的习惯）方面比在武器使用方面更不如常备军。然而，在现代战争中，迅速服从命令的习惯比熟练使用武器重要得多。

像鞑靼和阿拉伯的民兵那样，作战时由平时一贯拥有权威的酋长所带领的民兵，是最好的民兵。在尊敬长官和迅速服从命令方面，这种民兵最接近常备军。苏格兰高地的民兵在其首领的指挥下，也具有类似的优点。不过，由于他们不是四处漂泊的牧民，而是有固定住所的牧民，在平时不习惯跟随其首领从一地转移到另一地，所以在战时也不大愿意跟随他远征或长期作战。他们得到战利品之后就急于回家，首领的权威很少能挽留他们。在服从命令方面，他们远不如记载中的鞑靼人和阿拉伯人。而且，这些高地居民由于住所固定，在户外时间较少，也不像鞑靼人和阿拉伯人那样习惯军事训练，不像他们那样能熟练使用武器。

但是，必须指出的是，不论哪种民兵，如果连续几次参战，从任何方面来说，就都可以成为常备军了。他们每天都练习使用武器，并且经常接受其长官的指挥，从而像常备军那样习惯迅速服从命令。至于他们在参战之前的身份，那并不重要。只要经历过几次战斗，他们定会在任何方面都成为常备军。如果美洲的战争能再延长一段时间，美洲的民兵将在任何方面都与上次战争中英勇程度至少不逊于法国和西班牙当年最顽强的老兵的那支常备军旗鼓相当。

充分了解这种区别之后，我们就可以发现，一切世代的历史都证明了，一支训练有素的常备军与民兵比起来，具有无可置疑的优越性。

在权威史料中有明确记载的最早的常备军之一，是马其顿国王腓力的军队。他经常与色雷斯人、伊利里亚人、色萨利亚人，以及某些与马其顿相邻的希腊城邦作战，逐渐使本来是民兵的军队养成了常备军的严明军纪。在和平时期——这种时候很罕见而且时间不长，他保持谨慎而不解散军队。经过长期激烈的战争，他先是击败并征服了古希腊各主要共和国英勇而训练良好的民兵，此后又轻易地击败了波斯帝国羸弱而缺乏训练的民兵。希腊各共和国和波斯帝国的没落，就是常备军与民兵相比占据绝对优势的结果。这是人类历史上有明确而详尽记载的第一次大革命。

迦太基的没落及取而代之的罗马的兴起，是第二次大革命。这两个著名共和国的命运变迁均可由同样的原因而得到说明。

从第一次迦太基战争结束到第二次迦太基战争开始的这段时间内，迦太基军队一直在征战，相继由三位伟大的将军指挥，分别是汉米尔卡尔、他的女婿汉斯德鲁拔，以及他的儿子汉尼拔。他们先是惩戒了内部叛乱的奴隶，然后镇压了非洲部族的叛乱，最后征服了西班牙王国。由汉尼拔率领的从西班牙进入意大利的军队，历经这些战争，必然逐渐养成了常备军的严明军纪。而罗马人在同一时期虽然不是完全处于和平状态，但却没有经历任何重大战争，其军纪通常被认为是相当松弛的。所以，罗马军队与汉尼拔的军队在特雷比亚河、特拉西梅诺湖和坎尼城进行会战，相当于以民兵对阵常备军。这一因素，也许比其他因素更有力地决定了这几次战役的命运。

汉尼拔留在西班牙的常备军，与罗马派去作战的民兵相比，也具有相同的优势。所以，这支常备军在汉斯德鲁拔德指挥下，几年之内就把几乎所有的罗马民兵赶出了西班牙。

但汉尼拔没有从国内得到良好的供给，而罗马的民兵在久经战阵之后，逐渐成了纪律严明、训练有素的常备军。汉尼拔的优势日渐消失。汉斯德鲁拔认为有必要率领自己在西班牙的全部或几乎全部的常备军去意大利增援汉尼拔。然而，在行军中，向导指错了路，在这片陌生的国土上，他猝不及防地遭到了另一支同样强大或更强大的常备军的突袭，结果全军覆没。

当汉斯德鲁拔离开了西班牙，罗马的大西庇阿面对的就只是实力不如自己军队的民兵了。他击败并征服了这些民兵，而在战争的进程中，他自己的民兵也变成了纪律严明、训练有素的常备军。这支常备军后来被派往非洲，在那里，也只有民兵与他们对抗。当迦太基为了自保而召回汉尼拔的常备军的时候，这些屡战屡败、垂头丧气的非洲民兵加入了汉尼拔的军队，在扎马会战中，汉尼拔的军队大部分由这些民兵组成。而这两个敌对的共和国的命运，就由那天的战斗决定了。

从第二次迦太基战争结束到罗马共和国灭亡，罗马的军队完全是常备军。抵抗他们的常备军只有马其顿的军队。在军威达到顶峰时，罗马军队也是经过两次大战争和三场大战役才征服这个小国的，要不是由于马其顿最后一位国王太懦弱，这次征服或许会更加困难。古代所有的文明国家，如希腊、叙利亚和埃及，他们的民兵面对罗马的常备军时，抵抗能力都很弱。而一些野蛮国家的民兵的抵抗要激烈得多。米特拉达梯从黑海和里海以北调来的塞西亚或鞑靼民兵，是罗马人在第二次迦太基战争之后遇到的最可怕的敌人。帕提亚和日耳曼的民兵也始终令人尊敬，他们曾好几次在罗马军队面前大占优势。不过，总的来说，罗马军队如果指挥得当，这般民兵终究不是它的对手；罗马人没有去彻底征服帕提亚和日耳曼，或许是因为他们认为帝国已经太大了，不值得再添上两个野蛮国家。古代帕提亚人似乎是塞西亚或鞑靼人的系属，他们始终保持着许多祖先的生活方式。而古代日耳曼人也像塞西亚或鞑靼人一样是游牧民族，在战争中接受平时所跟随的酋长的指挥。他们的民兵与塞西亚或鞑靼的民兵完全属于同一类型，或许，他们也是塞西亚或鞑靼人的后裔。

许多不同原因导致了罗马军纪的松弛，军纪过严可能是原因之一。当他们在鼎盛时期所向无敌时，沉重的盔甲被当作不必要的负担而搁置一旁，艰苦的训练被当作不必要的劳累而受到了忽略。此外，罗马各皇帝治下的常备军，尤其是保卫日耳曼边境和潘诺尼亚边境的常备军，经常自立将军来对抗皇帝，对皇帝构成了威胁。为了削弱他们的力量，戴克里先大帝（另外一些学者说是君士坦丁大帝）把驻扎在边境的由两三个军团组成的大部队撤了回来，把他们分成小部队派往各省城镇驻扎，除非必须抵抗入侵的敌人，否则不得移动。这些小部队的士兵长期待在商业和制造业城市，自己也逐渐变成了商人、工匠和制造业者。他们的市民身份压过了军人的身份，罗马的常备军也逐渐退化为腐败、玩忽职守、纪律松弛的民兵，没能力抵抗后来日耳曼和塞西亚民兵对西罗马帝国的入侵。有些罗马皇帝只能靠雇用其中某些民族的民兵来对抗另外一些民族的民兵，才继续维持了一段时间。西罗马帝国的灭亡，是人类历史上有明确而详尽记载的第三次大革命。野蛮国家民兵相对文明国家民兵无可置疑的优越性，即游牧民国家民兵相对农夫、工匠和制造业者国家民兵无可置疑的优越性，促成了这次革命。民兵所取得的不是对常备军的胜利，而是对在训练和纪律方面都不如自己的民兵的胜利。希腊民兵战胜波斯帝国民兵，以及后来瑞士民兵战胜奥地利和勃艮第民兵，均属于这种情况。

西罗马帝国灭亡了，在它的废墟上建立起来的是日耳曼民族和塞西亚民族的国家。这些民族迁入新领地后，他们的军事力量依然在一定时期内保持着原来的性质，即依然是由牧人和农夫组成的民兵，在战时由他们平时习惯服从的首领带往战场参战。因此，他们的训练和纪律还是不错的。不过，随着技术和产业的进步，首领的权威逐渐衰微了，大多数人民能用于军事训练的闲暇时间也越来越少。所以，封建民兵的纪律和训练江河日下，只好逐渐建立常备军来代替民兵。此外，一旦某文明国家建立了常备军，其他邻国也必然会效仿。因为邻国会发现，自身安全有赖于建立一支这样的常备军，其民兵根本无法抵挡常备军的攻击。

常备军的士兵即使从未在战场上与敌人交过手，也常常显示出老兵般的勇气，并且一上战场就能和最顽强、最老练的老兵进行较量。1756年，俄国军队进军波兰，俄国士兵的勇气不逊于当时在欧洲最顽强、最老练的普鲁士士兵。而俄罗斯帝国在此前将近二十年的时间里都处在和平时期，当时很少有见过阵仗的士兵。1739 年对西班牙的战争爆发时，英国也刚经历了二十八年的和平，但英国士兵的勇气并未因长期和平而退化，这在攻打卡塔赫纳时——那次不幸的战争中第一次不幸的冒险——表现得最为突出。长期生活在和平中，将军们也许会忘记其技能，但管理得法的常备军士兵似乎绝不会忘记他们的勇武。

如果一个文明国家的国防依赖于民兵，它将随时有被邻近野蛮国家征服的危险。亚洲各文明国家往往被鞑靼人征服的事实，充分证明了野蛮国家民兵相对于文明国家民兵的自然优越性。而正规的常备军在任何民兵面前都具有优势。只有富裕文明的国家才能更好地维持常备军，也只有这种军队才能保卫这种国家免遭贫穷野蛮的邻国的侵犯。所以，只有通过建立常备军，一国才能永续文明，或者长时期保有其文明。

正如一个文明国家只有依靠常备军才能得到保卫，一个野蛮国家也只有通过建立常备军才能迅速得到基本的文明化。常备军凭其不可抗拒的力量，将君主的法令推行到帝国最偏远的地方，在没有常备军存在就不认可帝国政府的国家，在一定程度上维持正常统治。无论谁留心考察俄国彼得大帝改革所取得的成就，都会发现几乎这一切都源于正规常备军的建立。这支常备军是彼得大帝执行和维护其他政策的工具。俄国此后所享有的秩序及国内和平，完全要归功于这种常备军的影响力。

共和主义者一直担心常备军会危及自由。如果将军和重要官员的利益不是必然地与对国家宪法的维护联系在一起，这种危险确实存在。例如：恺撒的常备军毁了罗马共和国；克伦威尔的常备军解散了长期议会。但如果君主自己就是统帅，社会显贵是军队的主要将领，军事力量是由那些拥有最多的行政权力而自身最大利益在于维护行政权力的人指挥，常备军绝不会危及自由。相反，某些情况下它还可能有利于自由。有了常备军，君主就安全了，不必像在某些现代共和国那样去猜忌市民，去监视市民一言一行，时刻打算打扰市民的安宁。如果一国行政官员尽管得到国内大多数人民的支持，但人民每次有所不满都会威胁其安全，即一次小骚乱在几小时内就能引起一场大革命，政府必然会运用全部权力来镇压和惩罚一切不利于自己的流言和不满情绪。相反，如果君主感到支持自己的不仅有贵族，而且还有一支正规常备军，那么，即使最粗暴、最无稽、最放肆的抗议也不会引起他的不安。他可以宽恕或无视这种抗议，这在他意识到自己的优势地位之后是很自然的事情。那种接近于放肆的自由，只有在君主得到了正规常备军的保护的国家才能被容忍。也只有在这种国家，才无须为了公共安全而授予君主任意行事的权力，即使是去镇压这种放肆的自由带来的鲁莽举动。

因此，当社会文明不断进步时，君主的第一个职责，即保卫社会免受其他独立社会的侵犯与欺辱的职责，就逐渐需要越来越多的费用。最初，社会的军事力量不论在平时还是在战时，都不必由君主来花钱维持；但随着社会的进步，先是在战时得由君主予以维持，随后在平时也要由他来维持了。

火药武器的发明为战争技术带来的巨大变化，进一步增加了平时训练及战时使用一定数量士兵的开支。武器和弹药都比以前昂贵。步枪是比长矛或弓箭更费钱的武器，大炮或迫击炮是比弩炮或石炮更费钱的武器。如今，阅兵或演习所消耗的火药是收不回来的，它造成的开支相当可观；而在古代，阅兵或演习所掷出的投枪或放出的弓箭很容易捡回来，而且它们本身价值就不大。与弩炮或石炮相比，大炮或迫击炮不仅贵得多，而且重得多，因而不仅制造费用更大，而且运往战场的费用也更大。由于现代的大炮与古代相比厉害得多，所以，要为城市设防来抵御这种大炮的攻击，困难也大得多，因而开支也大得多，哪怕只抵御几个星期。在现代，有很多不同的原因会导致国防开支增加。在这方面，事物自然变化发展不可避免的影响，又被战争技术上的大革命增强了不少；而引起这个大革命的，似乎不过是一个偶然事件，即火药的发明。

在如今的战争中，火药武器造成的巨大开支明显有利于那些更能负担这种开支的国家，因此使富裕文明的国家与贫穷野蛮的国家相比，明显处于有利的地位。在古代，富裕文明的国家很难抵御贫穷野蛮的国家的入侵；在现代，贫穷野蛮的国家则很难对抗富裕文明的国家。火药武器的发明，乍看起来似乎有害，实际上却有利于文明的延续和扩张。

第二节　论司法开支

君主的第二个职责是尽可能保护每一个社会成员不受其他成员的侵害和压迫，即设立公正的司法机关。履行这一职责，在不同的社会时期所需费用也不相同。

在狩猎民族之中，人们几乎没有财产，即使有，至多也只值两三天劳动的价值，因此很少设立固定官员或常规司法机关。没有财产的人如果互相伤害，也只能伤害彼此的身体或名誉。但当一个人去杀死、打伤或诽谤另一个人时，尽管受害者受到伤害，加害者却并没有得到好处。对财产的侵害则不同，受害者的损失常常就等于加害者的获利。能刺激人们去伤害他人身体或名誉的，只有嫉妒、怨恨、愤怒等情感。但大多数人并不经常受这些情感的影响，即使是最坏的人也只是偶尔受其影响。而且，不管这种情感得到的满足对某些人来说是多么惬意，但它并不带来任何实际的或长久的好处，所以大多数人一般都能谨慎地克制自己。因此，即使没有司法官员保护人们免受这种情感的侵害，人们也能在一个还算安全的社会中共同生活。但是，富人的贪婪和野心，贫民的好逸恶劳，总是促使人们去侵犯别人的财产，并且这种心态在作用机制上更为稳定，在影响上更为普遍。凡是有巨大财产的地方，都有巨大的不平等。有一个巨富，就至少有五百个贫民；极少数人的富足意味着多数人的贫穷。贫民为生活所迫，或为嫉妒驱使，常常会侵犯富人的财产。只有在司法官员的庇护下，那些通过多年的劳动或几代人的积累而获得了财富的人才能安稳地睡上一觉。他时刻被未知的敌人包围着，他虽然从未激怒过他们，但也无法安抚他们，他只能靠随时准备惩奸除恶的司法官员强有力的保护才能免受他们的侵害。所以，巨大的财富形成之后，必然要求建立政府。而在没有财产或财产至多值两三天劳动价值的地方，则没有建立政府的必要。

一个政府，必先让人民服从。建立政府的必要性既然是随着财产的增加而逐渐增加，所以人民服从这一政府的主要原因也是随着财产的增加而增加。人民服从的原因或条件，或者说，在有任何统治机构之前，某些人的社会地位高于其同胞的原因或条件，似乎有四种。

第一种原因或条件是个人资质的优越，即身体方面的力量、外表和灵敏性的优越，精神方面的智慧、德行、思虑、公正性、毅力和自制力的优越。身体方面的资质，如果没有精神方面的资质来支持，在任何阶段的社会都不能服众。一个大汉单靠体力只能制服两个弱者，而仅凭精神方面的资质，却能取得极大的威信。不过，精神方面的资质是无形的，总是可争议，也常常受争议。不论是野蛮社会还是文明社会，在确立等级或服从的准则时，都觉得以这种无形的资质为根据不太方便，其根据往往是更清楚具体之物。

第二种原因或条件是年龄的优势。老年人，只要不至于老糊涂，在任何地方都比在等级、财产、能力方面与自己相同的年轻人更受人尊敬。在如北美土著那样的狩猎民族中，年龄是决定等级和优先地位的唯一基础。在他们中间，比自己年长的要称父亲，和自己同龄的称兄弟，比自己年幼的则称儿子。在最富裕和最文明的国家，人们如果在除了年龄之外的其他方面都旗鼓相当，从而没有其他可以划分等级的标准，那么就以年龄来划分等级。在兄弟姐妹间，年龄最大的总是排第一。在继承父亲遗产时，名誉和头衔之类不可分割而必须全部归一人占有的东西，大多数情况下都给予年龄最长者。年龄这种特质很清楚、很具体，无可争议。

第三种原因或条件是财富的优越。在每个社会时期，富人的权威都很大；而在允许财富有巨大不平等的最原始的社会时期，富人的权威最大。一个鞑靼首领拥有的牛羊足以养活一千个人，但他的这些牛羊除了养活一千个人，没有其他用途，因为他所处社会的原始状态没有提供什么能与他自己消费之后剩余的天然产物相交换的制造品、工艺品或赏玩物件。他养活的那一千个人既然生计完全靠他，就必然会在战时听从他的命令，在平时也服从他的管理。他必然是他们的统帅和法官，他的首领地位是他财富优势的必然结果。而在富裕文明的社会，一个人可能拥有极多的财富，但能支配的人也许不过十来个。尽管他的土地产出也许能养活一千个人或确实养活了一千个人，但由于那些人从他那里得到的一切都要付费，他并未给予他人任何东西，只是与他们做了等价交换，所以几乎没有人认为自己完全靠他生活，他的权威仅在几个奴仆面前得到体现。不过，即使是在富裕文明的社会，财富带来的威信仍然很大。财富带来的威信比年龄或个人资质带来的威信大得多，这一直是财富不平等的各个社会时期人们所抱怨的。狩猎社会是社会的第一阶段，没有财富的不平等。普遍的贫穷造成普遍的平等，年龄或个人资质是决定权威或等级薄弱却唯一的基础。因此，这个社会阶段没有或很少有权威和等级。游牧社会是社会的第二阶段，财富极不平等，财富所有者的权威在这一社会中比在其他社会大，因而这个社会阶段的权威和等级最为确凿。阿拉伯酋长的权威极大，鞑靼首领的权威则完全是专制独裁。

第四种原因或条件是门第的优越。这种优越以祖先在财产上的优越为基础。任何家族都是自古繁衍下来的；王侯的祖先虽然可能更有名，但在数量上也不会比乞丐的祖先更多些。古老的世家在任何地方都意味着它昔日所拥有的财富，不然就是基于财富或伴随财富而来的巨大声誉。无论在哪里，暴发户都不如古老世家那样受人尊敬。人们憎恶篡权者、爱戴昔日王族，在很大程度上是由于人们自然而然地轻蔑暴发户、崇敬世家。正如军官心甘情愿服从平时一直指挥他的上级，而不能容忍自己的下级爬到自己的头上，人们也容易服从他们自己或他们祖先服从过的家族；当一个从来不被他们承认有任何优越性的家族来统治他们时，他们就会怒火中烧。

门第的差异伴随着财富的不平等而来，所以，在所有人的财产平等从而门第也几乎平等的狩猎民族，几乎不存在这种现象。当然，在他们中间，一个聪明勇敢的人的儿子，比起不幸是一个愚蠢怯懦的人的儿子来，即使本领相同，也多少更受人尊敬些。但这种差别毕竟是很有限的；我相信，世上从来没有一个伟大家族的盛名完全是靠传承智慧和美德而来的。

门第的差异在游牧民族中不是偶尔存在，而是始终存在。这些民族通常对各种奢侈品一无所知，因而在他们之中巨大的财富不可能被挥霍一空。因为在这些民族中将财富保持在同一家族中的时间最长，所以在这些民族中借祖先荫庇而受人尊崇的家族也最多。

门第与财富显然是使某人的社会地位高于另一人的两大主要条件。它们是个人显贵的两大原因，因而也是在人类中自然而然确立权威和等级的主要原因。在游牧民族中，这两个原因充分发挥了作用。畜牧大户因其拥有巨大财富且为许多人提供生计而受到尊敬，因其出身高贵、门第显赫而受到推崇，所以他相对于自己部落中的其他人自然具有权威。他能比其他人团结和指挥更多的人，他的军事力量比其他人都要强大。在战时，自然集结到他旗下的人比集结到其他人那里的都多，于是他就自然凭门第和财富获得了某种行政权力。同时，由于他能指挥更多的人团结起来，他最能迫使其中伤害他人者进行赔偿。因此，那些弱小而无法保护自己的人自然就会寻求他的保护，那些认为自己受到伤害的人也自然会向他申诉。在这种情况下，他的干预比其他人的干预更容易被人接受，即使对于被控诉的人也是如此。这样，他就自然凭门第和财富获得了某种司法权力。

财产上的不平等，开始于游牧时代，即社会发展的第二个阶段。接着，它就带来了人与人之间过去不可能存在的权威和等级差异，而因此又带来了保持权威和等级所必要的政府——这似乎是自然而然地形成的，与对这种必要性的考虑无关。不过，对这种必要性的考虑，此后对保持和维护权威与等级确实有极大贡献，那是无疑的。特别是富人，他们必然愿意维护这种秩序，因为只有这种秩序才能保护他们的既得利益。小富人联合起来保护大富人的财产，以便大富人能联合起来保护小富人自己的财产。所有的小牧民都觉得，自己的牲畜的安全取决于大牧民的牲畜的安全，自己的小权威的维持取决于大牧民的大权威的维持，使自己的下级服从自己建立在自己先服从大牧民的基础之上。这样，他们就构成了一种小贵族，他们愿意保护自己君主的财产并维护君主的权威，以便君主保护他们的财产并维护他们的权威。为了保障财产而建立的政府，事实上就是为了保护富人而抵抗贫民，或者说，保护有产有业的人而抵抗一无所有的人。

不过，这种君主的司法权力，不但不用他破费，还是他的一个长期收入来源。向他申诉的人总是愿意付出代价的，提起申诉时往往附带着礼金。而且，君主的权威完全确立后，被判定有罪者在赔偿原告损失之外，还须向君主缴纳罚金，因为他给国王陛下带来了麻烦和困扰，破坏了国王陛下的安宁，对其处以罚金是理所当然的。在亚洲的鞑靼政府，以及日耳曼人和塞西亚人推翻罗马帝国后建立的各个欧洲政府，司法行政事务都是重要的收入来源；对君主来说是如此，对那些在特定部落、氏族或领地行使司法权的酋长或领主来说也是如此。最初，君主或酋长通常亲自行使司法权。后来，他们普遍发现，委托代理人、执事或法官来行使这一权力更为方便。不过，这种代理人仍然得向其主人报告司法收入。我们看看亨利二世对其巡回裁判官的训令就能明白，那些裁判官巡回全国的目的是为国王征集某项收入。当时，司法行政不仅能为君主提供一定收入，而且获取这种收入还是君主希望从司法行政中得到的主要好处之一。

司法行政以敛财为目的，难免弊病丛生。拿着重礼申诉的人所得到的可能不仅是公道，而拿着薄礼申诉的人则可能得不到公道；法官常常拖延裁决的时间，以期得到更多的礼金。此外，为了对被告处以罚金，他常常寻找有力的理由来证明其有罪，哪怕实际上并非如此。司法上的这种弊病，我们翻阅一下欧洲各国的古代史，就知道是绝非罕见。

如果是君主或酋长亲自行使司法行政权，无论弊病多严重，都不大可能得到纠正，因为没有人有足够的权力问责于他。如果他委托代理人行使这一权力，这种弊病则有可能得到纠正。要是代理人只是为了他自己的利益而有不公正的行为，君主难免要惩罚他或迫使他纠正错误。但如果代理人的不公正行为是为了君主的利益，是为了讨好任命他并有可能重用他的人，则这些错误在大多数情况下就会像君主包庇自己那样无法被纠正。所以，在所有野蛮国家中，尤其是在那些建立在罗马帝国废墟上的欧洲古国中，司法行政是长期腐败的：即使在最英明的君主统治下都远远谈不上平等和公正，在最差劲的君主统治下则更是腐败透顶。

在游牧民族中，君主或酋长只是部落或氏族中最大的牧羊人或牧民，他与他的臣民或下属一样，靠自己畜群的繁殖来维持生活。在刚脱离游牧状态且尚未有很大进步的农耕民族，如特洛伊战争时代的希腊各部族，以及最初移居西罗马帝国废墟之上的我们的日耳曼和塞西亚祖先中，所谓君主或酋长，同样不过是最大的地主。他的生活像其他地主一样，依靠自己私有土地的收入，也就是现在欧洲所谓的御地的收入来维持生活。他的属民在一般情况下不向他进贡，除非需要他的权威来保护他们不受其他同胞的压迫。在这样的情况下，属民们献给他的礼物或礼金就构成了他的全部常规收入；这也是除了特殊的紧急情况以外他得自他的统治权的全部报酬。《荷马史诗》中，当阿伽门农为了友谊而送给阿基里斯七个希腊城市的统治权时，他提到的唯一好处就是那里的人民会奉上礼物。这种礼物，即司法行政的报酬或法院的礼金，只要构成君主由其统治权获得的全部常规收入，那就不太可能被他主动放弃，甚至别人也难以理直气壮地提议他这样做。建议他为这种收入制定规范倒是可以，也有人这样做过；但是，君权无限，就算制定了规范，要防止他不违反规范即使不是不可能，也是非常困难的。所以，在这种局面下，没有什么切实的办法可以挽救由那些礼物的任意性和不确定性自然导致的司法腐败的局面。

但后来，当种种原因——主要是抵抗他国侵略的国防开支不断增加——使得君主私有土地的收入不够支付国家各项费用，也就是人民为了自己的安全必须通过缴纳各种赋税来对政府费用做出贡献时，国家似乎才普遍规定，君主或他的执事或代理人（即法官）不得以任何借口通过司法行政收受礼物。因此有人说，完全废除这种礼物或礼金反倒比围绕礼物或礼金确立有效规范更容易。这时，国家开始向法官发放固定的薪水。这被认为足以补偿他放弃先前的司法报酬所受的损失，而赋税也被认为补偿了君主因此所受的损失而有余。人们从此才号称司法行政是免费的。

然而，实际上司法在任何国家都绝非免费。至少诉讼当事人必然总是要付给律师或代理人报酬，否则，他们履行职责就没这么勤快。在每一个法庭，每年付给律师或代理人的费用，远远高于法官的薪金。国王虽付给法官报酬，但在任何地方都没有大幅减少诉讼的必要费用。不过，禁止法官向当事人收取礼物或费用，与其说是为了减少费用，不如说是为了防止腐败。

法官是非常受人尊敬的职位，即使报酬很少，人们也愿意干。地位低一些的治安官的职位，虽然需要处理大量麻烦，而且大多数情况下毫无报酬，但却是英国大部分乡绅眼中的香饽饽。在一个文明国家，大大小小的司法人员的薪金及司法行政的一切费用，即使偿付得不太有效率，也都只占政府全部开支的一小部分。

如果要从法院手续费中筹付全部司法经费，那也很容易；这样，司法行政既不会有腐败的实际危险，国家收入项下也节省了一笔开支，虽然非常小。可是，法院手续费如果有一部分要划归像君主这样权力极大的人，而且构成他的收入相当大的部分，那么就很难得到有效规范。但这种手续费的主要受益人如果是法官，则很容易得到规范，因为法律虽难以使君主一直遵守规定，但能使法官如此。如果对法院手续费有明确的规范，如果手续费是在诉讼过程中的特定时间一次性付给出纳员，然后由他按照一定的比例在判决之后（不是在判决之前）在各个法官之间进行分配，那么，与完全禁止收取手续费相比，似乎也不会有更大的腐败危险。这种手续费不会使诉讼费用大幅增加，却足以支付全部司法开支。在诉讼结束后再付钱给法官，这可激励他们更加勤奋地审理并结案。在法官人数很多的法院，根据各法官在法庭或审判委员会审理案件所花的时日来确定他们应得的手续费份额，也能激励每一个法官勤勉地工作。公共服务的报酬只与其结果相关，并按勤勉程度来分配，这样才有最好的公共服务。在法国各高等法院，手续费占法官报酬的绝大部分。法国国王付给图卢兹高等法院（在等级和地位上位居法国第二的法院）的法官们的薪金，在做出了一切扣除以后，每年只有 150 里弗，约合 6 英镑 11 先令。在七年以前，这相当于当地一个普通侍者的常规年薪。他们的法院手续费也根据各法官的勤勉程度来分配。一个勤勉的法官可以得到虽然不多但还算不错的收入，而一个怠惰的法官在薪金之外则所得无几。那些高等法院在许多方面可能不算非常便利的法院，但它们从未受到指责，甚至从未被怀疑有腐败行为。

英国各法院的主要费用，最初似乎也是来自法院手续费。各法院都尽可能地兜揽诉讼案件，哪怕本来不是归自己管辖的案件，也乐于受理。例如，单为审理刑事案件而设的高等法院，也接受民事案件；因为原告声称，被告对他的不公正行为是犯了非法侵害罪或行为不端罪。财政部特别法庭的设立，本来单是为了征收国王的收入和强制人民偿还欠国王的债务的，但它也受理一切关于其他契约债务的诉讼；因为原告声称，被告不偿还欠他的债务，他就不能偿还欠国王的债务。由于这种种假托，在许多场合，就完全由当事人自己来决定选择什么法院来审理他们的案件；而每个法院为了多招揽诉讼案件，也在审理上力求迅速和公平。英国现在令人赞赏的法院，可能在很大程度上是通过从前各法院法官的这种竞争形成的；这些法官尽力使自己所在的法院在法律允许的范围内对一切不公正的行为予以最迅速、最有效的救助。比如，普通法院最初对违反契约的行为不过是责令赔偿损害，而大法官法庭作为道德法庭则首先要强制履行契约。当违反契约的行为只是不肯偿付货币时，赔偿损害的唯一方式就是责令其支付货币，这和履行本来的契约是一样的。在这种情况下，普通法院的补救手段是足够的，但在其他情况下却不是如此。如果佃户起诉地主非法收回其租地，他所得的赔偿绝不等于占有土地。因此，这类案件在很多时候都由大法官法庭受理，使普通法院损失不小。为了将这类诉讼归自己审理，普通法院发明了虚扣土地的令状，这对被不正当剥夺租地的佃户来说是最有效的救助办法。

由法庭对审理程序征收印花税，用以维持该法庭的法官和其他人员，这也同样可以提供足够的收入来支付司法行政支出，而不增加社会一般收入的负担。不过，在这种情况下，法官可能为了增加印花税收入而在各案件审理上增加各种不必要的程序。近代欧洲的习惯，大都是以代理人和法庭书记员所写文件的页数决定他们的报酬，而每页的行数，每行的字数又都有规定。为了增加他们的所得，代理人和书记员们想方设法增加不必要的字数。我相信，这使欧洲每个法庭的法律语言都遭到了腐蚀。而相同的诱惑或许会使法律程序的形式受到相同的腐蚀。

但是，无论司法行政开支是由司法方面自行解决，还是由其他某项基金付给法官固定的薪金，似乎都不必委托行政机关来管理这种基金或支付法官薪金。这种基金可能来自地产的地租，而这地产可交由靠此地租维持的法院去管理。这种基金也可能来自一笔货币的利息，而这笔货币的借贷责任也可交由靠此利息维持的法院承担。苏格兰巡回法院法官的薪金中就有一部分（虽然只是一小部分）出自一笔货币的利息。不过，这种财源必然不稳定，对维持一种应当永久存在的机关来说，似乎并不合适。

将司法权和行政权分开，起初似乎是由于社会不断进步而导致社会事务增加的结果。司法工作变成了一种如此费力和复杂的职责，要求任职之人专心致志地去做。担任行政职务的人无暇处理私人诉讼案件，就任命一位代表代为处理。在罗马帝国强盛时期，大执政官忙于国家的政治事务，难以参与司法行政，于是就任命一个民政官代为行使这一职能。在建立在罗马帝国废墟上的欧洲各国中，各君主和大领主们都逐渐认为，执行司法工作既辛苦又卑微，不适合他们亲自去做，所以他们都任命代表、执行官或法官去做，而自己得以解脱。

司法权与行政权如果捆绑在一起，不太可能不为通常所谓的政治而牺牲公正。肩负国家重任的人，即使没有腐败的观念，有时也会认为，为了国家的重要利益而有必要牺牲个人的权利。所以，个人的自由和安全感都依赖于公平的司法行政。为了使个人感到属于自己的权利完全有保障，不仅有必要将司法权与行政权分离，而且必须使司法权尽可能地独立于行政权。法官不应由行政机关任意罢免，法官薪金的支付也不应取决于行政机关的意愿或经济政策。

第三节　论公共工程和公共机构的开支

君主或国家的第三个也是最后一个职责，就是建立和维持某些公共机构和公共工程。这类机构和工程对于社会当然有很大的好处，但由于它们的性质，如果由个人或小团体来经营，就会使这些人得不偿失。因此这些事务不能期望个人或小团体来创办或维持。和前两种职责一样，履行这项职责所需的费用在不同的社会时期也十分不同。

这些公共机构和公共工程，除了已经提到的国防和司法行政两方面的项目之外，主要是为了便利社会商业和促进国民教育。教育方面的机构又可分为两种：一种是对青少年的教育机构，一种是对所有年龄层的人进行教育的机构。这些机构和工程所需费用最合适的支出方式将在这一节分成三项来讨论。

第一项　便利社会商业的公共工程和公共机构

首先是便利常规商业的公共工程和公共机构。

为一个国家的商业提供便利所必要的公共工程，如良好的公路、桥梁、运河、港口等，在不同的社会时期所要求的支出极不相同，这是很显然的。一国公路的建设费用和维护费用，显然会随着国家的土地和劳动的年产量的增加而增加，换言之，会随公路上所运载的货物的数量及重量的增加而增加。桥梁的强度要与可能从它上面通过的车辆的数量和重量相匹配。运河的深度和供水量，要与可能在河上航行的货船的数量和吨位相匹配。港口的大小要与可能在此停泊的船只的数量相匹配。

这类公共工程的费用，似乎不必由通常所说的公共收入，即靠国家行政权力来征收和动用的那种收入来支付。大部分这类工程可以提供一种特别的收入，足以支付本身的费用，而不给社会一般收入带来任何负担。

例如：在大多数场合，公路、桥梁及运河的建设费用和维护费用，都可以来自对车辆和船舶所征收的小额通行税；港口的建设费用和维护费用，都可以来自对上货和卸货的船只所征收的小额港口税。造币厂作为另一种便利商业的机构，在许多国家，不但能支付自己的开支，而且能为君主贡献一小笔收入，即铸币税。而邮局，在几乎所有国家，除提供它本身的开支外，还能给君主带来一笔可观的收入。

通过公路或桥梁的车辆、在运河上航行的船舶按照其重量或吨位来支付通行税，这完全是按照它们所造成的损耗来支付这些公共工程的维护费。似乎不太可能发明更公平的办法来维护这些公共工程。这通行税虽然由承运人支付，但他也只是暂时垫支，最终仍要转嫁到货物价格上，由消费者负担。可是，由于这类公共工程使得运输费用大为降低，虽然有通行税，货物来到消费者手中时仍然要比没有这类工程时要便宜；货物价格因通行税而抬高的程度，终究比不上它因节省了运费而下降的程度。所以，最后支付这税金的人，从这种方式中得到的利益，完全超过了缴纳该笔税金所受的损失。他的支出，完全与他的所得成比例；实际上，也可以说是他必须放弃一部分所得来换取剩下的部分。似乎想不出一种比这更公平的课税办法了。

如果对豪华车辆（轿式大马车、驿递马车等）按重量征收的税额高于对日常必备的车辆（轻便运货马车、四轮运货马车等）征收的税额，那么，就可以使实货的运费降低，因而可以使懒惰和虚荣的富人以一种简单的方式对救济贫民做点贡献。

公路、桥梁、运河等，如由利用这些设施的商业来建造和维持，就只会在商业需要它们的地方兴建，因而只会在合适的地方兴建。而且，它们的建设费用，它们的样式和规模，也必须和那种商业的负担能力相称。因此，它们的建设一定是适得其所的。壮阔的大道肯定不会建在荒芜的乡间，也不会单为了通往地方长官的别墅或地方长官想要献媚的某个大领主的别墅而建造。雄伟的大桥也不会架在没人经过的河上，或仅仅为了给附近的宫殿增加一点凭窗远眺的景致而架设。这种事情，在这类工程的建设费用不是由该工程本身提供的收入支付而是由其他收入支付的国家，倒是时有发生。

在欧洲的几个地方，运河的通行税或水闸税是私人的财产，这些人出于个人的利益不得不维护着运河。如果运河维护得不好，就会无法通航，他们从通行税得到的利益也就会随之全部落空。但如果通行税交给那些与之没有利害关系的专员去管理，他们可能就不会这么用心去维护产生通行税的这项工程。在上世纪末，朗格多克运河的建设使法国国王和该省花费了 1300 万里弗，合 90 多万英镑（当时 28 里弗等于 1 马克白银）。当这项大工程竣工时，他们发现，使之得到经常性维护的最好办法，就是把这条运河的通行税作为礼物送给设计和监督这个工程的工程师里格。这项通行税现在成了这位先生子孙后代的一笔非常大的收入，因而他们非常在意对运河的经常性维护。假如这项通行税当时交由没有这种利益动机的专员们管理，他们可能将其耗费在装饰性的和不必要的用途上，而任由这工程最重要的部分损毁也说不定。

然而，用于维护公路的通行税不能随便赠予个人作为他的私人财产。因为，运河不加维护会变得完全不能通航，而公路不加维护却不会完全不能通行。因此，收取公路通行税的人，可能完全忽视对公路的维护，仍然照旧收取差不多相同的通行税。所以，用以维护这类工程的通行税，应当交由专员或托管人去管理。

在英国，这些托管人在管理这种通行税时的渎职行为常常受到人们诟病。在大多数情况下，这些抱怨都是正当的。据说，在许多收费公路，所收通行税往往是好好维护这些道路所需费用的两倍以上，然而维修工程却敷衍了事，有时甚至根本不维护。不过，我们应该注意到，以通行税充当公路维护费的制度并未建立很久，所以即使它还不够完善，我们也不应大惊小怪。如果卑鄙自私或不适当的人物常常被任命为托管人，如果没有设立监督机构对他们的行为加以控管，或者，没有降低通行税使其仅够他们所做工程的花费，那么，这一制度设立的时间太短可以为这一切缺陷做出说明和辩护。随着时间的推移，议会将采取明智的措施，大部分问题都会得到解决。

英国各收费公路所收取的款项被认为大大超过了维修公路的必要开支，甚至有些大臣也认为，如果适当节约，节余款项可以成为一大资金来源，以应付国家的不时之需。有人说，如果政府将收费公路的管理权握在自己手中，让士兵来维护公路，其费用会比由托管人管理时小得多；因为士兵本就有薪金，政府只需为这项工作给他们很少的报酬，而雇用的托管人只能是全靠工资生活的工人。有人说，以这种方式来管理收费公路，政府不必增加人民负担便可获得一大笔收入，可能有 50 万镑[①]；收费公路将和现在的邮政一样，为国家的总体开支做出贡献。

我不怀疑以这种方式国家可以得到很大一笔收入，虽然它或许不像这计划的设计者所预想的那么多。但是，这计划本身似乎仍有几种重大的缺点。

第一，如果在收费公路上征收的通行税被看作供应国家紧急需要的财源之一，那这种通行税肯定会按照人们所设想的紧急情况的需要而增

① 自本书第一版和第二版刊行以来，我有充分的理由相信，在英国征收的全部通行税不能为国家增加 50 万镑的净收入；在政府的管理之下，这笔资金还不够修护国内的五条主要公路。——著者

加，而按照英国的政策，它或许会增加得非常快。一笔巨大的收入能这样方便地取得，将使政府一而再、再而三地使用这一手段。虽然不能确定节约得当就能从现有通行税中省出50万镑[①]，但如果收取双倍的通行税，肯定能省出100万镑；如果收取三倍，或许能省出200万镑。而且，征收这样一大笔收入，也不必增设新的征税官吏。但是，这样持续增加收费公路的通行税，将不能再像现在这样对国内贸易起到便利作用，而将成为贸易的巨大阻碍。所有的实货在国内的运输费用将迅速增加，因而这些货物的市场不久就将变得狭小，它们的生产会大受抑制，国内最重要的产业部门说不定会全面衰败。

第二，按照重量比例来征收车辆通行税，如果其唯一目的在于维护道路，这种税就非常公平；如果是为了其他目的，或是为了向国家提供救急资金，那就非常不公平。如果征收通行税是用于维护道路，那每辆车都应该完全按照它对道路的损耗程度来交钱；但如果通行税还要用于其他目的，那每辆车所交的钱就超过了它对道路的损耗，它还要为国家的其他紧急支出掏钱。而由于通行税是按照货物的重量而不是货物的价值来提高货物的价格，这种赋税的主要承担人，因此不是价值高而重量轻的商品的消费者，而是粗劣笨重的商品的消费者。所以，不管国家打算以这项税收应付何等紧急需要，提供这笔资金的人都是贫民，而不是富人；也就是说，用的是最没有供应能力的人的钱，而不是最有供应能力的人的钱。

第三，如果疏于维护公路的一方是政府，那么，要迫使其将通行税的一部分用作正当的用途将比现在更难。很可能的是，从人民那里征得

① 我现在有充分的理由相信，这些推测的数字都太大了。——著者

的一大笔收入，却没有任何部分用在应该投入的那个目的上。如果说，对于现在这些卑微和贫穷的收费公路托管人，有时还很难迫使他们纠正错误，那么，要是像我们现在所假设的，由那些富裕和有权势的人来管理，要他们纠正错误会难上十倍。

在法国，维护公路的基金属于行政机关直接管理。这种基金的构成，一部分是法国农村人民每年为维护公路提供的一定日数的劳役，一部分是国家普通收入中国王不用作其他开支的部分。

法国以前的法律和大多数欧洲国家的旧法律一样，规定了农村人民提供的劳役由不直接从属于国王枢密院的地方官或省级官员监管。但是，按照现在的做法，人民的劳役，以及国王拨出的用于维修某省道路或公共道路的基金，都完全由专门的监督官管理；该监督官由国王内阁任免，接受内阁的命令，并和内阁经常联络。在专制政体的发展过程中，中央行政机关逐渐吞噬了国内其他部门的权力，管理着用于公共用途的一切收入。在法国，邮政大道，即国内主要都市之间的道路，一般都维护得很好，在某些省份甚至比英国大部分收费公路都要好得多。但是，所谓的十字路，即绝大部分的乡村道路，却完全被忽视了，以至于载重车辆在许多地方根本不能通行。在有些地方，甚至骑马旅行也有危险，只有骡子是安全可靠的交通工具。一个崇尚虚饰的朝廷下的骄矜官员，往往乐于修建宏伟的工程，比如能经常被显贵们看见的大马路之类；他们的赞赏不仅能满足他的虚荣心，而且甚至有助于增进他在朝廷中的利益。至于那些乡间小路，既谈不上壮观，又不能博得任何旅行者哪怕一字半句的称道，除了实用价值之外对他们没有其他价值，这样的工程无论如何都显得太普通、太渺小了，不值得这些大人们青眼相看。所以，在这样的管理和经营制度之下，这些工程几乎总是完全受到忽视的。

在中国及其他一些亚洲国家，修缮公路和维护通航运河这两项事业都由行政机关负担。据说，朝廷在发给各地行政长官的训示中，经常勉励他们治河修路，而行政长官们对这一训示执行得如何，也在很大程度上决定了朝廷对他们政绩的评定。因此，这些公共工程在所有这些国家据说都很受重视，特别是在中国——在那里，公路和运河都比欧洲所有知名的同类工程好得多。（不过，传到欧洲的关于中国这类工程的报告，一般是来自少见多怪的旅行者或者愚蠢的、信口开河的传教士。如果那些工程是经过更有见识的人的考察，关于那些工程的报告是来自更可靠的目击者的叙述，那么它们或许就不会显得这么了不起。波尼尔关于印度这类工程的报告，就与其他更加喜欢大场面的旅行者的报告相去甚远。在这些国家，或许也像在法国一样，那些有可能成为朝廷及首都人士谈论话题的交通干线就会受到关注，而其余的则被忽视。）另外，在中国、印度及其他几个亚洲国家，君主的收入几乎来自土地税或地租，而土地税或地租的多少取决于土地的年产品的多少。所以，在这些国家，君主的收入与利益，必然与国内的土地耕作状况、土地产物的数量、土地产物的价值有直接的联系。而要使土地产物数量尽可能多、价值尽可能大，就必须为它谋取尽可能广阔的市场，因而必须在国内各地之间建立最自由、最方便、最省钱的交通网络；这只能靠修建最好的道路和最好的通航运河来实现。但在欧洲，各国君主的收入并非主要来自土地税或地租。欧洲各大王国君主的大部分收入或许最终仍要依赖土地产物，但这种依赖既不如此直接，也不如此明显。因此，在欧洲，君主并不觉得自己有直接的需要去增进土地产物的数量和价值，或是通过建设良好的道路和运河去为那些产物提供最广阔的市场。所以，即使亚洲某些地方的行政机关把这类公共工程经营得很好（对此我是有不小的怀疑的），欧洲各国的行政机关也完全没有可能在现在的状态下把这类工程经营好。

一项公共工程，如果不能由其自身的收入来维持，而其效益又只限于某地，那么，把它放在国家行政机关的管理之下，由国家的收入来维持，总是不如把它放在地方行政机关的管理之下，由地方收入维持来得更好。伦敦街道照明和铺路的费用如果由国库开支，那它不太可能像现在这样好，费用也不太可能像现在这样低。而且，这项费用如果不是来自伦敦各特定街道、特定教区和特定市区居民所缴纳的地方税，势必要从国家的一般财政收入项下开支，那么，国内其他大部分照不到伦敦的灯、踩不到伦敦的路的居民，就要无端分摊这负担了。

地方政府管理地方收入时滋生的弊病，不管看起来有多大，与管理和使用一个大帝国的收入时产生的弊病相比，其实都算不了什么，而且也更容易得到纠正。在英国，农村人民每年必须在地方治安官的管理之下，为维护公路提供六日劳役，这一政策在实行时也许并不总是很公正，但绝少发生残酷的或压迫性的强征行为。而在法国，这项劳役归特派监督官管理，实行的时候也未必公正，反倒经常发生最残酷和最压迫人的强征行为。这种法国人所说的“强制劳役”，成了暴政的主要手段之一。那些官员经常用它惩罚那些不幸触怒了他们的教区或村镇。

其次是便利特殊商业的公共工程和公共机构。

以上所述公共工程和公共机构，其目的在于便利一般商业。但是为了便利某些特殊的商业部门，就必须有特殊的机构，而这又要求有特别的支出。

与野蛮和未开化国家进行通商的某些特殊的商业部门，常需要特别的保护。例如，与非洲西部海岸进行贸易的商人的货物，普通的仓库或处所绝不能确保其安全。为了保护货物免受当地土人的劫掠，必须要加强货物存储之地的防护设施。印度政府的混乱和无序，使得即使在当地那些温顺和善的老百姓中，也有加强同样的防范的必要；正是在保护人身和财产安全、防御暴力侵犯的借口下，英国和法国的东印度公司被允许在印度建造了最初的堡垒。而在其他国家，即那些强有力的政府不会容许外国人在自己的领土上建筑堡垒的国家，就有必要派驻大使、公使或领事；他们一方面可以按照自己本国的习惯，处理在那里的本国同胞之间发生的纠纷，一方面可以在本国人民与当地人民发生纠纷时，凭借其公职身份进行比任何个人更有权威的干预，给他们提供更有力的保护。在发生战争或结成同盟时都没有派驻公使的外国，为了商业的利益却常常需要往那里派驻公使。例如，英国在君士坦丁堡派驻大使最初就是要维护英国的土耳其公司的商业利益。英国设立在俄罗斯的大使馆，最初也是出于商业利益上的考虑。欧洲各国人民因商业利益关系而不断发生冲突，使得欧洲各国即使在和平时期也习惯于往所有邻国派驻公使。这种古代没有的习惯的形成时间似乎是十五世纪末或十六世纪初，也就是说，是在商业活动开始遍及欧洲大部分国家，使各国开始关注商业利益的时候。

国家向某一商业部门征收适当的赋税，以支付为保护这一商业部门所需的特别费用，这似乎是合理的——例如，向刚开始经营某种生意的商人征收适当的开业税，或者，更公平的，对进出口的货物征收一定百分比的关税。据说，最初建立关税制度就是为了支付保护一般贸易免受海盗抢劫所需的费用。而既然保护一般贸易所需的费用来自对这些贸易所征之税是合理的，那么，保护特殊贸易所需的特别费用来自对这特殊贸易所征之税，也应该是合理的。

保护一般贸易常被看作保卫国家的一个重要部分，因此也被看成行政机关义务的一部分。所以，一般商业税的征收和使用，总是由行政机关负责。而保护特殊贸易也是保护一般贸易的一部分，因而也是行政机关义务的一部分；如果一个国家的行动是前后一致的，则为保护特殊贸易而课征的特殊税收也应由行政机关支配。但是，在这方面，也像在其他很多方面一样，各国的行动并不是前后一致的；在欧洲大部分的商业国家，特殊的商业公司常常说服了立法机关，把行政机关这方面的义务，以及必然与这义务相关联的一切权力，统统交给他们执行。

这些公司虽然最初在引进和建立某些商业部门方面有贡献——他们用自己的资金去进行政府不敢去尝试的实验，但是，经过很长时间之后，他们已经被证明是累赘的或无用的，他们对贸易的经营，不是失当就是过于狭窄。

这种公司有两类：一类没有联合资本，只要具有适当的资格，就可在缴纳若干会费并同意遵守公司规章制度后加入公司，但各自的资本由各自经营，风险也自负，这类公司叫行规公司；另一类是以联合资本进行贸易，各入股成员按照股份比例分摊公司的一般利润或亏损，这类公司叫股份公司。这些公司，不管是行规公司还是股份公司，都是有时候有专营特权，有时候没有专营权。

行规公司在所有方面都类似于欧洲各国城市常见的同业公会，是一种扩大了的同类垄断组织。就像城市居民不首先取得同业公会的会员资格就不能从事该项职业一样，在大多数情况下，一国的任何居民，如不先成为行规公司的一员，他就不能经营该公司所经营的对外贸易。这种垄断的强弱，与加入公司的难易程度相应，也与公司董事权力的大小相应，即与他们掌握在自己或自己朋友手里的公司贸易的多少相应。在最早的行规公司，学徒的特权也和其他同业公会一样，凡是为公司会员服务满一定年限的人自己也可以成为公司的会员，不需缴纳入会费，或只需交纳比别人少得多的入会费。同业公会的一般精神，只要法律不加以限制，也就在所有行规公司中适用。当允许行规公司按其自然倾向行事时，他们为了将竞争限制在尽可能少的人之间，总是给贸易经营规则加上许多条条框框。而当法律限制他们这样做时，他们又变得没什么用处、没什么意义了。

对外贸易方面的行规公司，现在英国还有五个，即汉堡公司（昔日的商业冒险家公司）、俄罗斯公司、东方公司、土耳其公司和非洲公司。

汉堡公司的入会条件，现在据说十分简单，公司的董事们要么是没有权力对贸易经营加以烦琐的限制，要么至少是近来没有行使这种权力。但它并不是一直这样的。在上个世纪中叶，该公司的入会费，有时需 50 镑，有时需 100 镑，而且公司的行为据说是极专横的。在 1643 年、1645 年和 1661 年，英格兰西部的毛织业者和自由商人曾向议会投诉，说该公司是垄断者，限制了贸易的发展，压迫了国内的制造业。这些投诉虽不曾使议会采取什么行动、通过什么法律，但却逼得该公司不得不修正自己的行动准则。至少从那时起，没有人再控诉过他们。根据威廉三世统治的第十、十一年的第 6 号法令，俄罗斯公司的入会费减为 5 镑；根据查理二世统治的第二十五年的第 7 号法令，东方公司的入会费减为 40 先令，同时，该公司在瑞典、挪威、丹麦这些波罗的海沿岸国家的专营权，全部被取消。议会颁布这两条法令，大概是受了这两家公司行为的刺激。在那之前，约西亚·柴尔德爵士曾直言，这两家公司及汉堡公司极端专横；同时，他将本国与那些在其专营权范围内的国家之间的不良贸易状况归咎于这些公司经营不善。但是，当这些公司不再那么专横，他们却又变得完全没有用处。不过，“只是无用”或许已是可以公正地给予一家行规公司的最高赞誉了；上述这三家公司现在对这一赞誉受之无愧。

以前，土耳其公司的入会费是二十六岁以下者25镑，二十六岁以上者50镑。只有纯粹商人才能加入的这个限制，实际上是把所有小店主和零售商排除在外了。另外，根据该公司章程，英国制造业者只能用该公司的船只向土耳其输出货物；由于这些船只都是从伦敦港起航，所以这一限制将英国与土耳其的贸易局限在了这个费用昂贵的港口，将参与贸易者局限于住在伦敦及其附近的人。该公司另一条章程又规定，住在离伦敦20英里以内，但没有伦敦市民权的人，不得加入公司；这种限制，连同前一限制，必然把没有取得伦敦市民权的人都排斥在外了。由于这些船只装载的货物和起航的时间都由公司的董事们决定，他们可以很容易地把自己或自己朋友的货物装满船只，而以申请太迟为借口，拒绝装载其他人的货物。在这种事态下，该公司无论从哪一方面都可以说是一个严密的、专横的垄断组织。这种种弊端，导致了乔治二世统治的第二十六年的第18号法令的通过。该法令将土耳其公司的入会费减为20镑，并允许所有的人入会，取消了年龄的限制，也不问是否是纯粹的商人或伦敦市民。除禁止出口的货物外，这些入会的人，可以自由地从英国的任何港口向土耳其的任何港口运送一切英国货物；除禁止进口的货物外，他们也可以自由进口一切土耳其货物，只要交纳普通的关税和为支付该公司费用而征收的特别税，并服从英国驻土耳其大使或领事的合法权威以及公司正式制定的条例。为了防范这种条例的任何压迫，同一法令又规定：如有任何七个会员认为自己受到了该法令通过后公司制定的某项条例的压迫，可以在该条例制定后十二个月内向贸易殖民局（枢密院的一个委员会现已接管它的权能）提出申诉；如有任何七个会员认为自己受到了该法令通过前公司制定的某条例的压迫，也可以在该法令生效之日起十二个月内提出申诉。可是，在一个大公司中，并不是所有的成员都能凭一年的经验就发现各种条例的弊害；而如果某几个成员在一年之后才发现弊害，那不管是贸易殖民局还是枢密院委员会，都统统无济于事了。此外，所有行规公司大部分条例的目的，也像所有的同业公会一样，不是在于压迫已经加入的成员，而是在于阻碍外人的加入——他们不仅可以通过规定高昂的入会费，也可以通过其他许多的政策做到这一点。这些公司关心的永远是如何尽可能提高自己的利润率，如何使他们进口货物和出口货物的市场存货不足。要做到这一点，只能靠限制竞争，阻止新的冒险者进入同一贸易。再者，即使是20镑的入会费，虽然或许不足以阻止有意长期从事土耳其贸易的人进入这一贸易，但可能会阻碍一个只想试试水的投机商。在任何行业中，正规的从业人员即使没有组成联合体，也自然会齐心协力提高利润；只有投机冒险者不时参与竞争，才能使利润降低到应有的水平。英国对土耳其的贸易虽然由这项法令而得到某种程度的开放，但在许多人看来，仍然远远不是完全自由的。土耳其公司为维持一名大使和两三名领事支付了费用，这些人员本应像其他公职人员一样完全由国家来维持，而土耳其贸易也应对国王陛下的所有臣民开放。该公司为此目的及其他目的而征收的各种杂税如果收归国有，将远不止维持这么几个驻外官吏。

约西亚·柴尔德爵士指出，行规公司虽然常常维持驻外使领馆人员，但从未在其贸易所在国家维持任何堡垒或守备军；倒是股份公司常常这么做。事实是，前者比后者更不适于承担这种任务。第一，堡垒和守备军是为了公司贸易的繁荣而设，但行规公司的董事在公司贸易的繁荣上并没有特殊的利益。公司贸易的萧条甚至常常有利于他们的私人贸易；因为，公司贸易萧条，竞争者就会减少，他们便可以贱买贵卖，从中得利。相反，股份公司的董事们只在委托他们经营的共同股本的利益中有自己的一份，并没有他们的私人贸易，其利益不能和公司一般贸易的利益分割开来。他们的私人利益是与公司贸易的繁荣联系在一起的，也是与保卫这一繁荣所必要的堡垒和守备军的维持相联系的。因此，他们更有可能对维持堡垒和守备军加以持续的和仔细的关注。第二，股份公司的董事们手里总是掌管着一大笔资金，即公司的共同股本，在适当的时候他们可以使用其中的一部分来建设、增补或维持这种必要的堡垒和守备军。而行规公司的董事们并没有掌管什么共同资本，除了来自入会费和公司税金的临时收入之外，没有其他资金可以动用。所以，即使他们有同样的利益，需要留心维持这种堡垒和守备军，他们也很少有相同的能力使之有着落。至于维持个把使领馆人员，既不需要太上心，所花费用也有限，这是与行规公司的性质和能力更相称的。

不过，在柴尔德爵士的时代过去很久以后的 1750 年，英国成立了一家行规公司，即现在的非洲贸易商人公司，最初明确负有维持布朗角至好望角之间的英国堡垒和守备军的责任，后来改为只负责鲁杰角至好望角之间的堡垒和守备军。政府设立这家公司的法案（乔治二世统治的第二十三年的第 31 号法令），似乎有两个明确的目的：第一，有效地限制行规公司的董事们自然具有的专横和垄断精神；第二，尽可能迫使他们去关注他们本来不会关注的对堡垒和守备军的维持。

为了第一个目的，公司的入会费被限定在 40 先令。公司被禁止以集体名义或共同股本自己进行贸易，禁止用集体印章来借款；对于缴纳了入会费的英国公民，不得对其在任何地方进行的自由贸易加以任何限制。公司的管理机构是设于伦敦的九人委员会，委员每年由伦敦、布里斯托尔和利物浦的公司各选三名成员，每个委员的任期不得超过三年。任何委员有不当行为，贸易殖民局（现在是枢密院的一个委员会）可以在听取他本人的申辩之后将其免职。该委员会被禁止从非洲输出黑奴，也不得向英国输入任何非洲货物。但由于他们负有维持非洲的堡垒和守备军的责任，所以准许他们为此目的从英国向非洲输出各种货物和军需品。委员会为支付伦敦、布里斯托尔和利物浦三地的办事人员和代理人的薪金、他们自己在伦敦办事处的房租，以及在英格兰的一切管理、委托和代理费用，可以从公司领钱，但不能超过 800 镑。如果还有剩余，可以作为他们的辛苦费，按他们认为合适的方式在他们中间分配。有了这样的规定，也许有人会认为垄断精神会受到有效的约束，第一个目标可以充分实现。然而，实际情况却并非如此。根据乔治三世统治的第四年的第 20 号法令，塞内加尔堡垒及其一切属地均由非洲贸易商人公司管辖，但在次年（根据乔治三世统治的第五年的第 44 号法令），不仅塞内加尔属地，而且从南柏柏里的萨利港至鲁杰角的整个海岸，管辖权都由该公司转到了国王，国王的所有臣民都可自由进行与那些地区的贸易。这项法令的颁布，当然是因为该公司有限制贸易发展并建立了某种不正当垄断的嫌疑。我们很难想象，在乔治二世统治的第二十三年的法令之下，他们如何能够这样做。不过，我曾在下议院的辩论记录（这种辩论记录并不总是关于事实的最可靠的记录）中看到他们受到过这种指控。九人委员会的委员都是商人，各堡垒和殖民地的大小官员又都依附于他们，那么，官员们在他们所托货物或其他事务上予以特别的关照，从而形成一种事实上的垄断，这是很有可能的。

为了第二个目的，即维持堡垒和守备军，议会每年向该公司拨款13000镑。关于这项资金的使用情况，公司委员会必须每年向财政大臣上交报告，随后这项报告再送呈议会。但是，议会对于动辄数百万镑的开销尚且不是很注意，对这每年13000镑的开销就更不会太关注了；而财政大臣，从他的职业经验和教育背景来看，对于堡垒和守备军的开销是否得当，也不可能十分在行。诚然，王国海军的舰长们或海军部委派的将官可以对堡垒和守备军的状况进行调查，并向海军部报告，但海军部对该委员会并没有直接管辖权，也没有权力去纠正被调查者的行为；而且，也不能指望海军舰长们精通构筑防事这门学问。对于那些委员们，除非他们对国家公款或公司公款有直接的贪污或盗用行为，否则他们受到的最高处罚也不过是被罢免一种任期只有三年、在任期内法定报酬又如此低微的职务而已；对这种处罚的恐惧绝不足以成为迫使他去持续地和仔细地关注与自己利益不相干的事情的动机。在从英国运出砖石用以维修几内亚海岸角堡垒的事情上，该委员会就受到过指控，因为议会好几次为此事拨给了额外的费用。那些千里迢迢运过去的砖石据说质量也极差，以至于由这些砖石修砌的城墙有推倒重修的必要。鲁杰角以北的堡垒和守备军不但维持费用由国家支出，而且由行政当局直接管辖；但是鲁杰角以南的堡垒和守备军，国家也至少出了部分的费用，却要由不同的机构来管理，好像令人难以理解。建设直布罗陀和梅诺卡岛的防卫，最初的目的或借口是为了保护地中海贸易；维持和管理这些守备军一直是行政机关的本分，而不曾由土耳其公司插手。统治范围的大小在很大程度上关系到行政机关的自尊和名望，他们不可能不去留心保护这一统治所必要的防卫。因此，直布罗陀和梅诺卡岛的防卫从来没被忽视过；尽管梅诺卡岛曾经两次易手，现在可能永远丢掉了，但这种损失从来没有人归咎于行政机关的疏忽。但我在此不愿被人理解为我是在暗示，为了最初的目的将这两个耗资巨大的要塞从西班牙手里夺过来有任何的必要。夺取这两个要塞，没什么其他的意义，可能只是使英国疏远了西班牙这个自然的同盟者，并使波旁王室的两个主要分支形成联合，比血缘关系所能形成的联合更紧密和持久。

股份公司的设立，或是经皇家特许，或是由议会通过，不仅在许多方面与行规公司不同，而且在许多方面也与私人合伙公司不同。

第一，在私人合伙公司，合伙人不经公司同意，不得将自己的股份转让他人，或向公司引进新成员；但每个成员在经过事先通知后，可以退出合伙公司，并拿回自己的股本。与之相反，在股份公司，任何成员都不能要求公司归还他的股本，但转让股票，从而引进新股东，却无须征得公司同意。股份公司的每一股份的价值总是等于它在市场上出售的价格，这价格与股票上原来注明的金额经常是有差别的。

第二，在私人合伙公司，每个合伙人以自己的全部财产对公司的债务负责。反之，在股份公司，每个股东只以自己的股份对公司债务负责。

股份公司的业务总是由一个董事会管理。虽然这个董事会在许多方面常常要受股东大会的控制，但股东很少懂得公司的业务；如果他们之间没有派别之争，他们就不会去操心公司的业务，只等着董事们半年或一年分一次红利给他们，就心满意足了。这种做法既免除了麻烦，风险资金也有限，使得许多人投资于股份公司，而不是私人合伙公司。因此，股份公司吸收的资本通常超过任何私人合伙公司。南海公司的营业资本一度曾超过3380万镑。英格兰银行的股息资本，现在有1078万镑。但是，由于股份公司的董事们经管的是他人的钱，而不是自己的钱，很难期望他们像私人合伙公司的合伙人对自己的钱那样，兢兢业业地去监管资金用度。就像富人的管家一样，他们或许认为为小事计较有损主人的名誉，于是很容易地就放过这类事情。因此，在这样一个公司的业务管理上，必然常常出现疏忽和浪费的现象。由于这个缘故，股份公司在对外贸易中很难与私人冒险者竞争。所以，没有取得专营权的股份公司很少有成功的，取得了专营权的股份公司成功的也不多。没有专营权时，他们往往经营不善；有了专营权，他们既经营不善，又使贸易受到限制。

皇家非洲贸易公司（即现在的非洲贸易公司的前身）本来有国王特许状给予的专营权，但由于这一特许状未经议会法律确认，这种贸易随着《民权宣言》的发表，在光荣革命后不久就对国王陛下的所有臣民开放了。哈德逊湾公司在法律权限方面和皇家非洲贸易公司一样，它的专营特许状也未经议会法律确认。而南海公司在其作为一个贸易公司存在的时期内，它的专营权是经过了议会法律确认的；现在与东印度进行贸易的联合商人公司也是如此。

非洲贸易开放后不久，皇家非洲贸易公司就发现自己不是私人冒险者的竞争对手，于是不顾《民权宣言》，在一段时间内继续把这些冒险者称为无执照营业的私商而加以迫害。1698 年，公司对私人冒险者几乎所有部门的贸易均征收 10% 的税，税款由公司用来维持他们的堡垒和守备军，但尽管有这种重税，公司仍然不能和私人竞争。他们的资本逐渐萎缩，声望逐渐下降。至 1712 年，他们已负债累累，以致议会认为，为了他们自己和债权人的安全，需要通过一项特别法律。该法律规定，关于公司债务的偿付日期，以及关于这些债务的其他协定，只要在人数和权值上占 2/3 以上的公司债权人做出决议，就对全体债权人有约束力。

1730年，公司业务处于极度混乱的状态，以致完全无力维持他们的堡垒和守备军，而这是当初设立这公司的唯一目的和借口。从那一年起，直至公司最后解散，议会认为必须每年拨出1万镑来维持这些工事。1732年，在向西印度贩运黑奴的贸易亏损了多年之后，该公司决定完全放弃这项业务，将从非洲海岸买来的黑奴转卖给美洲的私人贸易商，并支使自己的职员从事非洲内地的金沙、象牙、染料等货物的贸易。但他们经营这种范围更狭窄的贸易，并不比先前经营范围更广的贸易更为成功。公司的业务仍然逐渐衰落，直至最后从每一方面来说都达到了破产的境地时，议会通过法律将其解散，而将其堡垒和守备军交由现在的非洲贸易商人公司这家行规公司来管理。在皇家非洲公司设立之前，已先后有三家股份公司建立，来进行非洲贸易。它们都同样的不成功。但它们也都有专营特许状，该特许状虽未经议会确认，但在当时仍是能赋予这些公司真正的专营权的。

哈德逊湾公司在上次战争中遭遇灾难之前，比皇家非洲公司的运气要好得多。他们的必要开支很少，因为他们在自己的居留地和堡垒所维持的人数据说不超过120人。可是，这一数量的人员已足够在公司的船只到达之前把要装载的皮毛和其他货物准备妥当。当地海域结冰期长，船只很少能停泊六到八个星期，因此，预先准备货物成为必要。私人冒险者在好几年之内都得不到这一好处，而没有这种好处似乎就没法到哈德逊湾做生意。该公司的资本也不多，据说不到11万镑，但也已经足以使他们将其特许状所指定的这个广阔却贫瘠的地区的全部或几乎全部的贸易和剩余产品垄断无余。由此之故，从来没有私人冒险者试图到那个地方去与该公司竞争。所以，该公司虽然可能在法律上没有专营权，但实际上已经享有了专营权。除此之外，该公司所拥有的这点资本，据说只有很少几个股东。而一个资本不多、股东人数很少的股份公司，其性质实际上与私人合伙公司非常接近，在经营上几乎能与合伙公司同样谨慎和用心。所以，由于这种种有利条件，哈德逊湾公司在上次战争以前在贸易上获得相当大的成功没有什么奇怪的。不过，该公司的利润，似乎也没有已故的多布斯先生所想象的那么大。一位更为审慎和客观的学者,《商业的历史性和编年性推演》一书的作者，安德森先生，在研究了多布斯关于该公司数年的进出口报告，并适当地考虑了该公司的非正常风险和费用之后，认为该公司的利润并不值得羡慕，或者说，即使有超过正常利润，也不可能超过很多。

南海公司从来没有维持什么堡垒或守备军，因而完全无须负担其他股份公司进行对外贸易通常要负担的一大笔费用。但是，该公司资本巨大、股东人数极多，因而可以预料，在业务经营上难免会有荒唐、疏忽和浪费的现象。他们在招股计划中的欺诈和无赖行为众所周知（不过对这些行为的说明与现在的主题无关）。他们的商业计划也不会执行得多好。他们所经营的第一项贸易是往西属西印度群岛输入黑奴，在这项贸易上他们有专营权（得自《乌得勒支和约》所认可的所谓阿西恩托约定）。但由于这项贸易预期不会有多大的利润（在他们之前经营同一贸易、享有同一特权的葡萄牙公司和法国公司均已破产），所以，作为补偿，他们被允许每年用一艘一定吨位的船只直接与西属西印度群岛通商。他们的船只航行了十次，也就是十年，但据说只有1731年皇家卡罗琳号的那次远航赚了钱，而其余九次都或多或少赔了本。他们的代理商都将生意未能成功归咎于西班牙政府的讹诈和压迫。其实，这些代理商自己的浪费和攫夺可能才是主要原因；据说，他们中间有些人在一年之内就发了大财。1734年，该公司以营业利润微薄为由，请求英国国王允许其用贸易权和船只吨位从西班牙国王那里换取其他等价物。

在 1724 年，这家公司也曾经营捕鲸业。在这项业务中，他们诚然没有垄断权，但在他们进行经营的时候，也没有其他英国人与他们竞争。他们向格陵兰岛航行了八次，只有一次获得了利润，其余几次都是失利而回。在第八次即最后一次航行之后，当他们变卖船只、积压商品和渔具时，发现他们在这项业务上的损失连本带利共达 237000 镑以上。

1722 年，该公司向议会请求，把他们贷与政府的 3380 万镑巨资划分为两个相等的部分：其中一半，即 1690 万镑，置于与其他政府公债相同的地位，不得由董事用以偿付或弥补该公司在商业经营上的债务或损失；另一半依旧作为贸易资本，可以用来偿付和弥补债务或损失。议会认为此项请求还算合理，便采纳了。1733 年，他们再次向议会请求，将他们所剩的贸易资本的 3/4 转为公债，仅留 1/4 作为贸易资本，承担董事们经营失败的风险。此时，该公司的贸易资本和公债资本因政府的多次偿还各已减少 200 万镑以上，因而这剩下的 1/4 只有 3662784 镑 8 先令 6 便士了。1748 年，该公司根据《艾克斯拉沙佩勒条约》，放弃了以前根据阿西恩托约定从西班牙国王那里取得的一切权利，以交换某种被视为相等的权利。这样一来，该公司与西属西印度群岛之间的贸易宣告终结，他们剩下的贸易资本全部转化为公债，该公司从任何方面来说都不再是一家贸易公司。

应当指出，南海公司每年派遣船只到西属西印度群岛进行的贸易，作为他们曾期望获得丰厚利润的唯一贸易，不论在外国市场还是在本国市场，都不是没有竞争者的。在卡塔赫纳、贝洛港和韦拉克鲁斯，他们必须面对西班牙商人的竞争，这些西班牙商人从加的斯运到这些市场的货物，和南海公司运过去的货物相同；在英国，他们又不得不面对英国商人的竞争，这些英国商人从加的斯运回来的货物，和该公司从西属西印度群岛运回来的货物相同。诚然，西班牙和英国商人的货物可能要缴纳更高的税，但是，该公司职员的疏忽、浪费和腐败所造成的损失，或许是一种比那些私人要缴的税高得多的税。一家股份公司，当私人贸易商能够开放地、公平地与其竞争，还能成功地经营任何门类的对外贸易，这似乎没听说过。

老的英国东印度公司于1600年由伊丽莎白女王的一项特许状而设立。在它最初十二次前往印度的航行中，只有船只是公司共有的，贸易资本还是个人的，像是作为一个行规公司在进行贸易。1612年，个人的资本才合并成为共同资本。他们的特许状是专营的，虽然没有经过议会法案确认，但当时被认为具有真正的专营权。因此，在许多年中，他们没有受到多少无照经营商的干扰。他们的股本不超过744000镑，每股为50镑，股本不是很大，他们的买卖也不是很广泛，不能作为巨大的疏忽或浪费的借口，或导致贪污的理由。尽管有荷兰东印度公司恶意造成的和其他意外事故造成的一些特别损失，他们的业务经营在很长一段时间里还是很成功的。但随着时间的推移，当自由的原则更好地为人所理解，这个由女王颁发、未经议会确认的特许状能在多大程度上赋予专营权，日益成为一个疑问。对于这个问题，法院的判决并不一致，而是随政府权力和时代精神的变化而异。而私商则乘虚而入，从查理二世统治末期、詹姆斯二世统治时期，直到威廉三世统治了一段时间之后，该公司都是在困难中过日子。1698年，有人向议会提出，以8%的利息为政府筹借200万镑，条件是让募款人组成一家有专营权的新的东印度公司。老东印度公司则愿意拿出70万镑，几乎等于他们的全部资本额，利息只要4%，而条件也是专营权。但当时国家公债的情况是，以8%

的利息借入200万镑，比以4%的利息借入70万镑更能给政府带来便利。结果，新的公债应募者的提议被采纳，一家新的东印度公司成立了。不过，老东印度公司这时仍有权继续经营他们的贸易，直到1701年。而且，与此同时，该公司以其财务主管的名义，非常巧妙地认购了新公司315000镑的股份。由于议会关于成立新公司的法案在细节上的疏忽，没有明确表明应募者的资本是否应合资经营，一些私人贸易商，包括仅应募7200镑的商人，也坚持独自使用自己的资本、自担风险进行贸易。老东印度公司这时不但可以在1701年之前使用其原有资本独立进行贸易，而且不管在这之前还是之后，都还可以像其他私人贸易商一样，使用他们在新公司认购的315000镑股本独立进行贸易。新老两家公司与私人贸易商之间的竞争，以及两公司彼此之间的竞争，据说几乎毁了这两家公司。1730年，有人向议会提议，将此项贸易交由一家行规公司经营，从而使之在某种程度上向全国人民开放。东印度公司对此极力反对，并把竞争曾经造成的悲惨后果讲得头头是道。他们说，在印度，竞争使货物的价格被抬高到不值得去采购的程度；而在英国，竞争又使存货过多，以致货物的价格跌到无利可图的程度。要说由于充足的供给——这对公众大有好处和便利——必然会使英国市场上印度货物的价格大为降低，这是无可怀疑的；但要说竞争会使印度市场上货物价格大为提高，则似乎不太可信，因为这种竞争所能引起的全部非常需求只不过是印度贸易这片汪洋大海中的一滴水而已。况且，需求的增加起初或许会提高货物的价格，但最终必将引起价格的跌落。它鼓励生产，从而增加生产者之间的竞争；而生产者为了比别人售价更低，会采用一些意想不到的新分工和新技术改良。东印度公司所抱怨的悲惨结果，即消费的低廉和对生产的鼓励，正是政治经济学的两大目标。不过，被他们说得这样凄惨的竞争，当时也没有被允许长期存在。在1702年，这两家公司通过三方协议（第三方是女王）在某种程度上联合起来；1708年，又根据议会法案，完全合并成一家公司，而成为今日所谓的东印度贸易商人联合公司。该法案有一条附加条款，在允许各独立商人继续经营他们的贸易直到1711年的米迦勒节的同时，授权公司董事在这三年中赎买这些商人7200镑的小额股本，从而将该公司的全部资本变为共同资本。根据同一法律，该公司的资本由于对政府的一笔新贷款而从200万镑增加到300万镑。1743年，公司又贷与政府100万镑。这100万镑不是股东增加的股本，而是公司发行的公司债券，股东虽不能以此增加分红，但这100万镑也和其他300万镑一样，承担公司营业上的亏损和债务责任，所以还是增加了公司的贸易资本。自1708年以来，或至少自1711年以来，该公司摆脱了所有的竞争者，完全掌握了英国在东印度的贸易垄断权，经营状况良好，股东每年都从利润中分得了适度的红利。在1741年爆发的英法战争中，本地治里的法国总督杜勒的野心使东印度公司陷于战祸和印度王室的政治斗争中。在许多次大起大落之后，该公司把他们那时在印度的主要贸易据点马德拉斯给丢了。《艾克斯拉沙佩勒条约》的订立使马德拉斯重归该公司之手；而正是在这一时期，他们派到印度的人员开始富于战争和征服的精神，此后也未改变。在1755年爆发的英法战争中，东印度公司的军队沾了英国军队在欧洲战场上的好运，捍卫了马德拉斯，夺取了本地治里，收复了加尔各答，占领了一块富饶而广阔的领土；当时这片领土每年带来的收入据说有300万镑以上。他们安然地享有这份收入有好几年的时间；但在1767年，政府以该公司占领的领土及其收入属于国王为由，与公司交涉，于是公司同意每年付给政府40万镑。在此之前，公司分派的红利，已逐渐由6%增至 10%；如果按全部资本 320 万镑计算，红利已增加了 128000 镑，换言之，每年红利的数额已由 192000 镑增加到了 32 万镑。这时他们还打算进一步将红利提高到 12.5%，这将使他们分派给股东的钱相当于每年支付给政府的钱，即 40 万镑。

但就在他们和政府的协定将要生效的那两年，议会连续通过了两项法案，限制他们再进一步增加红利。这些法案的目的，在于使公司方面加快偿还其所负债务的速度；他们此时的债务据估计已达 600 万或 700 万镑以上了。1769 年，他们将与政府所订的协议延长五年，并约定，在此期间他们可以将红利逐渐提高到 12.5%，但每年增加不得超过 1%。这样，当红利增加到极限时，他们每年付给股东和政府的总金额，也只比他们在占领这片领土之前多出 608000 镑。占领这片领土的总收入，前面已经说过，每年计有 300 余万镑，而根据 1768 年克鲁登敦号东印度商船所提供的报告，除去军事维持费及其他费用，净收入还有 2048747 镑。据说他们同时还有另外一笔收入，部分来自土地、但主要来自他们设在各殖民地的海关，共 439000 镑。而他们经营贸易的利润，据他们的董事长在下议院的证言，每年至少有 40 万镑；据他们的财务主管的证言，每年至少有 50 万镑；根据最低的估计，至少也等于他们每年分给股东的最高红利的数目。有这样大的收入，肯定足以使他们在每年的支出中增加 608000 镑，同时还足以留出一笔大的还债基金，以迅速减少他们的债务。然而，到 1773 年，公司的债务不但没有减少，反而增加了，计有拖延应付财政部的 40 万镑，拖延海关的应付税款、欠银行的贷款、草率承兑的由印度方面开出的汇票共 120 余万镑。这些累积的债务给他们带来的困难，使他们不得不将红利立即降到 6%，而且不得不向政府乞求援助，要求：一、豁免约定每年继续支付的 40 万镑；二、贷款 140 万镑，以使他们免于立即破产。看来，该公司财产的巨大增长只不过是为其职员更肆无忌惮的贪污和浪费提供了方便。议会于是开始调查该公司人员在印度的行为，以及公司在印度和欧洲的基本业务状况，最后对他们在国内和国外的管理机构的组织做出了几项重要的改革。在印度方面，该公司的主要贸易据点，如马德拉斯、孟买、加尔各答，以前都是相互独立的，现在则由一个总督管辖，协助总督的，还有四名顾问组成的评议会。第一任总督及顾问全部由议会任命，常驻在加尔各答。加尔各答现已成为英国在印度最重要的殖民地，与以前的马德拉斯一样。加尔各答市长法庭最初是为审理该市及附近地区的商业案件而设立的，后来随着帝国版图的扩大而逐渐扩大了司法管辖权。这次改革削减了该法庭的权限，使其仅限于它最初的目的。取而代之的是一个新的高等法庭，其成员（一名审判长和三名审判员）均由国王任命。在欧洲方面，股东在股东大会上投票的资格，由 500 镑（公司每股股票原来的价格）增加到 100 镑。投票权的生效时间也由购买（而不是继承）这一投票权六个月之后推迟到了购买一年之后。以前，公司的 24 人董事会每年改选一次；现在规定，董事会四年改选一次，但在 24 名董事中，每年要有 6 名董事卸任，选入六名新董事，刚卸任的董事不能重新当选。人们本来以为，有了这些改革，股东大会和董事会的行为会比以前更为持重和稳妥。然而，要想使这些股东大会和董事会能合格地统治印度这个大帝国，甚至只是合格地参与统治，不论做出何种改变似乎都不可能；因为他们中的大部分成员对这个帝国繁荣与否根本不感兴趣，对促进帝国繁荣的事情不会给予认真的关注。一个有钱人（有时候甚至是一个不怎么有钱的人）愿意购买 1000 镑的东印度公司股票，常常只是为了能在股东大会投上一票而产生的影响。这种投票权虽然不能使他参与对印度的掠夺，但可以使他参与对印度掠夺者的任命；虽然这种任命是由董事会最后决定的，但董事会必然多少受股东们的影响，因为他们不仅能选举董事，有时还能否决对派到印度人员的任命结果。假若一个股东能在几年之内享有这种影响力，从而在公司里安插几个朋友，那么，他不仅对股息不关心，甚至对他据以投票的股本的价值也不太关心。至于他可以凭投票权参与统治的大帝国繁荣与否，他更是满不在乎的。从来没有其他的统治者会像这个商业公司的大部分股东一样，对他们的属民的幸福或苦难，对领土的改良或荒废，对政府的荣誉或耻辱，如此漠不关心。而议会根据调查结果制定的种种新规定，与其说是减少或防止了这种心态，不如说是加剧了这种心态。例如，下议院一项决议宣布，只有当公司把欠政府的 140 万镑还清，把债券债务减到 150 万镑，才能对股东分派 8%的红利；而他们留在国内的所有收入和纯利应分作四部分：三部分交入国库作为公共开支，另一部分留作基金，用于进一步减少债券债务或公司可能遭遇的其他紧急开支。但是，如果在全部纯收入和利润属于他们自己且由他们自己支配时，公司尚且不是好的管家、好的君主，那么，当纯收入和利润的 3/4 属于他人，1/4 虽然留作利于公司之用，却仍由他人监督与认可时，他们肯定不会表现得更好。

对公司方面来说，支付了 8%的股息之后所剩下来的资金，与其交到一批由议会指定、与自己有利益冲突的人手中，还不如让公司自己的雇员去随意浪费或侵吞来得痛快。这些雇员可能在股东大会中很有势力，以致股东们有时候反而支持那些直接挑战了股东大会权威的贪污腐败分子。对大多数股东而言，支持自己股东大会的权威有时候还不如支持那些蔑视这一权威的人来得重要。

所以，1773 年的规章并没有结束公司在印度混乱的统治。尽管因为一时的正确措施，他们一度在加尔各答的金库中攒了 300 多万镑，而且支配和掠夺范围更加广大，延伸到了印度好几个富裕的地区，但对于所获得的一切，他们都浪费和摧毁了。他们发现自己对阻止或抵抗海德·阿里的入侵毫无准备。由于此种混乱，公司现在（1784 年）已陷入前所未有的困境；为了防止立即破产，他们不得不再一次向政府恳求援助。为了更好地管理公司的事务，议会中各个政党提出了各种不同的方案。而这些方案似乎都承认一个一向就非常明白的事实——公司完全不适于治理它所占领的领土。甚至公司也自认没有这种能力，因此想把领土让给政府。

有权在遥远而野蛮的国家设置堡垒和守备军，必定也有权在这个国家发动战争或维护和平。拥有前一权力的股份公司经常行使后一权力，也常常明确地被授予这一权力。他们在行使这一权力时通常是多么不公正、多么反复无常、多么残酷，从最近的经验中我们已经知道得很清楚了。

当一批商人自己冒险出钱，来与某个遥远而野蛮的国家进行新的贸易时，政府将其组成股份公司，并在他们成功时赋予他们对这种贸易若干年的垄断权，可能并不是不合理的。这是国家对他们这一既危险又费钱、但以后会给公众带来好处的尝试的最简单、最自然的报偿。给予一种新机器的发明者专利权、给予一本新书的作者著作权的那些原则，也可以拿来为这样一种暂时性的垄断权进行辩护。不过，在期限过后，垄断权是应当取消的。堡垒和守备军如有维持的必要，应当交到政府手里，由政府对公司做出相应补偿；而那种贸易应向全国人民开放。假如公司长期垄断经营，将使其余民众增加两种不合理的负担：第一，使货物的价格高昂，而该价格在自由贸易的情况下本可以很低；第二，使许多人被排除在一种他们本来方便经营并有利可图的生意之外。而他们承受这种负担只带来一个最没价值的结果，就是使某公司能纵容自己职员的疏忽、浪费和贪污。这些职员的胡作非为不但不能使公司的股息超过自由贸易的普通利润率，反而常常使股息大大低于这一利润率。但是，根据经验，股份公司如果没有垄断权，似乎就不能长期进行任何门类的对外贸易。在一个地方购买货物并运往另一个地方出售赚取利润，如果在这两个地方都有许多竞争者的话，就不仅需要时刻留心需求情况的偶然变化，而且还要时刻留心竞争的情况或满足需求的其他供给者更大更频繁的变化，运用巧妙的手腕和正确的判断力，使得各种货物数量都能适应需求、供给和竞争各方面的变化情况。这俨然是在进行一种不断变化的战争，只有毫不松懈地警惕着和注意着才能取得成功，而我们不能期望股份公司的董事们有这种持久力。在东印度公司的债务已经偿还、专营权已经终止后，议会仍准许他们继续以一家股份公司法人的身份与东印度进行贸易，享有和其他国民平等的权利。但是，在这种境况下，私人冒险者在警惕性与注意力方面的优势，十有八九会让他们很快厌倦这种贸易。

对经济学很有研究的法国知名学者莫雷勒神父，曾列举出了1600年后在欧洲各地设立的五十五家对外贸易股份公司，据他说，尽管这些公司都有专营权，但都因管理不善而倒闭了。这其中有两三家公司被他弄错了，它们不是股份公司，也没有倒闭。可是在另一方面，还有几家倒闭的股份公司没有被他列入名单。

股份公司在没有专营特权时有可能成功经营的行业，只有那些所有业务和工作都能程序化，或者说工作方法单一、很少变化或毫无变化的行业。这类行业有四种：其一是银行业；其二是有关火灾、海难、战祸的保险业；其三是建设和维护通航河道或运河的行业；其四是大城市的供水业。

银行业的原则虽然看起来深奥，但在实践中可以简化为一些严格的规则。如果不顾这些规则进行投机经营，几乎是极度危险的，常常将试图这样做的银行置于无可挽救的境地。而一般来说，股份公司比私人公司更能坚守成规。因此，股份公司似乎很适合从事这一行业；欧洲主要的银行都是股份公司，其中许多没有专营权也经营得非常成功。英格兰银行没有专营权，只不过其他银行被规定了股东不得超过 6 个人而已。爱丁堡的两家银行也都是股份公司，没有专营权。

对于火灾、海难和战祸的损失，其价值虽然没法精确地计算出来，但可以进行大致的估计，因而在某种程度上可以简化为严格的规则和方法。所以，股份公司可以成功地经营保险业，不需要专营权。如伦敦保险公司和皇家贸易保险公司，都没有取得这种特权。

通航河道或运河一旦建成，它的管理就变得非常简单和容易，也可以简化为严格的规则和方法。甚至它的修建也是如此，因为可以和承包商订立合同，规定修一英里多少钱、建一个水闸多少钱。修筑运河、沟渠或向城市供水的大水管也可以这样做。所以，这种事业可以由而且常常由股份公司非常成功地经营，不需要专营权。

但是，如果设立一家股份公司，不管什么行业，仅仅是因为它可能经营得成功；如果免除某些对一般人都起效的法律对某些商人的约束力，仅仅是因为他们有这种豁免就能经营得成功，那肯定都是不合理的。要使建立这样一家无特权的股份公司完全合理，其业务除了可以简化为严格的规则和方法之外，同时还应具备其他两个条件：第一，这种事业的效用应该明显地比其他大部分一般事业的效用更大、更普遍；第二，它需要的资金多于私人合伙公司能够筹措的资金。凡是以中等资本就能创办的事业，即使其效应很大，也不足以成为设立股份公司的理由；因为，在这种情况下，对它所要生产的东西的需求，很容易由私人冒险者去满足。就上述四种行业来说，它们都同时具备这两个条件。

银行业经营得当时的巨大和普遍的效用，我已在本书第二篇做了详细的说明。而一家银行如果打算提供国家信贷，在特别紧急的情况下向政府垫支某项税收的全部税款，金额达数百万镑，一两年之后才能收回，那么，就需要比任何私人合伙公司所能轻易筹集的金额更大的资本。

保险业能够给个人财产提供很大的保障，能将可能毁灭一个人的损失分摊在许多人身上，使得这种损失由社会轻而易举地承担。不过，为了提供这种保障，承保商必须有非常大的资本。据说伦敦两家保险股份公司成立以前，检察长手里曾拿到一个名单，列有150家私人保险商的名字，他们全都开业不到几年就倒闭了。

通航河道和运河，以及向城市供水的各种必要工程，均具有巨大而普遍的效用，同时其所需的巨额费用也超出了私人财产的承受能力，这也是十分明显的。

除了上述四种行业外，我还没有发现其他行业能同时具备设立股份公司所必需的三个条件。比如，伦敦的英国炼铜公司、炼铅公司和玻璃公司，他们生产的东西并不见得有巨大的或独特的效用，所需费用也并不是许多私人财产难以承担的。我不知道，这些公司所经营的业务，是否能简化为适合股份公司管理的严格规则和方法，也不知道他们是否真的有他们吹嘘的丰厚利润。矿山开采公司老早以前就破产了。爱丁堡的不列颠亚麻布公司的股票，近来虽没有前几年跌得那么厉害，但其售价仍大大低于其票面价值。而那些为了促进某种制造业所设立的有公益目的的股份公司，除了对自己的业务经营不善以致大大减少社会的总股本以外，在其他方面也常常是害多利少。这些公司的董事们尽管用意良好，但由于承包商的误导和欺骗，不可避免地偏爱某些特定的制造业。这对其他的制造业必然是一种挫抑，必然会或多或少破坏在其他情况下产业与利润间的自然比例；而这种自然比例本来是对一国的一般产业最大、最有效的鼓励。

第二项　论青少年教育机构的开支

青少年教育机构同样能以自己的收入承担自己的开支，学生付给老师的学费或礼金自然构成这类收入。

教师的报酬即使不是完全来自这项自然收入，也不需要由社会的一般收入——在许多国家，这是由行政机关来征收和支配的——来开支。在欧洲的大部分地区，学校和学院的捐赠基金并不依赖社会的一般收入，即使有，数目也非常少。在各地，这种基金主要来自一些地方收入，来自某些地产的租金，或者来自君主或私人捐赠者设立的专用款项的利息。

这种公共捐赠基金一般是否有助于实现设置它们的目的？它们是否有助于促进教师的勤勉、提高教师的能力？它们是否改变了教育的自然路线，使之转向对个人和公众两方面都更有用的目标？似乎不难对这些问题做出一个至少是大致的回答。

对大部分人来说，不论从事何种职业，工作是否努力总是要看是否有必要努力。如果一个人的财富或者说日常收入和生活资料全都来自他的职业工资，那他努力工作就非常有必要。他为了挣得这笔财富，甚至只是为了糊口，必须在一年当中完成一定数量明码标价的工作；如果竞争自由而激烈，人与人相互排挤，那他还要努力把工作做得完美无缺。当然，某些特定职业的伟大目标有时候也会鼓舞一些有气魄和雄心的人去努力工作。但是，很显然，要激发最大的努力并不需要伟大的目标。即使是在卑微的职业中，竞争的胜利也可以成为野心的目标，并常常激起最大的努力。相反，如果仅有伟大的目标而没有实干的必要性，往往不足以激起很大的努力。在英国，律师在其职业领域里的成功可以达到许多极大的野心目标，但生长于富贵家庭的人，能在这种职业上称得上杰出的又有几个？

一所学校或学院如果有了一笔捐助基金，教师努力工作的必要性就必然要减少一些。教师的生活要是每月由这种基金提供的一定薪水来维持，那显然就与他在自己职业上的成绩和名声无关。

在某些大学，教师的薪水常常只占他的酬劳的一小部分，其余大部分的酬劳来自学生的礼金或学费。在这种情况下，教师努力工作的必要性虽然总是有所减少，但不会完全消失。职业上的名声对他仍然是重要的，他仍然依赖学生们对他的爱戴、感谢和好评。他要得到这些，只有让自己名副其实，也就是说，他必须以自己的能力和勤勉努力地履行各项职责。

在其他一些大学，教师被禁止接受学生的礼金或学费，他的薪水就是他从他的工作中得到的全部收入。在这种情况下，教师的追求和职责完全处于对立的状态。每个人都喜欢过尽可能安逸的生活，如果不论他是否履行某项辛苦的职责，他的报酬都完全一样，那他肯定会完全忽视这项职责，即使有某种权力不容许他这样做，他也会在这种权力容忍的限度内尽量敷衍了事。如果他生性积极、热爱劳动，那他与其从事这种没有奔头的职务，还不如去找点有好处的事情去做。

如果教师所服从的权力属于一个学院或大学这种共同体（他自己是这共同体中的一员），其他大部分成员也和他一样是教师，那他们可能会达成默契，彼此纵容，只要自己不称职的行为可以被容许，那其他同事不称职的行为也可以接受。在牛津大学，大部分公共教授这些年来甚至连表面上装作教师也不屑了。

如果教师所服从的权力不属于他自己所属的共同体，而掌握在某些外部人物手上，例如主教、省长或某个内阁大臣，那么，在这种情况下，他想完全不履行职责是不可能的。不过，这种上级所能做的，只不过是迫使他花一定的时间在学生身上，即每星期或每年进行一定次数的授课或演讲。至于讲课的具体内容如何，依然要看教师的勤勉程度，而他的勤勉程度又可能取决于他要付出这种努力的动机。此外，这类来自外部的监督往往是无知和反复无常的。这种权力难免具有任意性和专断性；行使这监督权力的人，既没有亲自听过教师本人讲课，可能也不懂他们讲授的那门学科，因此很难有相关的鉴别和判断能力。而且，在这种职位上形成的傲慢，也往往使这些人不关心他们自己做得怎样，倒是使他们喜欢胡乱谴责或开除教师。教师处于这样的淫威之下，其身份必然降低；他们原本是社会上最受尊敬的人，现在却成为最卑贱、最受轻视的人了。为了在这种坏处境中有效地保护自己，他只有寻找强有力的保护；然而，获得这种保护靠的并不是他在职务上的能力和勤勉，而是曲承他的上级的意志，并随时准备为这种意志牺牲他所在的共同体的权利、追求和荣誉。只要在一段时间内对一所法国大学多多留意，就一定能看到这种外部的、专断的监督权所自然产生的影响。

不管是什么迫使一些学生不问教师的学问和名望而去上某所学院或大学，都会或多或少减少教师们的学问和名望的必要性。

如果只有在某所大学里就读一定年数才能获得艺术、法律、医学、神学各科的毕业生特权，如果这必然会迫使一些学生进入这些大学，而不问教师的学问和名望如何。毕业生特权也算是一种学徒制度。但正如其他学徒制度曾有助于技术上和制造业上的改进，毕业生特权这种学徒制度也曾有助于教育上的改进。

奖学金、研究费和助学津贴这类慈善基金，必然会吸引一些学生进入某个大学而完全不问这个学校的优点如何。如果受这笔慈善基金资助的学生可以自由地选择他们自己最喜欢的学校，那这种自由倒是可能有助于激起各学校之间的竞争。但是相反，如果规定各学校的学生，甚至是自费生，不经本校许可不得转入其他学校，那各学校很可能就不会搞竞争了。

如果各个学院给学生传授科学和艺术的老师不是由学生自由选择的，而是由校长指派的；如果，在这位老师怠慢、无能、坏脾气的情况下，学生未经申请和许可不得更换其他人，那么这种制度不但会大大减少同一学校内各教师之间的竞争，而且会大大减少他们勤勉任教及把时间花在各自的学生身上的必要性。像这类教师，即使从学生那里领受了优厚的报酬，也可能会像那些完全没有接受学生报酬或除了薪水没有其他收入的教师那样，对学生不管不顾。

如果老师刚好是一个敏感的人，那当他意识到他在给学生授课时说的都是一些废话或比废话好不了多少的东西时，他一定会感到非常不安。如果他看到大部分学生不来听他的课，或者在课堂上表现出明显的漠视、轻蔑和嘲笑，那他也一定会非常不快。因此，如果他必须开一些次数的课，单是这种动机，没有其他利益，也会促使他去用心备课，讲出比较好的水平。不过，他也可能采取几种取巧的办法，这些办法都能使一个人放松对勤勉的要求。他有时可以不亲自讲解所教的学科，而把关于那种学科的书籍拿来念一念；如果这本书是用外语或枯涩的语言写的，他就把他翻译成本国语或口语向学生讲述。或者，更不费力的方法，是叫学生来解释，自己听着，偶尔加以点评。这样，他便可以骗自己他是在授课了。这种轻而易举的事，只需很少的知识和努力就足够了。这既使他不致当面遭到学生的轻蔑或嘲弄，也可让他避免讲出真正愚蠢、无意义和可笑的话。同时，学校的纪律也可以让他迫使所有的学生规规矩矩地来听他的授课把戏，并在整个表演时间内保持对他最礼貌、最尊敬的举止。

学院或大学的纪律，一般不是为了学生的利益，而是为了教师的利益制定的；更准确地说，是为了让教师更轻松自在而制定的。在所有场合，它的目的都是为了维护教师的权威，不管教师称职不称职，它都要迫使学生在教师面前保持恭敬，好像他是一个尽了最大努力的教师那样。这种纪律似乎假定了教师都是有智慧和德行的，而学生则是没头没脑、愚不可及的。然而，我相信，只要教师真正履行了他的职责，大部分的学生绝不会忽略他们的义务。如果讲的课真值得学生到课堂聆听，就从不需要什么纪律强迫他们去听，这在一切有这种课的地方都是众所周知的。强迫和限制，对迫使孩子接受他们在生命初期被认为必须接受的那部分教育来说，某种程度上无疑是必要的；但在十二三岁以后，只要教师履行他的职责，强迫或限制对于进行任何教育都是不必要的。大部分青年人都是十分宽容的。只要老师对待对他们有用的东西的态度是严肃的，别说是忽视或鄙视老师的讲授，就连老师在讲课时的许多错误，他们通常也会原谅的。有时候，他们甚至会在公众面前掩盖老师的许多重大疏漏。

应当指出，非公立机构进行的那部分教育，通常教得最好。当一个青年进入一所击剑学校或舞蹈学校时，他虽然并不是总能把击剑或跳舞学得非常好，但绝不可能学不会击剑或跳舞。马术学校的学习效果通常就不是这么显著。马术学校的开支十分巨大，在大多数地方都是属于公立机构。文科教育三个最主要的部分，即诵读、书写和算术，迄今学习这三者的人，进私立学校的仍然比进公立学校的普遍；但学习者都能学到必要的程度，几乎没有例外。

在英国，公共学校（公学）远不如大学那样腐败。在公共学校，青年人能学到或至少可能学到希腊语和拉丁语，也就是说，老师们声称要教的，或者他们应该教的所有功课，都会切实教给青年。但在大学，青年人既没有学到这些教师共同体应该教给他们的科学，也找不到学习这些科学的适当手段。公共学校教师的报酬，在大多数情况下主要是来自学生的礼金或学费，在某些情况下则全部来自于此。公共学校相对于私人学校并没有特权。一个人要取得公共学校的毕业学位，并不需要证明他在公共学校学过多少多少年。如果在考试的时候他显示出已经了解了公共学校所教的东西，那就不问他在什么学校学的这些东西。

通常由大学教授的那部分知识，或许可以说不是教得很好。但是如果没有这些大学，这部分知识或许就完全不会有人去教，而无论个人还是社会都会因为缺乏这些知识而遭受重大损失。

现在欧洲的大学，最初大部分都是宗教机构，是为了教育神职人员而创办的。它们的设立仰赖教皇的权威，完全处于他的直接保护之下，学校中的教师和学生都拥有当时所谓的僧侣特权，不受他们的大学所在国的普通民事法庭管辖，只服从宗教法庭。在大部分的这些大学里所教的，都是适合于其创立目的的东西，不是神学，就是神学的预备课程。

当初基督教的地位被法律确立时，一种变形的拉丁语已经成了西欧所有国家的通用语言。因此，那时教堂的礼拜，以及教堂诵读的圣经的译文，使用的都是这种变形的拉丁语，即该国的通用语言。在野蛮民族入侵、罗马帝国被颠覆以后，拉丁语渐渐在欧洲各地不大通行了。但是，虽然最初引入宗教形式和仪式并使其合理化的环境早已改变，人民的虔诚却自然地把这些已经建立的形式和仪式保存了下来。因此，虽然各地的老百姓都不再懂拉丁语，教会的礼拜却依然使用这种语言。于是，在欧洲也像在古埃及那样，通行着两种语言：一种是僧侣的语言，一种是人民的语言；一种是圣神的语言，一种是凡俗的语言；一种是有学问的语言，一种是没学问的语言。僧侣们必须懂得一些他们在执行职务的时候所使用的神圣的和有学问的语言，因此学习拉丁语从一开始就是大学教育的一个必不可少的部分。

而希腊语和希伯来语的情况却不是这样。号称绝对正确的教会训谕已经宣布，圣经的拉丁语译本（即通常所说的“拉丁版圣经”）同样是神的启示所口授的，因此与希腊语和希伯来语的原本圣经具有同等权威。所以，关于这两种语言的知识对神职人员来说就不是必不可少的，对它们的学习在很长一段时间内也未成为大学普通课程的必修部分。我确信，有些西班牙大学甚至从未把学习希腊语列入普通课程之中。后来，最早的宗教改革家们发现，希腊语的《新约全书》，甚至希伯来语的《旧约全书》，比逐渐适合于支持天主教教义的拉丁版圣经对他们自己的主张更有利。于是，他们以前两者为依据，来寻找和揭露拉丁文译本的谬误，而罗马天主教的教士们则不得不做出辩护或澄清。但是，如果没有希腊语和希伯来语的一些知识，辩护和澄清也一定行不通，因而对这两种语言的学习逐渐进入了大部分大学的课程，不论是拥护改革派教义的大学还是反对改革派教义的大学都是如此。希腊语与古典哲学研究的每一方面都是有关联的，而古典哲学研究虽然最初只是罗马天主教徒和意大利人的学问，但在改革派教义开始盛行的时候也变得流行起来。因此，在大部分大学，学生在对拉丁语有所掌握之后就要学习希腊语，作为修习哲学的准备。至于希伯来语，则和古典哲学研究没什么关系，除了圣经之外，并没有一本值得重视的书是用这种语言写成的，所以对希伯来语的学习一般是在学了哲学之后、进入神学学习时才开始的。

最初，各个大学都开设希腊语和希伯来语的入门课程，现在有一些大学仍是如此。但另外一些大学现在则希望学生在进入大学之前已经有了这两门语言或者是其中一门语言的基础知识，以便进一步的研究，现在这种研究已成为各地大学教育中极重要的一个部分。

古代希腊哲学分为三个科目：物理学，或自然哲学；伦理学，或道德哲学；逻辑学。这种大体上的划分看起来非常符合事物的性质。

伟大的自然现象——彗星等天体的运行，日食、月食；雷、电和其他特殊的大气现象；植物和动物的起源、出生、生长和死亡，等等——必然会唤起人类的好奇心，促使他们去探究其原因。最初，迷信企图把这一切令人惊异的现象归因于神的直接作用。后来，哲学力图用比“神的作用”更切合实际、更容易为人理解的理由去说明它们。由于这些伟大现象是人类好奇心的最初对象，所以用来解释它们的科学自然成为哲学的第一个部门。因此，历史上有记载的最早的哲学家，似乎都是自然哲学家。

在每一个时代、每一个国家，人们必然会留心彼此的性格、意图和行为，总会立下许多公认的高尚准则。当书写开始普及，聪明的人或自认为聪明的人自然会试图给这种既定的和受推崇的准则添砖加瓦，表达他们自己对正当行为和不正当行为的意见。他们有时用比较绕弯子的寓言的形式，如《伊索寓言》；有时又采用比较单纯的箴言或格言的形式，如《所罗门箴言》、塞奥格尼斯和弗西里迪斯的诗，以及赫西俄德的一部分作品。他们在一个很长的时期内，总是这样增加智慧和道德准则的数量，而从来没想要按一种清晰的和有系统的顺序将它们排列出来，更不用说找出一个或几个总体的原则，将所有这些准则贯穿起来，使得它们具有可推论性。在不同的观察结果中找出一些共同的原理，并使之有组织、有系统地排列，这种秩序之美首见于古代自然哲学逐渐形成体系时的粗浅论文之中。随后，类似的文字也渐渐在道德领域出现。日常生活中的准则，像自然现象的研究那样，也按某种有组织的次序排列出来了，并且也用少数共同原理综合贯穿起来了。研究和说明这种综合贯穿原理的科学，被称为道德哲学。

对自然哲学或道德哲学，不同的作者提出了不同的理论体系。但他们用以支持这些体系的根据，往往不是论证，顶多是一些十分勉强的巧合，有时则仅仅是用模棱两可和强词夺理的日常语言进行的毫无根据的诡辩。思辨哲学体系的那些东西，对一个将要和金钱打交道的人来说，都是虚妄的和无谓的。纯粹的诡辩对于人类的思想几乎没有什么影响。但在哲学和思辨领域，诡辩却有最大的影响力。各个自然哲学体系或道德哲学体系的维护者，自然都会努力揭露对立体系那些论据的弱点。在考察这些论据时，他们必然要考虑盖然性论据和实证性论据的区别，似是而非的论据与决定性论据的区别；由此必然会产生一种科学，讨论正确的和错误的推论的一般原理，这种科学就是逻辑学。逻辑学虽然在起源上晚于物理学和伦理学，但在古代大部分（不是全部）的哲学学校中，它通常是早于这两者进行讲授的。那时的学校似乎认为，要使学生就物理学和伦理学这种重要的课题进行推论，首先应该使他们清楚正确推论和错误推论的区别。

将哲学分为三个部分这种古老的划分方式在欧洲大部分大学中变成划分为五个部分。

在古代哲学中，关于人类精神的性质或神的性质的研究，都算作物理学体系的一部分。这些东西，不管假定构成它们的本质是什么，好歹是宇宙大体系的一部分，而且是宇宙中最重要的生产性事物的一部分。无论人类理智对这两种事物做出什么推断，都会被当作试图解释宇宙大体系的起源和运转的科学中的两个章节，虽然无疑是十分重要的两个章节。但在欧洲的大学中，哲学既然是作为神学的附属学科来讲授的，那在这两个章节上比在哲学的其他内容上停留得更久是很自然的事情。这两个章节的内容逐渐深化和扩大，并又分成了许多次一级的章节；直至最后，关于灵魂——对此我们知道得如此之少——的学说，在哲学体系中拥有了与关于肉体——对此我们可以知道得那么多——的学说相同的内容量。这两种学说自此被视为截然不同的两个学科。所谓的形而上学或圣灵学被设置为与物理学相对立的学科，不仅被作为更崇高的学问来研究，而且就某一特定职业而言，被当作更有用的学问来研究。需要实验和观察的正当学科，即只要用心就能获得许多有用的发现的学科，几乎被完全忽视了。而前一学科，即使再怎么用心，除了从中发现一些极其简单而明显的道理之外，就只剩暧昧和含混，因而只能产生狡智和诡辩，但这种学科却被人大加研究。

当形而上学和物理学这样被放在相对立的地位时，对它们的比较自然会产生第三种学科——本体论，即研究其他两种学科的研究对象的共同特质及属性的学科。但是，如果说各学派的形而上学或圣灵学大部分是狡智和诡辩的学说，那本体论这种蜘蛛网般的学科——有时候也被称为形而上学——就全部是狡智和诡辩的学说。

一个人在作为个体时，以及他在作为家庭的一员、国家的一员和人类社会的一员时，他的幸福与完美何在，乃是古代道德哲学要研究的课题。在这一哲学中，人生的各种义务，都被视作为了人生的幸福与完美而产生的附属学科。但是，当道德哲学也像自然哲学一样被当作神学的附属学科时，人生的义务却被视作主要是为了来生的幸福而产生的附属学科。在古代哲学中，德行的尽善尽美，被认为必然使有这种德行的人在今生享有最大的幸福。而近代哲学的观点却认为，尽善尽美的德行通常是或者几乎永远是与今生的任何幸福相矛盾的；要想进入天国，只能靠忏悔和禁欲，靠僧侣的苦行和自我贬低，却不能靠自由、慷慨和英勇的行为。诡辩的决疑论和禁欲道德观在大多数情况下成了各学派道德哲学的大部分内容。哲学中最重要的部分也就这样成了最腐朽的部分。

因此，欧洲大部分大学的哲学教育一般就是按照这个路线进行的：首先，教逻辑学；其次，教本体论；然后，教圣灵学，包括关于人类灵魂和神的性质的学说；接着，教一种变质的道德哲学，这一学科被认为是与圣灵学、人类灵魂的不朽、神对来生可能的赏罚直接相关的；最后，通常以简单粗浅的物理学作为结束课程。

欧洲大学对古代哲学课程内容的修改，都是为了僧侣的教育，是为了使哲学成为神学研究比较合适的入门课程。而这种修改引入的哲学的狡智和诡辩、决疑论和禁欲道德观等附加内容，无疑并未使哲学更适宜于绅士或一般世人的教育，或更有可能增进他们的悟性、改善他们的心灵。

这种哲学课程现在仍然是大部分欧洲大学的教学内容，而授课老师是否勤勉，则取决于各大学的制度是否让老师有勤勉的必要。在那些最富裕、有最多捐赠基金的大学，老师们往往只讲一些这种变质课程的零碎片段就好了；而且，即使是这些零碎片段，也都讲得非常马虎和肤浅。

如今哲学各个科目的进步，大部分不是在大学里取得的，虽然无疑也有一些是在大学里取得的。即使取得了进步，大部分的大学也不是很积极地接受它；有一些这样的学术团体仍然愿意长期充当那些已被外界拒绝的破产体系和陈腐偏见的庇护所。一般来说，最富裕、捐赠基金最多的大学在接受进步方面是最慢的，也最不愿意对行之已久的教育计划做出任何重大的改变；而在较穷的大学，教师的衣食主要仰赖于他们的名声，他们不得不对时代思潮予以更多的关注，因此这些大学就比较容易接受进步。

虽然欧洲的公共学校和大学最初的目的只是为了进行对僧侣这一特定职业的教育，虽然他们即使是在对学生讲授这一职业所必要的知识时也并不总是很勤勉，但他们仍然逐渐开展了对几乎所有人，特别是对绅士和有钱人家子女的教育。人从幼年时期到开始认真地从事某项毕生事业之前，有很长一段时间。要度过这段时间，似乎没有比进学校更有益的办法了。然而，学校里所教的大部分课程，似乎并不是对他要从事的事业最好的准备。

在英国，青年人刚从高中毕业以后，不进入大学而是去外国游学，这已经日渐成为习俗。据说，青年人游学归来时，一般都有了很大的长进。但一个青年在十七八岁的时候出国，二十一岁回来，回国时比出国时大三四岁，在这个年龄段，在三四年之中要是没有很大的长进倒是怪事。在他游学的过程中，他一般会学一两门外语；但是这些知识，通常不足以使他说得流利、写得通顺。另一方面，他回国之后，一般会变得更自以为是，更不约束自己，更放荡，更不可能认真地学习或做事。他如果不到外国而是留在家中，在这短短的时间之内，绝不会变得如此。年纪轻轻就这样去漫游，远离双亲和亲戚的监督和控制，把一生中最宝贵的年华消磨在无谓的浪荡上，这使得他在早年的教育中有可能形成的一切好习惯不是得到了巩固和加强，而是得到了削弱，直至丧失殆尽。正是因为大学落到了不受信任的地步，这种年纪轻轻就出国游学的毫无意义的做法才得以流行。把自己的儿子送出国，做父亲的至少可以在一段时间里摆脱这样一件事，即眼睁睁看着自己的儿子无所事事、漫不经心地堕落下去。

而这就是某些现代教育机构的成果。

在其他的年代、其他的国家，似乎有着不同的教育计划和教育机构。

在古希腊的各个共和国，自由公民在国家官员的主持下，受到体育训练和音乐教育。体育训练的目的，在于强身健体、增加勇气，为日后经受战争的疲劳和危险做准备。在所有记录中，希腊民兵都是世界上最好的民兵；从这一点来看，这一部分的公共教育一定完全达到了它的目的。而另一部分公共教育，即音乐教育，在那些哲学家和历史学家看来，其目的在于使人通达人情、性情温和，能履行公共生活和私人生活中的一切社会义务和道德义务。

古罗马竞技场上的训练目的和希腊运动场上的训练目的相同，并且似乎也同样好地达到了目的。但在罗马人中间，没有和希腊人的音乐教育相当的东西。可是，罗马人的道德素质，不论是在个人生活中还是在公共生活中，不仅不比希腊人差，总的来说还比希腊人更好。罗马人在个人生活上的道德素质好于希腊人，曾由熟悉两国国情的学者波利比奥斯和哈利卡纳苏斯的狄奥尼修斯两人予以证明；至于罗马人在公共道德方面的优越，古希腊和古罗马的整个历史进程可以为之证明。相互竞争的各党派成员之间不发脾气、不走极端，这似乎是自由民族在公共道德方面最基本的要求。希腊的党派之争几乎总是暴力的和残酷的；但罗马人直到格拉古兄弟时代之前，从未因为党争而引发流血事件。从格拉古兄弟时代起，罗马帝国实际上可以说是解体了。所以，尽管有柏拉图、亚里士多德和波利比奥斯这样值得尊敬人士的论述，尽管孟德斯鸠支持这些权威人士的理由十分有见地，但希腊人的音乐教育似乎对改善道德并未有明显的效果；因为罗马人没有音乐教育，其道德总的来说却比希腊人更好。上述这些古代哲人对祖先制度的尊敬，可能使他们乐于从一些单纯的古老习俗中寻找政治智慧，这种习俗从远古时代一直传到了具备相当文明程度的社会时期。音乐和舞蹈几乎是所有原始民族重要的娱乐方式，也被认为是适合每一个人取悦他人的技艺；在今天非洲海岸的黑人中间是如此，在古代凯尔特人和古代斯堪的纳维亚人中间是如此，而我们在《荷马史诗》中特洛伊战争之前的古代希腊人中间也是如此。当希腊各部落自己组成小共和国的时候，学习这种技艺在很长一段时间内成为人民的公共教育和普通教育的一部分，这是很自然的。

在罗马，甚至在法律和习俗最为我们所熟知的希腊共和国的雅典，教授青年人音乐或军事技能的老师似乎都不是由国家支付报酬的，甚至也不是由国家任命的。国家要求，每一个自由公民应当使自己适于在战时捍卫国家，因此必须接受军事训练。但进行军训的教师则需要由公民自己去寻找；国家所提供的，除了一个公共场地或训练地点供他操练和演习之外，别无其他。

在希腊和罗马各共和国初期，除上述内容外，教育上的其他内容就是学习阅读、书写，以及根据当时的算术进行计算。这些技能，富人往往是在家中请家庭教师教授，教师既可以是奴隶，也可以是自由人；而贫民则到这样的教师开设的学校缴费学习。但是，不论是在家中学习，还是在学校学习，这一部分教育完全听任各个学生的父母或监护人的安排，国家似乎不负检查或督导的责任。而根据梭伦制定的法律，如果做父母的人忽视了对子女进行某种实用的教育，子女也可以免除在其父母年老时对他们的赡养义务。

随着人们文化程度的提高，哲学和修辞学开始风行，上层社会的人有时候会把子女送往哲学家和修辞学家的学校，让他们学习这两门时兴的学问。但是，对于这种学校，国家没有给予任何支持，在很长一段时间内，国家只是默许而已。社会对哲学和修辞学的需求曾在很长一段时间都很小，以致最初一批以此为职业的老师不能在任何一个城市找到永久性的工作，而不得不在各地之间流动。埃利亚的芝诺、普罗泰哥拉、高尔吉亚、希庇亚斯，以及其他许多学者，都过着这种生活。当需求增长时，哲学和修辞学学校就变成了固定在某地的，先是在雅典出现，接着在其他城市也有同类学校的设立。可是，对于这种学校，国家除了有的拨给一个特定场所作为校址——有时候也由私人捐赠之外，从未有进一步的鼓励。国家拨给柏拉图的学校称为学园，拨给亚里士多德的学校称为吕克昂学院，拨给西塔的芝诺（斯多葛学派的创始人）的学校叫作门廊。而伊壁鸠鲁则把他自己的花园留给了他的学校。但是，直到大约马库斯·安东尼努斯的时代为止，教师似乎都没有从国家得到任何薪俸，除了学生的谢礼或学费之外，他们也没有其他的报酬。我们从卢西恩的书中读到过，那位爱好哲学的皇帝发给哲学教师的那种奖金，在这位皇帝死后也就停发了。这些学校的学生并没有什么毕业生特权，上这类学校也不是从事某种特定行业或职业的必要条件。如果社会上有关这类学校教学效用的舆论不能吸引学生前来，那法律是不会强制任何人进这类学校的，也不会给进这类学校的人什么奖励。这些学校的教师也没有对学生的管辖权，他们除了以自己的德行和才能博得在学生面前自然产生的权威之外，没有其他的权威可言。

在罗马，对民法的学习被当作教育的一部分，但不是大众教育的一部分，而只是某些家庭教育中的一部分。想获得法律知识的青年，并没有一个公共学校可进，他们除了和被认为懂得法律的亲戚朋友时常来往之外，没有其他的学习途径。而值得注意的是，虽然《十二铜表法》有许多是抄自某些古希腊共和国的法律，但法律却并不曾在希腊任何一个共和国发展成一门学科。在罗马，法律很早就成了一门学科，那些有名的精通法律的人都声名显赫。在古希腊各共和国，特别是在雅典，普通的法庭都是由乌合之众组成的，他们在做判决时总是喧闹、随意的，判决结果常常是由一时的党派斗争局面来决定的。当审判不公正的坏名声是由五百人、一千人甚至一千五百人（希腊有些法院就是有这么多人数）来分担时，每一个人背负的耻辱就不会很大。与之相反，在罗马，主要的法庭都是由一个或几个法官组成的，判决要是草率或不公正，特别是当他们进行公审时，他们的人格就会大受贬低。遇到疑难案件时，这些法庭为了避免世人的责难，常常会力图用本法庭或其他法庭的前任法官所留的判决范例或先例作为挡箭牌。正是这种对范例和先例的关注，使罗马法律形成了流传至今的有规则、有秩序的体系；其他产生这种关注的国家，其法律也会有同样的结果。波利比奥斯和哈利卡纳苏斯的狄奥尼修斯多次提起的罗马人的品格比希腊人好，或许更多的是由于罗马人的法庭组织比希腊人的更好，而不是由于这两位学者所提出的其他原因。罗马人据说以重承诺、重宣誓而著称。但是，习惯于在办事勤勉、消息灵通的法庭面前宣誓的人，比起那些习惯于在无纪律和无秩序的人头大会面前宣誓的人来说，自然会更尊重自己的誓言。

希腊人和罗马人的行政能力和军事能力，至少不会比现代任何一个国家的国民差，这是大家都承认的。我们的偏见或许对他们的能力估计过高。但是，除了军事方面的训练，国家似乎没有对这种能力的形成做出其他什么贡献，因为我无法相信希腊人的音乐教育对此产生了什么重大的影响。不过，在这些国家中，上层社会的人如果要学习当时社会环境视为必要或有益的任何技术或学问，似乎都可以找到教师。有开花就会有结果，有对这种教育的需要，就产生了进行这种教育的才能；而自由的竞争更使这种才能达到了极高的水平。古代哲学家能抓住听讲者的心，统领他们的意见和原则，赋予他们的行动和言论以某种气质和风格，在这些方面他们似乎远远强于现代的教师。在现代，公共教师所处的环境使他们多少有点不必关心自己在业务上是否有名望、是否成功，他们勤勉的程度便不免因此而有所降低。而由于他们的薪俸，私人教师要想与他们竞争，也就像一个未得到任何奖金的商人想与一个得到了很多奖金的商人竞争一样。如果没有奖金的人以和有奖金的人差不多同样的价格出售货物，他绝不可能得到相同的利润；这样做即使不破产，也难逃穷困潦倒的命运。如果他以更高的价格出售货物，顾客就会非常有限，他的处境也不会更好。此外，毕业生的特权对大多数从事有学问的职业的人来说，在许多国家都是必不可少的，至少是非常便利的。但是，要想获得这种特权，只能去听公职教师的课。私人教师教得再好，在他的课上学得再认真，也不能获得要求这种特权的资格。由于这种种原因，大学里通常会教的那些学科的私人教师，在现代一般被看作最低层次的学者。对一个有真本事的人来说，这要算最耻辱、最无益处的职业了。就这样，学校的捐赠基金不但腐蚀了公共教师的勤勉，而且也使社会上几乎不可能有优秀的私人教师。

如果没有公立教育机构，那么，没什么需求的体系或学科，或者说，不是在当时的环境里特别必要、特别有用或特别时兴的学科，根本不会有人教授。一种曾被认为有用但已被推翻或流为陈腐的学科体系，或一种被认为无用、只不过是一堆书呆子般无意义的诡辩的学科，私人教师一定不会去教授。这种学科、这种体系，只能存在于繁荣和收入不依赖于其名声和勤勉的教育团体里。而假如没有这样的公立教育机构，一个勤奋和有能力的绅士，在受过时代所能提供的最完整的教育以后而进入社会时，也绝不会对绅士和普通人通常谈论的主题一无所知。

在女子教育方面没有公立机构，因而在女子教育的普通课程中从来没有无用的、荒谬的或不合理的东西。女子所学的，都是她的双亲或监护人认为她必须学习或学了对她有用的课程，别无其他。她所学的每一样东西显然都有某种用处：或是增进她体态上的自然风姿，或是养成她谨慎、谦逊、贞洁和节俭的品德，或是使她日后成为一个合格的家庭主妇，等等。一个女子在她生命的每一个阶段，都能感到从她所受的每一种教育中获得的方便或益处。而一个男人在他生命的任何时刻都极少能从他所受的教育中获得方便或好处，哪怕是最艰苦、最费力的部分。

所以，我们不禁要问：国家不应该介入对人民的教育吗？如果应该介入，那针对不同层次的人民应进行何种不同的教育呢？又应该用何种方式进行呢？

在某些情况下，社会条件会使大多数人自然形成国家所要求的或认可的几乎一切能力和品质，而不用政府操心。在另一些情况下，社会条件不能把个人培养到这一步，政府必须介入，以防止百姓能力退化或不争气。

随着劳动分工的发展，大部分以劳动为生的人，也就是说大部分老百姓，他们的工作变得仅限于进行少数十分简单的操作，甚至简单到只有一两种操作。而大多数人的理解力必然是在他们的日常工作中形成的。一个人如果把他的一生都消耗在几种简单的操作上，而这些操作所产生的影响，又是相同的或差不多的，那么他就没有机会发挥他的理解力，或运用他的创造力来寻找克服困难的方法，因为他永远不会碰到困难。这样一来，他自然会丢失动脑筋的习惯，而变成愚钝无知之人。他精神上这种麻木的状态，不但会使他不能领会或参加任何理性的谈话，而且会使他不能怀有任何宽宏、高尚或温柔的情感。其结果是，对于许多个人日常生活中的平常事务，他也没有能力做出恰当的判断。至于重大和深远的国家利益，他更是完全没有主意，而且，除非给以特训，否则他同样也没能力在战争中保卫国家。他毫无变化的单调生活自然会消磨他精神上的勇气，使他厌恶无常和冒险的士兵生活。这种单调甚至会侵蚀他身体的活力，使他除了捧着自己的饭碗以外，在其他职业上都不能饱满地、坚定地施展自己的力量。这样一来，他在自己的特定行业中掌握的本领，似乎是以牺牲他智力上的、交际上的和体力上的才能为代价的。但是，在所有进步、文明的社会，劳动贫民，即大多数人民，必然会陷入这种状态，除非政府想办法、花力气加以防止。

在所谓的野蛮社会，即狩猎和游牧社会，甚至在制造业进步和对外贸易扩张之前的初级农业状态下的社会，情形就不是这样。在这些社会中，每一个人都要从事各种各样的工作，这就迫使每一个人都要发挥他的才能，想办法解决不断遇到的困难。只要他们的创造力很活跃，精神就不会落入那种呆滞的迟钝状态（这种迟钝使文明社会几乎所有下层人民的理解力变得低下）。我在前面曾提到，在所谓的野蛮社会，每一个人都是战士。在某种程度上，他们每个人也都是政治家，关于社会的利益和统治者的行为，他们都能做出有见地的判断。他们中间的每个人，对自己的首领在平时统治的水平，在战争中指挥时的表现，都看得一清二楚。当然，在这样的社会中，没有人能够具有更文明的社会中少数人有时候能够具有的那种更进步、更精密的理解力。在初级社会中，虽然每个人的工作都多种多样，但整个社会中工作的种类却并不多。每个人都在做或都能做其他人在做或能做的工作。每个人都有一定的知识、技巧和创造力，但没有人能达到很高的水平。不过，要处理社会中所有简单的事务，他们通常所具备的水平一般也就足够了。与之相反，在文明社会，虽然大部分个人职业比较单一，但是整个社会中的职业种类却数不胜数。这各种各样的职业，可以说为那些自己没有特定的职业而有闲暇和兴趣去研究他人工作的人提供了无限多的研究对象。要对如此众多的对象加以考察，他们必然要运用心思进行无穷尽的比较和综合，从而他们的理解力也会变得异常敏锐和广博。不过，如果他们这少数人不是碰巧占据了非常特殊的地位的话，他们这么大的能力，纵然对自身来说是一种光荣，但对社会的良好治理或幸福，却可能没有多少贡献。尽管少数人有这样巨大的能力，但在芸芸众生之中，人类一切高贵的品性仍然可能被淹没而消失了。

在文明的商业社会，对普通人的教育，恐怕比对有身份、有财产的人的教育更需要国家的关注。有身份、有财产的人，他们一般都是在十八九岁之后才进入借以立身于世的特定职业或事业的。在此之前，他们有充分的时间来获取——至少是使自己有能力在以后获取——那能使他们博得世人尊重或值得世人尊重的一切才能。他们的父母或监护人一般都望子成龙，在大多数情况下都不会吝啬为此付出必要的开支。如果他们不能受到适当的教育，那不是由于教育费用的不足，而是由于这一费用的使用不当；不是由于缺少老师，而是由于现有老师的懈怠与无能，或者说，由于在当时的状况下很难找到或不可能找到更好的老师。在职业上，有身份、有财产的人在一生中所从事的工作也多半不像普通人的工作那样简单和单调。他们的工作几乎全都是极其复杂的，都是用脑多于用手的。从事这些工作的人的理解力，是不大会因为缺少运用而变得迟钝的。此外，有身份、有财产的人的工作，很少需要他们起早贪黑。他们一般有大量闲暇时间，对于他们早年已经打好基础的各种有用的技能，或早年曾受到熏陶的兴趣爱好，他们可以在此期间进一步钻研，从而完善自己。

普通人则与此完全不同，他们几乎没有时间接受教育。即使在幼年期间，他们的父母也几乎无力抚养他们。他们一到能工作的年纪，就必须立即干活谋生。而他们所干的活通常也是十分简单和单调的，无须运用太多智力；同时，他们的劳动如此耗时和繁重，使他们很少有闲暇和兴趣去做甚至去想其他的事情。

不过，无论在哪种文明社会，虽然普通人民不能受到有身份、有财产的人那样好的教育，但教育中最重要的几部分，如阅读、书写和算术，他们却是能够在早年获得的，也就是说，大部分预备从事最低贱职业的人也有时间在开始他的职业以前学习这几门功课。只需很少的开支，国家就能推动、鼓励甚至强制全体人民接受这些最基本的教育。

国家可在每一个教区或地区设立教育儿童的小学校来推动这种教育，收费低廉一些，使一个普通劳动者也能负担得起。老师的报酬只应部分由国家承担，而不是全部由国家承担；因为如果他的报酬全部（甚至只是主要的）由国家承担，他很快就将学会怠惰。在苏格兰，这种教区学校已教会几乎全体普通人民怎样阅读，教会大部分普通人怎样写和算。在英格兰，慈善学校也收到了相同的效果，虽然由于学校设立得不是那么普遍，所以效果也不是那么普遍。如果这些小学校里教儿童进行阅读的书比通常所用的书更有教育意义一些，如果将普通人的孩子有时要在学校里学习的、对他们全无用处的拉丁文的皮毛知识替换成几何学和机械学的基础知识，那么，这一阶层的人的文化教育，也许就会达到可能达到的最完善程度。很少会有一种普通行业没机会用到几何学和机械学的原理，因而，很少会有一种普通行业不能使普通人因为实践这些原理而得到锻炼和提高；这些原理可以说是最高尚、也最有用的科学的敲门砖。

国家可以通过给成绩出众的普通人的孩子发点奖金或小奖章来鼓励大家完成那些最基本部分的教育。

国家可以要求，每一个人在获得任何同业公会的会员权利以前，或被允许在乡村或自治市从事任何行业以前，必须先通过考试或检定，以此迫使大多数人完成那些最基本部分的教育。

希腊和罗马共和国就是以这种方式，方便、鼓励甚至强制人民接受军事和体育训练，以维持全体人民的尚武精神的。通过指定一定的学习和操练的场所，并赋予教师在这些场所教习的权利，他们为人民获得这些训练提供了方便。这些教师似乎没有薪水，也没有任何排他性的特权。他们的报酬完全出自学生；而在公共体操场学习的学生或市民，与和他学得一样好的私人教师培养的学生相比，并没有任何法律赋予的优越性。通过发给成绩优秀者小额奖金或奖章，他们鼓励人民获得这些技能。在奥林匹克运动会、地峡运动会和尼米亚运动会上获奖，不仅对获奖者本人，而且对他的整个家庭及亲属都是一种光荣。而每一个公民在应征到共和国军队里服役一定年限的义务，足以强制全体人民接受军事和体育训练；因为如果不接受这些训练，他们在服兵役时就无法适应。

随着社会的进步，军事训练的惯例如果不由国家花代价予以扶持，就会逐渐废止，人民大众的尚武精神也会随之消失，这可由现代欧洲的例子得到证明。但每一个社会的安全都要或多或少地依赖人民大众的尚武精神。诚然，在现时，单有那种尚武精神而没有一支训练良好的常备军的支持，或许不足以保障任何社会的安全。但是，在每一个公民都有军人精神的地方，所需要的常备军人数肯定比较少。此外，这种精神必然会大大减少常备军在一般人心目中对自由的威胁，不论这种威胁是真实的还是想象的。正如这种精神大大有利于常备军与入侵的外敌作战，它也会大大阻止这支军队受指挥来破坏国家宪法，如果不幸有这样的事情的话。

古代希腊和罗马的制度，在维持人民大众的尚武精神方面，似乎比现代所谓的民兵制度更为有效。他们的制度简单得多，一旦建立，就可自行运作并保持最充分的活力，很少或根本不需要政府介入。然而，如果要维持现代民兵的复杂制度，甚至只是勉强维持，都需要政府持续地投入精力，否则这一制度就会完全遭到忽视和废弃。此外，古代制度的影响也更普遍。通过这种制度，他们的全体国民都学会了使用武器。而在现代国家，根据民兵制度，只有很小一部分国民——瑞士或许是个例外——能受到这种训练。但是，一个怯懦的人，一个既没能力保卫自己也没能力为自己复仇的人，分明缺少了人类本性中某种最重要的部分。他在精神上的伤残，就像一个被夺去了某些最重要的器官或丧失了这些器官功能的人在身体上的伤残一样。而且，他显然是这两者中更可怜和更悲惨的；因为完全寓于精神之中的幸福或痛苦必然更多地依存于精神的健康或不健康、残缺或完整状态，而不依存于身体的这些方面。即使人民的尚武精神对于保卫社会已没有用处，为了防止怯懦必然会引起的这种精神上的残缺、畸形和不幸在人民大众中间滋生蔓延，政府仍应对此加以最严肃的关注，就像政府应该严肃地注意防止麻风病或其他讨厌的疾病（即使不致命或不危险）在人民之中蔓延开来一样，尽管这种关注除了防止这样大的公共灾害之外，可能并没有其他公共的好处。

同样的说法，也可适用于那些在文明社会中使下层人民的理解力变得迟钝的无知和愚昧。一个人如果不能很好地使用人所具有的智力，甚至可能比一个怯懦的人更加可鄙，他似乎是在人性中更本质的部分上形成了伤残。国家即使不能从对下层人民的教育中得到什么好处，它也仍然应该注意不要使他们完全得不到教育。何况，国家可以从对他们的教育中得到极大的好处。他们受到的教育越多，越不容易受到狂热和迷信的欺骗，而狂热和迷信在无知的民族中常常引起最可怕的骚乱。此外，受过教育的、有知识的人，总是比无知和愚昧的人更懂礼节、更守秩序。他们每个人都更有自尊，更觉得自己能得到地位比自己高的人的尊重，因此他们也会对这些人更加尊重。他们更可能去考察、更可能看穿党派斗争中自利的煽动性言论，因此，他们更不会被误导去放肆地或胡乱地反对政府的举措。在自由国家里，政府的安全极大地依存于人民对它的正面评价，所以最重要的肯定是，不应使他们草率地、随意地对政府的行为做出评价。

第三项 论对所有年龄层的人进行教育的机构的开支

对所有年龄层的人进行教育的机构主要是进行宗教教育的机构。这一类教育的目的，与其说是使人民成为这个世界的良好公民，不如说是为他们来生进入另一个更好的世界做准备。讲授这种教义的教师的生活费用，也像其他教师一样，或是完全来自听讲者的自愿捐献，或是来自国家法律认可的某些财源，如地产、什一税、土地税或固定的薪俸。在前一种情况下，他们的努力、热心和勤勉要比在后一种情况下大得多。在这方面，新教的教师们在攻击那些古老的、建立已久的体系时总是处于十分有利的地位。后者的牧师们守着自己的圣俸，久已忽视了保持人民大众的信仰和皈依的热情；由于习惯了懒惰，他们甚至连保卫自己的教会也使不出足够的力气。一个地位稳固和捐赠充裕的教会的牧师，常常成为有学问的文雅之人，具有绅士的一切优良品质，或能受到绅士般的尊敬。但是，他们也会逐渐丧失那些使得他们相对于下层人民更具权威和感化力的品质，不管是好品质还是坏品质；这些品质可能是最初他们的宗教得以成功和确立的原因。当这些牧师遭到一群虽愚昧无知但却受欢迎、有胆量的狂热分子的攻击时，会感到自己完全没有自卫的手段，就像亚洲南部懒惰、柔弱、饱食终日的民族遭到北部好动、坚忍、食不果腹的鞑靼人的入侵一样。这些牧师在这种紧急情况下，通常没有别的办法，只有要求行政长官以扰乱社会秩序的罪名来迫害、消灭或驱逐他们的反对者。罗马天主教教士就是这样借行政长官之手来迫害新教徒的，英格兰教会迫害非国教教徒也是这样。一般说来，每一个拥有法定地位的教派在享受了一两个世纪的安稳之后，都会发现自己无法对攻击其教义或教规的新教派做出有力的回应。在这种场合，从学问和著作来讲，老教派有时会占优势；但从笼络民众和吸引新信徒的能力上来说，优势常常在它的反对者一边。在英格兰，这种能力早已被那些拥有巨额捐赠财产的国教教会牧师们抛在一边了；现在，只有非国教派教徒和卫理公会派教徒具备这种能力。不过，在许多地方，非国教派牧师已靠自由捐赠、信托权利和其他规避法律的手段获得了自足的生活资料，他们的热情和积极性似乎已经大打折扣了。他们之中的许多人已变成博学、智慧和受尊敬的人士；但一般来说，他们也已不再是大受欢迎的传教士。卫理公会派教徒没有非国教派教徒一半的学问，却更加受欢迎。

在罗马教会中，下级牧师的勤勉和热情由于强烈的利己动机，比任何成立已久的新教教会的牧师都保持得更好。许多教区牧师从人民的自由捐赠中获取他们大部分的生活资料，倾听忏悔使他们有机会增加这种收入。托钵僧的生活资料则全部来自这种捐献。他们像是某些军队中的轻骑兵和步兵，不行掠夺，就没有给养。教区牧师则像那种部分报酬来自薪俸、部分报酬来自学生的教师，其收入总要或多或少地依赖他的勤勉和名声。托钵僧也有点像那种生活资料完全依赖于自身勤勉程度的教师。所以，他们不得不用各种手段劝诱民众皈依。据马基雅弗利观察，在十三和十四世纪，圣多米尼克和圣弗朗西斯两大托钵僧教会的建立，曾使人民对天主教教会日趋衰落的信仰和皈依热情得到了复兴。在罗马天主教国家，民众的皈依精神完全靠修道僧和贫苦的教区牧师来维持。而教会中的那些大人物，尽管一般都具有绅士的才艺，有些还具有学者的学问，他们对维持他们下级的必要纪律也足够关心，但很少会去为人民的教育劳心费神。

一位当代杰出的哲学家及历史学家说：

“一个国家里大多数的技术和职业都具有这种性质，即当它们增进社会的利益时，它们对某些个人来说也是有用的或令人满意的；在这种情况下，政府的一贯方针应是不加干涉地任这些职业自由发展，把推动它们发展的任务交给从这些职业中获得利益的人，只在这些职业刚被引进时可以例外。工匠如果发现他们的利润由于顾客经常光顾而上升，就会尽力提高他们的技术和勤勉程度；而且，如果没有人来插手帮倒忙的话，商品的供求关系肯定会一直保持平衡。

“不过也有其他的职业，虽然对国家是有用的，甚至是必要的，却不能给任何个人带来利益或快乐。国家对待这些职业的从业人员就不得不改变自己的做法。为了使他们能生存下去，国家必须给予他们鼓励或奖励，为了使他们不流于怠惰，必须赋予这种职业特别的荣誉，或建立足够长的等级体系及严格的升降原则，或采取其他办法。在财政部门、海军舰队或行政机关工作的人，都是这一类人的实例。

“乍看上去，我们可能会想当然地认为，神职人员属于第一类职业，他们得到的鼓励和律师、医生得到的鼓励一样，完全可以靠别人的慷慨解囊。捐助他们的人信仰他们的教义，可以从他们的精神性服务和援助中得到益处和慰藉。他们的勤勉和警觉，一定会由于这个附加动机而增强；而他们的职业水平和支配人民思想的口才，也必然会由于他们不断实践、学习和琢磨而日益提高。

“但是，如果我们更仔细地考察，就会看到，一切贤明立法者要防止的就是牧师们这种利己的勤勉。因为，除了真正的宗教以外，在每一种宗教中这种利己的勤勉都是极其有害的；它甚至有一种自然的倾向，会将迷信、愚昧和幻想大量注入真正的宗教，从而败坏这种宗教。宗教从业者为了使自己在信徒的心目中更加重要、更加神圣，总要激起他们对其他教派的强烈厌恶，并不断用新奇的事物去刺激他们的皈依意愿。被宣扬的教义中，真理、道德或礼仪都被抛在一边，而最适合于扰乱人心的却大行其道。为了吸引人来参加他们的集会，他们使出浑身解数去调动俗众的热情，骗取大众的信任。到最后，政府将发现，不发给教士们固定的薪金，表面上是节省，而所付代价却更加高昂；实际上，政府与精神领袖们最适当、最有利的合作关系，就是给他们的职业设立定期薪俸以购买他们的懒惰，使他们觉得，除了防止他们的羊群在寻找新牧场时走失之外，其他的积极活动都是无关紧要的。这样，教会的薪俸制度虽然最初通常是由于宗教观点而起，但最后却可以证明对社会的政治利益是有好处的。”

但是，不论给教士提供定期薪俸的效果是好是坏，设立这一薪俸时可能很少是以其效果为出发点的。宗教冲突激烈的时代，一般也是政治斗争同样激烈的时代。在这样的时代，每个政党都会发现或者都会以为，自己与某个有竞争力的教派结成同盟会对自己有利。但要做到这一点，他们只有采纳或赞成那一特定教派的教义。有幸与得胜的政党结盟的教派，必然要分享其盟友的胜利；而通过这个政党的支持和保护，它很快就能在某种程度上使它所有的敌对教派沉默或屈服。这些敌对教派一般都是与得胜的这个政党的敌人联合的，因此也就成了这个政党的敌人。那个得势的教派的教士们则成了宗教战场上的主人，他们在老百姓之中的影响力和权威达到了顶峰，因而有足够的力量使得胜政党的领导人慑服，使行政长官不得不尊重他们的意见和倾向。他们对行政长官的第一个要求一般是打压他们的反对者，然后就是要求给他们提供定期薪俸。由于他们一般都对政党的胜利做出过不小的贡献，要求分享一点胜利的成果也是合情合理的。而且，他们也厌倦了去迎合人民，厌倦了到反复无常的人民之中去讨生活。所以，在要求定期薪俸时，他们只是为自己的安逸和舒适做打算，至于这一要求在未来会对他们教会的影响力和权威产生什么效果，他们并没有费神考虑。而在行政长官这方面，由于要满足这个要求，他就只能把他自己本可得到或本可保留的东西分给他们，所以不会答应得很痛快。但是，虽然会有很多拖延和推诿，这件事的必要性最后仍会使他屈服。

但是，如果政治不曾借助宗教之力，如果胜利的政党在当政之后不曾特别采用某一教派的教义而拒绝其他教派的教义，那么这个政党对不同的教派就会予以平等和公正的对待，允许每个人选择自己认为适合的牧师和宗教。在这种情况下，必然会有许许多多的教派出现。几乎每一帮宗教会众都可能自己形成一个小教派，抱有他们自己的某些特别教义。每一个宗教教师必然都会感到自己有必要使出浑身解数，运用一切手段去保持增加他的信徒人数。但由于其他每一个宗教教师也都感到有必要这样去做，所以任何一个宗教教师或任何一个教派的宗教教师所取得的成功都不会很大。宗教教师利己的热情，只有在仅有一个教派被允许存在或整个社会划分为两三个教派的地方，才会产生危险与麻烦，因为这时各派的教师会在统一的纪律和等级关系之下采取一致的行动。但如果社会划分为两三百个甚至上千个小教派，没有哪一个教派的势力大到足以扰乱社会安宁，那宗教教师们的热情肯定就是全然无害的。在这种条件下，各教派的宗教教师见到自己周围的敌人多于朋友，反倒不得不学会保持在大教派的宗教教师中很难看到的诚意和温和；后者不仅教义受到政府的支持，而且自己也受到广大国土上几乎所有居民的崇敬，因此只看到自己周围布满了门人、信徒和卑躬屈膝的崇拜者。而小教派的宗教教师一旦发现自己孤立无援，就会学习尊重其他教派的宗教教师，而他们为彼此提供的方便和相互的让步，到时候或许能使他们大部分的教义脱去一切荒谬、欺骗和狂迷的夹杂物，而成为纯粹的、合理的宗教教义。这样的宗教是世界上一切时代的仁人贤士都希望看到的，但也是以往成文的法律从未在任何国家建立过、或许永远建立不起来的；因为，在宗教方面，成文的法律总是或多或少地受到大众迷信和狂热的影响。在英国称为独立派的那个教派（虽然他们无疑是一个非常狂热的教派）曾在内战将要结束时提议施行一种宗教管理方案，或者更准确地说，是“不管理宗教”的方案。这种方案如果得以施行，虽然其起源不是出于理性，但现在或许已经使所有教派的教义都具有了最理性的和平气质和温和精神。宾夕法尼亚已经施行了这个方案，那里虽然教友派会员占大多数，但法律实际上对所有的教派都一视同仁，据说，那里就产生了这种理性的和平气质和温和精神。

即使这种一视同仁不会让一个国家的所有教派甚至大部分教派产生这种和平气质和温和精神，但只要这些教派的数目足够多，从而每一个教派的势力都不足以扰乱社会的安宁，那么每个教派对自己的教义所抱的过分热情就不会产生任何有害的结果，相反，总会产生一些好的结果；而政府如果决定完全不对他们进行干涉，并迫使他们互不干涉，就不必担心他们分化不快，达不到这么多数量。

在每一个文明社会，在每一个阶级差别已完全确立的社会，往往有两种不同的道德方针或道德系统同时并行：一种可称为严谨的或克己的道德系统，另一种可称为自由的或放纵的道德系统——如果你愿意这样说的话。普通民众一般尊崇前者，而所谓的上流人物一般看重和采用后者。我们对轻浮的恶习非难的程度——这种恶习常常是由于奢侈、过分欢乐和纵情而产生的——似乎就是这两种对立的方针或系统主要的区别。在自由的或放纵的系统中，奢侈、恣肆甚至扰乱秩序的欢乐，以及无节制地追求快乐、破坏贞节（至少是两性中的一方）等行为，只要不到下流无耻的地步，不致大错特错或不仁不义，一般均会受到很大的宽容，很容易被完全原谅或饶恕。相反，在严谨、克己的系统中，这些过分行为都会遭到极度憎恶和鄙视的。轻浮的恶习对普通人总是具有毁灭性，一个星期的放纵和挥霍经常就足以使一个贫穷的劳动者永远不能翻身，并使他陷于绝望，从而可能铤而走险，犯下大罪。所以，普通人中比较笃实比较善良的，总是极度厌恶和鄙视这种过分的行为，经验告诉他们，这些行为会马上给他们这种境遇的人致命的打击。相反，即使好几年的放纵和挥霍也不一定会使一个上流社会的人落魄。这个阶级的人常常认为，有放纵的实力是他们的财产为他们提供的好处之一，而不受责难的随心所欲则是他们的地位带来的一种特权。因此，对于与他们同一阶层的人的过分行为，他们就不会求全责备，只是略有微词或根本不置一词。

几乎所有的宗教派别都是在普通人民之中创立的，在普通人民中，它们吸收了最早的一批信徒，也吸收了人数最多的信徒。因此，这些教派几乎总是采用严谨的道德体系，虽有例外，但也很少。当他们在这个阶层的民众中宣扬不同于以前的教义时，这种体系也最能使他们受到欢迎。许多教派，也许是绝大多数教派，都力图通过强化这种道德体系来获取人民的信任，甚至使这种体系达到了愚蠢和离谱的程度。但这种过分的严格往往比其他事情更能使他们受到普通人民的推崇和尊敬。

有身份、有财产的人是社会中的显要人物，他的一举一动都会受到社会的注意，因此他也就不得不注意自己的一举一动。他的权威和重要性极大地依存于社会对他的尊敬，所以他不敢做任何会使他丢脸或失信的事情，他不得不小心翼翼地遵守社会舆论对他这种有身份、有财产的人所设定的道德规范，不管是自由的还是严谨的。相反，一个地位低下的人很难成为社会中的什么大人物。当他留在农村时，他的行为可能会受到注意，而他也可能不得不注意自己的行为。在这种处境里，并且只有在这种处境里，他才有所谓的人格可以保持或丧失。但是，一旦进入大城市，他就被湮没无闻了。没有人会再观察和注意他的行为，于是他很可能也会放松对自己的要求，恣意妄为，在卑贱的行径中放任自己。这时，要是他成为一个小教派中的一员，他就能有效地摆脱无人问津的状态，使自己的行为受到一个有尊严的群体的注意。从成为教派成员的那一刻起，他就获得了一定程度的重要性，这是他从未拥有过的。为了教派的名誉，他在教会里的所有教友兄弟都会有兴趣观察他的行为，如果他做了不光彩的事情，或者他大大背离了他们要求彼此遵守的严格的道德规范，他就要接受极其严厉的惩罚（即使不带有民法效力），即开除教籍。因此，在小教派里，普通人的道德规范几乎总是非常严格和有秩序的，通常比在国教教会中严格有序得多。当然，这些小教派的道德规范往往过分严厉、不近人情。

不过，对于国内的小教派在道德规范方面的过分严厉和不近人情，国家可以同时采取两种非常容易和有效的办法予以纠正，而不需使用暴力。

第一种办法是，让具有中等或中等以上地位和财产的人普遍地学习科学和哲学。要做到这一点，国家不应给教师支付薪水，免得使他们变得疏忽和懒惰；而是应规定每个人在从事某种自由职业之前，或在有资格成为某种受信托的或有俸给的荣誉职位的候选人之前，必须通过某种甚至是高深和复杂的学科的考试或检定。国家如果以这种方式迫使这一阶层的人研究学问，就不用费神去给他们提供合适的老师。他们很快会自己找到比国家能提供给他们的更好的老师。科学是狂热和迷信这两种毒素极好的解毒剂。当所有的上层人民不受狂热和迷信的毒害时，下层人民也就不致大受其害。

第二种办法是增进民众的娱乐。国家如果对所有那些从自己的兴趣或利益出发，用绘画、诗歌、音乐、舞蹈，以及各种戏剧表演来博得民众开心而并无伤风败俗行为的人予以鼓励，或给予完全的自由，就可以很容易地驱散民众那种常常滋生迷信和狂热的抑郁和悲观的心情。对群众狂热的煽动者来说，公众娱乐总是他们畏惧和憎恨的目标。娱乐带来的快乐和惬意的心情，与最符合他们的用意或最便于他们利用的那种心情是截然相反的。此外，戏剧表演还常常揭穿他们的阴谋诡计，使他们受到群众嘲笑，有时甚至受到群众诅咒，因此戏剧表演比其他娱乐活动更让他们痛恨不已。

在一个国家里，如果法律对所有宗教教师都一视同仁，他们就不必和君主或行政机关保持任何特殊的或直接的从属关系，君主或行政机关也无须过问这些他们职务的任免。在这种情况下，君主或行政机关除了像对待其他人一样地维持他们之间的和平，阻止他们相互倾轧和迫害之外，不需要给予其他关注。但是，一国如有国教或统治性宗教存在，那情形就完全两样了。在那种情况下，君主如果对该宗教的大部分教师没有一种有效的控制手段，他就永无宁日。

一切国教的教士都组成了一个庞大的共同体。他们可以采取一致的行动，以一个共同的计划、一种共同的精神追求他们的利益，就像处在同一个人的指挥之下一样；事实上，他们也常常是在一个人的指挥之下。作为一个共同体，他们的利益总是和君主的利益不一致的，有时还是直接对立的。他们最大的利益，就是要维持相对于人民的权威。这种权威完全基于两种假定：第一，假定他们谆谆教导的全部教义都是确实的和重要的；第二，假定要从永恒的不幸中解脱出来就必须对这些教义有绝对的信仰。如果君主不识相，敢对他们教义中哪怕最细枝末节的部分表示嘲笑或怀疑，或者出于人道精神试图去保护其他有这种行为的人，这些同君主没有任何从属关系的教士们就会觉得受了奇耻大辱；他们会立即宣布君主渎神，并使用一切宗教的恐怖手段，迫使人民将对他的忠诚转向一位更保守和更顺从的王子。他如果反对他们的任何主张或篡权行为，危险也同样的大。敢于这样对抗教会的君主，除了叛国罪之外，一般还会被加上异教徒的罪名，哪怕他庄严地宣称，他对教会认为他应该恪守的每一条教义都是信奉的和谦卑地服从的。宗教的权威超过其他权威，宗教会带来的恐惧也过胜其他一切恐惧。当国教教会的教师向人民宣传颠覆君权的教义时，君主就只有使用暴力，或者说依靠常备军的力量，才能维护自己的权威。甚至常备军在这种情况下也不能给予他恒久的保护；因为，如果士兵们不是外国人（士兵是外国人的情况很少），而是来自人民大众（这是通常的情况），他们恐怕不久也会被这种教义所侵蚀。东罗马帝国时期骚乱的希腊教士经常在君士坦丁堡引发的革命，以及在几百年中罗马教士不断地在欧洲每一地区引起的动荡，充分证明了一个君主如果没有适当的手段去控制国教或统治性宗教的教士，他的处境是多么的不稳固和不安全。

宗教信条，以及其他精神性的事务，显然都不属于世俗君主的管辖范围；君主虽然可能很有资格去保护人民，却很少被认为有资格去教导人民。所以，在这种事务上，他的权威常常抵不过国教教会的教士们的联合权威。可是，社会的安宁和君主自己的安全，常有赖于教士们认为在这些事务上适于宣扬的教义。由于君主不能用适当的压力和权威直接反抗教士们的决定，所以，他就必须能够影响他们的决定；而只有当他能在这一阶级的大多数个人身上激起恐惧和期望时，他才能影响他们。他可以用撤职或者其他惩罚激起他们的恐惧，用升迁的机会激起他们的期望。

在所有的基督教会，神职人员的圣俸可以说是一种不动产，只要行为端正，他们就可以终身享有它，不以谁的好恶为转移。如果他们享有圣俸的权利不是那么稳定，如果他们对君主或大臣稍有得罪就会被撤职，那么他们在人民面前或许就不再有威严，人民会认为他们是朝廷豢养之人，对他们传道的真诚也会丧失信心。但是，如果君主滥用暴力，借口他们过于热心散布煽动派别斗争的教义，强行夺去神职人员任何数目的这种不动产，那么，他只会使这些神职人员和他们的教义由于这种迫害而增加十倍的声誉，他自己也会因此比以前增加十倍的麻烦和危险。在几乎所有场合，恐怖统治都是最卑鄙的手段，而且尤其不应当用以对付只有一点点独立自主权利的人。试图恐吓这种人，只会激起他们的不满，坚定他们的反抗的立场，而如果使用比较温和的办法，也许可以很容易使他们的反抗缓和下来，或完全放弃反抗。法国政府经常试图用暴力迫使他们的议会和最高法院公布不受欢迎的法令，但很少成功。无论如何，他们通常所用的手段，即把那些难以屈服的人关押起来，人们认为已经足够厉害了。斯图亚特王室各君主为了控制英国议会的一些议员，有时候也使用相同的手段；而他们同样发现这些议员难以屈服。英国议会现在是以另外一种方式被安抚着。约在十二年前，奇瓦塞尔公爵曾在巴黎议会做过一个很小的实验，充分证明如果采用英国现在这种方式，就可以更容易地对巴黎的所有议会加以安抚。但是，这个实验没有继续进行下去。因为，虽然安抚和劝诱总是政府的最容易和最安全的手段，就像强制和暴力是政府的最卑鄙和最危险的手段一样，但人类天生的傲慢总是使他不屑于使用好手段，除非当时他不能或不敢使用坏手段。法国政府能够并且敢于使用武力，因而不屑于使用安抚和劝诱的手段。但是，根据所有时代的经验，我相信，对于任何一种人使用强制和暴力手段，似乎都没有对国教教会里受人尊敬的神职人员使用强制和暴力手段那样危险，或者不如说，像那样具有完全的毁灭性。每一个和自己阶层的人保持着良好关系的教士，他的一般权利、特权和个人自由，即使是在最专制的政府底下，也比地位和财产大致相同的其他任何人的一般权利、特权和个人自由受到更大的尊重。在各种程度不同的专制主义之下——从巴黎政府的温和专制，到君士坦丁堡政府的暴力专制——都是如此。但是，政府对牧师们虽难以使用强制和暴力手段，却可以很容易地加以安抚；君主的安全和社会的安宁似乎在很大程度上依存于君主安抚他们的手段，而这手段似乎就是给予他们晋升的机会。

在古代基督教教会的制度中，每个教区的主教都是由主教教区的神职人员和教区城市的人民共同选举的。但人民不能长时间保有这种选举权；即使在他们保有这种选举权的时候，他们也总是受作为他们自然的精神导师的神职人员们的影响。不过，神职人员们不久就厌倦了拉拢人民的麻烦，发现由他们自己来选举主教要容易得多。同样地，修道院院长也由院中的僧侣来选举，至少在大部分修道院是如此。主教教区内一切有俸禄的下级职位，都由主教任命，他认为谁合适，谁就受任。这样，教会中的职位任免都由教会自己安排，君主虽然可能对这种选拔有些间接的影响——教会有时候也会请求他同意进行选举或批准选举结果，但他毕竟没有直接的和充分的手段去操纵教士。因此，神职人员要实现其野心就自然不会去讨好君主，而是会去讨好本教会中的人，因为只有他们才能使他得到晋升。

在欧洲的大部分地区，教皇逐渐揽到自己手里的，首先是几乎所有的主教和修道院院长（或所谓的主教会议的圣职）的任命权，然后，他又以种种诡计和借口，自己来任命每个主教教区内大部分有俸禄的下级职位；留给主教自己的，只不过是让他在他的神职人员们面前保存一点权威感的极少的权力而已。这种安排让君主的处境比以前更糟。各个欧洲国家的神职人员就此形成了一支宗教军队，诚然是分散于各国，但它的一切活动和行动现在都可由一个首领指挥，按照统一的计划进行。每一个国家的神职人员都可视为这支军队中的一个支队，各支队的军事行动都可很容易地得到周围各国支队的支援。每个支队不但不隶属于它所在的那个国家（也是它得到供给的那个国家）的君主，反而隶属于一个外国君主；这个外国君主可以随时命令他的军队攻击前者，并调动所有支队予以支援。

这种军队是可以想象的最强大、最可怕的军队。在技术和制造业不发达的古代欧洲，教士的财富使他们对普通人的影响和大领主对其家臣、佃户和仆从的影响相同。在王室和私人由于错误的虔诚捐献给教会的大地产上，教士们也拥有一种像大领主那样的司法权。在这些土地上，教士或他们的执事能够很容易地维持和平，无须君主或其他任何人的支持和帮助；而如果没有教士的支持或帮助，君主或其他任何人在那里都维持不了和平。因此，教士们的统治权，就像世袭大领主在其特定领地及庄园的统治权一样，是独立于国王的权威之外的。教士们的佃户也像大领主的佃户一样，几乎是随时可以令其退佃的农户，是完全依附于他们的直接领主的，所以，他们可以被任意召唤，到教士认为合适的地方作战。除了这些地产的地租以外，教士们还通过什一税拥有欧洲各王国其他土地地租的一大部分。从这两种地租产生的收入，大部分是以实物支付的，如谷物、葡萄酒、牲畜、家禽，等等。这些实物的数量大大超过了教士自己所能消费的数量，而当时又没有什么工艺品或制造品可以用来交换剩下的部分，教士们除了像大领主处置剩余收入一样，拿它们来大宴宾客、广为施舍之外，便没有其他的利用方法。因此，古代教士待客和施舍的规模据说是非常大的。他们不但养活了各国几乎所有的贫民，而且，许多无以为生的骑士和绅士也往来于各修道院，借皈依之名，行蹭饭之实。某些修道院院长的仆从常常和最大的世俗领主一样多；而所有教士的仆从加在一起，或许比所有领主的仆从加在一起还要多。教士们也比领主们更团结。前者是在一种规范的纪律和从属关系下服从教皇的权威，后者则不然，他们彼此间互相猜忌，而且都猜忌国王。所以，虽然教士们的仆从和佃户加在一起的人数没有大领主的仆从和佃户加在一起的人数多（因为单就佃户来说，前者比后者少得多），但他们的团结却使他们更为强大和令人畏惧。此外，教士们的热情好客和乐善好施，也使他们不仅能支配一支巨大的世俗力量，而且大大增加了他们精神武装的力量。他们因此得到了全体下层百姓最大的尊敬和崇拜；他们中很多人的生活一直是由他们维持的，有些则时不时地由他们维持。一切有关于这个深得人心的阶层的事物他们的财物、特权、教义，在普通民众眼中必然是神圣的，而对于这些神圣事物的侵犯，不论真伪，均会被看作渎神和邪恶。在这种局面下，君主如果对抵抗少数大贵族的同盟感到困难，我们也不用奇怪——在受到所有邻国教士支援的国内教士同盟面前，他会觉得自己螳臂当车。在这种情况下令人感到奇怪的，不是他有时候被迫屈服了，而是他居然抵抗过。

古代教士们的那些特权（在现代人看来当然是十分荒唐的），比如说完全不受世俗司法权管辖的特权，或英国所谓的僧侣特典，正是这种局面自然的或者可以说是必然的结果。如果一个教士犯了罪面临惩罚，而他的教会要保护他，宣称证据不足，不能对这样一个神圣的人判刑，或者宣称对一个因宗教而成为神圣不可侵犯的人来说，此等刑罚太重，那国王最好让宗教法庭自己去审判他，免得给自己招来危险。宗教法庭为了该群体的名声，也会尽可能阻止自己的成员犯重罪，甚至会阻止他们制造引起人民厌恶的丑闻。

从十世纪到十三世纪，以及这个时期前后的一段时间里，在欧洲大部分地区，罗马教会组织可以被看作一个前所未有的黑暗团体，他们反对政府的权威，威胁社会的安全，反对人类的自由、理性和幸福（这些只有在政府的保护下才能得以弘扬）。在这个组织中，最愚蠢的迷信思想和那么多人的私人利益结合在一起，以致任何人类理性之剑都不能动摇它。因为，理性虽然也许能揭露某些迷信思想的真面目（甚至是让普通民众看清楚），但却不能斩断私人利益的纽带。如果这种组织除了人类理性的微弱力量之外不受其他敌人的攻击，它一定会长久存在下去。然而，这个广大的、坚固的组织，这个全部的人类智慧和德行都不能动摇更不要说推翻的组织，却由于事物的自然发展态势，首先受到了削弱，随后部分地被摧毁，而现在看来，再过几个世纪，或许会完全瓦解。

技术、制造业和商业的不断进步是摧毁大领主力量的原因，也同样是在欧洲大部分地区摧毁教士们全部世俗力量的原因。在技术、制造业和商业的产品中，教士和大领主一样，找到了可以用他们的天然产物来进行交换的东西，从而发现了一种方式，可以将他们的全部收入用在自己身上，而不必将其中很大一部分给予他人。他们的施舍范围越来越小，他们款待客人也不再那么大方。结果他们的仆从越来越少，直到完全散去。教士们也像大领主一样，想要从自己的地产得到更多的地租，以便仍然可以满足自己的虚荣心和欲望。但是，如果要增加地租，只好跟佃户缔结租约，这么一来，佃户在很大程度上就脱离他们而独立了。就这样，将下层人民和教士绑在一起的利益纽带逐渐被打断和解除了。这种解除甚至比大领主和下层人民之间纽带的解除来得更快，因为教会的地产通常比大领主的地产小，这种地产的所有者能够更快地将其全部收入用在自己身上。在十四世纪和十五世纪的大部分时间内，在欧洲的大部分地区，大领主的力量还处于鼎盛时期；但是，教士的世俗力量，即他们对人民大众一度拥有的绝对支配权，已经大为衰落。此时，教会的力量在欧洲大部分地区差不多只剩下由它的精神权威所产生的力量；即使是这种精神权威，也已经由于不再受到教士热情好客和乐善好施的支撑而大为削弱了。下层人民已经不再像过去那样，把这个阶级看作自己苦难的安慰者和贫困的救济者。相反，他们对富有的教士的虚荣、奢侈和浪费感到愤怒和憎恶，因为这些教士似乎是把贫民以前一直有份的财物拿来用于自己的享乐。

在这种形势下，欧洲各国君主力图恢复他们在支配教会重要职务方面有过的影响，他们决定恢复各主教教区的副主教和教士旧有的选举主教的权利，以及各修道院僧侣旧有的选举院长的权利。重建这种古代秩序就是英格兰在十四世纪中通过的几项法令的目标，尤其是所谓圣职候补者法；这也是法国在十五世纪颁发国事诏书的目的。要使选举有效，选举前必须先得到君主的同意，选举结果也须得到他的批准；选举虽仍被认为是自由的，但国王已有各种间接方法去影响国内的教士。在其他欧洲国家也建立了具有相同倾向的规章制度，不过，在宗教改革以前，罗马教皇任命教会重要职位的权力，似乎在任何地方都没有像在英法两国那样受到如此有效和普遍的制约。在十六世纪，罗马教皇与各国政府间所订的有关宗教事务的协定还给予了法国国王对法国天主教会中所有重要职位（即所谓主教会议的圣职）的绝对推荐权。

自从颁布国事诏书和订立协定之后，法国教士对待罗马教廷的命令就显得没有其他天主教国家的教士那么毕恭毕敬了。每当他们的君主和教皇有所争执，他们几乎总是站在君主的一边。法国教士不受罗马教廷的约束，似乎主要就是因为国事诏书和协定。在这个君主国早先的各个时期，法国教士对教皇似乎也像其他国家的教士一样忠诚。当时，当卡佩王朝的第二代君主罗贝尔被罗马教廷极其不公正地开除教籍时，据说他的仆人们把他桌上的食物丢了喂狗，拒绝吃他这种人玷污过的东西。不难推测，他们这样做是受了当时国内教士的指使。

但教廷对教会重要职位的任命权（为了维护这种权力，罗马教廷常常动摇甚至推翻基督教国家里一些最强大的君主的王位）在欧洲各国已经这样受到了制约或修改，或已被完全放弃，这甚至在宗教改革之前就已经开始了。由于教士们现在对人民的影响力降低，所以国家对教士们的影响力也就增大了。因此，教士们扰乱国家的力量和倾向均比从前小多了。

引发宗教改革的争论最早发生在德国，不久就蔓延到欧洲其他地方，而当时，罗马教会的权威正处于这种衰落状态。新教义在每一个地方都大受欢迎。传播这种新教义的，是狂热的激情，当其攻击既定的权威时，一般都会激起党派精神。宣传这种教义的教师虽然可能在其他方面不如许多捍卫原有教会的神职人员有学问，但一般来说，他们似乎更熟悉宗教历史，以及教会权威赖以建立的那种思想体系的起源和发展，因而，他们几乎在每一次争论中都有一些优势。他们的生活方式是严于律己的，普通人民把他们一丝不苟的行为和自己所属教会的大多数神职人员混乱的生活一对比，就觉得他们分外可敬。在打动人心和吸引新信徒的能力和手段方面，他们也比其对手高明许多，因为这种能力和手段已被教会里高傲的教士们认为不大有用而长期抛之脑后。至于新教义，一些人欢迎它是因为它的理智，很多人欢迎它是因为它的新鲜，更多的人欢迎它是因为对腐朽的神职人员的憎恨和鄙视，但绝大多数人欢迎它还是因为四处宣讲它的人那种热诚而充满激情的雄辩，即使这雄辩常常很粗俗。

新教义几乎在每一个地方都取得了极大的成功。当时，与罗马教廷发生龃龉的君主利用新教义就可以很容易地在自己的国家推翻教会，而教会既已失去下层人民的尊敬和崇拜，一般都不能做出任何抵抗。罗马教廷曾得罪过德意志北部地区的一些小君主，或许是觉得他们太微不足道，不值得加以安抚。于是，这些小君主就都在自己的国家里进行了宗教改革。古斯塔夫斯·瓦萨把暴虐无道的克里斯蒂安二世和乌普塞尔大主教特罗尔逐出了瑞典，教皇要偏袒暴君和大主教，古斯塔夫斯·瓦萨就轻易地在国内进行了宗教改革。克里斯蒂安二世跑到丹麦当了国王，但他的行为仍然一样的令人难以容忍，于是又从丹麦的王位上被赶了下来。可是，教皇仍要偏袒他，所以继位的荷尔斯泰因的弗雷德里克仿效古斯塔夫斯·瓦萨，为自己争了口气。伯尔尼和苏黎世的官员和教皇本没有特别的争执，也很轻易地在自己的州内进行了宗教改革，只因为那里不久前有些神职人员有越轨的行为，使全体神职人员都受到了厌恶和鄙视。

在这种危急的局势下，罗马教廷不得不费尽心思地讨好法兰西和西班牙强有力的君主，后者当时正兼德意志皇帝。仗着他们的帮助，教廷才得以——虽然不是没有巨大的困难和大量流血事件——把这些君主领土内的宗教改革运动完全镇压住，或是大大地阻止了其发展。对于英格兰国王，教廷也分明是有意献殷勤的，但在当时的情况下，他们如果要这样做就会得罪一个更强大的君主——西班牙国王兼德意志皇帝查理五世。因此，在英格兰，亨利八世虽然自己并不信奉宗教改革派的大部分教义，却由于这种教义的普遍流行，也在国内查封了所有的修道院，并废除了罗马教会的权威。他竟走得这样远（虽然不曾走得更远），使宗教改革的拥护者颇为满意；这群改革拥护者在他的儿子继位后掌控了政府，毫无困难地完成了亨利八世开始的工作。

在某些国家，例如苏格兰，政府软弱且不得民心，根基不稳固。在那里，宗教改革的力量不但足以推翻教会，而且也足以推翻试图支持教会的政府。

在散布于欧洲各国的宗教改革追随者中间，并没有一个像罗马教廷或罗马全体教会会议那样的最高法庭，可以解决他们之间的争执，或以不可违逆的权威为他们规定正统的教义。因此，当一个国家的宗教改革追随者和另一个国家的弟兄们有意见分歧时，由于他们没有一个共同的裁判员可以申诉，争执就不可能得到解决；而他们之间发生这类争执还不少。有关教会管理和教会职务任命权的争执，或许与市民社会的和平与福利关系最大。因此，在宗教改革的追随者中产生了两个主要的派别——路德派与加尔文派，这也是仅有的教义和教规曾在欧洲由法律加以确立的两派。

路德的追随者，以及所谓的英格兰教会，或多或少保留了主教管理制度，建立了神职人员的等级隶属关系，给予君主在其国内任命主教和宗教法庭其他圣职的权力，从而使君主成了教会的真正首脑；他们没有剥夺主教在其辖区内任命较小圣职的权力，但即使对这些圣职，也允许并且鼓励君主和其他世俗捐助人拥有推荐权。这种教会管理制度从一开始就是有利于和平良好的秩序、有利于对世俗君主的服从的。因此，不论在哪一国，这种制度一旦确立之后，就从未引起过骚动或内乱。特别是英格兰教会，总是理直气壮地以极其重视对君主无限忠诚的原则来夸耀自己。在这种管理制度下，教士们自然力图博取君主、朝廷官员及贵族乡绅的欢心，他们所期望得到的升迁主要是要靠这些人的影响。他们有时候难免会通过很下作的谄媚举动去讨好这些人物。但是，他们也常常通过在自己身上培养最可能得到有身份、有地位之人尊重的那些能力和技巧去讨好他们，例如各种实用或不实用的学问、大方得体的举止、温文尔雅的谈话，以及对那些荒唐和伪善的苦行主义者的公然蔑视（这些狂热分子之所以宣扬和假装苦行，是为了使自己受到普通人的崇拜，并使大部分承认自己不能苦行的有身份、有财产的人受到人民的厌恶）。但是，这些教士在他们以这些方式讨好上层人物的同时，很容易完全忽视维持他们对下层人民的影响力和权威。他们能受到上层人物的倾听、看重和尊敬，但当他们受到无知的狂热分子的攻击时，却常常不能在下层人民面前有效地、令人信服地捍卫自己中庸的、稳重的教义。

相反，茨温利的追随者，更妥当地说，加尔文的追随者，每当教会职位空缺，都让教区的人民来选举自己的教士，同时也在教士之间建立了最完全的平等关系。这种制度的前一部分，当其得到贯彻时，似乎除了产生无序和混乱、对教士和人民双方道德的破坏作用之外，没有其他的效果。不过，这种制度的后一部分却产生了令人非常满意的效果。

当各教区的人民拥有选举权时，他们的选择几乎总是处在教士的影响之下，具有极大的偏向性和盲目性。许多教士为了保持他们在公众选举中的影响，自己也变成或假装狂热分子，不仅在民众中煽动狂热，而且几乎总是选择那些最狂热的候选人。像任命教区牧师这样一件小事，几乎总是要在这个教区里引发激烈的争斗，甚至邻近的教区都要卷入其中。如果这个教区是在大城市里，这种争斗便会把这个城市的居民分成两派；如果这个城市又是一个小共和国，或者一个小共和国的首都，就像瑞士和荷兰许多大城市的情况那样，那么，这两派间的无谓争斗除了激起其他派系的憎恶之外，更有可能让教会在选举结束之后又分裂出一个新教派，让国家分裂出一个新党派。因此，在那些小共和国中，当权者很快就发现，为了保持公众间的安宁，必须让自己拥有推荐所有圣职候选人的权利。在苏格兰这个建立过这种长老制度的最大的国家，推荐权曾于威廉三世即位初期被一项建立长老会的法令废除。这项法令至少使各教区中有些阶级的人可以用很低的价格把选举牧师的权利买到手。由于这种群众选举的方式几乎在每个地方都造成了混乱，在这项法令所建立的制度存在了二十二年之后，安妮女王统治的第十年的第10号法令又将其废除了。不过，在苏格兰这样幅员辽阔的国家，偏远教区的骚乱不会像在小国家那样使政府受到滋扰。因此，虽然安妮女王统治的第十年恢复了推荐制度，并且苏格兰法律规定必须将圣职授予有推荐权者所推荐之人，但教会有时会（他们在这方面的决定并不总是很一致的）在授予被推荐人教区管辖权或所谓“灵魂职位”之前，先征得教区民众的同意。教会至少多次以关心教区和平为由，拖延这种任命生效的时间，直至获得教区民众的同意。正是这种要求，使得被推荐人周围的某些教士常常有机会对此进行私人干预——有时候是为了得到教区民众的同意，更多的时候是为了阻止教区民众的同意；而这样的干预，连同他们为此而培养的鼓动人民的习惯，或许就是现在苏格兰民众和教士之中都残存着古老狂热精神的主要原因。

教会管理上的长老制度在教士中所确立的平等，首先是职权或宗教管辖权的平等，其次是俸禄的平等。在所有的长老制教会中，职权的平等是完全的，俸禄的平等则不是。不过，俸禄之间的差别也没有大到会使俸禄较低者要去用下作的谄媚手段讨好有推荐权的人，以求得到较大俸禄的地步。在所有的长老制教会中，当推荐人的权利很完备时，已有地位的教士要取得上级或士绅的好感，一般都是凭借更高尚、更良好的素质，例如学问、生活上的严谨、履行职责时的忠实和勤勉。他们的推荐人甚至常常抱怨他们在精神上的独立性。这种独立性容易让他们的推荐人觉得他们对以前所得的好处不知感激，但其实顶多可能是由于他们意识到再没有什么好处可以期待，态度自然显得冷淡了而已。因此，荷兰、日内瓦、瑞士及苏格兰长老制教会中的大部分教士，可能是欧洲最有学问、最有礼节、最有独立精神、最值得尊敬的教士。

如果教会各种神职人员的圣俸全都接近平等、没有任何一份圣俸很多，虽然无疑可能有点过分，却有一些非常好的效果。一个财产很少的人要想得到尊严，唯一的办法就是当道德模范。轻浮和虚荣的恶习必然使他显得荒唐可笑，而且很可能使他像一个有这种恶习的普通人那样遭到毁灭。因此，他自己在行为上不得不遵循最受普通人推崇的那种道德体系。他按他的利益和地位所指引的那样去生活，也就赢得了普通人的尊敬和爱戴。如果一个人的社会地位和我们比较接近，但我们又觉得他优于我们，那我们自然会对他有一种亲切的感情——普通人对教士们就是这种感情。而普通人的善意自然也会激发教士的善意。他开始认真地教导他们，用心地帮助和救济他们。他甚至不会轻视对他如此亲切的人们的偏见，从来不用轻蔑和傲慢的态度对待他们，而这种傲慢态度在富有的教会骄傲的权贵们身上，我们是常常见到的。因此，长老制教会的教士对普通人心灵的影响，或许比其他国教教会的教士都大。也因此，只有在长老制教会国家，我们才能看到，普通人不用被谁强迫，就能完全地、几乎是全体一致地皈依国教。

在一个国家中，如果教会各种神职的俸禄大多比较低，那大学教职一般就是比教会圣职更好的职位。在这种情况下，大学便可以从国内所有教士中选拔自己的教员，因为在每一个国家，教士都是学者最多的阶级。反之，当教会有许多神职的俸禄比较高时，那教会自然会把大学中的大部分优秀学者吸收过去，这些学者一般不难找到以帮他们谋到圣职为荣的推荐人。在前一种情况下，全国的知名学者将云集于各大学；在后一种情况下，我们会发现，大学很少有知名的学者，而少数最年轻的成员在获得足够有用的经验和知识以前，也可能被教会挖走。据伏尔泰的观察，耶稣会教士波雷，原不算学者中怎样了不起的人物，但在法国各大学的教授中，还是只有他的著作值得一读。在一个产生了那么多著名学者的国家，没有一个是大学教授，这看起来是有点奇怪的。著名的伽桑狄在青年时代原是艾克斯大学的教授。在他才华开始显现时，有人对他说，如果去教会，他就能找到更加安静和舒适的生活环境，以及从事研究的更好的条件；于是，他立即接受了这种建议。我相信，伏尔泰的观察结论不仅适用于法国，也适用于其他罗马天主教国家。在这些国家，除了在教会不大会有的法律和医学这两个专业的学者以外，我们很难发现有什么著名学者会是一个大学教授。在罗马教会之后，英格兰教会是基督教国家中最富有的和受到捐赠最多的教会。因此，在英格兰，教会不断地从大学里挖走最优秀、最有能力的成员；其结果是，想要在大学里找到一个身为欧洲知名的杰出学者的老教师，和在任何罗马天主教国家找到这种人一样困难。相反，在瑞士的日内瓦及其他信奉新教的各州、德意志信奉新教的各邦、荷兰、苏格兰、瑞典、丹麦所培养的最著名的学者，虽然不是全部，但至少是大部分，在大学里当教授。在这些国家，教会中所有最著名的学者都不断被大学吸收过去。

或许值得指出的是，如果除去诗人、少数演说家和少数历史学家，希腊和罗马的绝大部分著名学者都是教师，不管是公共教师还是私人教师。他们一般教授哲学或修辞学。从吕西阿斯和伊索克拉底的时代、柏拉图和亚里士多德的时代起，到普鲁塔克和爱比克泰德的时代、苏埃托尼乌斯和昆体良的时代止，似乎都是这样。使一个人必须年复一年地讲授一门特定的学科，实际上是使他完全掌握那门学科最有效的方法。一个人如果不得不每年讲授同一门学科，只要他不是个什么都做不成的人，他就必然会在数年之内完全熟悉这门学科的每一部分；而如果他今年对某个问题还欠斟酌，到明年讲到同一个问题时，他多半会加以修正。正如成为一个教师肯定是一个单纯的学者自然的职业，这种职业或许同样是使他获得扎实的学问的那种教育。教会各种神职俸禄的拉平自然会使国内大部分的学者被吸收到这样的教师职业中来；在这种职业中，他们能对公众最为有用，同时也能受到他们可能受到的最好的教育。这种职业会使他们的学问尽可能地扎实，也尽可能地有用。

应当指出，各国国教教会的收入，除了从他们特定的土地或庄园产生的收入以外，都是国家财政收入中非国防支出的一部分。例如，什一税是一种真正的土地税，教会如不把它收去，土地所有者对国防所能提供的贡献是要大得多的。国家紧急支出的资金，有人说是专靠土地地租，有人说是主要靠土地地租。很显然，教会从这项资金中取走的越多，国家能分得的就越少。如果其他情形都一样，那教会越富有，君主和人民就越贫穷，国家保护自己的能力也就越弱，这是一个不变的规则。在一些新教国家，特别是在瑞士信奉新教的各州，人们发现，以往属于罗马天主教会的收入，即什一税和教会地产收入，不仅足以支付所有神职人员适当的薪俸，而且只要略加补充，甚至不需补充，就能支付国家其他的开支。尤其是强有力的伯尔尼州政府，他们从这项收入中积累了一笔非常大的数目，据说有几百万镑，其中一部分存在该州的金库中，另一部分存在欧洲各债务国的所谓公债中，收取利息，主要是法国和英国的公债。伯尔尼或其他信奉新教的州的政府花在教会上的钱有多少，我并不知道。根据一项非常精确的记录，1755 年，苏格兰教会神职人员的总收入，包括教会土地和住宅租金在内，一共只有 68514 镑 1 先令 $5^{1}/_{12}$ 便士。这笔不大的收入为 944 个牧师提供了还算不错的生活费用。而苏格兰教会的全部开支，包括不时用于建造或维修教堂及牧师住宅的费用，估计一年不会超过 8 万或 85000 镑。苏格兰教会得到的捐赠虽然少得可怜，但在维持人民大众的信仰统一和皈依热忱方面，以及维持秩序、规则和严肃的道德精神方面，都不会比基督教国家中最富裕的教会差。凡是一个国教教会所能产生的一切良好效果，社会方面的也好，宗教方面的也好，其他教会能产生的，苏格兰教会也同样能产生。而瑞士的大部分新教教会，得到的捐赠不会比苏格兰教会多，但还能产生更好的效果。在瑞士大部分信奉新教的州，很难找到一个说自己不是新教徒的人。诚然，如果他承认自己是其他教派的信徒，法律就会强迫他离开这个州，但是，这样一种严厉的或者说具有压迫性的法律，如果不是由于牧师的勤勉已经使得全体人民皈依新教（或许只有少数例外），那它绝对是难以在这样一个自由的国家里得到执行的。在瑞士的某些地区，由于新教国家与罗马天主教国家的偶然联合，改宗不是那么彻底，这两种教派就不仅同被法律允许，而且同被定为国教。

不论何种职业，其俸给或报酬似乎都应尽可能与该职业的性质相称。如果报酬过低，很可能导致大部分从业人员变得卑劣和无能；如果报酬过高，则更可能导致他们变得疏忽和懒惰。一个有巨额收入的人，无论他的职业是什么，都会认为他应该像其他有巨额收入的人那样生活，即把他的大部分时间花在欢宴、虚荣和放荡之事上。但对一个神职人员来说，这种生活方式不仅会消耗他应当用来履行职责的时间，而且会使他在普通人心目中的神圣品格毁于一旦；这种品格本是他能有力量和权威来履行这职责的唯一凭借。

第四节　论维护君主尊严的开支

一国君主，除了履行他的各种职责所必要的支出以外，为了维护他的尊严，也要求有一定的开支。这笔开支随社会发达程度不同而不同，随政府形式的不同而不同。

在富裕的和进步的社会，各阶层人民在住宅、家具、食品、服装及车马上的花费日益增多，不能期望君主单独抵制这种风尚。因此，他在这些方面的花费自然地，或者说必然也会日益增多；如果不是这样，他就不能维护他的尊严。

在尊严这方面，一国之君在他臣民面前的尊严要远高于一个共和国元首在他同胞面前的尊严，因此为了维护他更高的尊严，就必须有更大的支出。例如，总督或市长官邸的华丽程度自然不能与国王的王宫相提并论。

本章结论

保卫社会的开支和维护君主尊严的开支，都是为了整个社会的一般利益的开支。所以，二者由整个社会的一般收入来支付是合理的，所有的社会成员也应该尽可能地根据他们的能力对社会的一般收入做出贡献。

司法行政支出无疑也可以被看作为了整个社会利益的开支。所以，它由整个社会的一般收入来支付并没有什么不合适。可是，引起这种开支的人，是那些由于其不当行为使得他人必须向法庭寻求赔偿或保护的人；而从这种开支获得最直接的利益的人，则是由法庭恢复了他们的权利或保护了他们的权利的人；因此，司法行政支出由他们双方或一方来支付（视不同的情况而定）最为妥当，即由他们缴纳的法庭手续费来支付。除非罪犯自身没有足够的财产或资金支付这种手续费，否则，这项费用是无须动用社会一般收入的。

为了地方利益的支出（例如维持某个城市或地区的警察所需的费用），应当由地方收入来支付，不应成为社会一般收入的负担。为了社会局部的利益而增加全社会的负担，这是不公平的。

维持良好的道路交通无疑对整个社会有利，所以，其费用由整个社会的一般收入来支付并无不当。不过，从这些设施获得最直接的利益的人，是那些在各地之间运输货物的人，以及消费这些货物的人。所以，英国的道路通行税和其他欧洲国家所谓的路捐和桥捐完全由这两种人承担，使社会的一般收入减轻了一大负担。

教育机构和宗教指导机构的开支无疑也一样对整个社会有利，因而也可以由整个社会的一般收入来支付，这没什么不妥。但是，这种支出如果完全由那些直接从这种教育和指导中获得利益的人支付，或由认为自己可能会需要这种教育或指导的人的自愿捐献来支付，也是同样合适的，甚至还更有利。

如果对整个社会有利的机构或公共工程不能或不完全能由那些从中获得最直接利益的人维持，那么，在大多数情况下，其差额就必须由整个社会的一般收入来弥补。因此，社会的一般收入，除支付国防费用及维护君主尊严的费用外，还必须弥补许多特定收入项目上的不足。这种一般收入或公共收入的来源，我将在下章尽力说明。

第二章　论一般收入或公共收入的来源

国家收入除了要负担国防费用和维护君主尊严的费用之外，还要负担宪法未规定由某项特定收入支付的其他必要的政府开支。这些收入可以从以下两个渠道获得：第一，专属君主或国家且与人民的收入无关的某种财源；第二，人民的收入。

第一节　专属于君主或国家的资金或收入来源

专属于君主或国家的资金或收入来源，由资本或土地构成。

与其他资本所有者一样，君主利用其资本获得收入的方式有两种：一种是自己使用资本，一种是把资本贷给别人。他从前一种情况获得的收入为利润，从后一种情况获得的收入为利息。

鞑靼首领或阿拉伯酋长的收入都是利润。他们是自己部族主要的畜牧者，亲自监督和管理牲畜饲养，其收入主要来自牲畜繁殖和奶产。可是，只有在这种最初、最原始的社会状态下，利润才构成君主制国家公共收入的主要部分。

小共和国有时可以从商业项目的利润中获得很可观的收入。汉堡共和国有一笔不小的收入据说就来自国营酒窖和国营药店[1]。如果统治者有闲暇从事酿酒或制药的生意，那个国家当然不会很大。对更大一些的国家而言，国营银行的利润是一个收入来源。不仅汉堡如此，威尼斯和阿姆斯特丹也是这样。许多人认为，就连英国这样大的一个帝国，也不应忽视这种收入。按英格兰银行的普通股息5.5%、资本1078万镑计算，在支付管理费用后，每年的净利润据说应为59.29万镑。假如政府可以用3%的利息把这项资本借过来，自己来管理银行，则每年可得到26.95万镑的净利润。不过，经验表明，像威尼斯和阿姆斯特丹那种贵族政权下有秩序的、谨慎的、节约的政府，才适合管理这种商业企业。而像英国这样的政府，能否将这样一种企业的管理放心地托付给它，是大可怀疑的——英国政府虽然具有各种优点，但从未以善于理财而著称；在和平时期，它的君主政治容易使之怠惰和疏忽，产生浪费；在战争时期，它的民主政治又容易使之不做长远考虑，同样产生浪费。

邮局也是一种商业企业。政府事先投资设立各地的办公场所，购买或租用必要的马匹和车辆，然后从所运物品收取的邮费中获得丰厚利润。我相信，这可能是各类政府唯一经营成功的商业企业——预先投入的资本不是很大，其业务也没有什么秘密，收益不但确定而且回收迅速。

但是，君主们也常常经营许多其他的商业项目。他们像普通人一样，想通过成为一般商业领域里的冒险家来改善自己的财产状况，但很

---

① 参见《欧洲法律和赋税录》第一卷。法国宫廷曾为财政改革委员会编纂此书，以供参考。这部4开著作中第二～四卷或可认为是完全真实可信的，第一卷中关于其他欧洲国家的赋税记录根据法国驻外公使手中的资料编纂，篇幅简短，似不像另外三卷那般准确。——著者

少成功。君主经营业务时经常挥霍，使他们几乎不可能成功。君主的代理人以为主人的财富是无穷无尽的，既不关心货物以何种价格买进、以何种价格售出，也不关心从一地向另一地运输货物的费用是多少。这些代理人过着与君主们一样富裕的生活，有时即使有挥霍，他们也可以取巧捏造账目，得到君主们的财产。据马基雅弗利说，虽然美第奇家族的洛伦佐并不是一个无能的君主，但他的代理人就是这样经营他的商业的。佛罗伦萨共和国不得不多次偿还这些因代理人的挥霍而使他卷入的债务。因此，洛伦佐放弃了他的家族赖以发家的经商事业，在其后半生把剩下的财产，以及可由他支配的国家收入都投到了更适合他处境的事业和用途中。

从来没有两种性格像商人性格和君主性格那样不相容。如果说英格兰东印度公司的商业精神使得他们那些人成为极坏的君主，那君主精神似乎也使得他们成为极坏的商人。当他们仅仅是商人的时候，他们把自己的商业经营得很成功，能从利润中支付给股东不错的红利；自从他们成为当地的统治者以后，虽说还有 300 万镑以上的收入，却仍然要乞求政府的特别援助以避免破产。在前一种情况下，该公司在印度的职员都把自己看作是商人的伙计；在目前的情况下，他们却视自己为君主的钦差。

一个国家也可以从货币的利息得到一部分公共收入，就像从资本的利润得到这种收入一样。如果国家积累了一笔财富，就可以将其中的一部分贷予其他国家，或贷予自己的臣民。

伯尔尼州通过将一部分财富贷予外国——也就是说，通过购买欧洲各国的公债，主要是法国和英国的公债——获得了很可观的收入。这种收入的安全性依存于：第一，所投资之公债的安全性，或者说管理该公债的政府的信用；第二，与债务国保持长期和平的确定性或可能性。如果发生战争，债务国方面最先采取的敌对行为恐怕就是取消债权国的债权。据我所知，向外国贷出货币的政策是伯尔尼州独有的。

汉堡共和国曾设有一种公家当铺，将钱贷予有抵押品的本国臣民，收取6%的利息。据说，这种当铺向国家提供了15万克朗的收入，按每克朗4先令6便士计算，合33750英镑。

宾夕法尼亚州政府没有积累财富，但它发明了一种向国民贷款的办法，不是用实际的货币，而是用一种货币等价物。国民要获得这种证券，须以两倍价值的土地作担保，并要支付利息。此证券效期十五年，在赎回以前，可以像银行券一样在市面上流通，而且被议会法律宣布为本州的法币。节俭而有秩序的宾夕法尼亚州政府可以从这种证券的发行中获得一笔不大不小的收入，足以支付该政府每年约4500镑的全部普通支出中的一大部分。这种权宜之计的成功必然要满足以下三种条件：第一，社会对金银货币以外的交易媒介有需求，或者说，有对必须将很多金银送往国外才能购得的消费品的需求；第二，采用这种权宜之计的政府的良好信用；第三，发行这种证券的时候要适度，信用证券的价值不能超过在没有这种证券时流通中所需金银的全部价值。其他几个美洲的殖民地也曾在其他场合实行过这种政策，但由于缺乏这种适度，造成的混乱多于便利。

可是，资本和信贷具有不稳定、不持久的性质，这使得它们不适于作为维持政府安全和尊严的那种确实的、稳定的、恒久的收入的主要来源。一切比游牧社会进步的大国政府，其大部分的公共收入都不是来自资本和信贷。

土地是性质更稳定、更持久的资源，因此，公有土地的地租是许多比游牧社会进步的大国公共收入的主要来源。古希腊和意大利各共和国在很长时间内就是从公有土地的产物和地租中获得大部分用于国家必要开支的公共收入的。以往欧洲各国君主的大部分收入在很长时间内也是来自王室土地的地租。

如今，战争和为战争做准备这两件事情占用了所有大国大部分的必要开支。但是，在古希腊及意大利各共和国，每一个公民都是战士，服役和为服役做准备时都是自己承担费用。所以，在这两件事情上，国家无须支出很多的费用。一笔不太大的地产的地租，就足以支付政府其他的必要支出。

在欧洲古代君主国中，当时的风俗习惯就是使人民大众对于战争有充分的准备；当他们走上战场时，他们根据各自所属的封建领地的条件，或是自己承担费用，或是由直属领主承担费用，无须君主增加新的开支。而政府的其他费用，大部分非常有限。司法行政不仅不会成为开支负担，反而会成为收入来源。农村居民要在收获之前和收获之后各服三天劳役，这被认为是一种资源，足以用来建造和维修国家商业所需要的所有桥梁、道路和其他公共工程。在当时，君主的主要费用似乎就是他的家庭和宫廷的维持费。因此，他宫廷里的官吏，在当时就是国家的官员。财政大臣替他收租。内务大臣管理他的家庭支出。治安大臣和警卫大臣管理他的马厩。他的房子通常是城堡的形式，就是他所拥有的要塞。那些城堡的守护者可以被看作卫戍总督，他们似乎是君主在和平时期唯一必须维持的军事官员。在这种情况下，一笔大地产的地租通常就可以负担政府一切必要的开支了。

而欧洲大多数文明君主国的现状是，即使全国土地都属于一个人，每年从这土地上产生的全部地租，甚至也达不到和平时期征收自人民的正常收入，也就是说，达不到政府的正常开支需求。例如，英国政府每年的正常收入，不仅包括当年的必要开支，还包括支付公债利息及清偿一部分公债的开支，加起来要达到1000万镑以上。但是，这其中，土地税每年还不到200万镑。而这土地税的来源，应该不仅是从全国所有的土地地租中抽取的1/5（每镑地租抽4先令），而且是从所有的房屋租金和资本利息中抽取的1/5（也是每镑抽4先令）；免纳此税的资本，只有贷给国家的资本或用于土地耕作的农业资本。土地税中有相当一部分是来自房屋租金和资本利息。例如，伦敦市的土地税，按每镑征4先令计，共达123399镑6先令7便士；威斯敏斯特市的土地税为63092镑1先令5便士；白厅及圣詹姆斯宫的土地税为30754镑6先令3便士。还有一部分的土地税也是按照相同的税率向国内其他大小城市课征的，这些城市里的土地税几乎全都来自房屋租金或商业资本和借贷资本的利息。因此，按照土地税的数额推算，全英国每年土地地租、房租和资本利息（贷给政府及用于耕作的资本利息除外）各项收入的总额不会超过1000万镑，也就是说，不会超过英国政府在和平时期征收自人民的正常收入。当然，英国每年为征收土地税而对各种收入的估计，总的来看，应该是大大低于真实价值的，虽然在某几个郡和地区据说估值差不多等于真实价值。有许多人估计，不算房租和资本利息，单单土地地租一项，每年的总额就应当有2000万镑。这种估计大概是随意做出的，我觉得可能高于实际情况。但如果在目前的耕作状态下，英国全部的土地每年提供的地租还没有超过2000万镑，那么当这些土地全都属于一个地主，置于他的代理人懈怠、浪费和专横的管理之下，收到的地租很可能达不到2000万镑的一半，甚至连1/4可能都难以达到。英国王室的土地现在能提供的地租，可能就不及这土地在分属私人所有的情况下能提供的 1/4。如果王室领地更为广大，那它们的管理或许还要坏。

人民从土地中获得的收入，不是与土地地租成比例，而是与土地的产物成比例的。除了留作种子的以外，一国土地全部的年产品，就是人民每年所消费的或用来交换其他消费品的东西。无论什么原因使得土地产物减少，它使人民的收入减少的程度总是大于它使地主们的收入减少的程度。在英国，土地的地租，即归于地主的那部分产物，在任何地方都不超过全部产物的 1/3。如果在某种耕作状态下，土地一年能提供 2000 万镑的地租，地租是全部产物的 1/3，而在另一种耕作状态下，土地只能提供 1000 万镑的地租，地租也是全部产物的 1/3，那么，两相比较，地主们的收入所受的损失只是 1000 万镑，而人民的收入所受的损失则达 3000 万镑（播种的种子不考虑在内）。其中国家人口减少的数目，就是每年 3000 万镑（扣除种子）根据不同阶层人民的具体生活方式和花费方式所能维持的人数。

虽然目前在欧洲没有任何文明国家从国有土地的地租中获取大部分的公共收入，但在欧洲所有的大君主国，王室仍然拥有大片的领地。这些领地一般都是御猎场，但在这些土地上，有时候你走几英里都看不见一棵树。从产物和人口两方面来说，它们都只是荒地，是国家的损失。在每一个欧洲大君主国，出售王室土地都可得到一笔很大的资金，如果用来偿还公债，则省下的公债利息支出或收回的公共收入比这种土地过去为王室提供的收入更大。在土地因高度改良与耕作而在出售时能产生丰厚地租的国家，土地一般按照相当于 30 倍年租的价格出售，而未改良、未耕种、地租低的王室土地，预计会按相当于 40 倍、50 倍或 60 倍年租的价格出售。王室可以立即享受以这巨大价格收回的那部分公共收入。而在几年之后，他们可能还会享受到另一笔收入。当王室土地变为私有财产时，在几年之间就会得到很好的改良和耕种。这些土地的产物一增加，就会增加人民的收入和消费，也会增加国家的人口。而王室从关税和消费税得到的收入，必然随着人民收入和消费的增加而增加。

在文明君主国，王室从其领地获得的收入，虽然看起来不增加个人的负担，但让社会付出的代价，可能比国王享受的其他任何同等收入让社会付出的代价都大得多。所以，为了社会利益考虑，应当用某种其他收入去代替王室的这种收入，将这些土地分配给人民；而最好的办法，也许就是向人民公开出售土地。

用于游乐与观赏的土地，如公园、花圃、散步场所等，一般都被看作公共支出的原因而不是公共收入的来源。在文明的大君主国，似乎只有这种土地应当属于王室。

因此，专属于君主或国家的两种收入来源——公共资本和公共土地，作为支付文明大国必要费用的资源是既不适当也不充分的；这种费用的大部分必须由各种税收来支付，换言之，人民必须从自己私人的收入中拿出一部分来上缴给君主或国家，以弥补公共收入。

第二节　论赋税

在本书第一篇已经表明，个人的私人收入终归总有三个不同的来源：地租、利润和工资。每一种赋税，最后必定是由这三种收入来源之一支付，或由它们不加区分地共同支付。我将尽我所能地对以下各点做出清楚的说明：第一，打算对地租课征的税；第二，打算对利润课征的税；第三，打算对工资课征的税；第四，打算不加区分地对这三项私人收入课征的税。由于要分别研究上述四种赋税，因此本章第二节将分为四项内容，其中三项内容还得进一步细分。从接下来的论述中可以看出，许多赋税最初是打算加在某项收入来源上的，结果却并不是由这项收入来源支付。

在我着手考察各种赋税之前，有必要先说明关于一般赋税的四项原则。

（一）每一个国家的国民都应该尽可能地按照各自能力的大小，也就是说，按照他在国家保护下所得收入的比例，对维持政府做出贡献。一个大国政府的支出对每个人而言，就像一宗大地产的管理费对这宗地产的共同承租人而言一样，每个承租人都应当按照各自在地产中的利益的大小来对管理费做出贡献。所谓赋税的平等或不平等，就看是遵守还是忽视这条原则。无须多说，一个国家的赋税如果仅由上述三种收入来源之中的一种来负担，而其余两种不受影响，那必然是不平等的。在下面对各种不同的赋税进行考察时，我不会过多地关注这种不平等；在大多数案例中，我将只考察由于某种赋税不平等地落在它所影响的特定私人收入上面而引起的那种不平等。

（二）每个国民必须缴纳的赋税应当是确定的，不能是随意决定的。缴纳的时间、方式和数额，对每一个纳税者及其他人都应当是清楚明白的。否则，每个纳税人就会或多或少地为税吏的权力所左右，税吏会乘机向其讨厌的纳税者加重税额，或以加重税额作为恐吓，勒索礼物或贿赂。赋税的不确定会助长税吏的专横作风，加剧他们的腐败程度，导致这一类人到哪里都不受欢迎；即使他们并不专横或腐败，也会是这样。在课税中，每一个人纳税额的确定性是一件极为重要的事情，从所有国家的经验来看，我相信，极大程度上的不平等也不及极小程度上的不确定的危害那么大。

（三）各种赋税征收的日期和方式应当为纳税者提供最大的方便。地租税或房租税应在通常支付地租或房租的同一时期征收，因为这样安排对纳税者最为便利；或者说，这个时期他最可能有钱纳税。对作为奢侈品的消费物品所课之税，最终都是由消费者支付的，通常也应采取对他十分便利的方式。他可以在每次购买这类商品时缴纳少许赋税。他有购买或不购买的自由，如果他因为这种赋税的征收而感到困难，那就是他自己的问题。

（四）每种赋税的征收应有所安排，尽可能地避免从人民那里征收的钱或者人民损失的钱多于国家最终的税收。如果从人民那里征收的钱或人民损失的钱远多于国家最终的税收，一般是下面四个方面的原因：第一，征税可能使用了大批官吏，他们的薪水吞掉了大部分的税收，而他们索取的礼金或贿赂对人民则是一种额外的负担；第二，它可能阻碍了人民勤劳工作，使人民在那些会给许多人提供生计和职业的事业上裹足不前，并使本来可以投入这些事业的一些资金缩减，乃至消耗一空。第三，对逃税未遂者没收财产或其他的处罚，常常使他们破产，因而社会便失去了由使用他们的资本所获的利益。不明智的税收计划是逃税的巨大诱因，但对逃税的惩罚又势必随着诱惑的增强而加大。这样的法律首先形成了诱惑，然后在本该减轻赋税的情况下按照诱惑的大小惩罚逃税的人，这是与一般的司法原则相反的。第四，税吏频繁的造访及令人讨厌的稽查常使纳税者遇到许多不必要的麻烦、困扰和压迫。虽然严格地说，这种困扰并不是支出，但如果人民宁愿付钱也要摆脱这种困扰，它就的确等于是一种支出。总之，赋税给人民造成的负担之所以常常多于给君主带来的好处，不外乎上述四种原因。

上述四项原则道理明显、作用显著，每一个国家或多或少都注意到了。他们都从各自的判断出发，尽可能地使税收和预先设计的一致，尽可能地确定纳税时间和纳税方式，方便纳税人，并参考他们各自的赋税比例，尽可能地避免给人民增加更多的负担。但下面对各时代各国家主要赋税的简短述评，将表明各国在这方面的努力并未取得相应的成功。

第一项　租金税或土地地租税

土地地租税有两种征收办法：第一，按照某种标准，分别给不同地区评定出一定的地租水平，评定之后就不可以变更；第二，使税额随土地实际地租的变化而变化，随土地耕作的改良或退步而有增有减。

如果每个地区按某种固定的标准评定土地税，像英国的土地税那样，那么，这种税即使在设立之初是平等的，也必然会随着时间的推移和各地耕作不同程度的改良或退步而变得不平等。在英格兰，由威廉和玛丽统治的第四年的法律所设定的各郡和各教区应课征的土地税，甚至在设定之初就是不平等的。因此，这种赋税违反了上述原则的第一项，但完全符合其他三条，税额是完全确定的。纳税的时间就是交租的时间，对纳税人是极方便的（虽然在所有的情况下，地主都是实际纳税人，但税款一般都是由佃户先垫交，地主在收取地租时再减去这一部分）。这种赋税征收时使用的官吏，比能提供差不多相同收入的其他赋税征收时使用的官吏都要少。由于一个地区的税额不随地租的增加而增加，君主并不分享地主从土地改良中所得的利润。这种利润有时诚然会使同一地区的其他地主破产，但剩下的地主因此而需要多缴的赋税总是很少的，不会阻碍土地的改良，也不会使土地产物的产量降到本来会有的水平以下。由于它没有减少产物产量的趋势，它也不会有提高产物价格的趋势，所以它不会阻碍人民勤劳工作。地主除了纳税不可避免的不便之外，也不会因此有其他不便。

不过，英国的地主由于土地地租的估值不变而获得的好处，主要是由于与赋税的性质无关的某些外部状况。

自从英国建立土地评估制度以来，部分由于国家几乎每个地区都变得繁荣了，几乎所有地产的地租都在持续增加，而鲜有下降。因此，几乎所有地主都因为地租估值不变而赚到了按照现有地租应该多缴的那部分赋税。假如国家的状况有所不同，地租由于耕种的退步而逐渐下降，那地主们的情况则会相反。在光荣革命后，地租评估的固定性就对地主有利，对君主不利；换一种情况的话，则可能会对君主有利，对地主不利。

由于赋税是以货币缴纳的，所以对土地的估价是以货币表示的。自从这种评估制度确立以来，银价一直很固定，铸币的法定标准在重量或纯度方面都没有什么改变。假如银价显著上升，像在发现美洲银矿以前的两个世纪里那样，那地租评估的固定性将使地主很吃亏。如果银价显著跌落，像在发现美洲矿产之后至少一个世纪里那样，则地租评估的固定性会让君主的这部分收入减少许多。假如铸币标准有重大改变，同等重量的白银，或被降低面值，或被提高面值——例如，一盎司白银，原来铸成 5 先令 2 便士，现在铸成 2 先令 7 便士或铸成 10 先令 4 便士，那么在前一种情况下会损害地主的收入，在后一种情况下会损害君主的收入。

所以说，只要环境发生了变化，地租评估的固定性要么会给纳税人造成巨大不便，要么会给国家造成巨大不便。而在时代的变迁中，这种环境的变化在某个时候是必定会发生的。有史以来，各个帝国虽然像人类其他创造物一样，全都是要灭亡的，却总是想要永远存在下去的。所以，每一种想要和帝国一样永存的制度，不仅应当在某些特定的环境中是方便的，而且应当在所有的环境中都是方便的；或者说，不仅应当适合那些短暂的和偶然的环境，而且也要适合必然的、因而总是相同的环境。

地租税随地租的变化而变化，即随着耕作的改良或退步而增减，这被法国自称经济学派的那些学者推崇为最公平的赋税。他们认为，一切赋税最终都要落在土地地租上，因此对土地地租的课税应该平等。说所有的赋税应该尽可能平等地落在承担这些赋税的最终财源上，这肯定是对的。但是，他们用来支持自己非常微妙的理论的，是形而上学的论证，我们不必进行这种令人不快的讨论，以下的评论足以说明，何种赋税最终出自地租，何种赋税最终出自其他财源。

在威尼斯共和国境内，一切以租约形式交予农夫的可耕土地，都从地租中征收 1/10 的税。租约要在各地区赋税官保管的公共登记簿上登记。如果地主自己耕地，其地租由官吏公正地估价，并可以扣减税额的 1/5，因此对这种土地的地主只按所估价地租的 8% 而不是 10% 纳税。

这种土地税肯定比英格兰的土地税更加公平。但它或许没这么确定，而税额的评估也可能会常常给地主带来很大的麻烦。它在征收上也可能要耗费更多的费用。

不过，也许可以设计一种管理制度，在很大程度上防止这种不确定性和减少这种费用。

比如，可以规定地主和佃户必须共同在公共登记簿上登记他们的租约。如果有隐瞒或谎报出租条件的，可以处以适当的罚金；如果将罚金的一部分给予揭发或证实此情形的一方，那么就可以有效地防止地主和佃户合伙骗取公共收入。而租约中的所有条件都可以从这种登记簿里完全了解到。

有些地主在重订租约时不是提高租金，而是收取续租费。这种行为一般是挥霍者的做法，他们为了获得一笔现金而放弃了价值要大得多的未来收入。所以，在大多数情况下，这种行为是有害于地主的。它往往还有害于佃户和国家。它常常从佃户那里夺走相当大一部分资本，使他耕作土地的能力大幅下降，以致最后只能支付一小笔地租，而他本来是可以支付更多的。凡是降低他的耕作能力的事情，必然会使社会收入的最重要部分降低到它本来会有的水平以下。如果对这种续租费课以比普通地租税更重的税，就可能阻止这种有害的做法，这对有关各方（地主、佃户、君主、整个社会）都有很大的好处。

有些租约规定佃户在整个租期必须采用特定的耕作方式、轮种特定的作物。这种条件一般是由于地主自诩有优越的知识（在大多数场合，这种自负都是毫无根据的）所产生的结果，应该被看成一种额外的地租，只不过是用劳务支付，而不是用货币支付。为了阻止这种做法（这一般是愚蠢的做法），对这种地租的估价应该高一些，从而使对它课的税比普通货币地租重一些。

有些地主不收取货币地租，而要求以谷物、牲畜、家禽、酒、油等实物支付地租；有些地主则要求以劳务支付地租。这种地租对佃户的害处总是多于对地主的好处。它们从前者那里收取的或者让他们损失的，总是比后者得到的更多。在每一个实行这种办法的国家，佃户总是穷困潦倒的，而且实行的程度越高，穷困就越严重。以同样的方式，对这种地租估价高一些，从而使对它课的税比普通货币地租重一些，或许可以有效地阻止这种对整个社会有害的做法。

当地主亲自耕作一部分土地时，可以根据邻近农户和地主的公正判断来估定地租的价值，并给予他适当的减税，只要他所占用土地的地租不超过一定的数额，像在威尼斯共和国境内所做的那样。重要的是，应当鼓励地主耕种一部分自己的土地。他的资本一般比佃户大，虽然技能较差，却常能提供更多的产物。地主有能力进行实验，一般也愿意进行实验。实验不成功，只对他自己有不大的损失；实验成功，就能对整个国家的土地改良做出贡献。可是，重要的是，减税鼓励耕种应该在一定限度之内。如果大部分的地主受到引诱去耕种他们全部的土地，那么，国家就会充满懒惰和挥霍的地主代理人（为自身利益而不得不在自己的资本和技术所允许的范围内尽力耕作的审慎和勤勉的佃户，将会被这些地主代理人代替），他们胡乱的经营不久就会使耕种质量降低，使土地的年产量缩减；这不仅会使他们的主人收入减少，而且会使整个社会最重要的那部分收入也减少。

上述这些管理制度或许能使这种赋税摆脱由于不确定性而给纳税人造成的压迫或不便，同时也可能在土地的日常经营中引进一种对全国土地改良和耕作的改善大有好处的计划或政策。

征收随地租变动而变动的土地税，其费用无疑会比征收固定标准的土地税的费用高一些。征收这种土地税需要在全国各地设置登记机构，有时候还要对地主自行耕种的土地进行评估，这两者都需要额外的支出。不过，这些费用并不算大。其他一些赋税的征收费用比这要多得多，还不能这么容易地带来这么多收入。

对这样一种可变土地税，可能提出的最重要的反对理由，似乎是它会阻碍土地改良。君主对改良的支出没有做出贡献，却分享它的利润，地主肯定不会那么愿意进行改良。不过，这个问题或许可以这样来解决：在地主着手改良之前，允许他和税务官一起，根据双方从周围平等选出的一定数目农夫和地主的公正判断，确定他的土地的实际价值，然后在一定年限内只按照这种评估结果课税，使其为改良支出的费用可以完全得到补偿。这种土地税主要的好处，就是使君主从只关心自己收入的增长转向关心土地的改良。因此，为补偿地主支出设定的年限能达到这个目的就好，而不宜定得过长，以免君主因为利益太遥远而失去对改良的关心。可是，与其定得太短，不如定得长一些。因为君主再怎么关心，也弥补不了地主们在土地改良上遇到的小挫折。君主关心，只是对如何在他的大部分领土内促进改良进行泛泛的考虑；地主关心，则会对如何最有利地使用他地产上每一寸土地进行具体的和仔细的考虑。君主应该关心的是，用他权力范围内的一切手段鼓励地主和农夫。例如，让他们用自己的方式、根据自己的判断去追求自己的利益；保障他们享有自己劳动的全部报酬；为了让他们的每一部分产物都获得最广阔的市场，在他自己领土内的每个地区建立最方便、最安全的水陆交通，并确立完全没有限制的出口自由。

如果这样的管理制度能使这种土地税不但不会阻碍土地改良，反而可以促进土地改良的话，那这种土地税就不会使地主感到什么不便了；要说有，那就是不可避免的纳税义务了。

不论社会状况如何变化，不论农业是进步还是衰退，也不论白银价值和铸币标准如何变化，这种赋税不用政府关注就能很容易地自行适应实际情况，而且能在所有变动中保持公平和公正。因此，它比总是按照某种固定的评估来课征的土地税更适于作为一种永久不变的规定，或者说作为所谓国家基本法。

有些国家不是采用简单明了的登记租约的办法，而是采用对全国土地进行实际测量和评估这种费钱费力的办法。他们或许是担心，出租人和承租人为了诈取公共收入，可能联合起来，隐瞒租约的真实条件。《英格兰土地勘查记录》似乎就是这种非常准确的测量的结果。

在古代的普鲁士王国，土地税是按实际测量和评估的结果课征的，但隔一段时间就要重新测量和评估。根据这种评估，世俗地主按收入的20%～25%纳税，教士按40%～45%纳税。西里西亚土地的测量和评估是按照当今国王的命令进行的，据说十分精确。根据这种评估，布勒斯洛主教的土地按地租的25%课税，新旧两教的教士的土地按地租的50%课税；条顿骑士团采邑和马耳他骑士团采邑按40%课税，贵族保有地按38.33%课税，平民保有地则为35.33%。

波希米亚的土地测量和评估工作据说进行了一百多年，直到1748年签订和约之后，根据现今女皇的命令才得以完成。米兰公国的测量从查理六世的时候开始，1760年之后才完成。这次测量被誉为前所未有的精准测量。萨伏伊和皮埃蒙特的测量则在已故的撒丁国王的时代就开始了。

在普鲁士王国，对教会收入课税比对世俗地主的收入课税高得多。教会的收入大部分来自土地的地租，但他们的收入很少用于土地改良，或用来在任何方面对增加大众的收入做出贡献。普鲁士国王或许因此认为，教会对国家的紧急费用承担得更多一些是合理的。但在有些国家，教会土地是免缴一切赋税的。在另外一些国家，对教会土地的课税则比其他土地轻得多。在1575年以前，米兰公国的教会土地就只按其价值的1/3纳税。

在西里西亚，向贵族保有地征收的税比向平民保有地征收的税要高出3%。这种差异或许是由于普鲁士国王觉得，前者享有的种种荣誉和特权可以抵偿他略高的赋税负担，同时后者的卑微屈辱也可以由减轻赋税负担得到几分缓解。而在其他国家，赋税制度不是减轻而是加重了这种不平等。在撒丁国王的领地，以及法国征收所谓贡赋的各省，其赋税全由平民保有地负担，贵族保有地反而可以得到豁免。

按照全面测量和评估征收的土地税，不管起初是多么平等，不久之后也必然变得不平等。为了防止如此，政府不得不费神对国内每个农场状态和产量的所有变化加以持续的关注。普鲁士、波希米亚、撒丁和米兰公国的政府都曾被迫这样做。这种关注与政府的性质非常不相符，因此不可能持续很长时间；即使持续下去了，它给纳税者带来的麻烦和困扰可能也多于它给他们带来的帮助。

1666 年，蒙托邦课税区征收的贡税据说是以极精确的测量及评估为准的。到 1727 年，这种评估已变得完全不公平了。为了解决这个问题，政府除了对全区加征 12 万里弗的附加税之外，再也找不出其他较好的办法。按规定，这项附加税应向一切依照旧标准征收贡税的税区征收，但事实上只向依照旧标准课税过低的地区征收，并以此补贴依照旧标准课税过高的地区。比如，两个地区，一个按实际情况应缴纳 900 里弗，另一个按实际情况应缴纳 1100 里弗，但按旧的标准，二者都是缴纳 1000 里弗；在征收附加税后，两者的税额本应都是 1100 里弗，但这种附加税只向课税过低的地区，即后一地区征收，而前一地区则得此补偿，只需缴纳 900 里弗。政府从附加税上既无所得，也无损失。这种税完全是用来补救因旧标准所产生的不平等的。不过，这种办法的使用多是依据税区行政长官的命令，因而在很大程度上是独断专行的。

不与地租成比例而与土地产物成比例的土地税

对土地产物课征的赋税实际上就是对地租课征的赋税；这种税虽然

最初是由农民垫付，但最终仍由地主负担。当一定比例的农产品被作为赋税支付时，农民必定会尽可能地计算出这一部分产物在当年的价值，然后从同意付给地主的地租中扣除相应的数目。没有一个农民不预先计算支付给教会的什一税（什一税就是以农产品支付的）在当年的价值是多少。

什一税，以及每一种其他的这类土地税，从表面看似乎十分公平，实际上却非常不公平。在不同的条件下，一定比例的农产品在地租中所占的比例非常不同。在某些非常肥沃的土地上，产量很大，其中一半就能补偿农民在耕作中使用的资本和一般利润。另一半产物，或者说另一半产物的价值（二者是一回事），如果没有什一税，就可以作为农民支付给地主的地租。如果农民的产物被拿走 1/10 作为什一税，那他就一定会要求减少地租的 1/5，否则他就无法收回资本连同一般利润。在这种情况下，地主的地租就不是全部产物的一半，而是 2/5。与之相反，在比较贫瘠的土地上，土地的产量有时很小，而耕作费用很高，农民要用全部产物的 4/5 才能补偿耕种资本和一般利润。在这种场合，即使没有什一税，地主得到的地租也只不过是全部产物的 1/5。但如果农民再用全部产物的 1/10 来缴纳什一税，而且要求从地租中扣除相同的数额，那地主所得就只剩下全部产物的 1/10 了。也就是说，在肥沃的土地的地租中，什一税有时只抽取 1/5，或每镑 4 先令；而在贫瘠的土地的地租上，什一税有时要抽取 1/2，或每镑 10 先令。

由于什一税通常是一种对地租课征的非常不公平的赋税，所以它是地主改良土地和农民耕种土地的一大阻碍。当教会不负担改良和生产费用的任何部分，却要分享利润中如此大的份额时，地主不会去进行最重要但也是最费钱的改良，农民也不会去生产最有价值但也是最费钱的谷物。由于什一税，茜草的栽培长期仅限于荷兰联邦；那是一个长老制教会国家，没有这种破坏性的赋税，它在欧洲独占了这种有用的染料的生产。最近，英格兰也开始栽培茜草了，那是因为议会法律规定，种植茜草每亩只纳税 5 先令，以代替什一税。

正如大部分欧洲国家的教会一样，许多亚洲国家的主要收入都依靠征收不与土地地租成比例而与土地产物成比例的土地税。在中国，君主的收入主要由国家全部土地产物的 1/10 构成。不过，这个估计是相当宽松的，据说在许多省份其实不超过一般产物的 1/30。在被英国东印度公司统治以前，孟加拉所征收的土地税据说大约为土地产物的 1/5。古埃及的土地税据说也是 1/5。

这种土地税使亚洲的君主们都关心土地的改良及耕作。中国、孟加拉及古埃及的君主据说都十分留意建设和维护公路及运河，以便为每一部分土地产物提供自己国内所能提供的最广大的市场，尽可能地增加它们的数量和价值。而教会的什一税要分成许多小部分，没有一部分的所有人会有这样的兴趣。教区的牧师绝不会发现修建通向国内偏远地区的道路和运河以扩大他自己教区产物的市场会对他有什么好处。因此，这种赋税如果用来维持国家，它所带来的某些益处尚可在某种程度上抵消其所带来的不便；若用来维持教会，那么除了不便以外，根本就没什么益处可言。

向土地产物课征的赋税，可以征收实物，也可以按一定的估价收取货币。

教区牧师或住在自己田庄里的小乡绅，或许会觉得以实物来收取什一税或地租更好。收取的数量不多，区域又小，他们可以亲自监督落实。而一个住在大都市的大产业主，如果他位于遥远省份的地产的地租也以实物来收取，他就可能因为他的代办人或代理人的疏忽——更可能的是欺骗——而遭受损失。君主由于征税官员的营私舞弊和巧取豪夺而遭受的损失当然还要大得多。最疏忽大意的私人产业主也比最小心谨慎的君主更能监管他的仆人；公共收入如果以实物来收取，那最后收到国库的肯定会由于征税官员的贪污而只剩人民所缴纳的一小部分。然而，中国的一部分公共收入，据说就是这样征收的。官员和征税官员无疑感到继续以这种方式纳税对他们有好处，因为征收实物比征收货币更容易舞弊。

如果土地产物税以货币缴纳，那么就可以按照市场价格变动而调整估价，也可以保持一种固定的估价。例如，对每蒲式耳小麦总维持在同一货币价格，无论市场状况如何。按照第一种方式征收的税额，随耕作的改良或退步对土地实际产物的影响而变动；按第二种方法征收的税额，就不但随土地实际产物的变动而变动，而且会随贵金属价值的变动，以及同一面额的铸币在不同的时代所含贵金属数量的变动而变动。因此，第一种方法征收的税额和土地实际产物的价值总是保持着相同的比例，而第二种方法征收的税额与土地实际产物的比例在不同的时期会非常不同。

不用一定比例的土地产物或一定比例土地产物的价格，而用一定数量的货币来代替所有土地税或什一税，是英格兰收取土地税的做法。这种税，既不会随土地地租的变化而变化，也不会鼓励或阻碍土地改良。许多教区不以实物而以货币征收什一税，就是这种做法。在孟加拉，大部分地区据说是以相当低的货币额来代替向农产品征收 1/5 的实物。此后，东印度公司的某些人员借口把公共收入恢复到它应有的价值，在一些省份里把货币付税改为实物付税。可是，在他们的管理下，这种改变既阻碍了耕作，又使公共收入的征收上出现了新的舞弊机会，结果据说赋税收入大大低于东印度公司刚接管时的水平。该公司的人员或许从这种改变中得到了好处，但这是以牺牲他们主人和该国利益为代价的。

房租税

房屋的租金可以分成两部分：一部分可称为建筑物租金，另一部分一般称为地皮租金。

建筑物租金是建筑房屋时所投资本的利息或利润。为了使建筑商和其他行业的人处于同一水平上，这种建筑物租金就必须能够：第一，给予他相当于将资本在有良好保障的情况下贷出时所能得到的利息；第二，使房屋经常得到维修，换句话说，就是要能够使他在一定的年限内收回其建筑房屋所投入的资本。因此，各地的建筑物租金或建筑资本的普通利润，就总是受到货币的普通利息的影响。在市场利率为4%的地方，房屋租金在除去地皮租金之后如果还能提供全部建筑费用的6%或6.5%，那或许就可以为建筑商提供足够的利润；在市场利率为5%的地方，或许就需要提供7%或7.5%。如果建筑商的利润大大超过它与市场利率的这种比例，其他行业上的资本有很多就会被吸引到建筑业来，使它的利润降到应有的水平；如果建筑商的利润大大低于这种比例，该行业的资本有很多就会转移到其他行业去，直至建筑业的利润重新上升到原来的水平。

全部房租在提供了这种合理利润之后的部分，自然归做地皮租金；如果地皮所有者和房屋所有者是两个人，在大多数情况下，这部分要全部付给前者。这部分租金是房屋居住者为房屋地理位置给其带来的某种真实的或想象的利益而付出的价钱。在远离大城市、可供选用的建筑用地很多的乡村，房屋的地皮租金几乎等于零，或者不超过将地皮用于农业时的租金。大城市附近郊区别墅的地皮租金有时就高昂得多，那里位置的便利和环境的优美，常常可以得到很好的报偿。地皮租金最高的地方一般是首都，尤其是其中对房屋需求最大的特殊地段，不管这种需求的原因是为了贸易和营业，为了娱乐或社交，还是只为了虚荣和时髦。

如果由住户按照全部房屋租金的一定比例支付房租税，建筑物租金一般不会因此受影响，至少从长期来看是如此。因为，建筑商如果得不到合理利润，他就不得不离开这个行业，而这样一来，就会提高市场对房屋的需求，并很快使建筑商的利润回到与其他行业相同的水平。这种房租税也不会完全落在地皮租金上面；它会被分为两个部分，一部分由住户负担，一部分由地皮所有者负担。

比如，假定一个人认为他每年能支付 60 镑的房租，又假定，加在房租上由住户负担的房租税为每镑 4 先令或全部租金的 1/5。在这种情况下，一所租金 60 镑的房屋每年需花费他 72 镑，比他设想自己出得起的金额多 12 镑。因此，他将愿意住差一点的房子或租金为一年 50 镑的房子；这 50 镑再加上必须支付的 10 镑房租税，就是他认为自己每年能负担的 60 镑。因为要付税，他将不得不放弃房租高 10 镑的房子能提供的一部分特殊便利。之所以说是一部分特殊便利，是因为他不会被迫放弃全部——他会租到一所在没有房租税时以 50 镑租不到的好房子。因为，房租税既然排除了他对年租 60 镑房子的竞争，减少了这一价位房子的竞争者，也就会减少年租 50 镑的房子的竞争者；以此类推，除了租金最低且无可再减的房子会在一定时间里增加竞争者以外，其他房屋的竞争者都会同样减少。但是，如果一种房屋的竞争者减少了，其租金必然会或多或少地下降。而由于这种下降至少从长期来看不会影响到建筑物租金，它最后必然会落在地皮租金上。因此，这种房租税的最终负担，一部分会落在住户身上，他为了支付自己的份额，不得不放弃自己的一部分便利；一部分会落在地皮所有者身上，他为了支付自己的份额，不得不放弃自己的一部分收入。至于他们两者间最终以什么比例来分担房租税，或许不是很容易确定的。在不同的情况下，分担的比例会非常不同；根据这些不同的情况，房租税也会对房屋住户和地皮所有者产生非常不同的影响。

这种税之所以不平等地落在不同的地皮租金所有人身上，完全是由于上述分担比例偶然的不平等造成的。但它之所以不平等地落在不同的房屋住户身上，则另有原因。房租支出在全部生活费中占的比例，在财产不同的人那里是不同的；一般说来，在财产多的人那里比例高，在财产少的人那里比例低。生活必需品是贫民最大的支出。他们经常难以获得食物，所以他们微薄收入中的绝大部分都用在食物上。富人的主要支出则是用在生活奢侈品和装饰品上面，而一所华丽的住宅又最能衬托和陈列他们拥有的奢侈品和装饰品。因此，富人所负担的房租税一般最重，房租税与生活费的比例也是最大。不过，这种不平等或许并没有什么不合理。富人不仅应当按照他们收入的比例对公共开支做出贡献，而且应当在这个比例之上再多贡献一些。

房屋租金虽然在某些方面与土地地租相似，但在一个方面却与它有根本的不同。土地地租是为使用一种有生产力的东西而支付的费用。支付地租的土地上就能产出这种费用。房屋租金是为使用一种没有生产力的东西而支付的费用。房屋或房屋占用的地皮都不产出什么东西。因此，支付租金的人必须从其他与房屋毫不相关的收入来源中提取所需的金钱。只要房租税需要由住户承担，它的来源一定和房租本身的来源相同，由他们用收入来支付，不管这收入是劳动工资、资本利润还是土地地租。只要房租税由住户负担，它就不是单独课于某一种收入来源，而是无区别地课于所有这三种收入来源的一种税；因此，从任何方面看，它都和其他消费品税具有相同的性质。一般说来，或许没有哪一种开销或消费比房租更能反映一个人到底是奢侈还是勤俭。对这种特殊支出项目按比例课税所得的收入，也许在欧洲各地都高于迄今对其他支出项目课税所得的收入。不过，这种税如果太高，大多数人会尽力回避，满足于较小的住房，并把大多数支出转移到其他方面。

如果采用确定普通地租所必要的那种政策，也可以很容易地对房租予以确定。没有人居住的房屋不应该课税；对这种房屋课税，税金就要全部由房屋所有者承担，这样他就是为一种既不为他提供便利也不为他提供收入的东西纳税。如果所有者自己居住，那就不应该按照他的建房费用课税，而应按他的房屋如果出租时的租金课税，租金的数目须公平裁定；如果按照他们的建房费用课税，那么每镑 3 先令或 4 先令的税再加上其他赋税，就会使这个国家——我相信，在所有文明国家都是一样——几乎所有的富贵家族都破产。留心考察过本国某些富贵家族在城市里的住宅及乡下的别墅的人都会发现，如果按照这些住宅最初建筑费用的 6.5% 或 7% 课税，他们要交的房租就差不多抵得上他们在其地产上收到的全部净租金了。诚然，他们建造房屋的费用是连续几代人积累的支出，都是用于增添豪华漂亮的部分；但是，与他们投入的资金相比，其交换价值（或者出租价值）却小得多。

与房租相比，地皮租金是更合适的课税对象。对地皮租金课税不会抬高房屋租金。它会完全落到地皮所有者身上，他们总像是像垄断者那样行事，向使用他地皮的人要求他能得到的最大租金。地皮能收到多少租金，取决于竞争者的贫富程度，换言之，取决于竞争者能够出多少资金来满足他对某一特殊地点的爱好。在每一个国家，大城市里的富人竞争者总是最多的，所以那里的地皮租金也总是最高的。由于竞争者的财富不会因为地皮租金税而有任何增加，所以他们也不会愿意为使用地皮而出更多的钱（即这部分租金税）。地皮租金税是由住户垫付还是由地皮所有者垫付，这不重要。住户如果要为地皮租交很多税，就会想办法少交地皮租，所以最后支付地皮租金税的人仍然会是地皮所有者。无人居住的房屋的地皮租也不应该课税。

在许多场合，地皮租金及其他普通地租都是土地所有者不需要劳神费力便可获得的收入。虽然要从这种收入中拿走一部分供国家开支，也不会对任何产业产生危害。对地皮租金课税以后，土地和社会劳动的年产品、人民群众的真实财富和收入都不会跟之前有什么不同。因此，地皮租金和其他普通地租可能是最适合负担特殊赋税的收入。

在这点上，地皮租金甚至比普通地租更适合负担特殊赋税。在许多场合，普通地租至少要部分地归因于地主的重视和妥善经营。一项过重的赋税就将打消这种重视和妥善经营。而地皮租金，就其超过普通地租的部分而言，完全是因为君主的良好治理。这种治理保护了全体人民的或者某一特定地方居民的产业，使他们能为其住房所占地皮支付大大超过其实际价值的租金，或者说使这些地皮所有者能够获得的报酬大大超过其地皮被人使用所遭受的损失。对那些借助国家良好的治理而存在的资源课以特殊的赋税，或让这种资源比其他资源对政府的开支做出更大的贡献，那是再合理不过的。

虽然有许多欧洲国家对房屋租金征税，但就我所知，没有一个国家是把地皮租金看成一个单独的征税对象的。那些赋税设计人或许感到，要确定房租中哪一部分属于地皮租金，哪一部分属于建筑物租金，不免有些困难。然而，把它们彼此区分开来也不是非常困难的事情。

在英国，根据所谓的年度土地税法，房屋租金和土地地租按相同的比例课税。各教区和各地区征收房租税所依据的征税估价也总是不变。这种估价最初就是非常不平等的，现在也仍然如此。在王国的大部分地区，对房租征收的税仍比对地租征收的税轻。只有少数几个地区，原来税率很高，房屋租金又大为下降，地租税（每镑 3 先令或 4 先令）据说才和实际房租的课税比例相同。无人租用的房屋虽然根据法律也要纳税，但在大多数地区，却由于估税员的袒护而得到免除。这有时会引起某些房屋税率微小的变动，虽然全区房屋的税率总是一样的。由于新建或修理等造成了房租提高而房租税没有增加，因此也导致了某些房租税率的进一步变动。

荷兰的所有房屋一律按其价值课税 2.5%，不管实际的房租是多少，也不管是否有人租住。强迫房主为其并没有出租而得不到收入的房屋纳税，而且是这么重的税，未免苛刻。在荷兰，市场利息率不超过 3%，对房屋按照其全部价值课征 2.5% 的税，在大多数场合就要达到建筑物租金的 1/3 以上，或许是全部租金的 1/3 以上。当然，他们对房屋的估价虽然非常不公平，但据说总是低于实际价值的。当房屋改建、修缮或扩大时，要重新进行估价，并按新值课税。

英国每个时代的房屋税设计者似乎都觉得，要非常准确地评估每间房屋的实际房租是非常困难的。因此，他们按照某些可见的条件来规定税额；他们或许认为，在大多数场合，这些条件同租金保持某种比例。

第一种这样的税是炉捐，也就是对每个火炉课税 2 先令。为了确定屋子里有多少个炉子，征税官员就必须进入每一个房间查看。这种讨厌的造访也让这种税变得让人讨厌。所以，在光荣革命后不久，这种税被作为奴隶制度的标志而废除了。

第二种这样的税是对每栋住宅课税 2 先令。有 10 扇窗的房屋要多缴 4 先令。有 20 扇窗或 20 扇窗以上的房屋要多缴 8 先令。这种赋税后来改成：20 ～ 30 扇窗的房屋课税 10 先令，30 扇窗以上的房屋课税 20 先令。窗户的数目在大多数情况下都可以从外面数清，根本不必进入房屋的每个房间。因此，这种税的征税官员造访，就没有炉捐征税官员那么令人不快。

这种税后来也被废止，而代之以窗税，它也经历了几次改变和增加。1775 年 1 月实行的窗税，是在对英格兰每栋房子课税 3 先令、苏格兰每栋房子课税 1 先令以外，再对每个窗户课税。在英格兰，税率逐渐从不到 7 扇窗户的房屋最低缴纳 2 便士的税，上升到有 25 扇窗户甚至更多窗户的房屋最高缴纳 2 先令的税。

所有这类赋税遭到反对的主要原因是它们不公平，而且是最恶劣的不公平；因为它们给贫民施加的负担常常比给富人施加的更重。一栋在村镇上以 10 镑出租的房屋，有时比一栋在伦敦以 500 镑出租的房屋有更多的窗户；虽然前者的住户可能比后者的住户穷得多，但就他要按窗税的规定纳税而言，他却必须对国家开支做出更多的贡献。因此，这种税是直接违反上述四项原则中的第一项原则的。不过，它看起来并没有与其他三项原则发生矛盾。

窗税及其他对房屋课征的赋税，应该都自然具有降低房租的倾向。很显然，一个人付税越多，他能支付的房租就越少。不过，据我所知，英国自课征窗税以来，各地的房屋租金基本上有所上升。这是因为各地房屋的需求在不断增加，并推动了房租的提高，其影响要大于窗税使房租降低的程度。这也可以表明国家繁荣、居民收入在增长。如果没有窗税，房租也许会增加得更多。

第二项　利润税或资本收入税

由资本产生的收入或利润分为两个部分：其一是用来支付资本利息的部分，这属于资本所有者；其二是支付利息之后的剩余部分。

利润的后一部分显然不能是直接课税的对象。它是对使用资本的风险和麻烦的补偿，而且在大多数场合只不过是非常微薄的补偿。资本使用者必须得到这补偿，否则他就不能继续使用资本为自己谋利。因此，如果按他全部利润的比例直接课税，他就不得不提高他的利润率，或将这种负担转嫁到资本利息上，也就是说少付利息。如果他按照纳税的比例提高利润率，那么，虽然这些税款由他垫付，但结果还是要按照他所经营资本的投资使用方式，由以下两类人中的一种来承担：如果他将其用作农业资本来耕种土地，他只能通过保留更大比例的土地产物（或者说更大比例的土地产物的价格）来提高利润率，而要这样做就只能靠减少地租，所以最终支付此税的就会是地主；如果他将资本用于商业或制造业，他就只能通过提高货物价格来提高利润率，在这种情况下，最终支付此税的就会是消费者。如果他没有提高他的利润率，他就不得不将此税全部转嫁到利润中用作资本利息的那部分之上。他只能向所借资本支付较少的利息，在这种情况下，此税最后就会全部由资本利息来负担。反正，他不是用这种方法使自己免于付税，就是用那种方法使自己免于付税。

资本利息乍看起来似乎是和土地地租一样能直接课税的对象。像土地地租一样，资本利息也是扣除对投资风险与麻烦的全部补偿以后的净产物。地租税不能抬高地租，因为土地的净产物在补偿了农夫的资本和合理利润之后，不管课不课税都是剩下这么多，农夫没有更多的产物去增加支付地租；同理，资本利息税也不会抬高利息率。我们可以认为，一国资本或货币的数量，像土地的数量一样，在税前税后是保持不变的。我在本书第一篇说过，普通利润率是由可供使用的资本量和投资途径的多少（或者说必须使用资本的业务量）之间的比例决定的。而投资途径的多少不会由于对资本利息课税而增多或减少。所以，可用资本的数量不会因此税而减少，投资途径也不因此减少，那普通利润率必然会保持不变。普通利润率保持不变，投资的风险和麻烦也会保持不变，利润中补偿资本使用者的风险和麻烦的那部分也会保持不变。因此，支付资本利息、属于资本所有者的那一部分余额，也必然保持不变。课税对利润率和利息率都不会有影响。所以说，乍看起来，资本利息也像土地地租一样，似乎是适合直接课税的对象。

可是，有两种不同的情况，使得资本利息远不及土地地租那样适合作为直接课税的对象。

第一，一个人拥有的土地数量和价值不可能是秘密，总是可以确知的。但一个人拥有资本的总数却几乎是一个秘密，很难确定。而且，资本额几乎是不断变化的。在一年之中，常常是在一个月之中，有时是在一天之中，它都或多或少地有增有减。为了向一个人课税而去调查他的私人情况，监视他财产的变动，会给他带来他不能忍受的无休止的困扰。

第二，土地是无法移动的，而资本却容易转移。土地所有者必然是其土地所在国的公民。资本所有者则可以是世界公民，无须专属于一个特定的国家。如果一个国家为了向他征收重税而调查他的财产，使他不胜其烦，那么他可能会放弃这个国家，而将资本转移到另一个国家，只要他在那里能更轻松地经营业务或享受财富。通过转移资本，他可能会终止他在原来那个国家所经营的一切产业。资本耕作土地，资本也雇佣劳动。一个国家的赋税如果会把国内的资本赶走，那君主和社会的收入源泉也会枯竭。不仅资本的利润，而且土地的地租和劳动的工资，都必然会因资本的转移而有所减少。

因此，试图对资本收入课税的国家，都不是采用这种严格的调查方法，而是不得不满足于采用某种宽松而随意的估算方法。用这种方式估征赋税的不公平和不确定性，只能用轻微的税额作为补偿。因此，每一个人都发现自己纳税的税率大大低于他的实际收入，以致即使他的邻居比他纳税低一些，他也不介意了。

按照英国所谓的土地税法，资本应和土地按同一比例课税。当土地课税为每镑 4 先令或推定地租的 1/5 的时候，资本课税也应为推定利息的 1/5。当现行的年度土地税刚刚实施的时候，法定利息率为 6%。因此，每百镑资本应该课税 24 先令，即 6 镑的 1/5。自从法定利息率降至 5%以来，每百镑资本应该只课税 20 先令。土地税所征收的税额由农村和一些主要城市分摊，其中大部分来自农村，而城市负担的部分主要来自房租税。城市里除房租税以外的部分，即对商业资本课征的部分（因为不打算对城市里投到土地上的资本课税），远低于这些商业资本的实际价值。因此，不论最初的评估可能是多么不公平，城市里也没发生什么骚乱。每个教区和地区仍然按最初的评估来对它的土地、房屋和资本课税；而国家的普遍繁荣在大多数地方都使这些东西的价值大为上升，因此现在这种不公平就更无关紧要了。而且，既然税率不变，那么向个人资本课税时的不确定性也大为降低，也变得不重要了。如果说英国的大部分土地只是按照其实际价值的一半来课征土地税的，那么，英国的大部分资本或许就只是按照其实际价值的 1/50 来课税的。在有些城市，甚至所有的土地税都向房屋课征，而商业资本则免征，比如威斯敏斯特；伦敦当然是另一回事。

所有的国家都会小心避免严格调查私人财产状况。

在汉堡，每个居民都必须为其所有的财产向政府缴纳 0.25% 的税；由于汉堡人民的财产主要是资本，所以这项税可以看作一种资本税。他们每一个人自己估税，然后当着地方长官的面，将本年应缴的税额投入公库，并宣誓这是他所有财产的 0.25%，但不需要宣布数额，也不就此事接受任何核查。一般认为，在这种纳税的形式下，人们是十分忠实的。在一个小共和国，人民如果完全信赖官员，深信有必要为维持政府而纳税，并且相信税款会被忠实地用于此目的，这种凭良心自愿纳税的办法有时候是行得通的。这不限于汉堡人民。

瑞士的翁德沃尔德州常常遭受暴风和洪水灾害，因而常需筹集临时经费。遇到这种情况，那里的人民就聚集起来，非常坦白地宣布其财产数额，然后据此纳税。在苏黎世，法律规定，在必要的情况下，每一个人要按照他收入的比例纳税，而他必须宣布他的收入总额并起誓。据说，他们毫不怀疑任何同胞会欺骗他们。在巴塞尔，州政府的收入主要来自对出口货物课征的小额关税。所有的市民都宣誓他们会按法律规定三个月缴纳一次应缴的税款。对所有的商人，甚至对所有的旅馆老板，政府都放心地让他们自己登记在境内或境外出售的货物，每过三个月就让他们自己把记录单（在记录单末端算出税额）送交财务官。没有人怀疑政府收入会因为这种信任而受到损失。

责成每一个公民公开宣布自己的财产数额并起誓，在瑞士的这些州似乎不算是一件困难的事情，但在汉堡就太难了。因为，从事投机生意的商人都害怕暴露自己真实的财产状况。他们似乎预见到，这样做的结果常常是信用破产和计划失败。而从来不从事这类冒险事业的谨慎和节俭的人民却不会感到他们有隐瞒的必要。

在荷兰，奥伦治亲王（已故）就任总督后不久，对每个公民的全部财产课征 2% 的税，即所谓 1/50 便士。每个公民按汉堡那样的方式自行估税并付税。一般认为，他们纳税的时候也很诚实。因为当时的人民对他们刚通过全面起义而建立起来的新政府极为爱戴。不过，这种税只征收了一次，用以缓解国家的燃眉之急。确实，如果它长期征收，那就太重了。在一个市场利率很少超过 3% 的国家里，2% 的赋税相当于对一般资本所得的最高净收入征收每镑 13 先令 4 便士的税。几乎没有人可以在缴纳该税的同时还保持其资本不受侵蚀。在紧要关头，人民出于爱国热情，可以付出巨大努力，甚至牺牲一部分资本去挽救国家。但他们不可能长期如此；如果他们这样做的话，这种税将使他们倾家荡产，那时候再想去支持国家也无能为力了。

英国按照土地税法案对资本课征的赋税，虽然与资本成比例，却并没有要减少或剥夺任何资本的意思。它只是想要成为一种按土地地租税的比例对资本利息课征的赋税，所以，当地租税是每镑 4 先令的时候，资本利息税也是每镑 4 先令。汉堡的税，还有翁德沃尔德和苏黎世的更轻的税，用意也不是对资本课税，而是对资本的利息或净收入课税。荷兰的税的用意则是向资本课税。

特定用途资本的利润税

在一些国家，政府有时候会对用在某些特定的商业部门上的资本征收特别的资本利润税，有时候会对用在农业上的资本征收特别的利润税。

在英国，向小贩和货郎课征的税，向出租马车和出租轿子课征的税，还有酒店老板为取得麦酒及烈酒的零售执照所缴纳的税，都属于前一类税。在上次战争中，有人提议对商店也征收这种税。提议的人说，进行这次战争是为了保卫国家的贸易，从中受益的商人理应负担一些战争费用。

不过，向特定商业部门征收的资本利润税最终都不是由商人负担（在一般情况下，他们必须有合理利润，并且，在自由竞争的地方，他们的所得也很少能超过合理利润），而是由消费者负担。消费者必然要在商品价格中支付商人垫支的赋税，而且一般还要超出一些。

当这种税与商人的营业额成比例时，它不仅最终由消费者支付，而且对商人没什么影响。但当它不与营业额成比例，而是对所有商人按同样的数额课征时，虽然最后也是由消费者支付，却会对大商人有利，对小商人造成一些压迫。对每辆出租马车每星期课税 5 先令，对每辆出租轿子每年课税 10 先令，当它们各自的业主垫付税款时，税额是与他们各自的业务范围和业务量成比例的。这样课税既不会对大业主有利，也不会对小业主造成压迫。而麦酒零售执照每年课税 20 先令，烈酒零售执照每年课税 40 先令，葡萄酒零售执照每年课税 80 先令，对所有零售商都是一样，必然会使大商人得到好处，而对小商人造成压迫。前者会比后者更容易从其货款里找回所垫支的税款。但是，轻微的税额使得这种不公平没什么影响，并且，在许多人看来，抑制一下小酒馆的增多也没有什么不合适的。对商店课税本来是打算大小商店一律相同的，而且似乎只能是这样。如果要按商店的营业范围和营业额的比例课税，就得进行一次自由国家的人民完全不能接受的调查。另一方面，如果课以重税，就会对小商人造成压迫，使得几乎所有零售业都落入大商人的手中。大商人一旦建立了垄断权，就会像其他行业的垄断者一样，联合起来提高他们的利润，使增加的利润大大超过需要缴纳的税金。这样的话，最终支付商店税的就不是店主，而是消费者；而且，消费者多付的还不止这点税，还要支付更多。由于这些原因，商店税就被抛在了一边，被 1759 年的补助税取代。

法兰西所谓的个人贡税，或许是欧洲所有地区对农业资本的利润课征的最重要的赋税。

在昔日欧洲封建统治的混乱状态下，君主不得不满足于仅对无力拒绝纳税的弱小人民课税。大领主虽然愿意在紧急状况下助君主一臂之力，却拒绝缴纳任何经常性的赋税，君主也无法强迫他们。最初，占用欧洲土地的人大部分是农奴。在大部分欧洲国家，这些人后来都逐渐得到了解放。他们中的一部分人获得了地产的财产权，以贱民条件保有土地，或者归君主管，或者归其他大领主管，像古代英格兰依据官册享有土地的人一样。其他没有获得土地的人，则从他们领主的手里获得了对其占用土地一定年限的租地权，因此也不那么依附于他们的领主了。大领主们看到这些下层人民逐渐独立起来，非常恼火，因而乐得同意君主向这些人征税。在某些国家里，这种税的对象只限于那些以贱民条件保有的土地；在这种情况下，可以说这种税就是不动产的贡税。已故的撒丁国王设立的土地税，在朗格多克、普罗旺斯、多菲那和布列塔尼大区，在蒙托邦课税区，在阿让和孔东选举区，以及在法国其他地区课征的贡税，就是对以贱民条件保有的土地课征的赋税。而在其他地区，这种赋税是向那些租用他人土地的人预计获得的利润征收的，而不考虑土地的保有条件如何；在这种情况下，这种税可以说是个人的贡税。在法国大部分称为“选举区”的省份，贡税就是这一种。不动产的贡税只对一国的部分土地课征，因此必然是一种不平等的税，但它的征收并不总是武断的，虽然在某些场合也难免。个人的贡税是根据某一阶层人民的利润比例课征的，而这种利润的大小只能进行推测，所以必然既是武断的，又是不公平的。

在法国，每年向二十个称为选举区的地方课征的个人贡税，目前（1775 年）达到了 40107239 里弗 16 苏。各省分摊这种赋税的比例每年都有变化，依枢密院收到的关于各省作物丰歉程度的报告，以及其他可影响它们各纳税能力的情况而定。每一课税区又分为若干小选举区，对全区课征的税收总额在各小选举区之间的分配也是一年与一年不同，依向枢密院提出的关于各自能力的报告而定。但枢密院想得再好，也不可能使估出的税额与课税省份或地区的真实能力完全吻合。无知和误报总是会误导枢密院，不论他们多么正直。一个教区在整个选举区课税额中应分担的比例，每个人在所属教区课税额应分担的比例，也是按照不同的状况，每年都有所不同。在前一场合，这种状况由选举区的税务官判定；在后一场合，由教区的税务官判定，这两者都或多或少地受到省长的影响。常常误导这些税务官的，不仅是无知和误报，而且还有私交、党派纷争和私人恩怨。很显然，在税额评估以前，任何纳税人都不能确知他要纳多少税；甚至在经过评估之后，他还不敢确定。如果有任何应当免税的人被课税，或者有任何人被课的税超过他应纳的比例，他虽然当时必须付税，但如果有理有据地提出申诉，那么下一年全教区便会收一次附加税来补偿他们。如果有任何纳税人破产或无支付能力，收税员就必须代他付税，而下一年整个教区也会收一次附加税来补偿收税员。

如果收税员自己也破产了，那选举他的教区必须就他的行为对选举区的总税务官负责。但是，由于总税务官对整个教区追讨欠税是件麻烦的事，所以他会在那个教区中选定五六个富人，让他们补偿收税员因无力支付造成的损失，然后再对全教区加征税款以补偿这五六个人。这些税就是除了当年的贡税之外还要多收的赋税。

当向某种商业部门的利润课征一种赋税时，商人们都会注意避免使上市的货物过多，这样可以确保销售价格足够偿还他们事先垫付的税款。有些人会从这种生意中抽回自己的一部分资本，于是市场的供应比以前少，货物的价格上升，最后支付赋税的负担就落在了消费者身上。但当对农业资本的利润课税时，抽回一部分资本是不符合农民自己的利益的。每个农民占用一定数量的土地，并为此支付地租。为了耕种这些土地，必须要有一定数量的资本，而抽回这种资本的任何一部分，都会影响农民支付地租或者赋税。为了缴纳赋税而减少产量，从而减少市场供应，这绝不符合他的利益。因此，这种赋税不能使他提高自己产物的价格，将最后的支付负担推给消费者而使自己得到补偿。可是，农民也像商人一样，必须得到自己的合理利润，否则他就不得不放弃这个行业。在缴纳这种赋税之后，他只有向地主少付地租才能得到他的合理利润。他必须缴纳的赋税越多，他能提供的地租就越少。如果在租约有效期间课征这种赋税，无疑可能使农民陷入困境，甚至破产。在重订租约时，赋税必然会落到地主身上。

在课征个人贡税的国家，农民所纳的税通常与他在耕作时所使用的资本成比例。因此，他常常不敢使用优良的农畜，而是尽量使用那些最差、价值最低的农具去耕种土地。他一般不相信税务官是公正的，担心课税太多，因此总要装穷以表示没有能力纳税。采用这种装可怜的策略，他大概是没有认真考虑自己的利益；因为，他减少产物损失的，也许比他减少赋税节约下来的更多。这种恶劣的耕作方法结果是使市场的供给下降，但由此引起的价格轻微的上涨，恐怕不能补偿农民因产量减少而遭受的损失，更不能使他向地主支付更多的地租。公家、农民和地主都会因为这种耕作的退步而受到损害。关于个人贡税以许多不同的方式阻碍耕作，因而使大国的主要财富来源枯竭这个问题，我在本书的第三篇已经做过评述。

北美南部那些殖民州每年按黑奴人数课征的赋税，即所谓的人头税，也可以说是施加在农业资本利润上的一种赋税。由于种植者大部分既是农民又是地主，所以，这种赋税最终就由他们以地主的身份负担，没有任何补偿。

对耕作中使用的奴隶每人课税若干，这在古代欧洲似乎很常见。现在，俄罗斯帝国仍然存在这种税。也许是因为这个缘故，所有种类的人头税都常常被描述成奴隶制度的标志。但是，对纳税人来说，任何赋税都不是奴隶的象征，而是自由的象征。诚然，赋税表明他隶属于一个政府，但是，既然他有要纳税的财产，他本人就不可能是某个主人的财产。对奴隶课征的人头税和对自由人课征的人头税是截然不同的；后者是由被征税的人自己支付的，而前者是由奴隶之外的阶层的人支付的。后者在大多数情况下是既不公又武断的；前者在某些方面虽然是不公平的——因为不同的奴隶有不同的价值，但在任何方面都不是武断的。主人知道他的奴隶人数，就明确地知道他要纳多少税。可是，这些不同的税有着同一个名称，就被视为具有相同的性质。

荷兰对男女仆役按人头所征收的税不是施加在资本上的，而是施加在生活开销上的，因此和对消费品课征的税相似。英国最近对每个男仆课征的 1 基尼的税，就是这样一种税。它给中产阶级带来的负担最重。一年收入 200 镑的人可能会雇佣一个男仆，但一年收入 1 万镑的人却不会雇佣 50 个男仆。这种税对贫民则没有影响。

对某些特定用途的资本的利润课税，不会影响到资本的利息。将资本用于需要缴税的行业的人和将资本用于不需要缴税的行业的人，在借钱的时候是一视同仁的，放贷的人不会对前者收取较少的利息。如果政府试图按照准确的比例对各种用途的资本所产生的收入课税，一般都会落在资本的利息上。法国的 1/20 便士税，和英国的土地税是同一种税，同样是对来自土地、房屋和资本的收入课征的。就其影响资本的那一部分而言，征收的情况虽然不是十分严厉，但却比英国土地税对相同对象的征收更准确。在很多情况下，它完全落在资本的利息上。在法国，在资金借贷时往往有一种所谓的“年金契约”；这是一种永久年金，债务人若能偿还原借金额，随时均可赎回，而债权人则除了在特定场合外不能赎回。这种 1/20 税虽然针对一切年金征收，但似乎没有使年金的利率提高。

第一项和第二项的附录　土地、房屋和资财的资本价值税

当财产保持在同一个人手中时，不管对它课征什么永久性的赋税，用意都不是要减少其资本价值或攫取其资本价值的一部分，而只是要得到该财产所产生的收入的一部分。但当财产易主时，即从死者转移到生者，或从一个生者转移到另一个生者手中时，向它课征的赋税就必然要攫取它的资本价值的一部分。

从死者转移到生者的一切财产，以及由生者转移到另一个生者的土地、房屋等不动产，其转移在性质上都是公开的或者无法长期隐瞒的，

因此，对这种转移或交易是可以直接课税的。而资本或动产以货币形式从生者转移到生者，常常是秘密的交易，而且可以永远保密。所以，对这种交易很难直接课税。对其课税时采用的是两种间接的方法：第一，规定债务契约必须写在已经支付过一定数额印花税的纸张或羊皮上，否则不具有效力；第二，规定这种契约必须登记在一个公开的或秘密的登记册上，并征收一定的登记税，否则同样不具效力。对容易直接课税的财产转移或交易，包括死者生前将各种财产转移给生者的证明文件，生者将不动产转移给生者的契约，也常常征收这种印花税和登记税。

古罗马由奥古斯丁设立的 1/20 便士的遗产税，就是针对从死者转移到生者的财产所征收的税。迪翁·卡修斯曾详细地记述过这种税。据他所说，这种税针对因死亡而发生的一切财产继承、遗赠行为，但如果受惠者是至亲或贫民，则予以豁免。

荷兰的继承税也属于同一种税。旁系继承，按亲疏的程度，课税额为继承物总价值的 5% ~ 30%。旁系遗赠，课税的百分比与此相同。丈夫向妻子、妻子向丈夫的遗赠，课征 1/15 的税。要是白发人送黑发人，只课征 1/20 的税。直接（直系）继承，或者说晚辈对长辈的继承，不纳税。父亲死亡，对和他同住的子女来说，很少会增加收入，一般倒是会大大减少收入；因为他的劳动、职务位或可能拥有的终身年金都要消失。如果还要通过征税再攫取一部分遗产，加重这种损失，那这种税就有点残酷和压迫人了。不过，对罗马法律中所说的解放了的子女或苏格兰法律中所说的分了家的子女来说，情形有时可能有所不同；这样的子女已经享有财产、拥有家室，不仰仗父亲而另有独立的财源。这样的子女所继承的财产不管有多少，都增加了他们的现有财产。因此，对他们来说，继承税是不会比其他的遗产税更不方便的。

根据封建法律，土地的转移，不管是从死者转移到生者，还是从生者转移到生者，都要课税。在古代，这种税是欧洲各国国王的主要收入来源。

国王的直接封臣的后代在继承采邑时都要缴纳一定的赋税，一般为一年的地租。如果继承人尚未成年，那么，在其成年之前，整个采邑的地租全归国王，国王除了维持该继承人的生活，以及在采邑中有应享遗产的寡妇时向寡妇支付她应得的亡夫遗产外，没有其他负担。当继承人成年时，他还须向国王缴纳另一种税，称为交代税，一般也是一年的地租。继承人漫长的未成年期，在现代常常使一宗大地产解决它的一切债务，并使整个家族恢复昔日的荣光，而在当时造成的结果却不是债务解除，而是地产荒芜。

根据封建法律，封臣不得到他的领主同意不能转让他的地产，而领主通常要索取一笔金钱才会同意。这笔钱起初是随意索取的，后来在许多国家被规定为土地价格的一部分。有些国家虽然废弃了大部分的封建惯例，但对土地转让课征的这种赋税仍然作为君主收入的一个重要来源继续存在。在瑞士的伯尔尼州，这种税的税率非常高，贵族保有地要征收其价格的 1/6，平民保有地要征收其价格的 1/10。在卢塞恩州，对出售土地课税只限于一定地区，并不普遍。但是，一个人如果为了搬到其他州而出售土地，则要从销售价格中支付 1/10 作为税金。对所有土地或按某种条件保有的土地在出售时收税，也是其他许多国家的政策，并且或多或少地成为各君主的一项重要收入。

对这种交易，可以用印花税或登记税的形式间接课税，这种间接课税可以与交易对象的价值成比例，也可以不与之成比例。

在英国，印花税的高低主要不是按照转移或交易的财产的价值（最高金额的交易合同也只需贴 18 便士或 2 先令 6 便士的印花税就足够了），而是按照契约的性质决定的。最重的印花税主要针对国王的特许状或某些法律文书，完全不考虑交易财产的价值，每张文书或羊皮纸要贴 6 镑印花。英国对契约和文书的登记不课税，管理登记册的官员只是收一点手续费而已；这种手续费也只不过是他们劳动的合理报酬，国王不从他们这里获得任何收入。

荷兰既有印花税，又有登记税，有些场合按转移或交易的财产价值的比例征收，有些场合不按比例征收。所有遗嘱都必须写在贴了印花的纸上，该纸的价格与所处理的财产的价值成比例，从 3 便士或 3 斯泰弗到 300 弗罗林（约合英国货币 27 镑 10 先令）不等。如果印花价格低于立遗嘱人应当使用的数目，则没收继承的财产。除了汇票和其他某些商业票据，契约、债券和合同均须交印花税；不过，这种税不随交易财产价值的升高而升高。所有土地和房屋的出售及抵押都必须登记，在登记时要向国家缴纳相当于出售价格或抵押品价格 2.5%的税。出售载重两吨以上的船只也要缴纳此税，不管船上有无甲板；这大概是因为船舶被看成一种水上的房屋。当由于法院命令而出售动产时，也要课 2.5%的税。

法国也是同时实行印花税和登记税的。前者被看作是消费税的一部分，在实行这种税的省份，都是由专门的人员来征收；后者则被当作国王收入的一部分，由不同的官吏征收。

利用印花或登记来课税的方法都是在晚近的发明。可是，在不超过一百年的时间里，印花税已在整个欧洲得到了普及，登记税也已非常普通。一个政府向其他政府学习管理方法的时候，学得最快的莫过于从人民的钱包里搜刮金钱的方法。

对从死者转移到生者的财产征收的税，最终将直接落在接受财产的人身上；对出售土地征收的税，则完全要落在卖主身上。卖主几乎总是处在非卖不可的境地，因此必须接受买主愿意给的价格。买主很少处在非买不可的境地，因此他只肯给他愿意给的价格；他把购买土地所要支付的价格和赋税放在一起考虑，必须缴纳的赋税越多，他愿意支付的价格就越低。因此，这种税几乎总是由处境困难的人负担，而且常常使其不堪重负。对出售新房屋征收的税，在不出售地皮的情况下，大多由买者负担；因为建筑商必须要获取利润，否则他将不得不放弃这个行业。因此，如果他垫付了税，买者一般都得在房价里还给他。对出售旧房子征收的税，则一般由卖主承担；理由与出售土地相同，卖主在大多数情况下都是不得不卖。每年推向市场的新建房屋的数量或多或少是由市场需求支配的。如果这种需求无法给建筑商提供利润，他就不会继续建筑房屋。市场上出售的旧房屋的数量却受偶发事件的影响，这些事件大部分与市场需求没什么关系。比如，一个城市如果发生了两三起大的破产事件，就会有许多房屋要出售，能卖多少价钱就卖多少价钱。对出售地皮所征收的税也由卖主负担，其理由与出售土地相同。借贷字据和契约的印花税及登记税全部由借方负担，事实上也总是由他支付的。对法律诉讼征收的印花税和登记税由诉讼人负担。对双方而言，这种税都会减少诉讼标的的资本价值。为争得一项财产所费越多，财产到手后的净价值就越少。

对财产的转移或交易征收的各种赋税会减少财产的资本价值，也必然会减少用以维持生产性劳动的财源。这种赋税或多或少是不利于社会生产的；因为它增加的是只维持非生产性劳动者的君主收入，减少的却是维持生产性劳动者的人民资本。

这种赋税，即使与转移或交易的财产的价值成比例，也是不平等的，因为价值相同的财产转移频率未必相同。当其不与这种价值成比例时——大部分的印花税和登记税都是如此——就更是不平等。不过，在任何场合下，这种税都是清楚的和确定的，而不是武断的。它们虽然有时会落在暂时无力负担的人身上，但在纳税的时间上总是会给他提供足够的方便。到了要支付的时候，他一般都能拿得出钱来。这种税的征收费用很少，而且通常不会给纳税者增加纳税之外的不便。

在法国，人们对印花税没有太多抱怨，但对登记税的怨言却颇多。人们提出，这种税征收的税额非常武断和不确定，造成税务官勒索成风。在大部分反对法国现行财政制度的小册子中，登记税的弊害都是主题之一。不过，不确定性不一定就是这种赋税的内在性质。如果民众的抱怨是有根据的，那这些弊害的产生也不是由于这种赋税的性质，而是由于课税敕令或法律用语有欠精确和明晰。

抵押契据及所有不动产权的登记，因其能给予债权人和债务人（或卖方和买方）以极大的保障，对公众是极为有利的。其他大部分种类契约的登记却往往给个人带来不便甚至危害，对公众没有任何好处。大家都认为，既然登记，就不应该保密，应当保密的登记根本就不应该存在。个人信用的安全肯定不应当依赖于下级税务官的正直和良心这种非常薄弱的保障。但在登记费成为君主收入来源的地方，登记机构无休止地增多，应当登记的契约要登记，不应当登记的契约也要登记。法国就有好几种保密的登记册。我们必须承认，这种弊端虽然不是这种赋税必然的结果，却是自然的结果。

英国对纸牌和骰子、报纸和期刊征收的印花税，可以说都是消费税，这些税最终都由使用或消费这些物品的人支付。对麦酒、葡萄酒和烈酒的零售执照征收的印花税，虽然可能打算加在零售商的利润上，但同样最终由消费者支付。这种赋税，虽然和上述对财产转移课征的印花税使用同一名称，由相同的官吏用相同的方式征收，却具有完全不同的性质，落在完全不同的财源上面。

第三项　劳动工资税

我在本书第一篇已经说过，低级劳动者的工资始终受到两种不同因素的支配，即对劳动的需求，以及食物的一般价格或平均价格。对劳动的需求决定着劳动者生活资料的丰裕、适中或短缺的程度，依这需求（对劳动的需求也是对人口的需求）是增加、不增不减还是减少而定。食物的一般价格或平均价格决定了为了让工人购买这些生活资料而每年必须支付给他们的货币数量。所以，当对劳动的需求和食物的价格保持不变时，对劳动工资直接课税一定会提高劳动工资，使其在课税之后还能保持原有水平，而提高的比例要稍高于课税的比例。比如，假定某地对劳动的需求和食物的价格使普通劳动工资为每星期 10 先令，然后对工资课征 1/5 或每镑 4 先令的税。如果对劳动的需求和食物的价格保持不变，劳动者仍须在那里获得每星期 10 先令的自由工资所能购买的生活资料。而为了让劳动者付税之后仍有 10 先令的工资，当地的劳动价格就要提高到 12 先令 6 便士，而不是 12 先令；也就是说，为了让劳动者在支付了 1/5 的税之后还有 10 先令，他的工资得上升 1/4，而不仅是 1/5。不管课税的比例如何，劳动工资上升的比例都要高于课税的比例。例如，此税率为 1/10，劳动工资上升的比例就不是 1/10，而必定是 1/8。

所以，对劳动工资直接课税，虽然可能看上去是劳动者自己付的，但其实并不是，甚至连垫付都不是；至少，在课税后对劳动的需求和食物的价格仍保持税前水平的情况下是如此。在这种情况下，工资税及超过此税额的若干款项实际上都是由直接雇用他的人垫付的。至于最后的负担者，则会根据不同的场合由不同的人负担。制造业的劳动工资由课税而提高的数额由制造业的业主垫付。他有权利而且不得不把垫付的数额及因此应得的利润转嫁到货物价格上。因此，工资提高的数额及利润增加额最终都是由消费者负担。乡村里的劳动工资由课税而提高的数额，由农场主垫付。他为维持和以前相同的劳动人数，势必要投入更多的资本。为收回这些资本及其一般利润，他必须留下更多的土地产物或更多土地产物的价值。为此，他就不得不少付地主地租。因此，劳动工资提高的数额及利润增加额最终都要由地主负担。有些税是部分地落在地租上，部分地落在消费品上的；与此相比，假如税收收入相同的话，直接对工资课税引起的地租减少或制造品价格提高要来得更厉害。

如果直接对劳动工资课税没有造成工资相应提高，那一般是因为这些税已经造成了劳动需求严重减少。这种税的结果一般是产业的衰退、贫民就业的减少、全国土地和劳动年产品的下降。不过，由于此税的存在，劳动价格一定会比没有这种税时要高一些，并且，这上涨的价格以及垫付此价格的人的利润，最终还是要由地主和消费者来负担。

对农村劳动工资征收的税并不会按照这种税的比例而提高土地产物的价格，这和农场主的利润税不会按税率提高农产品价格的道理是一样的。

虽然这种税不合理而且很有害，但许多国家都在实行。在法国，贡税中对农村劳动者和领取日薪的工人课征的部分，就是这种税。这些劳动者的工资按照他们居住地的一般工资率计算，而且为使他们尽可能地少承受额外负担，其年收入是按每年不超过 200 个工作日估算的。每年每个人需要缴纳的税额根据外部条件的不同而不同，这些外部条件由省长指定的收税员或代表来判定。在波希米亚，由于从 1748 年开始的财政制度改革，会对手工业者的劳动课征一种很重的税。他们分为四个等级：最高级每年付税 100 弗罗林（按 1 弗罗林折合 22.5 便士计算，达 9 镑 7 先令 6 便士）；第二级每年付税 70 弗罗林；第三级 50 弗罗林；第四级包括农村的手工业者及城市里最低级的手工业者，每年付税 25 弗罗林。

创造性的艺术家和自由职业者的报酬必然与较低级的职业保持一定的比例，这点我在本书第一篇已经说明过。因此，对这种报酬课税也必然会使该报酬按略高于该税的比例而提高。

官员的报酬和各普通行业和职业的报酬不一样，不是由市场的自由竞争决定的，因而并不总是和该职业的性质所要求的报酬相称。在大多数国家，这种报酬大都高于该职业性质所要求的水平；管理政府的人一般都倾向于给自己和直接下属发放高于必要水平的报酬。因此，在大多数场合，官员的报酬是有相当的能力承担赋税的。而且，公职人员，尤其是待遇较好的公职人员，在所有的国家都是遭受嫉妒的对象；对他们的报酬课税，即使比对其他各种收入的课税高一些，也总是广受好评的赋税。例如，在英国，当其他各种收入依照土地税在名目上每镑征收 4 先令时，对年薪 100 镑以上的官职（年轻的王室家族分支成员的年金、海陆军军官的报酬，以及少数不太受人嫉妒的官职的报酬除外）每镑薪水课税 5 先令 6 便士是很受欢迎的做法。除此之外，英国对劳动工资没有其他直接的课税。

第四项　打算不加区分地施加在各种不同收入上的税

打算不加区分地施加在各种收入上的税，就是人头税和消费品税。这种税由纳税人以其收入来支付，不管这收入是土地地租、资本利润还是劳动工资。

人头税

政府如果试图使人头税和每一个纳税人的财产或收入成比例，那就会使它变成完全武断的税。一个人的财产状况每天都会发生变化，如果不经过无比令人厌烦的调查，并且至少每年修正一次的话，那就只能靠推测财产的具体数额。因此，在大多数场合，评估的税额高低必然要以估税员一时的好恶为转移，这也必然会使这种税彻底变得武断和不确定的。

人头税如果不和推定的财产成比例，而与纳税人的身份成比例，则会变得完全不公平；因为相同身份的人的富裕程度常常是不一样的。

因此，这种税公平了就会武断和不确定，不武断和确定了就会不公平。不论赋税是轻是重，税额不确定都是很糟糕的。而不平等，如果是轻税还好一点；如果是重税，那也是完全不能忍受的。

威廉三世统治时实行的各种人头税，大多是根据纳税人的社会等级来估税的，如公爵、侯爵、伯爵、子爵、男爵、士族、绅士、贵族的长子及幼子等。所有财富在 300 镑以上的店主和商人，即商贾中较富裕的人，按同一税额征税，不管他们的财富差距如何。这里考虑的也是他们的身份而不是他们的财产。有些人的人头税，起初是按照他们被推定的财产来课税的，后来改为按照其身份课税。在皇家法庭具有特权的高级律师、事务律师和王室的诉讼监察起初是按照每镑 3 先令的标准对其收入征收人头税的，后来改为按绅士的身份课税。征收一项不很重的赋税，即使是有点不公平，也比任何程度的不确定更容易让人接受。

法国自本世纪初以来一直实行的人头税，对最高阶层的人是按他们的身份课税的，税额固定不变；对较低阶层的人是按他们的推定财产课税的，每年的税额都不同。宫廷的官员、高等法院的法官及其他官员、部队的军官等都按第一种方式课税。各省较低阶层的人民则按第二种方式课税。在法国，达官显贵们很容易接受即使不太公平的赋税，这种赋税就其对他们的影响而言，并不是很重的；但他们不能忍受省长对税额的任意评估。而该国的下层人民则必须忍受他们的上级对待他们的作风。

在英国，人头税从未收足预期的税额，或者说，未收足严格征收时可能收到的税额。而在法国，人头税总是能收足预期的税额。英国政府是温和的，当他们对各阶层人民课征人头税时，常常满足于已征收到的金额；无力缴税的人、不愿纳税的人（这种人很多），以及因法律宽大而未强制其缴纳全部税款的人，虽然他们使国家蒙受损失，但政府并没有要求他们补偿。法国政府则是比较严厉的，它对每个课税区都征收一定的金额，省长必须竭尽所能去收足这一金额。如果某省抱怨所征收的税太高，可以在次年征收时按照前年多缴纳的比例予以扣减，但在本年度还是要按照估定的税额来征收。省长为确保能收足本税区的税额，有权把税额估得比应收足的税额高一些，这样，因纳税人破产或无力纳税而受到的损失就可以从对其他人的超额征收中得到补偿。直到1756年，这种超额征收都是由省长裁定；但也是在这一年，枢密院把这项权力据为己有。握有法国赋税记录的人士指出，各省的人头税落在贵族和有特权免纳贡税的人身上的比例最小，落在要缴纳贡税的人身上的比例最大；后者按应纳贡税的数额，每镑课以一定的人头税。

向下层人民征收的人头税就是一种对劳动工资的直接课税，它具有一切工资税的麻烦与不便。

征收人头税的支出很小，而且，如果严格执行，必然会为国家提供一项非常稳定的收入。因为这种缘故，在不把下层人民的安逸、舒适及安全放在眼里的国家，人头税极其普遍。不过，对一个大国而言，从这种税得到的往往不过是其公共收入的一小部分，而且，这种赋税提供的金额完全可以通过对人民更便利的其他途径去征得。

消费品税①

当不可能按收入的比例用人头税去向人民课税时，消费品税就出现了。国家不知道怎样直接地、按比例地对人民的收入课税，它就试图间接地对他们的支出课税，这些支出被认为在大多数场合里与他们的收入是一致的。而对他们的支出课税，就是对支出的目标即消费品课税。

消费品分为必需品和奢侈品。

我所理解的必需品，不只是维持生活所必不可少的商品，也包括依照社会习俗维持一个人——哪怕是最底层的人——的体面所不可缺少的东西。例如，亚麻衬衫，严格地说，这并不是生活必需品；我想，古代的希腊人和罗马人即使没有亚麻布衬衫，也生活得非常舒适。但现在，在欧洲的大部分地区，一个领日薪的工人如果没有一件亚麻衬衫，就羞于在大庭广众中露面。没有这种衬衫被认为是穷到了可耻的地步，如果不是行为能力糟糕透顶，没有人会到这一步。同样，习俗也使皮鞋成了

①“消费品税”和“消费税”不是一回事。消费品税是对所有消费品课征的税，包括消费税和关税。消费税是对国内商品课征的一般赋税。——译者

英格兰的生活必需品。最穷的男人和女人，只要还讲点体面，没有一双皮鞋就不敢在公众中露面。在苏格兰，习俗使得皮鞋成为最低阶层的男人们的必需品，但对同一阶层的妇女却不然，她们可以赤脚行走。在法国，皮鞋对男人或女人而言都不是生活必需品，最低阶层的男女可以穿着木鞋或打着赤脚走在别人面前而无伤大雅。所以，对于必需品，我的理解是，底层人民由于自然本性所必需的物品，以及由于涉及体面的习俗所必需的物品。其他的东西，我称之为奢侈品（这一称呼并没有要责难适度使用它们的意思）。例如，英国人喝的啤酒、麦酒、葡萄酒（甚至葡萄酒生产国的人喝的葡萄酒），我都称为奢侈品。不论哪一阶层的人，他不饮用这种饮料绝不会遭到非难。大自然没有使这类饮料成为维持生活的必需品，任何地方的习俗也没有使它成为维持体面所必不可少的东西。

由于劳动工资由对劳动的需求和生活必需品的平均价格决定，所以提高必需品的价格必然会提高劳动工资，以便使劳动者仍然有能力买到实际劳动需求状况下（不论其为增加、不增不减或减少）他们应该有的各种必需品。对这些必需品课税，必然会使其价格提高，并且要略高于税额，因为垫付此税的商人一定要收回这项垫付的金额，同时还要加上垫款应得的利润。因此，这种必需品税必然造成劳动工资按此类必需品价格上升的比例而上升。

所以，对生活必需品课税的作用和对劳动工资直接课税的作用完全相同。虽然劳动者要自己支付此税，但最后并不是由他支付，甚至不是垫付。此税最终总是通过他的直接雇主给他增加工资来返还给他。如果雇主是制造业者，他将把增加的工资连同一定的附加利润转嫁到货物的价格上；所以，最后支付此税及其附加利润的是消费者。如果雇主是农场主，此税就将落在地主的地租上面。

对我所称的奢侈品课税，甚至是对贫民的奢侈品课税，则又另当别论。课税商品价格上升并不一定会引起劳动工资提高。例如，虽然烟草既是富人的也是贫民的奢侈品，但对这种奢侈品课税不会导致劳动工资的提高。英国的烟草税达到烟草原价的三倍，在法国则达到原价的十五倍，但这么高的税似乎并没有对劳动工资产生影响。茶和砂糖在英国和荷兰已成为底层人民的奢侈品，巧克力在西班牙也是这样，对这些东西课税也没有对劳动工资产生影响。一般认为，英国在本世纪对酒类所课的各种税也没有对劳动工资产生影响。对每桶黑啤酒课征 3 先令附加税，导致了这种啤酒价格上升，然而伦敦普通工人的工资并未因此提高。在征收这种附加税以前，他们每天的工资为 18 ～ 20 便士，现在的工资也没有增多。

这类商品价格上涨不一定会降低下层人民养家糊口的能力。对朴实勤劳的贫民而言，对这类商品课税的作用类似于颁布禁止奢法的令，会使他们少用或完全不用那些他们已不再能轻易买得起的奢侈品。由于这种被迫的节约，他们养家的能力不但没有降低，反而常常会因这种税而提高。正是这些朴实勤劳的贫民养活了最多的人口，并提供了最主要的有用劳动力。诚然，并不是所有贫民都是朴实勤劳的，那些放荡和胡来的人在这些奢侈品的价格上升以后依然会像以前一样对它们欲罢不能，而不会考虑自己放纵的行为会给他的家庭带来的困境。不过这种胡来的人很少能养育大家庭，他们的孩子很容易因为照顾不周、护理不善、缺乏食物或者卫生条件恶劣而夭折；即使孩子体格健壮，能在父母的坏习惯给他带来的苦难中活下来，也容易上梁不正下梁歪，在长大后不是凭借自己的勤劳成为对社会有用的人，而是成为害群之马。所以，尽管贫民的奢侈品价格上升可能增加这种家庭的痛苦，从而降低贫民养家的能力，但不可能大大减少一个国家里有用劳动力的数量。

如果劳动工资不相应地增加，必需品平均价格任何幅度的上涨必然会或多或少降低贫民养家的能力，从而降低贫民提供有用劳动的能力，不管对劳动或人口的需求状况是增加、不增不减还是减少。

对奢侈品课税，除被课税的商品以外，不会提高任何商品的价格。而对必需品课税，由于会提高劳动工资，必然会提高一切制造品的价格，从而减少它们销售和消费的幅度。奢侈品税最终是由课税品的消费者毫无补偿地支付的，它们会无差别地落在土地地租、资本利润或劳动工资等收入上。对必需品课税，就其对贫民的影响而言，最终总是部分地由地主以减少地租的方式支付，部分地在提高了制造品价格之后由富有的消费者（地主或其他人）支付，而且总要多支付一些。贫民真正的生活必需品（如粗纺毛织品）的价格如果提高，必须进一步提高贫民的工资以对他们做出补偿。中等和上等阶层的人民，如果明白他们自身的利益，就应当永远反对对生活必需品课征一切赋税，也反对对劳动工资直接课税。两类赋税最后的支付负担完全落在他们自己身上，并且还要多支付一笔额外的金额。地主的负担尤其重，他总是以双重身份付税：作为地主，他要减少地租付税；作为消费者，他要增加支出付税。马修·德克尔爵士观察到，某些赋税转嫁到某些商品的价格上，有时竟会重复积累四五次。确实，对生活必需品税来说完全就是这样。比如，在皮革的价格中，你不仅必须为你自己的鞋所用的皮革付税，而且必须为制鞋匠和制革匠的鞋所用的皮革付税。你还必须就这些工匠在为你服务期间所使用的盐、肥皂和蜡烛付税，乃至为制盐人、制肥皂者、制蜡烛者在生产期间所消费的皮革付税。

在英国，课征赋税的生活必需品主要包括上面提到的这四种商品：盐、皮革、肥皂和蜡烛。

盐是一种非常古老又非常普遍的课税对象。古罗马就曾课征盐税，我相信现今欧洲每个地区都仍然如此。一个人每年消费的盐量很少，而且是一点一点地购买，于是，似乎有人就认为，即使盐税很重也不会给任何人造成负担。在英国，每蒲式耳盐课税 3 先令 4 便士，约为原价的三倍；在其他一些国家课税更高。皮革也是一种真正的生活必需品。亚麻布的使用使肥皂也成了必需品。在冬天夜晚很长的地区，蜡烛还是一种必要的生产用具。英国的皮革税和肥皂税都是每磅 $1^1/_2$ 便士，蜡烛税则为每磅 1 便士。对皮革的原价而言，皮革税为 8%或 10%；相对于肥皂的原价而言，肥皂税为 20%或 25%；蜡烛税约为蜡烛原价的 14%或 15%。这些税虽然比盐税轻一些，但仍然是很重的。这四种商品都是真正的必需品，如此重税必定会增加那些朴实勤劳的贫民的生活开支，从而必定会引起他们劳动工资的提高。

在英国这样冬季非常寒冷的国家，燃料严格来说是这个季节的生活必需品，不仅是为了烹调食物，而且也为了在室内工作的工人身体上的舒适。在所有燃料中，煤是最便宜的。燃料价格对劳动价格的影响如此重要，以致英国所有制造业都设立在产煤地区，而在其他地区，由于这一必需品的价格太贵，就没法降低开工的成本。此外，在某些制造业中，煤炭是一种必要的生产工具，比如在玻璃、炼铁和其他冶金业中。如果可以发放奖金，那对将煤炭从富饶地区运往短缺地区发放奖金是再合适不过了。但是，立法机关不但不发放奖金，反而对沿海运输的煤炭每吨课税 3 先令 3 便士；就大多数煤炭来说，税额已占出井价的 60%以上。陆路运输或内陆航运的煤炭则不课税。在煤价本就低廉的地方，煤炭的消费不课税；在煤价本就昂贵的地方，煤炭反而要课重税。

这些赋税虽然提高了生活必需品的价格，从而提高了劳动的价格，但却为政府提供了一笔以其他方式不容易得到的可观收入。因此，政府总能找到继续课征这些税的理由。如果给谷物发放出口奖金，也会提高生活必需品的价格，产生同样的不良后果，但它不但不能给政府带来收入，反而要支出一笔很大的费用。对外国谷物进口课征高关税（这在普通丰收年份等于禁止进口），以及禁止活牲畜或腌肉进口（现在因为这类产品短缺，对爱尔兰和英国殖民地的产品暂停适用），这些规定都产生了和对生活必需品课税一样的不良后果，而没有为政府带来收入。要废除这些规定，只要让民众相信建立重商主义的那种学说体系是多么令人菲薄就可以，不需要做其他什么工作。

和英国相比，其他许多国家对生活必需品征收的税要高得多。许多国家对磨坊里研磨的面粉和麦片课税，对火炉上烘烤的面包也课税。在荷兰的城市里，据说，此税导致面包的消费价格增加了一倍。为了对住在农村的居民也课征一部分这种税，每个人每年都要按其消费的面包种类缴纳赋税。比如，消费小麦面包的人每年要付税 3 荷兰盾 15 斯泰弗，约合 6 先令 $9^1/_2$ 便士。这种税及其他一些同类的赋税提高了劳动的价格，据说使荷兰大部分的制造业都受到了破坏。在米兰公国、热那亚共和国、摩德纳公国、帕尔马公国、皮亚琴察公国和瓜斯塔拉公国，乃至教皇领地，也可以看到同类的赋税，只不过没有那样繁重罢了。法国一位颇有名望的学者曾提议改革该国财政制度，用这种最具破坏性的赋税去代替其他大部分的赋税。这正如西塞罗所说：“哪怕是最荒谬的事，有时候也有一些哲学家加以主张。”

对畜肉课税比对面包课税更为普遍。当然，畜肉是不是生活必需品还不好说。根据经验，即使没有畜肉，仅凭谷物和蔬菜，辅之以牛奶、干酪、黄油——没有黄油可以用酥油替代，也能给人们提供最丰富、最营养、最卫生、最能令人精力充沛的食物。为了维持体面，许多地方要求人人穿一件亚麻衬衫和一双皮鞋，但没有一个地方要求人民必须吃肉的。

对消费品（不论是必需品还是奢侈品）可以用两种方法课税：其一，消费者每年为其使用或消费某一类型的商品而支付一笔税款；其二，对留在商人手中尚未交付给消费者的货物课税。不能立即用完而可长时间使用的商品，最适合采用前一种方法课税；可以立即消费掉或消费比较迅速的商品，最适合采用后一种方法课税。马车税和金银器皿税是前一种课征方法的例子，其他大部分的消费税和关税则是后一种课征方法的例子。

一辆马车如果保养得好，可以用十年到十二年。在它离开马车制造者之前，或许可以一次性征收一定数额的税。但对购买者来说，为保有马车的特权而每年付税 4 镑，肯定比一次性付给马车制造者 40 镑或 48 镑的额外加价（相当于使用马车期间应付税额的总数）更为方便。金银器皿可以使用一百年以上。每年为器皿的 100 盎司付税 5 先令，约为其价值的 1%，对消费者来说，肯定会比一次性付出相当于二十五年或三十年税额的总数更为容易，后者会使器皿的价格至少提高 25%或 30%。同样，对房屋课征的各种赋税每年由消费者支付较小的数额，肯定比在房屋新建或出售时课征与各年税额之和相等的重税更为方便。

马修·德克尔爵士有一个著名的提议，就是所有的商品，即使是立即消费的或迅速消费的商品，都应当用下面这种方式来课税：商人不垫支任何赋税，而消费者每年支付一定的金额，领取消费某种货物的执照。这一方案的目的是想撤销一切进出口税，让商人可以把全部资本和信用都使用在商品购买及船舶租赁上，而不必把其中任何部分用于纳税，这样可以促进所有的对外贸易，尤其是中间商贸易。但是，对立即消费或迅速消费的商品也采用这种方法课税，似乎有以下四种非常严重的弊端：第一，与通常的课税方式相比，这种课税方式更不公平，就是说，不能很好地按照不同消费者的支出和消费成比例地课征。对麦酒、葡萄酒和烈酒课征的税由商人垫支，最后是由不同的消费者按照他们各自的消费比例支付。但如果这种税通过购买一张饮酒执照来支付，那么按消费酒量的比例来说，饮酒很节制的人缴纳的税额就比酗酒的人缴纳的税额更重，也就是说，他的税率更高；宾客较多的家庭纳税负担就更比宾客较少的家庭轻得多。第二，本来对迅速消费的货物课税的主要便利之一是可以分次支付，但上述课税方式，即每年、每半年或每季度购买一次消费某种货物的执照，会大大降低这种便利性。现在每瓶黑啤酒的价格是 $3\frac{1}{2}$ 便士，其中对麦芽、酒花、啤酒课征的各种税，连同酿酒者为垫付这些税款而要求获得的特别利润，共计 $1\frac{1}{2}$ 便士。一个工人如果能多付这个金额，他就可以买一瓶黑啤酒。如果他不能，他就可以只买一品脱，同时，如果省多少就是赚多少，他也节省了 1 法新。他可以每次付每次的税，何时有能力付就何时付，每一次付税都是完全自愿的，他不想付就可以不付。第三，这样课税不太起得到禁止奢侈的法令那样的作用。因为一旦取得执照以后，无论消费者饮酒的数量是多少，他缴纳的税都是一样的。第四，现在一名工人每喝一瓶酒纳一次税，这对他来说没有什么不方便的，但如果让他一年一次、半年一次或一个季度一次缴纳在这段时间里他应缴纳的全部税额，恐怕会给他造成很大的困难。因此，很明显，这种课税方式如果要想和现在这种不用强迫的课税方式取得同样多的收入，不靠压迫性的手段是不行的。然而，在有些国家，对立即消费或迅速消费的商品就是以这种方式课税的。荷兰人为获得饮茶的执照就须缴不少的税。此外，我已经说过，该国也按同样的方式对农村消费的面包课税。

国产消费税主要是对那些由国内制造且用于国内消费的商品课征的。这种税只对几种使用最广泛的货物课征。课税的商品、各种商品的税率都很清楚，不存在任何疑问。除了前面提到的盐税、肥皂税、皮革税、蜡烛税（或许还可以算上普通玻璃税）之外，这种税几乎是对我所说的奢侈品课征的。

关税比消费税更为古老。之所以称之为“关税”，似乎是表明这种支付形式是远古沿袭下来的一种惯例。它最初似乎被看作对商人的利润征收的税。在封建无政府状态的野蛮时代，商人也像城邑中的其他居民一样，都和解放的农奴差不多，人格受到轻视，获得的收益被人嫉妒。大贵族既已同意国王向他们自己的佃农的利润课征贡税，所以向他们无意保护的这个阶层的人民课征同样的贡税，他们也没有意见。在那个无知的时代，他们不懂得商人的利润不应是直接的课税对象，或者说，他们不懂得，这些税最终是都要落在消费者身上的，而且还要支付得更多。

与英国商人的收益相比，外国商人的收益还要受到更大的歧视。因此，对后者课税自然比对前者更重。对外国商人和英国商人在赋税上的区别对待起源于无知，又由于垄断精神而继续存在，也就是说，想使英国商人在英国市场和外国市场都占据有利地位。

除了上述区别外，古代的关税向所有货物平等课征，不管是必需品还是奢侈品，也不管是出口货物还是进口货物。那时候的人们似乎觉得，没道理优待经营一种货物的商人，也没道理优待出口商人。

古代的关税分为三种。第一种或许是所有关税中最古老的，是向羊毛和皮革课征的关税。这主要是或完全是一种出口关税。当英国建立了毛织品制造业时，为了使国王不致因毛织品出口而丧失他对羊毛课征的关税，于是对毛织品也课征了相同的税。第二种是葡萄酒税，即对每吨葡萄酒征税，称为吨税。第三种是对其他货物的课税，按货物被推定的价值，每镑征税若干，所以称为镑税。在爱德华三世统治的第四十七年，对所有进出口货物按价值每镑课税 6 便士，只有羊毛、带毛的羊皮、皮革和葡萄酒除外，因为这些商品会被课征特别的税。在理查德二世统治的第十四年，此税提高到每镑 1 先令，但三年后又降为每镑 6 便士。亨利四世统治的第二年提高到每镑 8 便士，第四年又提高到每镑 1 先令。从这一年到威廉三世统治的第九年，此税一直是每镑 1 先令。根据同一项议会法令，吨税和镑税都划归国王，称为吨税和镑税补助税。在一个很长的时期内，镑税补助税一直是每镑 1 先令或 5%，关税用语上所谓的补助税一般都是指这 5%的税。这种补助税（现在称“旧补助税”）至今仍然按照查理二世统治的第十二年制定的税率表课征。据说在詹姆斯一世以前就开始使用这种按照税率表确定应纳税商品价值的方法了。威廉三世统治的第九、十年课征的新补助税是对大部分商品额外再征收 5%。1/3 补助税和 2/3 补助税合起来又组成另一个 5%。1747 年的补助税是对大部分商品课征的第四个 5%。1759 年的补助税是对一些特定商品课征的第五个 5%。除了这五种补助税外，偶尔还对某些种类的货物课征一些赋税，有时是为了解决国家的燃眉之急，有时是为了按照重商主义体系的原则来调节国家的贸易。

重商主义体系已经逐渐变得越来越流行。旧补助税是不加区别地对进口商品和出口商品一律课征 5% 的关税。而后来的四种补助税，以及偶尔向特定商品征收的赋税，则几乎是对进口商品课征，只有少数例外。以前对国内生产和制造的商品出口所课的各种税，大部分已经被减轻或完全废除了，对有些商品的出口甚至还发放奖金。对进口又出口的外国商品，有时退还进口时的全部税金，大多数情况是退还其中的一部分。进口时课征的旧补助税在出口时一般退还一半；但进口时课征的后面几种补助税及其他关税，大部分商品都可以在再出口时全部退还。这种对出口的偏袒和对进口的抑制，只对少数几种制造业原材料是例外。我们的商人和制造业者希望这些原材料对他们自己尽可能便宜，对他们的外国对手和竞争者尽可能昂贵。因此，一些外国原材料被允许免税进口，比如西班牙羊毛、亚麻和粗制亚麻纱等。国产原材料和英国殖民地特产原材料的出口则有时被禁止，有时被课以重税。比如，英国羊毛的出口被禁止；海狸皮、海狸毛和塞内加尔胶的出口被课以重税，自从占领加拿大及塞内加尔以来，英国几乎垄断了这些商品。

我在本书第四篇已经尽力表明，重商主义体系对人民大众的收入、国家的土地和劳动的年产品并不是很有利的。它对君主的收入似乎也没有利到哪儿去，至少就这一收入依赖于关税而言是如此。

由于这种体系，有几种货物的进口完全被禁止。在某些情况下，这种禁令使得这些商品的进口完全被阻止了；在另一些情况下，这种禁令使得进口商必须走私，这些商品的进口量也大大减少。比如，它完全阻止了外国毛织品的进口，大大减少了外国丝和丝绒的进口。在这两种情况下，本可对这些商品进口课征的关税收入就完全落空了。

对许多外国货物进口课征重税以限制它们在英国的销路，这一般说来只是鼓励了走私，从而使关税收入低于课征轻税时可能得到的收入。

斯威夫特博士说，在关税的算术中，二加二并不等于四，有时只能得到一；就这种重税而言，这句话完全正确。如果不是由于重商主义体系在许多场合让我们把课税当作获得垄断的手段（而不是获得收入的手段），那这种重税是不会被采用的。

有时对本国生产和制造的商品出口发放奖金，对大部分外国货物再出口实行退税，导致了许多欺诈行为，也导致了对国家收入最具破坏性的走私活动。众所周知，为了得到奖金和退税，人们有时把货物装船出海，但随后又从本国的其他某个地方秘密地重新上岸。由于奖金和退税（其中大部分是通过欺诈得来的）而造成的关税收入损失非常大。1755年1月5日及之前这一年中，关税总收入为5068000镑。从这笔收入中支出的奖金（虽然该年度对谷物还没有发放奖金），共167800镑；根据退税单及其他证明支付的退税为2156800镑，奖金和退税共计2324600镑。将这笔金额扣除掉的话，关税收入就只有2743400镑；从中再扣除薪俸及其他管理费用等开支287900镑，这一年的关税纯收入就只有2455500镑了。海关管理费用相当于关税总收入的5%～6%，而扣除奖金和退税以后则相当于这笔收入的10%以上。

由于政府对所有进口商品都课以重税，所以英国进口商都尽量走私，尽少报关。相反，英国出口商报关的数量总是比他们实际出口的数量多，他们这样做有时候是出于虚荣心，摆一个货物出口不纳税的大商人的架子，有时候则是为了获取奖金或退税。因为存在这两方面的欺诈行为，在英国海关登记册上，出口数额大大超过了进口数额，这使得那些按所谓贸易差额来衡量国家繁荣程度的政客们感到了极大的欣慰。

所有进口货物，除少数特殊的免税商品外，均须缴纳一定的关税。

如果进口的某种商品没有被列进税率表中，就根据进口商的宣誓的商品价值，每 20 先令课征 4 先令 9⁹/₂₀ 便士，与五种补助税或五种镑税大致相当。税率表中所列举的商品种类极其广泛，有很多商品是很少使用、人们不熟悉的。由于这个缘故，常常不能确定某种商品应归于哪一类和应纳多少税。这样的错误有时会使海关官员下岗，并且常常会给进口商带来很多的麻烦、苦恼和额外开支。因此，在明白、准确、清晰这几点上，关税远不如国内消费税。

要使社会中大多数人能按他们各自生活开支的比例对公共收入做出贡献，似乎不必对这种开支的每个项目都去课税。国内消费税被认为和关税一样，都是平等地落在纳税人身上，而消费税只对少数几种使用最广泛和消费最多的货物课征。许多人的意见是，如果管理得当，关税也可以只对少数几种货物课征，这样并不会给国家收入造成任何损失，而非常有利于对外贸易。

英国现在使用最广泛和消费最多的外国货物似乎主要包括外国葡萄酒（含白兰地），还有美洲及西印度群岛出产的砂糖、朗姆酒、烟草、可可豆，东印度群岛出产的茶、咖啡、瓷器、各种香料及一些纺织品等。这些商品也许提供了如今大部分的关税收入。除了对这些商品征收的关税之外，大部分对外国商品课征的关税都不是为了增加收入而设置的，而是为了谋求垄断，即要确保国内市场上本国商人的利益。如果废除一切进口禁令，并按经验对外国制造品课征能为国家提供最大收入的适中关税，那么，英国的工人将仍然能够在国内市场上占据相当有利的位置，而那些现在没有给国家提供收入的货物或仅提供少量收入的货物也将提供丰厚的收入。

高关税为政府提供的收入，有时因为减少了课税商品的消费，有时因为鼓励了走私，常常比课征较轻的关税能得到的收入更少。

当收入减少是因为消费减少时，唯一的补救办法就是降低税率。

当收入减少是因为鼓励了走私时，一般可以有两种补救的办法：一种是削弱对走私的诱惑，另一种是增加走私的难度。只有降低关税才能减少对走私的诱惑，只有建立一种最适于阻止走私的管理制度才能增加走私的难度。

从经验来看，我相信消费税法比关税法更能有效地阻止和抑制走私活动。在两种不同赋税的性质许可的范围内，在关税中引进一种类似消费税的管理制度，走私的难度可能就会大大增加。很多人都认为，要做出这种改变是很容易的。

有人主张，进口那些应缴纳关税的商品的进口商可以将这些商品搬进他们自己的私人仓库，或者，也可以存放在由他自己支付或由国家支付费用的公共仓库里，仓库的钥匙由海关官员保管，只有海关官员在场的时候才可以打开仓库。如果商人将货物运往自己的私人仓库，就应当立即缴纳税金，以后不再退还；并且，海关人员可以随时检查仓库，以确定存货数量与所付税额是否相符。如果他将商品存放在公共仓库，可以等到将货物取出供国内消费时再付税。这些商品如果再出口到国外，可以完全免税；不过，商人必须提供适当的保证担保其商品一定出口。经营这些商品的商人不论是批发商还是零售商，都要随时准备接受海关人员的检查，并且还要提供适当的凭证，证明其商铺或仓库中全部的商品都已缴纳了关税。现在对进口的朗姆酒课征的所谓“货物关税”就是按这种方式征收的。相同的制度或许可以推广到对其他进口货物的课税上，只要这些税和消费税一样，只针对少数使用最广且消费最多的商品。如果是对所有货物课征关税（就像现在这样），那恐怕很难提供有足够容量的公共仓库，而且，商人也不会放心将非常精细的或必须小心保存的商品存放在别人的仓库里。

如果通过这种管理制度能在很大程度上抑制走私（即使是在很重的关税下），如果各种关税能根据是否可以向国家提供最多的收入而随时提高或降低，如果赋税总是被用作获取收入的手段而不是被用作谋求垄断的手段，那么，只对使用最广且消费最多的少数商品征收关税，就应该能够获得至少与现在相等的关税纯收入，而且关税还可以变得和消费税一样简单、确定和准确。现在国家由于外国货物在再出口退税以后又重新上岸并在国内消费所损失的收入，在这种制度下可以完全节省下来。单是这项节省的数目已经很大，如果再加上取消对国产货物出口的一切奖金（这些奖金事实上没有一种是以前所付消费税的退税），那么，在做出这种制度变更之后，关税纯收入完全可以和变更之前相等，这是毫无疑问的。

如果说这样一种制度变更不会使国家收入遭受任何损失，那它就只会使国家的商业和制造业得到很大的好处。不课税的商品将占绝大多数，这些商品的贸易将完全自由，可以出口到世界每一个地方或者从世界每一个地方进口，获得一切可能获得的利益。这些商品将包括所有的生活必需品和所有的制造业原材料。由于生活必需品的自由输入会降低它们在国内市场上的平均价格，所以也会降低劳动的价格，而劳动的实际报酬不会减少；因为货币的价值是与它能买到的生活必需品的数量成比例的，而生活必需品的价值与它能交换到的货币数量完全无关。劳动的价格降低，国内所有制造品的价格也必然随之降低，从而国内制造品就可以在国外市场上获得优势。由于原料可以自由进口，一些制造品价格下降的幅度可能会更大。比如，如果生丝能从中国和印度免税进口，那英国的丝织品就会比法国和意大利的丝织品售价低得多，也就没有必要再去禁止外国丝绸和丝绒的进口。本国货物的售价低廉，不仅会使我们的工人占有本国市场，而且会使他们掌握大部分外国市场。即使是课税商品的贸易，也会比现在进行得更加有利。如果这些商品从公共仓库中取出后免税向外国出口，这些商品的贸易也是完全自由的。在这种制度下，所有商品的中间商贸易都能享有一切可能得到的利益。如果这些商品从公共仓库中取出后用于国内消费，进口商在有机会向某个商人或某个消费者出售自己的货物以前不必垫付税款，那商品售价就会比在进口时商人必须立即垫付税款的情况更为低廉。在相同的税率下，即使是经营课税商品的对外消费品贸易，用这种方式进行也会比现在获得更多的利益。

罗伯特·沃波尔爵士著名的消费税计划的目的，就是要设立一种与这里所提议的制度非常相似的、针对葡萄酒和烟草的税制。尽管那时他向议会提出的提案只包含这两种商品，但人们一般都推测，这只是一种更广泛的计划的序幕。因此，与走私商人有利益关系的党派激烈地（当然是不占理的）反对这项提案，使得首相也认为最好是放弃它。由于担心激起相同的反对，他的继任者也不敢重提这个计划。

对从国外进口并供国内消费的奢侈品所征收的税，虽然有时也会落在贫民身上，但主要还是由中产及中产以上阶层的人负担。例如，对外国葡萄酒、咖啡、巧克力、茶、砂糖等征收的关税都属于此类。

对国内生产且国内消费的比较便宜的奢侈品征收的税，按照每个人消费的比例平等地落在各个阶层的人身上。贫民为他们自己消费的麦芽、酒花、啤酒和麦酒付税；富人则为他们及其仆人消费的那些商品付税。

我们必须注意的是，在每一个国家，下层人民（或者说中产以下阶层的人民）的全部消费，不论在数量上还是在价值上，都比中产及中产以上阶层人民的全部消费大得多；也就是说，下层人民的全部支出比上层人民的全部支出大得多。第一，每一个国家几乎全部的资本，每年都作为生产性劳动的工资在下层人民中间进行分配。第二，相当大一部分来自地租和资本利润的收入，都作为仆人和其他非生产性劳动者的工资和生活费用，在下层人民中间进行分配。第三，社会资本利润的一部分，是下层人民使用自己的小额资本得到的收入，属于这一阶层的人民。小店主、小商人和各种零售商每年获得的利润总额很大，构成社会年产值的很大一部分。第四，甚至有一部分土地地租也属于下层人民，其中很大一部分属于比中产阶层略低的人所有，一小部分属于底层人民所有，因为普通的劳动者有时也拥有一两亩土地。所以，下层人民的支出虽然个别地来看很小，但从总量上看，却是社会总支出中最大的一个组成部分；剩下来的供上层人民消费的国家土地和劳动年产品，不论在数量上还是在价值上，总是要小得多。因此，主要针对上层人民的支出而征收的税，比不加区别地对所有阶层人民的支出征收的税要少得多，甚至比主要针对下层人民的支出而征收的税也要少得多。所以，在针对支出行为而征收的各种赋税中，提供收入最多的是针对国产酒类及其原料征收的消费税，而这一部分消费税主要是落在普通人民的支出上。1775 年 7 月 5 日及之前这一年中，这部分消费税的总收入达 3341837 镑 9 先令 9 便士。

不过，我们必须永远记住的是，应当课税的是下层人民的奢侈支出，而不是他们的必要支出。对他们的必要支出课的税，最后会完全落在上层人民身上。在所有的情形下，这种税必然会提高劳动工资，或者会减少对劳动的需求。提高劳动工资，这种税的最后支付就会转到上层人民身上；减少对劳动的需求，这种税就会减少国家的土地和劳动的年产品——最后支付所有赋税的源泉。不论这种税会使对劳动的需求降低到什么状态，它都会使工资高于在这种状态下本来会有的水平，而所提高的工资最终都会由上层人民来支付。

在英国，如果酿造发酵饮料或蒸馏酒不是为了销售，而是为了自家享用，都不征收任何消费税。免税的目的是使私人家庭不必接受收税员令人讨厌的拜访与检查，但结果却使酒税给贫民造成的负担重于给富人造成的负担。虽然酿酒自用的情况不是非常普遍，但还是有一些。在农村，许多的中等家庭和几乎所有的富裕家庭都自己酿造啤酒。因此，他们酿造一桶浓啤酒要比普通酿酒商的成本节省 8 先令，后者除了垫支税款和其他开支之外，还必须获得这些垫款的利润。所以，这些家庭饮用的啤酒比普通人饮用的同一质量的啤酒每桶至少要少付 9 先令或 10 先令；对普通人来说，从酿酒厂或酒店零散地购买啤酒总是更为方便。同样，私人家庭酿造自己使用的麦芽酒，也不必接受收税员的拜访和检查；但这种情况下，每个家庭必须按每人 7 先令 6 便士缴纳消费税（7 先令 6 便士等于 10 蒲式耳麦芽的消费税，这个数量是普通家庭的人均消费量）。其实，在那些喜欢大摆宴席的富裕家庭中，家庭成员消费的麦芽只占家庭总消费量的一小部分而已。这样的家庭缴纳的麦芽税应该少于他们按其消费量应缴的税额。然而，或许由于这种税的原因，或许由于其他原因，自家加工麦芽并没有自家酿酒那样普遍。很难想象，对自家酿造或蒸馏酒不像对自家加工麦芽这样课税，究竟有什么正当的理由。

常常有人说，如果把现在对麦芽、啤酒和麦酒征税改为只对麦芽一种货物征税，即使这种麦芽税比以前几种赋税加起来低，也能提供比以前更大的收入。因为，第一，酿酒厂逃税的机会比麦芽制造厂更多；第二，给自家酿酒的人可以免纳一切税（即使取消了酒类税，国家损失也不大），而给自家加工麦芽的人则不能免税（如果增加麦芽税，当然会增加国家收入）。

在伦敦的黑啤酒制造厂，一夸特麦芽一般酿造两桶半的酒，有时酿造三桶。对麦芽课征的各种税为每夸特 6 先令；对啤酒和麦酒课征的各种税为每桶 8 先令。因此，在黑啤酒制造厂，对每夸特麦芽及其生产的啤酒和麦酒课征的税为 26 ～ 30 先令。在面向农村的酿酒厂，对每夸特麦芽及其产物课征的税通常是 26 先令，很少低于 23 先令。整个王国平均计算，对每夸特麦芽及其生产的啤酒和麦酒课征的税估计不会低于 24 或 25 先令。但是，如果废除一切啤酒税和麦酒税，而将麦芽税提高三倍，即每夸特麦芽应纳的税从 6 先令提高到 18 先令，从这种单一税种得到的收入将比现在从各种重税中得到的收入多得多。

的确，以前的麦芽税包含了苹果酒每半桶 4 先令和马姆酒每桶 10 先令的税。1774 年，苹果酒的税收只有 3083 镑 6 先令 8 便士，比平时略少。马姆酒的税虽然比较重，但带来的收入却比苹果酒更少，因为这种酒的消费量较少。但是，为了弥补这两种税收与其平时水平的差额，在所谓地方货物税中包括下列四种税：第一，苹果酒每半桶课旧货物税 6 先令 8 便士；第二，酸果酒每半桶课旧货物税 6 先令 8 便士；第三，醋每半桶课旧货物税 8 先令 9 便士；第四，蜜蜂酒每加仑课旧货物税 11 便士。这些税收或许可以抵偿每年对苹果酒和马姆酒课征的所谓麦芽税而有余。相关情况参见表 5。

表 5　1772 年～ 1775 年旧麦芽税与地方货物税相关情况

年份	税目	镑	先令	便士
1772	旧麦芽税收入	722023	11	11
	附加税	356776	7	$9^3/_4$
1773	旧麦芽税收入	561627	3	$7^1/_2$
	附加税	278650	15	$3^3/_4$
1774	旧麦芽税收入	624614	17	$5^3/_4$
	附加税	310745	2	$8^1/_2$
1775	旧麦芽税收入	657357	—	$8^1/_4$
	附加税	323785	12	$6^1/_4$
四年合计		3835580	12	3/4
四年平均		958895	3	3/16
1772	地方货物税收入	1243128	5	3
	伦敦酿造厂税额	408260	7	$2^3/_4$
1773	地方货物税收入	1245808	3	3
	伦敦酿造厂税额	405406	17	$10^1/_2$
1774	地方货物税收入	1246373	14	$5^1/_2$
	伦敦酿造厂税额	320601	18	1/4
1775	地方货物税收入	1214583	6	1
	伦敦酿造厂税额	463670	7	1/4
四年合计		6547832	19	$2^1/_4$
四年平均		1636958	4	$9^1/_2$
加上平均麦芽税		958895	3	3/16
两平均数合计		2595853	7	$9^{11}/_{16}$
将麦芽税增至三倍（每夸特从 6 先令提高到 18 先令）时单一税的收入		2876685	9	9/16
对两平均数合计的超过额		280832	1	$2^7/_8$

麦芽不仅用来酿造啤酒和麦酒，而且用来制造首次蒸馏后的威士忌和烈酒。如果麦芽税提高到每夸特 18 先令，那就必须降低对以麦芽作为部分原料的这种威士忌和烈酒课征的消费税。在所谓麦芽烈酒中，通常有 1/3 的原料是麦芽，其余的 2/3 为大麦，或者 1/3 大麦和 1/3 小麦。在麦芽烈酒的蒸馏过程中，走私的机会和诱惑都比在一般酿酒或麦芽加工的过程中要多得多。因为烈酒的体积小而价值大，所以走私机会多；因为烈酒的税率高，每加仑达到 3 先令 $10^{2}/_{3}$ 便士，所以走私诱惑大。增加对麦芽的课税，降低对烈酒的课税，走私的机会和诱惑都会减少，国家的收入也可以增加。

酒精饮料有害于人们的健康，并且被认为容易败坏道德，所以在过去的某个时期，英国的政策是抑制这种饮料的消费的。按照这种政策，对蒸馏烈酒的减税幅度不应太大，以避免降低这种酒的价格。要保持烈酒的高价格，同时大大降低啤酒、麦酒这类振奋精神的酒的价格。这样，人民可以解除他们现在怨言颇多的负担之一，同时国家收入也可以大大增加。

戴夫南特博士反对改变现行货物税制度，但他的理由似乎是没有根据的。他认为，如此一来，就对利润的影响而言，这种税将不会像现在这样公平地落在麦芽制作者、酿酒商和零售商的利润上，而会完全落在麦芽制作者的利润上；麦芽制作者很难像酿酒商和零售商那样，靠提价收回垫付的税款；对麦芽课征这样重的税，可能会减少大麦田的地租和利润。

任何赋税都不能长期降低任何行业的利润率，后者必然总是保持和邻近的其他行业同样有利的水平。现行麦芽、啤酒和麦酒的税并不影响其经营者的利润，因为他们都会提高自己商品的价格，以便收回垫支的税和额外的利润。诚然，税收会使课税商品的价格提高，以致其消费量减少。但是，麦芽的消费是在麦酒中发生的，对每夸特麦芽课税 18 先令，不可能使麦酒的价格比在课征其他的税时（目前是 24 或 25 先令）更高。反之，麦酒可能变得更便宜，它的消费量很可能增加而非减少。

我们很难理解，为什么麦芽制作者提高麦芽价格来收回 18 先令，会比目前酿酒商提高酒类价格来收回 24 或 25 甚至 30 先令更难。的确，目前麦芽制作者在每夸特麦芽上要垫支的税不是 6 先令，而是 18 先令。但是，酿酒商现在必须为所用麦芽垫支的税是每夸特 24 或 25 甚至 30 先令。比起目前垫支税额较重的酿酒商，垫支税额较轻的麦芽制作者不可能觉得更不方便。麦芽制作者储藏在仓库中备用的麦芽，不会比酿酒商储藏在酒窖里的啤酒和麦酒更多。因此，前者也能和后者一样快地收回他的资金。但是，不管垫支较重的税会给麦芽制作者带来多大的不便，都可以通过给他比酿酒商更长的信用缴税期限来补偿。

如果社会对大麦的需求没有降低，大麦田的地租和利润也就不可能减少。然而，使酿啤酒和麦酒用的麦芽的税从每夸特 24 或 25 先令降到 18 先令的这种税制改革，很可能增加社会对大麦的需求，而非减少。此外，大麦田的地租和利润总是与同样肥沃且得到良好耕作的土地的地租和利润非常接近。如果少些，一部分大麦田不久就会变成其他用地；如果多些，就会有更多的土地变成大麦田。当某种土地产物的普通价格达到垄断的价格水平时，对它课税必然会减少它所用土地的地租和利润。当某些葡萄园产的珍贵葡萄酒的供应量远低于有效需求，以致它的价格总在自然比例上高于同样肥沃且得到良好耕作的土地的产物时，对它课税必然会降低这些葡萄园的地租和利润。由于葡萄酒的价格已经达到通常的供应量能卖得的最高价格，所以，不减少供应量就不可能将其价格提高；不承担更大的损失就不可能减少那供应量，因为土地不能改种任何具有同等价值的作物。因此，税负会落在地租和利润上，确切地说，是落在这些葡萄园的地租和利润上。以前，当有人提议对蔗糖课征新税时，我们的甘蔗种植者常常抱怨，这种税的全部重量不是落在消费者身上，而是落在生产者身上；生产者从来不能在纳税以后提高蔗糖价格。这么看来，蔗糖的价格在生产者纳税前似乎就达到了垄断的价格水平；用来证明蔗糖不是适当的课税对象的论据，或许正好证明了它是适当的课税对象；垄断者的利益如果能被课税，那么肯定是最适当的课税对象。但是，大麦的普通价格从来不是垄断价格，大麦田的地租和利润从来没有在自然比例上超过同样肥沃且得到良好耕作的土地的产物。对麦芽、啤酒和麦酒课征的各种税从来没有降低大麦的价格，也从来没有减少大麦田的地租和利润。对酿酒商来说，麦芽的价格总和麦芽税同比上升；这种税，连同对啤酒和麦酒课征的各种税，经常提高相关商品的价格或降低它们的质量（二者是一回事）。所有这些税负，最后总是落在消费者身上，而不是落在生产者身上。

唯一会因这种改革而受到损失的，就是这些自家加工麦芽和酿酒的富裕家庭。不过，现在上层人民可以免纳这种重税，而下层人民却要负担这种重税，这无疑是最不公正、最不平等的，即使不实行这种改革，这种免税也应该被废止。然而，正是上层阶级人民的利益妨碍了这项利国利民的改革。

除上述关税和消费税外，还有一些更加间接和更加不公平地影响货物价格的赋税，比如法国所谓的路捐和桥捐。在古老的撒克逊时代，这种税叫作通过税，最初的目的似乎与英国收费公路的通行税或航运通行税相同，是为了维护道路或航道。当被用于这样的目的时，这种税最适合按照货物的体积和重量来征收。由于这些税最初是一些地方税，用于地方性的用途，所以它们的征收和管理一般都是交给课税的城市、教区或领地自己负责，而这些地方也要对这些税收的使用负责。但在许多国家，并不对此负责的君主却将这项税收的管理权掌握在了自己手里；他一般会将这种赋税的额度大幅提高，但将其使用、应用抛之脑后。如果英国的收费公路通行税成了政府的一项收入源泉，那么，我们也可以从其他国家的例子中看到结果是什么。这些通行税最终无疑是由消费者承担；但消费者不是按照他的支出来纳税，不是按照他消费的货物的价值来纳税，而是按照这些货物的重量和体积来纳税。当这种税不按货物的体积或重量征收，而按其推定价值征收时，它就会变成一种内地关税或消费税，从而大大地阻碍一个最重要的贸易部门，即一国的国内贸易。

一些小国会对从陆路或水路过境的外国货物征收类似通行税的税。在有些国家，这种税被称为“过境税”。位于波河及其支流沿岸的一些意大利小国就是利用这项税取得部分收入的。这种税完全由外国人支付，或许是一个国家唯一能向外国国民课征而毫不妨害本国工商业的税。世界上最重要的过境税是丹麦国王对一切通过桑德海峡的商船征收的税。

关税和消费税大部分是针对奢侈品的税，虽然它们不加区别地落在每一种收入上面，最终由课税商品的消费者支付，但它们并不是平等地或成比例地落在每一个人的收入上。由于一个人的性情决定了他的消费习惯，所以一个人纳税的多寡是由他的性情决定，而不一定是和他的收入成比例的；浪费的人纳税超过其收入比例，节俭的人纳税低于其收入比例，如果两个人收入一样，浪费的人就比节俭的人纳税多。一个未成年的富人，可以从国家的保护中获得很大一笔收入，但他的消费行为对国家做出的贡献通常很少。一个人的收入来源在某个国家，而自己住在另一个国家，他也不会通过消费对维持收入来源所在国的政府做出贡献。如果他的收入来源所在国像爱尔兰那样没有土地税，对动产或不动产的转移也不征收任何重税，那他就没有向保护他享有丰厚收入的政府做出任何贡献。在一国政府附属于或依附于其他国家政府的情况下，这种不公平的情形可能最严重。一个在附属国拥有大量财产的人一般会选择居住在宗主国。爱尔兰正是处在这样的附属地位，所以，向居住在外国的本国产业主课税的提议在那里如此受欢迎不足为奇。不过，要确定该被课税的产业主的具体范围，即何种移居、什么程度的移居才属于被课税的范畴，或课税的准确起止时间，或许是有点困难的。如果我们撇开类似爱尔兰的这种特殊情况不谈，可以看到，这种奢侈品税造成的纳税个人之间的不平等其实算不得什么不平等，因为每个人都是自愿纳税的，他消费或不消费课税商品完全是由他自己决定的。所以，只要这种税税率适当，课征的商品也适当，他们付税的时候就总是比付其他税的时候牢骚更少。如果这种税是由商人或制造业者垫付，最后负担此税的消费者很快就会将税额和商品价格混同起来，忘记自己是支付了税金的。

这种税是（或可以是）完全确定的，也就是说，缴纳的数量和时间都能确定，不会有任何疑问。如果英国的关税或其他国家的同类赋税有什么不确定之处，都不会是因为这些税的性质，而是因为课征这种税的法律在措词上不准确或不规范。

奢侈品税一般是零星支付的，即纳税人在购买奢侈品的时候就缴纳相应的税金。在纳税时间和方式上，它是（或可能是）所有赋税中最方便的。总的来说，这种税符合有关课税的四项原则中的前三项，但它在每一方面都违反了第四项原则。

就这种税的征收而言，人民缴纳的或损失的数目比实际归入国库的数目要多，而且二者的差额几乎比其他任何赋税都要大。造成这种结果的就是前面说过的那四方面的原因。

第一，这种税的征收，即使以最适当的方式进行，也需要大量的关税和消费税官员，他们的薪水和津贴是人民真正的税负，但不为国库带来任何收入。不过，我们必须承认，这种支出在英国比在其他大多数国家都要少。1775 年 1 月 5 日及之前的这一年，英国税务部门征收的各种消费税总计 5507308 镑 18 先令 $8^1/_4$ 便士，征收费用花了这个金额的 5.5%。不过，从这个总收入中必须扣除出口奖金及再出口退税，这样的话，纯收入就降到了 500 万镑以下[①]。盐税也是一种消费税，但由不同的管理部门课征，征收费用更大。关税的纯收入不到 250 万镑，官员的薪水及其他开支占 10%以上。海关官员的津贴在各处都比他们的薪水多得多，在某些港口，甚至是薪水的两到三倍以上。所以，如果官员的薪水及其他支出为关税纯收入的 10%以上，那么，包括薪水和津贴在内，征收此项收入的全部费用就要达到 20%或 30%以上。消费税的收税员很少有或根本没有津贴，这个税收部门的管理机构设立还不久，还不像海关那样腐败——海关建立的时间久，许多弊端也逐渐产生并得到容许。关税如果只对少数商品课征，而且按照消费税法征收，每年的征收费用就可以节省很多。

第二，这种税对某些产业部门必然会造成某种阻碍或抑制。由于它们总是提高课税商品的价格，所以它们会抑制该商品的消费，因而也会

① 该年度的纯收入在除去所有费用和津贴之后为 4975652 镑 19 先令 6 便士。——著者

抑制它的生产。此商品如果为本国种植的产物或制造的商品，其生产或制造使用的劳动就要减少。课税而上升，外国商品的价格诚然会使本国的同类商品在国内市场上获得优势，并且吸引更多的国内资本和劳动，但是，国内某个特定产业部门得到了鼓励，其他国内产业部门却必然受到抑制。伯明翰的五金制造业者购买外国葡萄酒的价格越贵，他为购买该葡萄酒而销售的部分五金的价格就越便宜。因此，对他来说，这部分五金的价值变小了，他生产这些工具的动力也会变小。一国消费者购买另一国的剩余产品的价格越贵，他自己的剩余产品的价格就越便宜，他自己那部分剩余产品对他而言价值就变小，他增加其产量的动力也会变小。可见，所有对消费品课征的税都会减少生产性劳动的数量：如果该消费品是国产商品，就会减少生产它的劳动量，如果该消费品是外国商品，就会减少生产购买它的本国商品的生产部门的劳动量。这种税也会或多或少地改变国民产业的自然方向，不利于国民产业的自然发展。

第三，希望通过走私来逃税常常招致没收财产和其他处罚，使走私人完全破产。违反国家法律的走私者虽然无疑应受谴责或处罚，但他一般不会违反自然正义的法则。如果国法没有把本质上并不是罪恶的行为定为犯罪，他也许在每一方面都是一个优秀公民。一个腐败的政府如果因不必要的支出和滥用公共收入而普遍受到质疑，那保障国家收入的法律也不会得到足够的尊重。当不用伪誓就能找到容易的和安全的走私机会时，许多人会毫不犹豫地进行走私。尽管购买走私商品是对违反税法行为的鼓励，但在许多国家，对购买走私商品心存顾忌被看作一种装模作样的伪善行为，不但不能博得称赞，反而会被人怀疑比别人更不诚实。由于公众的纵容，走私者常常会受到鼓励而继续从事这项生意，甚至自视清白；当税法要制裁他的时候，他往往会采取激烈的行为来保护他自认为正当的财产。起初他或许只是一时冲动，而不是存心犯罪，但到最后，他常常会成为最不知悔改的违法分子之一。由于破产，走私者的资本以前是用来维持生产性劳动的，现在却被纳入国家收入或税收官员的收入，用来维持非生产性劳动，因此社会的总资本就会减少，本来会得到维持的有用劳动也会减少。

第四，这种税至少使经营课税商品的商人经常接受收税员频繁的拜访和令人讨厌的检查，有时候肯定会使他们受到某些压迫，并总是要面对麻烦和困扰；前面说过，严格说来，烦扰并不算是支出，但为摆脱烦扰，人们是愿意支付费用的，所以烦扰的确就是支出。消费税法，虽然能更有效地达到其设立的目的，但在这一方面，却比关税法更令人讨厌。商人进口课税商品，在缴纳了关税并将货物存入自己的仓库以后，在大多数情况下都不会再受到海关人员的烦扰。如果商品应课消费税，情形就不是如此。商人得不断地接受消费税官员的拜访与检查。因此，消费税比关税更加不受欢迎，征收消费税的官员也是如此。有人说，这些消费税官员虽然在执行公务方面不比海关官员差，但他们的职责常常迫使他们要找别人的麻烦，所以这些人大多养成了海关人员没有的冷酷性格。不过，这种说法或许只是那些营私舞弊的商人的意见，只因为他们走私或逃税的行为常常被消费税官员阻止或揭发。

英国人民感受到的消费品税不可避免地带来的那些不便，并不比其他政府开支同样大的国家的人民感受到的大。我们的状况并非十全十美，在很多方面有待完善，但与大多数的欧洲国家相比，我们并不输于人，或许还要比他们好一些。

一些国家认为消费品税就是对商人的利润所课的税，所以每销售一次商品就要课征一次税。如果对进口商或制造业者的利润课税，那么似乎也需要对介于他们和消费者之间的中间商人的利润同等课税。西班牙的消费税似乎就是按照这个原则设立的。这种税针对一切动产和不动产的出售课征，起初的税率是10%，后来是14%，现在只有6%。征收这种税不但要监视商品由一地转移到另一地，而且要监视商品由一个商店转移到另一个商店，所以不得不安排许多的税务人员。不仅是某些特定货物的经销商，而且是每一种货物的经销商，即每一个农场主、每一个制造业者、每一个商人和店主，都要遭受税务人员的不断拜访和检查。在实行此税的国家，大部分地区的商品都不能远距离销售，各地方的生产都必须和邻近地区的消费相适应。因此，乌兹塔里茨将西班牙制造业的没落归咎于这种消费税。其实，西班牙农业的衰落也可归咎于此税，因为此税不但课于制造品，而且课于土地的初级农产品。

那不勒斯王国也有一种类似的税，对所有的契约征收其价值的3%，因而也对所有的销售契约征收其价值的3%。不过，这两者都比西班牙的税轻，而且大部分城市和教区可以支付一种补偿金代替。这些城市和教区可以用自己喜欢的方式来征收补偿金，一般是用不干扰当地贸易的方式。所以，那不勒斯的税不像西班牙的税那样具有破坏性。

英国所有地区通行的统一课税制度（只有少数无关紧要的例外），几乎使全国的内陆贸易和沿海贸易都实现了完全的自由。因此，大部分货物可以从王国的一端运往另一端，不需要任何许可证或通行证，也不用接受税务人员的盘诘或检查。虽然有少数例外，但对国内贸易的任何重要部门都没有妨碍。沿海岸输送的商品需要证明书或沿海输送许可证，但除煤炭外，其余商品几乎都是免税的。这种由于税制统一而达到的国内贸易自由，可能就是英国繁荣的主要原因之一，因为每个大国必然都是它自己大部分产品最好和最广阔的市场。如果将税制统一推广到爱尔兰和各殖民地，帝国的繁荣程度可能会远远超过今天。

法国各省实行不同的税法，需要在国家边境和几乎每一个省的边界设置众多的税务人员，以阻止某种商品输入或是对其课税，这使法国的国内贸易受到很大的干扰。有些省可以缴纳补偿金代替盐税，有些省则完全免征盐税；有些省不设烟草专卖权，而在其他大部分省份则由包税人享有烟草专卖权。法国消费税的征收在不同的省份也大不相同。有些省不征收这种税，征收补偿金或其他等价物，而在征收此税并实行包税制的省，许多城市和地区还有自己的地方税。他们的关税将国家分为三个部分：第一部分，实行 1664 年关税、被称为五大包税区的省，包括皮卡第、诺曼底和王国的大部分内陆省份；第二部分，实行 1667 年关税、被称为外疆的各省，包括大部分的边境省份；第三部分，所谓被当作外国对待的各省，这些省因为被允许与外国进行自由贸易，所以在和法国其他省份进行贸易时，采用的税制与对外国实行的税制相同，它们是阿尔萨斯省，梅斯、图尔和凡尔登三个主教教区，以及敦刻尔克、巴约讷和马赛三个市。在五大包税区（古代将关税分为五大部门，每一部门最初都是由一个特定包税区来征收，所以有这个称呼。现在各部门已经合并在一起了）及所谓外疆各省，许多城市和地区都有自己的地方税；甚至在被当作外国对待的各省也有许多地方税，尤其是马赛市。实行这么多不同的课税制度，会给国家的内地贸易带来多大的限制，需要多少税务人员来监视实行这些税制的省份和地区的边境，已是不言而喻。

除了上述复杂税制产生的一般限制，法国大部分省份还存在着对葡萄酒——这是除谷物之外法国最重要的产品——贸易的特殊限制，因为某些特定省份和地区的葡萄园比其他省份的葡萄园享有更多的优惠。我们可以发现，葡萄酒最著名的省份就是在葡萄酒贸易上受限最少的省份。这些省份享有的广阔市场，促进了他们的葡萄园种植和随后的葡萄酒生产。

这种繁杂的税制并不是法国独有的。米兰这个小公国被划分为六个省，各省针对不同的消费品制定了不同的课税制度。领土更小的帕尔马公国被划分为三个或四个省，各省也同样有自己的课税制度。在这种不合理的制度下，如果不是土地非常肥沃、气候非常适宜，这些国家恐怕早已陷入贫穷和野蛮的低级状态。

消费品税可以用两种方法课征：一是由政府设立行政机构征收。在这种情况下，税务人员由政府任命，直接对政府负责，而政府的收入也必定会随征收数目的变化而变化，每年各不相同。二是由政府规定数额，责成包税人征收。在这种情况下，税务人员可以由包税人任命，他们虽然必须按法律规定的方式征税，但处于包税人的直接监督之下，对他直接负责。最妥善、最节约的收税方法绝不是这种包税制度。包税人除了支付规定的税额、人员薪水和所有稽征费用以外，还必须从税收中获得一定的利润，至少是与他垫支的资本、承担的风险、经历的麻烦，以及处理这么复杂的利害关系所需要的知识和技能相称的利润。如果政府自己设立类似包税人设立的那样的管理机构，由自己直接监督，至少这种利润——通常是一笔非常巨大的数额——是可以节省的。要承包国家的大额税收，必须有大资本或大信用，单是这个条件就会使对这项业务的竞争只局限在少数人之间。在少数具有这种资本或信用的人中，又只有少数人才具有必要的知识和经验——这一条件进一步限制了竞争。而这极少数有资格竞争的人知道，他们彼此勾结起来会给自己带来更大的利益，于是大家改竞争为合作，在包税投标的时候，他们的报价会远低于标的的实际价值。在公共收入采用包税制的国家，包税人一般都是非常富有的人。单是他们的财富，就足以激起公众的不满，而他们的暴发户的虚荣心和他们炫耀财富的愚蠢行径，会进一步增加人们的愤慨。

公共收入的包税人绝不会认为惩罚逃税者的法律过于严厉。纳税人不是他们的臣民，他们自然也不必加以怜悯，而即使纳税人在纳税之后马上破产，也不会影响他们的利益。在国家处于最紧急状态的时候，君主必定无比关心税收能否足额征收上来。此时包税人总是会趁机抱怨说，如果没有比现行法律更严苛的法律，他们连平常的税额都不可能付得出来。在国家危难之际，他们的要求通常是有求必应的。因此，税法逐渐严苛。最严苛的税法常常出现在对大部分公共收入采用包税制的国家，而最温和的税法则常常出现在君主直接监督税收的国家。即使是一个昏庸的君主，他对人民的同情也远超过包税人。他知道，王室的显赫和延续依存于社会的繁荣，他绝不会为了自己的一时之利去有意地破坏这种繁荣。对包税人来说则不是这样，这些人的显赫常常是人民破产的结果，而不是社会繁荣的结果。

有时候，一种税不仅以一定的税额包给包税人，而且还给予包税人对这种课税商品的垄断权。在法国，烟草税和盐税就是用这种方式征收的。在这种场合，包税人从人民那里得到的就不是一种而是两种过高的利润，即包税人的利润和垄断者的利润。烟草是一种奢侈品，每个人都有买或不买的自由。但盐是必需品，每个人都必须向包税人购买一定的数量；他如果不向包税人购买，就会被认为会向走私者购买。对这两种商品课的税都非常重，因此对许多人来说，走私的诱惑是不可抗拒的。但同时，由于法律严厉，而且包税人手下官员十分警惕，屈服于诱惑差不多等于灭顶之灾。每年都有数百人因走私盐和烟草而坐牢，此外还有很多人被送上断头台。然而，这种征税方式可以为政府提供很大的收入。1767 年，烟草包税额为 22541278 里弗，盐的包税额是 36492404 里弗。从 1768 年起，这两项包税的租约持续六年。为了君主的收入而把人民的血汗看得一钱不值的人，或许会赞成这种课税方法。其他许多国家也建立了类似的针对盐和烟草的赋税制度和垄断权，特别是在奥地利和普鲁士，以及意大利的大部分城邦。

在法国，王室的大部分实际收入是从八个来源获得的，即贡税、人头税、二十取一税、盐税、消费税、关税、官有财产和烟草包税；后五种税在大部分省份都采用包税制征收，前三种税在各处都是由政府直接监督和指导的税务机构征收。相比从人民那里征收的数额，众所周知，前三种税实际上归入国库的数额要比后五种税多，后五种税收的稽征费用更大，浪费也更大。

法国的财政在现在的状态下似乎可以进行三项明确的改革。第一，废除贡税和人头税，增加二十取一税，使其增加的收入等于前两者的金额，这样既可以保持王室的收入，又可以减少稽征费用，同时，也可以消除贡税和人头税给下层人民带来的烦扰，而上层阶级的负担也不会比现在更重。我在前文说过，二十取一税与英格兰所谓的土地税相类似。按公认的说法，贡税最终是由地主负担；大部分的人头税则是由贡税的纳税人按其缴纳贡税的比例征收，所以大部分人头税最终也是由同一阶层的人负担。因此，虽然二十取一税是按照贡税和人头税两种税的税额增加，上层阶级的负担也不会比现在更重。当然，一些个人的负担无疑会加重，因为此前地产和佃户的贡税估征时通常很不公平等。那些享有优惠的人的利益及其反对力量，就是最可能阻止这种改革的。第二，统一法国各地不同的盐税、消费税、关税、烟草税，这样，稽征费用可以大大减少，法国的国内贸易也可以如同英国一样自由。第三，将这些税全部交给政府直接监督指导的税务机构征收，包税人过高的利润就可以纳入国家收入之中。不过，出于私人利益产生的反对力量很可能阻止后两种改革计划的实施，就像阻止第一种改革计划的实施一样。

法国的课税制度在每一个方面似乎都不如英国的课税制度。英国每年从不足 800 万的人口中征收 1000 万镑税款，而且没有哪个阶级在这一过程中受到了压迫。根据埃克斯皮里神父搜集的资料，以及《谷物法与谷物贸易论》作者的观察，法国的人口，包括洛林和巴尔，为 2300 万 ～ 2400 万，大概是英国人口的三倍。法国的土壤和气候比英国好。法国土地的改良和耕种历史比英国长，因此凡是需要长时间来建造和积累的事物，法国都比英国多，比如大城市，以及城市和农村里便利和坚固的建筑。有这些有利条件，法国本来有望征收到 3000 万镑的公共收入，而且像英国征收 1000 万镑一样不费力。不过，根据我能得到的最好的报告（虽然是非常不完整的报告），1765 年和 1766 年，归入法国国库的全部收入，只有 3.08 亿 ～ 3.25 亿里弗，折合英镑的话，还不到 1500 万镑；也就是说，如果法国人民按照英国人民的比例纳税的话，这还不到预计的一半。可是，众所周知，法国人民在纳税方面受到的压迫比英国人民沉重得多。然而，在欧洲，除了英国，法国已算是政府最温和、最宽容的大帝国了。

在荷兰，对生活必需品课征重税据说破坏了他们主要的制造业，甚至他们的渔业和造船业也逐渐受其影响。英国对必需品征收的税是微不足道的，迄今没有任何制造业受到课税的破坏。英国制造业负担的最重的税只是几种原材料的进口税，特别是生丝进口税。可是，荷兰中央政府及各市的收入据说在 525 万镑以上；由于荷兰人口不到英国人口的

1/3，所以，按照人口的比例计算，荷兰的税负肯定要重得多。

在所有适当的课税对象均已课税之后，如果国家因为形势紧急仍然需要增加新的税收，那就必须向不适当的对象征税。因此，或许无法指责荷兰共和国政府对必需品课税；他们尽管已经非常节约，但为了取得和维持独立，陷入了耗费巨大的战争，不得不大规模举债。而且，荷兰和西兰岛这种特殊的地方，即使只是为了保持国土不被海水吞没，也需要一笔不小的费用，这使得那里人民的税负大为加重。共和政体似乎是荷兰如今成就的主要支柱。大资本家、大商业家族要么直接参与政府的管理，要么间接地影响政府。为了他们从这一地位获得的尊重和权威，他们愿意居住在这个国家，哪怕与其他欧洲国家相比，在这个国家投入资本获得的收益要小些，贷款给别人获得的利息要低些，用这些收入能购买的生活用品也要少些。只要这些富有的人居住在荷兰，哪怕有这些不利因素，也可以使荷兰的产业保持一定程度的活跃。如果国家发生灾难，共和政体受到破坏，统治权落入贵族和军人之手，那么这些富商的重要性就会完全消失，他们就不愿继续居住在这个自己不再受人尊敬的国家。他们会携带资本迁往他国，而荷兰的产业和商业也就会立即跟着支持它们的资本来个大迁移。

第三章 论公债

如我在本书第三篇所说的，在商业和制造业不发达的初级社会，人们对只有商业和制造业才能带来的高档消费品还一无所知，拥有大笔收入的人除了养活尽可能多的人之外，没有其他的花费或享用其收入的方法。当时，拥有大笔收入，就是拥有对大量的生活必需品的支配权；生活必需品主要是粗衣陋食的原料，如谷物、牲畜、羊毛、生皮等。当商业和制造业没有产品来交换这些收入的拥有者消费后剩余的部分时，他就只能用这些剩余的东西去为尽可能多的人提供衣食。在这种情况下，富贵之人不追求奢靡但十分好客，不追求显摆但十分慷慨。然而，我在本书第三篇也曾说过，这是不会使他们破产的。或许，那时也有虚浮的享乐，即使是聪明人，放纵于其中也会导致沦落。比如，热衷于斗鸡就曾毁过许多人。但我相信，由于好客和慷慨而破产的人是不会很多的，尽管为了追求奢靡而好客和为了显摆而慷慨使很多人破产。在我们的封建时代的祖先中，同一家族长期保有同一地产的事实，充分说明了人们普遍有在生活上量入为出的倾向。虽然大地主经常在农村大摆宴席这种习惯在现在看来不符合经济型的生活方式，但我们必须得承认，他们至少还知道节约，一般不会将全部收入都花光。他们通常有机会卖掉一部分羊毛和生皮换取货币。这些货币的一部分，他们或许会拿来购买当时的环境能向他们提供的少量满足虚荣的奢侈品；而另一部分，他们通常会存起来。事实上，他们除了把节省下来的货币储藏起来，确实没有其他处理方式。经商，有失绅士的体面；放债，当时被看作高利贷，国法不容，更不是绅士所为。此外，在那些动荡不安的时代，最好手头能储存一点货币，万一哪天被赶出了自己的家园，也能携带这些有价值的东西去避难。使他有必要储存货币的动荡环境也使他有必要藏匿货币。以前常常有埋藏的无主财宝被发现，足以证明当时储存和藏匿货币或财宝是常有的事。出土的财宝在当时甚至是君主收入的一个重要部分。然而，现在，即使是整个王国的财宝，也许也比不上一个拥有良好产业的绅士的私人收入。

节约与储存的习惯，流行于民众之间，也同样流行于君主之间。我在本书第四篇已经说过，在没有商业和制造业的国家，统治者所处的境地自然会使他为了积累财富而节俭度日。在那种情况下，即使是君主的开支也不能听任虚荣心的引导，追求华丽的宫廷装饰。那个苍白的时代也只能为他的宫廷提供一些朴素的装饰品。常备军在当时是不必要的，因此即使是君主的支出，也只能像其他大领主一样，用来奖励佃户或款待家臣门客。虚荣总是导致浪费，而奖赏和宴客则很少会导致浪费。因此，古代欧洲所有的君主都藏有财宝。据说，每一个鞑靼首领在现在仍有财宝。

在充满各种昂贵奢侈品的商业国家，君主也像其国内的大领主一样，自然会用他的很大一部分收入购买这些奢侈品。他自己的国家及邻国提供给他许多昂贵的装饰品，这些无关紧要的装饰品成就了他壮观华丽的宫廷。君主下面的贵族们因为同样的爱好（当然，他们的奢侈程度要比君主略逊一筹），遣散了家仆，解放了佃农，变成了一个不能再呼风唤雨的普通有钱人。影响了这些贵族的享乐主义激情也影响了君主。

在他的领土上，所有的有钱人都在享乐，怎么能唯独指望他无动于衷呢？假使他没有（但其实他很可能会）把大部分的收入用于享乐而造成国防力量减弱，那么超过维持国防需要的那一部分收入大概是不能幸免被用于享乐了。他的平常开支已经等于他平常的收入，开支不超过收入就是万幸了。人们再也不能指望他自己集聚财富了，当特别紧急的状况要求特别开支时，他只能要求他的臣民给予特别的援助。自 1610 年法国国王亨利四世去世后，人们认为在欧洲的大国君主中只有普鲁士现任国王及前任国王积累了不少的财富。为了积累财富而节约开支的做法，在共和政府之中已和在君主政府之中一样少见。意大利各共和国、荷兰联邦共和国都是债务缠身。伯尔尼州政府是欧洲唯一积累了财富的共和政府，瑞士的其他州都没有。像那些大国的国王喜欢奢华的宫廷一样，小共和国也追求壮观的场景，至少追求楼宇和其他公共建筑的堂皇，这从他们外表肃穆的议会大厅就可见一斑。

一个国家平时不节约，一旦打仗就得举债。当战争爆发时，他们国库里的钱一般只够维持平时的编制。而在战争中，为了保卫国家，必须有三倍或四倍的钱来维持编制，因而必须有平时的三倍或四倍的收入。假定国王有（事实上他很少有）直接手段来按照他要增加的支出的比例来增加收入，他的赋税收入（他要增加的收入必定由此而来）也要等宣布课税之后十到十二个月才能进入国库。但在战争爆发的时候，或者说在战争可能爆发的时候，必须壮大陆军，装备舰队，使驻军的城市进入防御状态，并供应武器、弹药和粮食给他们。在这种必然立即产生巨大开支的危急时刻，是不能等待新的税收慢慢到位的，因此，政府除了借债，没有其他的办法。

商业社会就是这样改变了政府的精神，使其因无法再节俭而有了借债的必要。同样，商业社会也使民众产生了贷款的能力和意向。商业社会中存在借债的必要性，它也为借债提供了便利。

一个拥有众多商人和制造业者的国家，必然也有许多这样的人，通过他们之手的，不仅有他们自己的资本，还有所有贷款给他们或将货物托付给他们的人的资本。这些资本在他们手中流过的次数，与一个不做生意而靠固定收入为生的人的收入在他自己手中流过的次数相比，更加频繁。后者的收入一般每年只有一次流过他手中，但从事资金回收迅速的贸易活动的商人，其全部资本和信贷一年可能从他手中流过两次、三次、四次。因此，拥有众多商人和制造业者的国家，必然有很多人随时可以贷巨资给政府，只要他们愿意。所以说，商业国家的人民有贷款的能力。

一个国家如果没有正规的司法制度，人民对自己的财产没有安全感，契约的落实得不到法律的支持，政府的权威无法强制有能力还债的债务人还债，那么，这个国家的商业和制造业不可能长期繁荣；也就是说，在商业和制造业繁荣的国家，民众通常对政府的公正有一定的信心。在普通情况下，大商人和大制造业者会信任政府保护其财产；同样，在紧急情况下，他们也会信任政府使用其财产。他们贷款给政府，一刻也不会削弱自己经营贸易或制造业的能力；相反，这一般会增强这种能力。国家的紧急需要使政府在大多数情况下愿意以极有利于借款人的条件借款。政府给予原始债权人的债券可以转让给其他债权人，并且，由于人民普遍信任政府的公正，债券在市场上的售价一般高于最初支付的金额。商人或有钱人靠把钱借给政府而赚钱，他的交易资本不但不会减少，反而会增加。如果政府允许他最先应募新的借款，他一般会视之为对他的优待。所以说，商业国家的人民有贷款的意向或意愿。

这种国家的政府，很容易产生这样的惰性，即认为不管怎么样，在非常时期，人民总是有能力并愿意把钱借给他们。政府预见到借款的方便，因此在平时也就放弃了节约的责任。

在社会的初级状态下，没有大商业或大制造业资本。许多人藏匿货币，是因为他们不相信政府的公正，并且担心万一他们的货币被人发现，就会立即被掠走。在这种状态下，很少的人有能力，更没有人愿意在紧急情况下借钱给政府。君主感到他必须通过节省来为这种紧急情况做准备，因为他预见到借款是不可能的；或者说，这种先见之明自然进一步加强了他节俭的倾向。

在欧洲各国，巨额债务的积累过程是一致的；目前，他们也都感受到了它带来的压力，甚至可能因此破产。国家也像私人一样，在最开始借款的时候可以说是凭“人格信用”，不指定或抵押任何特定财源来担保偿还债务；当用这种办法借不到钱时，他们才指定或抵押特定财源来借款。

英国所谓的无担保公债，就是用前一种方法借入的。这类公债有两种：一种是没有利息的债务，类似于私人赊账债务；一种是有利息的债务，类似于私人用期票或汇票产生的债务。构成第一种债务的，通常有因为特别服役欠的债务，以及因为没有固定经费或尚未付给报酬的各种服役欠的债务；例如：陆军、海军及其军械方面临时开支的一部分，外国君主补助金的未付款，海员工资的欠款，等等。为支付这部分债务或其他目的而发行的海军债券和财政部债券，通常构成第二种债务。财政部债券的利息是自发行之日算起的，海军债券的利息是自发行六个月后算起的。英格兰银行或者自己按时价贴现这种债券，或与政府议定，以某种报酬为条件，促进财政部债券的流通，即按照券面价值接受债券、支付到期利息，使得这些债券得以保值，也便利了它们的流通，从而使政府常常能借到这类巨额公债。在法国，由于没有银行，国家债券有时扣掉 60% 或 70% 出售。在威廉国王金币大重铸的时代，当英格兰银行认为应当停止平常业务时，财政部债券据说要以 25% ～ 60% 的折扣出售；当然，这种跌价是由于通过光荣革命建立的新政府尚不稳定，但也是由于债券缺乏英格兰银行的支持。

当这种光凭信用的办法行不通时，政府为了筹款，不得不指定或抵押某些特定的公共收入来担保偿还债务。在不同的情况下，这一招也有两种不同的方式：有时政府只在短期内做出指定或抵押，如一年或数年；有时则是永久性的。在前一情况下，指定的收入来源应该足以在限定时间内支付借款的本金和利息的；在后一情况下，指定的收入来源应该仅够支付利息或与利息相等的永久年金，但政府只要偿还本金，随时可以赎回这项收入。用前一种方法借款，称为预支法；用后一种方法借款，称为永久付息法，简称付息法。

在英国，每年的土地税和麦芽税是常规的预支款项，政府为此在这些赋税的课税法令中不断插入借款条款。款项一般由英格兰银行垫付，收取利息（光荣革命之后利率为 3%～ 8%），税款陆续收上来以后再偿还垫付款项。如果税款不足（此事常有），则由次年的税款补足。国家唯一尚未抵押的重要收入，每年就这样在到手之前用掉了。就像一个等不及收入到手而只顾眼前的挥霍者一样，国家也不断地向其代理人和经理人借款，不断为使用自己的钱而支付利息。

在威廉国王统治的时代及安妮女王统治的大部分时期，永久付息的借款方法还不为人熟知，当时大部分新税仅在短期内课征（四到七年），每年大部分的支出靠的就是这些预支的借款。税收所得常常不足以在规定期限内偿还借款本息，于是政府不得不延长课税期限去填补还款缺口。

1697年，根据威廉三世统治的第八年的第20号法令，一些即将期满的赋税的征收年限被延长至1706年8月1日，并汇总为一笔总基金，用以弥补这些税还款时的不足。这就是当时所谓的第一次总抵押或总基金。由这一延长期负担的资金缺口为5160459镑14先令$9^1/_4$便士。

1701年，这些税及其他一些的税，又因为同一目的延长至1710年8月1日，称为第二次总抵押或总基金。这次的资金缺口为2055999镑7先令$11^1/_2$便士。

1707年，这些税进一步延长至1712年8月1日，作为新借款的还债基金，称为第三次总抵押或总基金。用它作为抵押借入的数额为983254镑11先令$9^1/_4$便士。

1708年，所有这些税的征收年限又延长至1714年8月1日，作为新借款的还款基金，称为第四次总抵押或总基金（吨税和镑税这两种旧补助税只有一半作为这一基金的一部分，已被联合条约取消的苏格兰亚麻进口税也除外）。用它借入的款项为925176镑9先令$2^1/_4$便士。

1709年，所有这些税的征收年限，又为了同一目的延长至1716年8月1日，称为第五次总抵押或总基金（吨税和镑税这两种旧补助税现在全都不纳入这一基金）。用它借入的款项为922029镑6先令。

1710年，这些税又延长至1720年8月1日，称为第六次总抵押或总基金。用它借入的款项为1296552镑9先令$11^3/_4$便士。

1711年，相同的这些税（此时它们已须提供四种预支款项的本息），以及其他一些税，被定为永久征收的税，作为支付南海公司资本利息的基金，该公司在这一年借给政府9177967镑15先令4便士，用来还债及弥补税收不足。这次借款是当时前所未有的大额借款。

在此之前，政府为支付借款利息而永久课征的赋税，据我所知，只有为支付英格兰银行和东印度公司借给政府的款项的利息而课征的赋税（政府本还打算向一家计划中的土地银行借款，由这些赋税支付利息，但没有借成）。当时英格兰银行的贷款金额为 3375027 镑 17 先令 $10^{1}/_{2}$ 便士，年息 6%，要支付的年金或利息为 206501 镑 13 先令 5 便士。东印度公司的贷款为 320 万镑，年息 5%，要支付的年金或利息为 16 万镑。

1715 年，根据乔治一世统治的第一年的第 2 号法令，那些担保英格兰银行年息的税，以及被这项法令定为永久征收的其他一些税，合并成为一个共同基金，称为“总基金”。此基金不仅用以支付银行的年金，也用来支付其他的年金和债务。此基金后来由乔治一世统治的第三年的第 8 号法令和第五年的第 3 号法令予以扩充，加进去的几种税同样也成了永久征收的。

1717 年，根据乔治一世统治的第三年的第 7 号法令，又有其他几种赋税被定为永久征收的税，合并成另一个共同基金，称为“一般基金”，用以支付某些年金，这些年金每年的总额为 724849 镑 6 先令 $10^{1}/_{2}$ 便士。

根据这些法令，以前只短期预支的赋税现在大部分变成了永久征收的，税款作为基金，只用来支付连续预支的那些借款的利息，而不是用来偿还本金。

假如只用预支的办法筹款，那么，政府只要注意以下两点，就可以在数年之内使国家摆脱负债的状况：第一，不要使还款基金所承担的债务超过它在限定期间内所能偿还的金额；第二，在第一次预支未还清以前，不要做第二次预支。但大多数欧洲国家的政府都做不到这两点。他们在第一次预支时的金额往往就超过了还款基金所能承担的金额；即便不超过，也往往在第一次预支尚未还清以前，就进行了第二次和第三次预支，使基金的负担过重。这样，基金就变得不足以支付它所借款项的本息，于是不得不只用它来支付借款的利息（或等于利息的永久年金）。这样盲目的预支，必然会导致更具破坏性的永久付息法的产生。一旦采取这种办法，国家摆脱债务的时间就变得遥遥无期了。但是，由于用这种新方法在任何情况下都能比用旧的预支法筹到更大的款项，所以，当人们一旦熟悉了新方法以后，在国家面临重大的紧急情况时，政府一般都会舍弃旧方法而采用新方法。政府在处理公共事务时，关心的主要是如何解决眼下的燃眉之急；至于国家收入在未来如何摆脱债务，他们就留给后人去操心了。

在安妮女王统治期间，市场利率由6%下降至5%，在她统治的第十二年，5%的利率被宣布为私人抵押借款的最高合法利率。在英国的大部分短期赋税变成永久赋税，并在总基金、南海基金和一般基金之间分配以后不久，国家的债权人也像私人债权人一样，被说服接受5%的利息。这么一来，由短期转为长期的大部分公债借款就节省出了1%的余额，或者说，由上述三大基金支付的年金就节省了1/6。这一节余使用作还债基金的各种税收在支付所担保的各项年金之后还有巨额剩余，为嗣后所谓的“偿债基金”奠定了基础。1717年，这一剩余额达323434镑7先令7 ½便士。1727年，大部分公债的利息进一步降至4%；1753年和1757年，又分别降至3.5%和3%，这种利息的降低进一步增加了偿债基金积累的余额。

偿债基金虽然是为偿还旧债而设立的，但对举借新债也提供了很大的便利。它是一种补助基金，在国家有紧急需要时，总是可以用作抵押，弥补其他用以借款的基金的不足。至于英国是经常用偿债基金来偿还旧债还是举借新债，慢慢地就会十分清楚。

除了预支和永久付息这两种借款方法以外，还有两种介乎这二者之间的方法，即定期年金借款法和终身年金借款法。

在威廉国王及安妮女王统治的时代，政府常以定期年金债券借入巨额款项，期限有长有短。1693年，议会通过法案，借入100万镑，年金为14%，即每年14万镑，定期十六年。而早在1691年，议会通过法案，借款100万镑，终身返还年金；在今天看来，这个条件是对债权人非常有利的，但应募没有满额。次年，不足之数以14%的终身年金债券借款补足，债权人七年多便可收回本金。1695年，政府允许购有此项年金债券的人向财政部换取另外一项为期九十六年的年金债券，只需每100镑债券多交63镑现款；换句话说，14%的九十六年期年金债券与14%的终身年金债券之间的差额只卖了63英镑，或者说，只卖了相当于四年半年金的价钱。不过，虽然条件如此有利，但因为当时的政府地位不稳，所以竟找不到几个买主。安妮女王统治时期，政府既曾以终身年金债券借入过款项，也曾以三十二年、八十九年、九十八年、九十九年的定期年金债券借过款。1719年，三十二年期年金债券的持有者被说服用他的债券换取每股等于十一年半年金的南海公司股本；此外，对于那些该年金到期应付而未付的欠款，政府也发给年金持有人等价的南海公司股本。1720年，其他期限长短不同的年金债券大部分归入了南海公司的这一基金。当时，每年应付的长期年金是666821镑8先令$3^1/_2$便士；而这些长期年金没有纳入这一基金的剩余部分，到1775年1月5日，只有136453镑12先令8便士。

在1739年及1755年的两次战争中，政府很少用定期年金债券或终身年金债券借款。而九十八年期或九十九年期的年金债券，其价值按道理应该差不多与永久付息债券相等，因而人们可能会认为，用它们应该可以借到差不多相同的款项。但是，为家庭置办产业和为遥远未来做打算而购买公债的人，不愿意购买价值不断减少的公债。所以，长期年金债券的价值虽然按道理差不多和永久付息债券相等，但仍找不到和后者同样多的买主。新债的认购人通常都打算尽快抛出其认购的公债，所以愿意买可由议会赎还的永久付息债券，而不愿购买具有同等数额但不能赎还的长期年金；永久付息债券的价值可以被视为不变或几乎不变的，因而比后者更便于转让。

在上述两次战争期间，定期年金债券或终身年金债券均在给予年金或利息外，还给新借款应募者一种奖金。这种奖金不是作为偿还所借货币的年金，而是作为对出借人的一种附加奖励。

终身年金的发放有时候采取个人终身发放和集体终身发放两种不同的方式；后者在法国称为唐提式年金，唐提是其发明者的名字。当年金是向个人终身发放时，年金领取人死亡即解除了国家收入关于他的那部分负担。如果发放的是唐提式年金，这部分国家收入的负担要等到这一群人全都死亡后才能解除，这一群人有时为二十人或者三十人，活着的人继承在他们之前去世的人的年金，最后的生存者，则继承全部年金。用相同的收入做抵押，发放唐提式年金总能比向个人发放年金借到更多的款项。生者可以享受死者的年金，实际上比向个人发放的等值年金更有价值，因为每个人对于自己的运气都有几分自信，这实际上也是彩票成功的原理。因此，这种年金债券的售价通常高于其面值；在发行年金债券筹借款项的国家，政府一般会选择发放唐提式年金而不发放个人年金。在筹款最多的办法与解除国家收入负担最快的办法之间，政府几乎总是会选择前者的。

法国公债中由终身年金债券构成的部分要比英国大得多。据波尔多议会在 1764 年向国王提交的备忘录所载，法国全部公债为 24 亿里弗，其中以终身年金债券借入的为 3 亿里弗，占全部公债的 1/8。每年要为这些债券发放的年金为 3000 万里弗，相当于全部公债预计利息 1.2 亿里弗的 1/4。我十分清楚，这些数字不大准确，但既然是一个如此重要的机构提供的，我想距离真实情况应该不远。造成英法两国借款方法不同的，不是两国政府对解除公共收入债务负担的渴望程度不同，而完全是贷款人的观点和利益不同。

英国政府所在地是世界上最大的商业城市，因此把钱贷给政府的一般是商人。商人贷出款项，不是要减少其商业资本，而是要增加其商业资本，所以，除非他们有望通过出售新买的债券获取利润，否则他们是不会认购的。但如果他们购买的不是永久年金债券，而是终身年金债券（不管是自己的还是其他人的终身年金），他们就不太容易通过转售获取利润。他们自己的终身年金在出售时总要亏损，因为没有人在购买与自己年龄及健康状况差不多的人的终身年金时，会出比自己的终身年金更高的价钱。至于第三人的终身年金，对买卖双方来说，诚然是价值相等，但它的实际价值在发行的那一刻就开始减少了，而且只会越来越少。所以，终身年金债券不可能像永久年金债券那样，成为实际价值浮动不大且便于转让的资本。

法国政府所在地不是大的商业城市，因此在把钱贷给政府的人中，商人不占那么大的比例。政府在紧急状态下的借款多半来自那些和财政有关系的人，如包税人、收税员、宫廷银行家等。这种人出身寒微，但常常有巨大的财富，极为骄傲。他们不屑和同等身份的女性结婚，而较有身份的女性又不屑和他们结婚，因此，他们常常决心过独身生活，既没有自己的家庭，也不太与其他亲戚往来，只求自己这一生过得好就行了，并且不是很介意自己的财产随自己生命的终结而散尽。此外，不愿结婚或生活状况使之不适于或不便于结婚的富人，在法国比在英格兰多得多。对这些很少为后人打算或不必为后人打算的独身者而言，将其资本换成一种不长不短、正好相伴一生的收入，是再合适不过的事情了。

大部分现代政府在和平时期的常规开支等于或差不多等于它的常规收入，在爆发战争时，他们既不愿也不能按照支出增加的比例来增加他们的赋税收入。他们不愿，是因为害怕突然增加如此巨额的赋税会触怒人民，使他们厌恶战争；他们不能，是因为他们并不清楚要增加多少赋税才能提供所需的收入。举债的便捷使得各国政府摆脱了这样的困窘。用借债的方法，他们只要稍稍增加赋税，就能每年筹集到战争所需的经费，尤其是用永久付息的办法，他们只要增加最少赋税就能每年筹集到最大的款项。在大的帝国，住在首都或远离战场的人民，大部分感觉不到战争带来的不便。对有闲情逸致的人而言，从报纸上了解本国军队的战绩反倒是一种乐趣；这种乐趣可以补偿他们战时缴纳的高于平时的税额造成的损失。恢复和平倒是让他们扫了兴，因为和平使他们没了乐趣，让他们对长期战争可能带来的关于征服与国家荣光的无数希望化作泡影。

当然，恢复和平也不会使他们解除大部分战时的税负。这些税已经被抵押，用来支付进行战争所借公债的利息。如果在支付公债利息和政府的常规开支以后，旧税连同新税产生的收入还有剩余，那么这些剩余也会转入偿债基金。只是这种偿债基金即使不被挪作他用，通常也远远不够在和平期间偿付全部的战争债务；况且，这一基金几乎总是被挪作他用。

征收新税的唯一目的，只是为了支付用它们作担保所借款项的利息。若有剩余，那剩余的部分一般也是计划或预料之外的，所以数目不会很大。偿债基金的产生，通常是由于后来应付利息的降低，而不是由于所收到的税额超过了应付利息或年金的数额。1655年荷兰的偿债基金，以及1685年教皇领地的偿债基金，都是这样产生的。所以说，这种基金往往不足以清偿债务。

在和平时期，如果需要特别的开支，政府总认为挪用偿债基金来应付这种开支比课征新税更加方便。每一种新税都会立即被人民察觉到，因而总会引起怨言，招致反对。增加的税种越多，所课各税的负担就越重，人民对增加新税的怨言就越大，于是无论另课新税还是加重旧税，都会越发困难。而暂时停止偿还债务，人民是不会立即察觉到的，也就不会引起怨言或牢骚。挪用偿债基金始终是摆脱目前困境最简单易行的方法。公债积累得越多，政府就越需要研究如何减少债务，滥用偿债基金就越危险且具有毁灭性，公债也就越不可能大幅减少，挪用偿债基金来应付和平时期的各种特别开支的可能性也就越大。因为，当一国国民已经负担了过重的赋税时，除非有新的战争，除非要报国仇、救国难，否则人民是不可能再默默承受新的税负的。所以说偿债基金常会被挪用。

在英国，从我们首次应用永久付息这种毁灭性的办法以来，和平时期公债的减少从来没有和战时公债的增加保持任何比例。英国现在的巨额公债，就是源自1688年开始、1697年订立《里斯韦克条约》后结束的那次战争。

1697年12月31日，英国的长短期公债，共计21515742镑13先令$8^1/_2$便士。其中有相当大一部分是用短期预支借入的，还有一部分是用终身年金债券借入的，所以在1701年12月31日以前，也就是不到四年的时间里，一部分已还清，一部分收归国库，共计减少 5121041 镑 12 先令 3/4 便士。在如此短的时期内偿还了如此多的公债，实为前所未有。因此，当时剩下的公债只有 16394701 镑 1 先令 $7^{1}/_{4}$ 便士。

在始于 1702 年而结束于《乌得勒支和约》签署的那次战争中，公债继续增多。1714 年 12 月 31 日，公债数额达 53681076 镑 5 先令 $6^{1}/_{12}$ 便士。应募的南海公司长短期基金使公债进一步增加，因此在 1722 年 12 月 31 日又达到了 55282978 镑 1 先令 $3^{5}/_{6}$ 便士。1723 年开始还债，但非常缓慢，到 1739 年 12 月 31 日，即在十七年的和平时期中，仅偿还了 8328354 镑 17 先令 $11^{1}/_{4}$ 便士。当时，公债的余额还有 46954623 镑 3 先令 $4^{7}/_{12}$ 便士。

1739 年开始的对西班牙的战争及紧随其后的对法兰西的战争，使公债进一步增加。到 1748 年 12 月 31 日，在战争以签订《艾克斯拉沙佩勒条约》结束后，公债已达 78293313 镑 1 先令 $10^{3}/_{4}$ 便士。在 1739 年之前的十七年和平时期中只不过偿还了 8328354 镑 17 先令 $11^{2}/_{13}$ 便士，而不到九年的战争却使公债又增加了 31338689 镑 18 先令 $6^{1}/_{6}$ 便士。

在佩勒姆执政时期，由于采取了一些措施，公债利息从 4%降至 3%，于是偿债基金有所增加，偿还了一部分公债。1755 年，在最近一次战争爆发之前，英国的长期公债为 72289673 镑。1763 年 1 月 5 日，在缔结和约时，长期公债已达 122603336 镑 8 先令 $2^{1}/_{4}$ 便士，尚有短期公债 13927589 镑 2 先令 2 便士。但是，由战争所造成的支出并没有随着和约的缔结而终结，到 1764 年 1 月 5 日，长期公债已增至 129586789 镑 10 先令 $1^{3}/_{4}$ 便士（一部分为新公债，一部分则为由短期公债转成的长期公债），而当年及次年还有 9975017 镑 12 先令 $2^{15}/_{44}$ 便士的短期公债（来自《英国商业及财政的考察》中的可靠数据）。所以，按照这一数据，1764 年英国所有的公债，包括长期公债和短期公债，共达 139561807 镑 2 先令 4 便士。此外，发放给 1757 年新公债应募者作为奖金的终身年金，按十四年的年金估算，价值约为 472500 镑；发放给 1761 年和 1762 年新公债应募者作为奖金的长期年金，按二十七年半的年金估算，价值约为 6826875 镑。在大约七年的和平时期中，佩勒姆先生谨慎和爱国的政府只还了不到 600 万镑的旧债，但在持续时间差不多的战争中，却举借了 7500 万镑以上的新债。

到 1775 年 1 月 5 日，英国长期公债为 124996086 镑 1 先令 $6^{1}/_{4}$ 便士；短期公债，除去一大笔王室债务后，为 4150236 镑 3 先令 $11^{7}/_{8}$ 便士，两者合计 129146322 镑 5 先令 6 便士。依此计算，十一年和平时期偿还的公债仅为 10415474 镑 16 先令 $9^{7}/_{8}$ 便士。然而，即使是这么少的偿还额，也不全是来自国家常规收入的节余，还有许多是由一些与国家常规收入无关的特殊收入偿还的。这其中，有连续三年对土地税每镑增加 1 先令的附加税税款，有东印度公司为其占领土缴纳的 200 万镑补偿金，还有英格兰银行为更换特许状缴纳的 11 万英镑。此外，还有几种款项也应算作特殊收入，它们得自最近这次战争，应视为这次战争费用的扣除额（参见表 6）。

表 6　来自最近的英法战争的特殊收入

项目	镑	先令	便士
战利品的收入	690449	18	9
释放法国俘虏的赔偿金	670000	—	—
获得的割让各岛售得的款项	95500	—	—
合　计	1455949	18	9

假如在这个数目上再加上查塔姆伯爵和卡拉夫特先生的账目上的余额、其他军费的同类结余，以及上述从银行、东印度公司和土地税附加税所得的三项款项，总数一定远超500万镑。可见，在和平时期，由国家常规收入的结余偿还的公债，平均每年尚未达到50万镑。自实现和平以来，由于部分公债已被偿还、部分终身年金债券期满，以及利息由4%降至3%，偿债基金无疑已大大增加；如果和平一直持续下去，现在或许可以每年从中提取100万镑用以还债，而去年就是还了100万镑。但是，与此同时，大笔的王室债务仍然未付，而我们现在又卷入了新的战争，这次战争期间要付出的费用也许和以前历次战争的费用同样巨大[①]。在下一场战役结束以前将要举借的新债，或许和由国家常规收入的结余偿还的所有旧债数额接近。因此，想用现在国家的常规收入可能获得的节省下来的钱去清偿公债，那完全是一种幻想。

有位学者认为，欧洲各负债国的公债，尤其是英国的公债，是国家其他资本之外的一项巨大的累积资本，使国家的贸易得以扩大、制造业得以发展、土地得以开垦和改良，这比只靠其他资本取得的效果大得多。但他没有考虑到，最初的债权人贷予政府的资本，从到政府手中的那一刻起，已从起资本作用的一部分年产品变成了起收入作用的一部分年产品，从维持生产性劳动者变成了维持非生产性劳动者，一般在一年之中就被花光或浪费了，甚至连在未来带来再生产的希望也没有。作为贷出资本的回报，债权人诚然得到了一笔公债年金债券，在大多数场合高于原有价值。这笔年金债券无疑代替了他们的资本，使他们可以在相

① 事实证明，这次战争的花费比以前各次战争的花费还大，公债增加了1亿镑以上。在十一年和平时期中，只偿还了1000万镑多一点的债务，但在七年战争时期，举债却达1亿镑以上。——著者

同甚至更大的范围内开展他们的贸易或实业活动；也就是说，他们能用这种债券作担保，从他人那里借入新的资本，或将其出售，从他人那里得到一笔自己的资本，这资本等于或多于他们贷予政府的资本。可是，他们这样从他人那里借入或购得的新资本一定是国内已存在的，也一定是像其他资本一样，是用来维持生产性劳动的。当它进入贷款给政府的人手中以后，虽然对他来说在某种意义上是新资本，但对国家来说却不是这样；它只是从某种用途转作其他用途的资本。虽然它代替了贷款人贷予国家的资本，却没有给国家资本。如果贷款人没有将他的资本贷予国家，那国家用以维持生产性劳动的资本或年产品就有两份，而不只是一份。

如果政府的开支是从自由的或未被抵押的税收中支取的，那么情况则是，一部分私人收入只是从维持一种非生产性劳动转到维持另一种非生产性劳动。诚然，他们缴纳的税款肯定有一部分会积累成为资本，用以维持生产性劳动，但大部分可能还是被花在了维持非生产性劳动上面。不过，以这种方式支出的国家费用，虽然会或多或少地阻碍新资本的进一步积累，但不一定会破坏任何实际存在的资本。

如果政府的开支依靠举债，那该国原有的一些资本就会逐年受到破坏，因为以前一部分维持生产性劳动的年产品或社会收入被转作维持非生产性劳动。不过，如果在这种情况下筹集到了足够应付同一开支的收入，人民的税负就会比应有的轻，个人的收入负担也必然较轻，因而他们将一部分收入节省下来积累成资本的能力受到的削弱也较轻。如果说借债的方法比从一年的税收中支取费用的方法破坏了更多的旧资本，那它同时也较少阻碍新资本的积累或获得。在借债制度下，私人的节俭和勤劳更容易弥补政府的浪费和奢侈可能造成的社会总资本流失。

不过，只有在战争持续期间，借债制度相对于另一制度才有这样的好处。如果战争的费用总是由当年的税收来支付的话，那么带来这一非常收入的各种赋税持续的时间也不会比战争长。与借债制度相比，私人积累资本的能力虽然在战时要小些，但在和平时期会更大。战争不一定会导致任何旧资本被破坏，而和平则会促成更多新资本的积累。各国间战争一般会较快结束，也不会那么随便地开战。因为在战争持续期间，人民疲于应对战争带来的全部负担，很快就会对战争感到厌倦，而政府为了迎合人民的意愿，也就不会使战争持续的时间超过这个限度。预见战争的沉重和不可避免的负担，人民在没有真实的或确定的利益要去争取时不会轻易地主战。与在借债制度下可能会有的情况相比，私人积累能力受到损害的机会要少些，时间也要短些。反过来，这种能力处在最佳状态之下的时间则要比在借债制度下可能会有的情况长得多。

此外，债务一经增加，它加重的税负即使在和平时期有时也会削弱人民的积累能力，就像另一种制度（从赋税中提取支出的制度）在战时那样。英国在和平时期的税收每年有 1000 万镑以上；如果可以自由支配、不做抵押且管理得当，这笔钱足以在不借 1 先令新债的情况下进行一场最激烈的战争。现在采用了有害的借债制度，英国居民的私人收入在平时的负担，以及他们的积累能力在平时受到削弱的程度，也就像在耗费最大的战争中一样严重。

有这样一种说法：支付公债利息犹如右手把钱交给左手。钱没有流出国门。只是一部分人的一部分收入转到了另一部分人手中；国家没有损失一个法新。这完全是以重商主义体系的诡辩为基础的。在已经对这个体系进行了详细的考察之后，我或许再没有必要对它说些什么了。此外，它假定全部公债都是属于本国人民的，事实上并非如此；荷兰人及其他几个国家的人民就拥有英国公债的巨大份额。但即使全部公债都属于本国人民，也不会因此而减少公债的弊害。

土地和资本是全部的私人收入和公共收入的两个原始来源。资本支付农业、制造业或商业上生产性劳动的工资。这两个原始收入来源的管理权和支配权属于两类不同的人，即土地所有者、资本所有者或使用者。

土地所有者为了自己的收入，会尽其所能地使其地产保持良好的状态，他们会建造和修缮佃户的房屋，建设和维护必要的沟渠和围堰，以及开展地主分内的耗资不菲的各种改良。但是，由于各种土地税，地主的收入可能会降低不少，而且，由于生活必需品和便利品的各种赋税，原本已经减少的收入的实际价值会变得更小，以致地主会发现自己完全不能开展或维持那些耗资不菲的改良。而当地主不能尽其本分，佃户也就会完全不能尽他自己的本分。随着地主面临的困难增加，国家的农业必然衰落。

当资本所有者或使用者发现，由于对生活必需品和便利品课税，他从资本获得的收入在这一国家不能买到同等收入在另一国家能买到的生活必需品和便利品时，他们便会倾向于把他们的资本转往另外的国家。当此类赋税的征收使全部或大部分的商人及制造业者（即全部或大部分的资本使用者）不断受到税务人员恼人的查访时，那这种转移资本的意向很快就会变成实际行动了。资本一经转移，靠此资本支持的该国产业必将衰落，继农业的萧条之后，就是商业和制造业的崩溃。

将土地和资本收入的大部分，从这两大收入来源的所有者和使用者（与每一寸土地的状况和每一分资本的经营有直接利益关系的人）那里移交给另一批人（没有这种特殊利益关系的国家债权人），最后必然会造成土地荒芜、资本浪费或转移。国家债权人无疑与农业、制造业和商业的繁荣有利益关系，因而也会关注土地状况和资本经营；因为如果这些部门中的任何一个全面衰落，各种赋税的收入就会不够支付他应得的年金或利息。但就国家债权人的身份而言，他与某块特定土地的状况或某项特定资本的经营并没有利益关系。而是，他对土地或资本既不了解，也无权过问，不可能关照它们。有时，他无从知晓土地荒废或资本毁灭的事，也不可能受其直接的影响。

举债的方法已使每一个采用此方法的国家变得衰弱。意大利各共和国似乎是首先开始采用举债方法的。热那亚和威尼斯是意大利各共和国中仅存的两个可以看作独立的国家，均由于举债而走向衰弱。西班牙似乎从意大利各共和国那里学得了举债的方法，但相对于它的天然实力而言，它受到了更大程度的削弱（也许是因为它的税制更不明智）。西班牙的债务有很长的历史。它早在十六世纪末就已债台高筑，那时距离英格兰借入第一个先令还有大约一百年。法国尽管自然资源丰富，也在同样沉重的债务负担下举步维艰。荷兰共和国因负债而衰弱的程度也与热那亚或威尼斯不相上下。一种使每一个国家都变得衰弱的做法，难道唯独在英国就能被证明是完全无害的吗？

有人会说，其他国家的税制都不如英国的税制。我也相信事实是这样。但我们应当记住的是，即使是最贤明的政府，在用尽了所有适当的课税对象之后，遇有紧急需要，也必须借助不适当的税收。贤明的荷兰政府有时候也不得不求助于某些不适当的赋税，这些赋税就像西班牙的大部分赋税一样不方便。如果英国在国家收入的债务负担得到很大程度的解除以前又面临新的战争，又如果在战争过程中所耗费用和上次战争一样多，那英国的课税制度可能也会变得像荷兰一样，甚至像西班牙一样具有压迫性。的确，拜英国现行课税制度所赐，英国产业迄今受到的拘束很小，即使在耗费最大的战争中，个人的节俭和谨慎似乎也能（通过存款和积蓄）弥补政府的奢侈和浪费造成的社会总资本的流失。在上一次战争，那英国有史以来战争费用最大的那次战争结束时，英国的农业和战前一样繁荣，制造业和战前一样兴盛，贸易和战前一样广泛。可见，支持所有不同生产部门的资本必定和战前相等。自从实现和平以来，农业得到了进一步的改良，房屋租金在全国每一个城市和村庄均有上升，这证明了人民财富和收入的增长；大部分旧税，特别是消费税和关税的主要部门每年收入的不断增长，也证明了消费的增长，从而证明了支持消费的生产的增长。英国今日似乎轻而易举地担起了重负，这在半个世纪以前是无人相信的。然而，我们切不可因此就仓促断言，英国能承担得起任何重负，甚至也不要过于相信，它还能承担比现在再重一点的负担而没有任何困难。

当国债积累到一定程度时，我相信它很少能得到公正的和彻底的偿还。国家收入上的负担，如果说曾经解除过，也总是通过倒账解除的；即使有时候是挑明了的倒账，有造假的还款记录，但永远都是实实在在的倒账。

提高铸币的名义价值（面值），是公债假偿还之名、行倒账之实的惯用伎俩。例如，如果通过议会立法或国王命令，宣布 1 枚 6 便士银币抵 1 先令，20 枚 6 便士银币等于 1 英镑，那么，按旧的面值借入 20 先令或将近 4 盎司白银的人，在新的面值下，只需 20 枚 6 便士的银币或不到 2 盎司的白银便可偿还其债务。按这种方式，英国约 1.28 亿镑的国债，只需大约 6400 万镑的货币就可以还清。这当然只是一种造假的偿还，国家债权人实际上应得的每 1 英镑都被骗去了 10 先令。而且，受害对象将不限于国家债权人，每一个私人领域的债权人也会遭受相应的损失；而这对国家债权人并无任何好处，在大多数场合倒是巨大的额外损失。诚然，如果国家债权人在其他人那里也有很多欠债，他可以用国家付给他的铸币去偿还自己的债权人，从而在某种程度上弥补在国债上所受的损失。但在大多数国家，国家债权人大部分都是富人，对同胞而言，他们更多的是处于债权人的地位，而不是处于债务人的地位。因此，这种造假的偿还在大多数情况下不是减轻而是加重国家债权人的损失，而且，没给国家带来任何好处，还殃及了其他无辜的人民。它造成了私人财富最有害的颠倒，因为它一般会使懒惰、浪费的债务人大占勤劳节俭的债权人的便宜，从而将大部分的国家资本从可能增加和改善这一资本的人手中转移到了可能会滥用和糟蹋这一资本的人手中。国家如果已经到了有必要宣布自己破产这一步，那也就像私人到了这一步一样，应该直接地、公开地承认破产，这是对债务人的名誉损害最小、对债权人的利益损害最轻的办法。如果为了掩饰破产的耻辱而采取这种极容易被看破又极端有害的欺骗手法，那这个国家的名誉不要也罢。

然而，无论古今，几乎所有的国家走到这一步时都会耍这种手段。在罗马和迦太基的第一次战争结束时，罗马人降低了阿斯（他们用来衡量其他货币价值的铸币）的价值，从包含 12 盎司的铜减到只包含 2 盎司的铜；也就是说，他们用 2 盎司铜来表示过去总是代表 12 盎司铜的货币面值。用这种方法，罗马共和国过去欠的巨额公债，它现在就只需偿还 1/6 了。如此突然和重大的倒账，按我们今天的设想，一定会让公众哗然，但实际上却是风平浪静。决定这一举措的法律也像其他关于货币的法律一样，是由一个护民官提出并由人民议会通过的，而且可能是一项非常受欢迎的法律。在罗马，也像在其他的古代共和国一样，贫民常常欠着富贵之人的钱，富贵之人为了在每年的选举中得到贫民的选票，常以极高的利息贷款给他们，他们一旦无力偿还，很快就会积累成一笔债务人无法偿还、其他人也无法代还的巨额债务。债务人畏惧逼债的严重后果，不得不在没有其他好处的情况下投票给债权人推荐的候选人。但是，尽管当时的法律禁止行贿受贿，候选人的慷慨布施，以及元老院不时命令发放的谷物，在罗马共和国晚期却是贫民获得生活资料的主要来源。因此，为摆脱债权人的控制，贫民们不断要求完全勾销他们的债务，或通过新的法案，允许他们只偿还积欠债务的一部分而算作还清债务。将所有铸币的实际价值减少到其原有价值的 1/6，使他们能以所欠款项的 1/6 还清债务，这相当于最有利的新法案。为了满足人民的要求，富人有时不得不同意勾销债务和引进新法案的法律。不过，他们同意这样的法律，满足人民只是一部分原因。此外，他们也想借此解除国家的负担，从而恢复政府的元气，因为他们自己就是这个政府的主要领导者。用这种方法，1.28 亿镑的债务，一下子就会减为 21333333 镑 6 先令 8 便士。在罗马和迦太基的第二次战争期间，阿斯进一步贬值，首先从含铜 2 盎司降至 1 盎司，后来又从 1 盎司降至 1/2 盎司，即减到了最初价值的 1/24。如果把罗马上述三次货币贬值合并成一次进行，那么英国 1.28 亿的债务，就可以立即减至 5333333 镑 6 先令 8 便士；也就是说，即使是英国的巨额债务，也可以很快还清。

我相信，采用了这种办法的国家，铸币的价值都逐渐低于原来的价值，同一面值铸币的含银量都越来越少。

为了同一目的，各国有时候也在铸币标准成色上掺假，即在铸币中掺杂更多的合金。例如，英国每镑银币，如果不是按现行标准掺入 18 本尼威特的合金，而是掺入 8 盎司的合金，那么，1 英镑或 20 先令这样的银币就只等于英国现行货币的 6 先令 8 便士的价值；也就是说，6 先令 8 便士的现行货币的含银量可以抵得上一个英镑的面值。这种在铸币成色上掺假的做法和法国人所谓的直接增加或提高货币面值的做法，在效果上是一样的。

直接增加或提高铸币面值总是，就其性质而言也必定会是，公开挑明的行为。这种办法就是直接让较轻的货币使用以前较重的货币的名称。与之相反，在成色上掺假一般是一种秘密的行为。这种办法就是铸币厂发行成色较低的同一面值的货币，但尽量使它的重量、体积和外观与以前的货币相同。当法国国王约翰为了偿还债务而在铸币中掺假时，铸币厂的所有官员都得发誓对此保密。这两种行为都是不公正的，但是单纯提高面额是公开的、粗暴的不公正行为，而在成色中掺假则是阴险的、欺诈的不公正行为。所以，后者一旦被发现（它早晚会被发现），总是要比前者激起更大的民愤。我们可以看到，提高了面值的铸币很少被还原其本来的重量，但在成色中掺假的货币则常常被还原到以前的成色；因为除此之外，没有其他平息民愤的办法。

在亨利八世统治末期和爱德华六世统治初期，英格兰铸币不但面值有所提高，而且成色中也掺了假。在詹姆斯六世幼年时期，苏格兰也发生了这种欺诈行为。这两种做法在其他很多国家也时有发生。

英国的国家收入在进行常规经费支出以后的剩余部分如此之少，想借此完全解除国家收入上的负担，或者至少向着这一目标迈进，似乎是全然无望的。如果不是国家收入大大增加或者国家支出大大减少，这种负担显然难以解除。

实施更平等的土地税、更平等的房租税，以及上一章提到的对现行关税和消费税制度的改革，或许可以在不增加大部分人民的负担而只是把这一负担平摊到全体人民身上的条件下增加国家收入。然而，最乐观的设计者也不敢指望，这样增加的收入会使国家有可能完全解除债务的负担，甚至不敢指望国家在和平时期能在这方面取得重大进展，使得自己能在下一次战争中阻止或减缓公债的进一步积累。

如果把英国本土的课税制度推广到帝国的所有地区，税收有望大大增加。可是要做到这一点，依据英国宪法的原则，必须要在英国议会或大英帝国总议会中，公平地给予这些地区议席，其席位数与其纳税数额的比例，应与英国席位数与英国纳税数额的比例相同。的确，许多有权力者的私人利益，以及人民大众牢不可破的偏见，现在是这一改革的障碍，使得要实现这一改革困难重重，甚至根本不可能。不过，如果不去判断这种统一究竟是可行还是不可行，在这样一部理论性的著作中，或许还是可以探讨一下：英国的课税制度究竟在多大程度上适用于帝国的所有地区，在施行以后可以得到多大的收入，以及这种统一会怎样影响帝国各地区的幸福和繁荣。这些探讨，最坏也不过是被看作一种新的乌托邦，虽然不会有莫尔的旧乌托邦那么有趣，但总不至于更无用和虚幻。

英国税收主要由四种税构成：土地税、印花税、各种关税和各种消费税。

就缴纳土地税的能力而言，爱尔兰无疑与英国不相上下，而美洲及西印度群岛殖民地有过之而无不及。地主在不用负担什一税或济贫税的地方，肯定比在必须负担这两种税的地方更有能力缴纳土地税。而什一税，在不征收代金而必须以实物缴纳的地方，会比实际为每镑 5 先令的土地税更加减少地主得到的地租。这种什一税，在大多数场合，达到了土地的真实地租，或者说，在完全付清农民的资本连同他的合理利润以后的地租的 1/4 以上。如果不算所有的代金收入和移交私人的教会财产，英国和爱尔兰的全部教会什一税估计在 600 万镑或 700 万镑以上。如果英国和爱尔兰不征什一税，两地的地主就能多提供 600 万镑或 700 万镑的土地税，而其负担不会比现在他们之中大部分人的负担更重。美洲没有什一税，因此更有能力缴纳土地税。诚然，美洲和西印度群岛的土地大多不是租给农民种的，因此没有地租簿可作为依据来课征土地税。但是，在威廉和玛丽统治的第四年，英国的土地税也不是按照任何地租簿来征收的，而是按照一种非常宽松和不准确的估值来征收的。美洲的土地，可以按照相同的方法去估值，也可以像米兰公国及奥地利、普鲁士和撒丁等国最近做的那样，依据准确测量的结果给出公平的估价。

印花税，在所有法律程序和动产不动产转移契约相同或大体相同的国家，显然可以不加更改地推行。

英国的关税制度推广到爱尔兰和各殖民地，如果伴随着贸易自由的扩大（从公正的角度来说，理应如此），那么对双方都有极大的好处。现在压制爱尔兰贸易的一切不公平限制，还有对美洲商品设立的列举与非列举的区别，都会因此而完全终止。菲尼斯特雷角以北的各个国家会对美洲的所有产物开放自己的市场，就像该海角以南各国现在对美洲的一些产物开放自己的市场一样。由于这种关税制度的统一，大英帝国各地区之间的贸易，也会像现在沿海贸易一样自由。这样，大英帝国就会在自己的领土上为各属地的一切产物提供一个巨大的国内市场。这么大的一个市场，很快便会使爱尔兰和各殖民地因关税增加而遭受的损失得到补偿。

当英国的税收制度应用到帝国各个不同的地区时，唯一需要根据各地不同情况进行修改的是消费税制度。它应用到爱尔兰时可能不需要做任何修改，因为爱尔兰的生产和消费与英国的生产和消费性质完全相同。而美洲和西印度群岛的生产和消费的性质与英国完全不同，把英国的消费税制度应用到这些地方时就必须做出某些修改，就像在英格兰生产苹果酒和啤酒的各郡实施这种赋税时也要做出修改一样。

例如，美洲人平常很喜欢饮用一种由糖蜜制成的发酵饮料，他们也称之为啤酒，但和我们的啤酒完全不同。这种饮料只能保存几天的时间，不像我们的啤酒那样，能在大型酿造厂制造和储存待售，所以每个私人家庭必须自己酿造，就像烹调自己的食物一样。但是，如果让每个私人家庭都像我们的麦酒店老板和以贩卖为目的的酿造商一样，接受税务人员令人讨厌的查访，那是完全违背自由的。如果为了公平，认为有必要对这一饮料课税，那可以对它的制造原料课税，即在原料的加工地课税；如果贸易环境不适合课征这种消费税，那就在其进口到消费地时课税。输入美洲的糖蜜，除了被英国议会征收每加仑 1 便士的税外，用其他殖民地的船舶进口到马萨诸塞湾的糖蜜，每大桶还要被当地政府征收 8 便士的地方税；从北部殖民地出口到南卡罗来纳的糖蜜，每加仑还要被当地政府征收 5 便士的地方税。如果这些方法都不方便，那就可以对每个消费这种饮料的家庭课税，像英格兰向私人家庭征收麦芽税一样，按家庭人数课税，或像荷兰一样，按照家庭成员的年龄和性别课税，还可以按马修·德克尔爵士所提议的，在英格兰对所有消费品课税。虽然我们说过，他提议的这种课税方式，当应用于迅速消费的物品时，不是很方便的方式，但是，在没有更好的办法时，也不妨拿来用一用。

砂糖、甜酒和烟草，在任何地方都不是生活必需品，但几乎成了大众消费的对象，因而是极适宜的课税对象。如果和殖民地的税制统一能够实现，可以在它们离开制造业者或种植者之前对这些商品课税；如果这种课税方式不适合这些制造业者或种植者的财务状况，他们可以先将货物存放在制造地或运抵的帝国港口的公共仓库中，由货物所有者和税务人员共同管理，在将其卖给消费者、国内消费零售商或出口商时，再行课税。当提出的货物准备出口时，可以免税，但须做出合适的担保，确保商品是出口的。如果与各殖民地统一，英国现行税制需要进行大的修改，而对这几种商品的征税方式或许是主要修改的地方。

将这样的课税制度推广到帝国的不同地区可以带来多少收入，是不可能确定的。用这种制度，每年向英国不到 800 万的人口课征的收入在 1000 万镑以上。爱尔兰有 200 多万人口。北美十二个联邦的人口，根据其议会收到的报告，有 300 多万；不过，这份报告可能有些夸大，其目的或许是鼓励他们自己的人民，或许是威胁英国本土的人民。所以，我们不妨假定，英国在北美及西印度群岛各殖民地的人口合计不会超过 300 万，整个大英帝国在欧洲和美洲的人口加起来不会超过 1300 万。如果说这种课税制度从不到 800 万的居民那里能征收到 1000 万镑以上的收入，那么，它从 1300 万居民那里就应该征收到 1625 万镑以上的收入。我们必须从这项收入（假如这种制度能带来这项收入的话）中减去爱尔兰和各殖民地通常用来支付各自政府费用的收入。爱尔兰的行政费、军费连同公债利息，按 1775 年 3 月以前的两个年度的平均计算，每年不到 75 万英镑。北美和西印度群岛主要殖民地的收入，根据一份十分准确的报告，在这次骚乱开始以前，每年为 141800 镑；不过，在这份报告中，没有算上马里兰、北卡罗来纳，以及英国最近在该大陆和各岛取得的领地的收入，这部分估计有 3 万或 4 万镑。因此，为了取整数，让我们假定支持爱尔兰及各殖民地的政府必要的收入为 100 万镑，因此还剩下1525万镑可以用来支付帝国的一般开支和偿还公债。如果英国现在的收入还能在和平时期每年节省100万镑用来还债，那么从这一增加后的收入里就可以节省出625万镑用来还债。这样一笔巨大的偿债基金每年还可因为前一年偿还的债务不用再支付利息而有所增加。偿债基金以这种方式快速增长，可能用不了多少年就可以清偿全部债务，从而完全恢复帝国的活力。同时，人民将可以解除一些沉重的税负，如生活必需品和制造业原料的税。这样，劳动人民就可以生活得好一些，他们的劳动成本将下降，他们送往市场的产品也将更便宜。他们低廉的产品价格会增加社会对这种产品的需求，从而会增加社会对生产这种产品的劳动的需求。劳动需求的增加会增加劳动就业的人数，也会改善这些人的生活状况。他们的消费会增加，而他们消费的物品产生的税收也会随之增加。

然而，从这种课税制度产生的收入，可能并不会立即按照纳税人数的比例增加。对帝国以前没有课征过某些赋税而现在刚开始课征的属地，在一段时间内将会放宽纳税的要求，而且即使开始在所有的地方都严格课征这些赋税，也不会在所有地方都按照纳税人数的比例获得相应的收入。在一个地方，对课征关税和消费税的主要商品的消费量很小；在人口稀少的地方，走私的机会又非常多。在苏格兰的下层人民中，对麦芽酒的消费量非常少，按居民人数和税率（苏格兰与英格兰的麦芽税税率由于麦芽的质量差别而有不同）的比例来看，苏格兰课征麦芽、啤酒和麦芽酒消费税带来的收入也比英格兰少。就这些部门的消费税来说，我认为苏格兰不会比英格兰有更多的漏税现象。而蒸馏酒的消费税和大部分关税，按其与人口数量的比例来看，苏格兰之所以比英格兰低，不仅是因为课税商品的消费较小，也是因为走私更为方便。爱尔兰的下层人民比苏格兰的下层人民还要贫穷，其国内的许多地区同样人烟稀少。因此，在爱尔兰，对课税商品的消费量按其与人口的比例来说比苏格兰更少，而走私则同样方便。而在美洲和西印度群岛，即使是最低阶层的白种人也比英格兰同一阶层的白种人生活状况要好，他们对自己喜欢的各种奢侈品的消费量或许要大得多。诚然，北美洲南部各殖民地和西印度群岛的居民大部分是黑人，他们由于处于奴隶状态，社会地位肯定比苏格兰或爱尔兰最穷的人还要低。但是，我们不能因此就设想，他们比英格兰的最下层人民吃得更差，可课税的消费品更少。他们的主人为了自己的利益，会让他们吃得好、睡得香，以便他们好好工作，就像他对待自己的牲畜一样。因此，几乎在所有的地方，黑人都和白人仆役一样，有朗姆酒、糖蜜和针枞酒这些配给，即使被课征一些赋税，这些配给可能也不会取消。所以，美洲和西印度群岛对课税商品的消费，就与其居民人数的比例来说，或许不在大英帝国任何一个地区之下。诚然，美洲的人口密度比苏格兰或爱尔兰小得多，因此走私的机会也大得多。但是，如果把现在对麦芽和麦芽酒征收的各种税变为单一的麦芽税，那么在这一最重要的消费税部门，走私的机会就会被完全杜绝。如果关税不是对所有进口货物课征，而是按照消费税法只对少数几种使用最广泛和消费最多的货物课征，那么走私的机会即使不能完全被消除，也会大大减少。显然，经过这两种简单易行的改革，从关税和消费税获得的收入，就其与消费的比例来说，在人口最稀少的地方或许也会和目前在人口最稠密的地方一样多。

诚然，有人说，美洲人没有金币或银币；美洲的内部贸易用一种纸币来进行，他们偶尔得到的金银都送到了英国，用来购买我们的商品。他们还说，没有金银就不可能纳税。我们已经得到了他们所有的金银，怎么能再向他们索要他们没有的东西呢？

然而，美洲现在缺少金银币，并不是因为那个地方贫穷或者那里的人民没有能力购买这些金属。在一个工资比英格兰高得多而食品的价格比英格兰低得多的国家，大部分的人民肯定会有财力购买更多的金银，如果他们这样做有必要或者有好处的话。因此，这种金属的稀少一定是他们选择的结果，而不是必然的结果。

使金银币成为必要的或方便的货币的，是国内贸易与对外贸易。

我在本书第二篇已经指出，每个国家的国内贸易至少在和平时期可以用纸币来进行，其便利程度和金银币几乎相同。美洲人总是愿意把更多的资本投入土地的耕作和改良之中，并由此获取利润，所以，他们可以省下花在金银这么昂贵的交易媒介上的费用，而用本来购买这些金属的剩余产品购买生产工具、衣料、家具，以及建造和扩大他们的农场和种植园所必需的铁器，也就是说，不购买死的资本，而只购买活的生产资料，为他们提供方便。各殖民地政府都发现，给人民提供国内贸易所需的或超出这一所需的纸币，对自己有利。有些殖民地政府，尤其是宾夕法尼亚州政府，还以一定的利息把这种纸币贷给人民，从而获得一笔收入。其他如马萨诸塞州政府，一有急需，便发行纸币来支付国家费用，然后在他们认为方便的时候，再按照纸币逐渐跌落到的价格将其赎回。1747年，该殖民地就以其发行纸币的1/10偿还了他们的大部分公债。如果可以在国内的交易中节省用于金银币的支出，就可以为种植者带来方便；而殖民地政府给这些种植者提供这样一种媒介，帮他们省下这种费用的同时，也给自己带来了方便（尽管也会附带很多的负面作用）。纸币过多，必然会把金银币驱逐出殖民地的国内贸易，正如纸币过多曾把金银币逐出苏格兰大部分国内贸易一样；在这些国家，造成纸币过多的，不是贫穷，而是其人民的事业心和进取精神，是他们想把所有能得到的资本都变成活的生产资料的渴望。

在各殖民地与英国进行的贸易中，使用金银的多少完全视需要而定。在不需要使用金银的场合，金银就很少出现。在有必要使用金银的场合，金银通常能被找到。

在英国与产烟殖民地进行的贸易中，英国货物通常以长期信用的方式赊给殖民地的人，然后再按照一定的价格以烟草支付。对殖民地的人而言，用烟草支付比用金银支付更为便利。对一个商人来说，用自己经营的货物去支付他的客户卖给他的货物，总是比用货币支付更为便利的。这样的商人不需要将他的一部分资本以现金的方式存在手里以应付不时之需。他手里可以持有更多的货物，因而可以把生意做得更大。当然，一个商人的客户很少全都觉得这种方式便利。不过，和弗吉尼亚州和马里兰州做生意的英国商人恰好是一批特殊的客户，他们觉得用烟草来支付他们售给这些殖民地的货物比用金银更便利。他们可以从烟草的销售中牟利，而不能从金银的销售中得到任何利润。因此，金银在英国和产烟殖民地的贸易中很少出现。马里兰州和弗吉尼亚州在对外贸易中也和在国内贸易中一样，不需要这些金属。因此，它们的金银币的数量据说比其他美洲殖民地都少。然而，它们的繁荣程度和富裕程度，并不比其他邻近的殖民地差。

在美洲北部各殖民地，包括新英格兰的四个州、宾夕法尼亚州、纽约州、新泽西州等地，输往英国的产物的价值，比他们自用或供其他殖民地使用（在这场合，他们担任中间商）而由英国输入的制造品的价值要小，因此，这之间的差额就必须以金银支付给宗主国，而他们通常都能找到这些金银。

在各产糖殖民地，每年输往英国的砂糖的价值比他们从英国输入的所有货物的总价值大得多。如果必须为这些殖民地每年送往宗主国的砂糖和朗姆酒支付资金，那英国每年就不得不送出与差额相等的巨额货币；这样，对西印度群岛的贸易就会被某类政治家看作极端不利的了。但实际情况是，许多产糖大农场的主要所有者都住在英国，他们的地租都是以他们自己农场的产品，即砂糖和朗姆酒支付给他们的。因此，这部分输入的殖民地产品是无须支付的。而与西印度群岛进行贸易的商人每年在这些殖民地购买的砂糖和朗姆酒，比他们每年在那里卖掉的货物价值小。这个差额倒是必须由殖民地以金银来支付，而他们通常也是能找到这些金银的。

各殖民地偿付英国货款的困难和不规律程度，和他们各自所欠的数额大小没有关系。通常，美洲北部各殖民地要用货币支付相当大的贸易差额，而各产烟殖民地则不需要用货币支付差额，或者只支付小得多的差额；但是，一般来说，前者总能按期支付，而后者却不能按期支付。我们向各产糖殖民地收取货款的困难程度，和他们各自所欠数额的大小关系很小，倒是和他们各自未耕地的数量关系很大。未耕地越多，殖民地人民就越容易受到开荒垦殖的诱惑，他们会把更多的资本投入其中，就越不容易偿还欠款；未耕地越少，结果就相反。因为这个原因，从牙买加这个大岛——这里现在仍有非常多的未耕地——得到的货款，比从较小的岛屿，如巴巴多斯、安提瓜和圣克里斯托弗等地得到的货款更不规律和不确定，后面这些岛屿这些年来已被完全开垦，因此给种植者提供的投机机会较少。最近取得的格林纳达、多巴哥、圣文森特和多米尼加各岛，为这种投机行为开辟了新的园地，而这些岛屿最近付款的不规律和不确定，与牙买加没有什么两样。

因此，就大部分殖民地来说，金银现在如此稀少，并不是由于贫困。殖民地人民对活的生产资料有巨大的需求，对他们而言，手里死的资本越少就越便利，因此他们会满足于一种虽然没有金银那么实在，但却比金银更廉价的交易媒介。他们因此可以转而将那部分金银的价值用在生产工具、衣料、家具，以及建造和扩大其农场和种植园所必需的铁器上。在那些没有金银币就不能进行交易的业务部门，他们似乎总是能找到必要的金银以供使用；如果找不到的话，也不是由于贫困，而是由于他们的事业心过了头。他们付款的时间被拖延和不确定，不是因为他们穷，而是因为他们太想致富了。即使以后殖民地税收中超过他们行政和军事必要开支的部分都必须以金银的形式交到英国，他们也有足够的财力买到所需的金银。诚然，在这种场合，他们不得不用购买活的生产资料的那部分剩余产品购买死的资本。在国内进行交易时，他们不得不使用一种昂贵的而不是廉价的交易媒介，这可能多少会抑制他们改良土地的进取心。但是，美洲收入的任何部分也许都不必以金银的形式交到英国。可以将一部分美洲的剩余产物委托给特定的英国商人或公司，他们为这些货物向美洲开出承兑的汇票，美洲以这种汇票上缴他们的收入，英国财政部再拿此汇票找那些特定的商人或公司兑换成金银；这样，在整个业务过程中，美洲或许无须输出任何金银。

要爱尔兰和美洲殖民地对英国清偿公债做出贡献，这并不有违公道。英国的公债，原是为了支持由光荣革命建立的政府而欠下的。正是由于这个政府，爱尔兰的新教徒才得以在本国享有现在的全部权力，他们的自由、财产、宗教信仰才能够得到保护；也是由于这个政府，美洲的一些殖民地才得到了特许状并建立了现在的体制；美洲所有的殖民地也是因这个政府而获得了他们从未享有过的自由、安全和财产。这些公债不仅是为了保卫英国本土，也是为了保卫帝国的所有地区；尤其是最近这次战争产生的巨额公债，以及上次战争产生的大部分公债，可以说都是为了保护美洲殖民地。

如果和英国统一，爱尔兰除了获得贸易自由之外，还会获得其他非常重要的好处，这些好处补偿它可能因合并而增加的税负绰绰有余。苏格兰与英格兰合并后，中下层人民完全摆脱了以前贵族权力对他们的压迫。贵族权力在爱尔兰压迫更甚，其受害者也更多；如果爱尔兰与英国统一，大部分人民也会从贵族的压迫下得到解放。与苏格兰贵族不同，爱尔兰贵族的形成，不是基于门第和财产这些受尊敬的自然差别，而是基于所有差别中最可憎的差别，即宗教信仰和政治偏见的差别。这种差别比其他差别更能助长压迫阶级的傲慢无礼和激起被压迫阶级的不满与愤怒，使得同一国居民间的敌意比异国居民更甚。如果爱尔兰不和英国统一，其居民在今后的数十年甚至数百年间，都不会把他们自己看成是同一民族。

在美洲各殖民地，从来没有形成过压迫性的贵族政治。然而，即使是他们，如果与英国统一，在幸福与安定方面，也会受益匪浅。至少，他们可以由此摆脱在小型民主政体下必然会发生的那种你死我活的党争，这种党争常常分化人民的感情，并扰乱貌似民主的政治的安定。如果美洲和英国完全脱离关系——除非用这种统一去防止，否则很可能发生——这种党争会比以前恶劣十倍。在目前的骚乱开始以前，宗主国的强大力量常常抑制这种党争，使其不致演变成野蛮和相互侮辱的行径。如果没有这一强大力量，恐怕这种党争很快就会诉诸暴力而造成流血的惨剧。在有统一政府的大国，边远地区的党派精神一般都比帝国中心的党派精神弱得多。这些地区与首都距离遥远，远离各党派野心家你争我夺的中心地带，这使得他们较少卷入斗争中的任何党派，而成为不偏不倚的旁观者。党派精神在苏格兰就不像在英格兰那样盛行。如果实现统一的话，党派精神在爱尔兰大概比在苏格兰更没有市场，而各殖民地或许不久就会享受在大英帝国任何地区都从未有过的和谐与团结。诚然，爱尔兰和各殖民地的税负会比现在重。但是，如果兢兢业业地把国家收入用来偿还国债，大部分的赋税是不会长期征收下去的，英国的公共收入很快就会降到只需支付普通开支的水平。

东印度公司取得的领土，无疑是属于国王的，也就是说，是属于大英帝国及其人民的。这些领土可能成为我们另一个收入来源，而且比上述收入来源都要充足。与英国本土相比，这些土地据说更肥沃和广阔，就与其面积的比例来说，也更富有，人丁更兴旺。要从那里得到巨大的收入，或许无须再对他们课征新税，因为那里的赋税已经达到了极限。更适当的办法是减轻这些不幸地方的负担，不是通过加征新税，而是通过防止已经缴纳的税款被盗用和滥用去增加收入。

如果英国无法从上述来源获得大幅增加的收入，那么，剩下的办法只有减少开支。在赋税的征收方式和公共收入的使用方法这两方面，英国虽然都有改进的余地，但与邻国相比，至少还算是节约的。而英国在和平时期为了防御而支出的军事费用，比在财富或实力方面可以和它竞争的任何欧洲国家都要小。因此，这些项目似乎没有一种是可以大大缩减开支的。在这次骚乱开始以前，英国在维持殖民地建制上的开支不小，如果不能从殖民地取得任何收入的话，这项费用，无疑是应该完全节省下来的。不过，这些殖民地的开支再大，和我们在战时为了保卫他们的费用相比，却是微不足道的。我在前面说过，上次战争完全是为殖民地发动的，使英国耗费了 9000 多万镑。1739 年为保护殖民地而引发的英西战争，以及由此次战争惹出的英法战争，英国的耗费了 4000 多万镑，这项费用按道理大部分应该由殖民地负担。在这两次战争中，英国为殖民地付出的代价，是英西战争开始前英国公债的两倍以上。如果不是由于这两次战争，那些公债到现在或许已经完全还清；而要不是为了殖民地，前一次战争或许不会爆发，后一次战争更不会爆发。英国为这些地方支出了这么大的费用，就因为英国认为这些殖民地属于自己的缘故。但是，对帝国的维持既未贡献收入又未贡献军力的地方，是不能被视为帝国属地的，只能被看作帝国光环上的漂亮点缀。但帝国如果不再能支付维持这种点缀的费用，就应该放弃这些地方；如果帝国不能按照支出的比例获得收入，至少应该量入为出。尽管各殖民地拒绝向英国纳税，但如果他们仍被视为大英帝国的属地，那在未来的战争里，为了保卫他们，可能还得让英国付出和在以前的战争中一样巨大的代价。百余年来，英国统治者曾让人民在对他们于大西洋西岸拥有一个巨大帝国的想象之中感到快慰。然而，这个帝国，迄今仍只存在于想象之中；它不是一个帝国，而是一个建立帝国的计划；不是一个金矿，而是一个开采金矿的计划。这个计划已经使英国所费不赀，如果继续下去，还将耗费巨额开支，还收不到一点利润——我在前面说过，殖民地贸易垄断的结果，对人民大众来说，只有损失没有利益。现在正是时候，我们的统治者要么实现这个他们和人民一直沉迷其中的黄金梦，要么使自己和人民从这个美梦中清醒过来。如果这计划不能实现，就应当放弃它。如果大英帝国的某些属地不能对整个帝国的维持做出贡献，英国就应当在此时使自己免除在战时保卫这些属地，以及在平时维持其民事或军事建制的支出，并努力使自己对未来的展望和设计切合自己的真实状况。